「元晖学者教育研究丛书」

# UNDERSTANDING EDUCATION
## MANAGEMENT AND POLICY

# 理解教育管理
# 与政策

杨颖秀 / 著

NORTHEAST NORMAL UNIVERSITY PRESS
WWW.NENUP.COM

东北师范大学出版社

长 春

# 丛书序言

在实践领域，教育在全球化、信息化、现代化的背景下，不再呈现为简单有序、线性透明的样态，而是出现了各种各样的复杂样态。因此，这就需要我们更为审慎地思考和更为敏感地把握。在现实生活中，从教育与社会的发展来看，教育越来越多地成为实现国家目的的重要工具，成为实现理想的重要手段；从教育与人的发展来看，教育在满足人的发展需要、培养理想人格方面还有很大提升空间。综观教育的发展，教育的改革不再仅仅是地方性质的了，而是成了世界各国政府为实现国家利益和国际诉求的重要手段。教育在应对人的发展的不确定性、人的发展需要的变化性等方面面临着各种各样的挑战。另外，教育的复杂性吸引着思考者不断地进行探索，试图去发现教育世界的"秘密"，找到变革教育世界的"钥匙"，从而使我们更好地认识和改造这个丰富多彩而又纷繁复杂的领域。

东北师范大学教育学部召集十余位教授，整理了近二十年的研究成果，系统诊断教育实践问题，不断追问教育的真理，并创新教育理论。这些研究既有理论模型的构建，又有实践领域的深刻探究；既诊断问题、分析原因，又提出对策、措施；既追本溯源有历史大视野，又关心现实展望未来；既关心国家宏观政策制度，又在微观层面提出具体可操作的方法；既扎根本土研究注重原创，又注重以国际视野进行深度学习。

本套丛书是东北师范大学教育学部教育研究的总结，是十余位教授多年教育研究的记录，是他们对中国教育改革的独特认识。我们希望以这套丛书为支点，与读者展开对话，共同探寻教育的真理，在对教育的凝视中不断地思辨、判断、检视。

吕立杰

2019 年 11 月

于东北师范大学田家炳教育书院

# 自　　序

　　因为自己有过几年做中学教师的实践经验，大学毕业留校被分配在教育管理专业任教，至今已有三十五年的时间。三十五年在历史的长河中转瞬即逝，但在人生的旅途中却珍贵无比。在教育管理的实践领域和学术领域汲取营养，向中外学者学习，成为我几十年来孜孜不倦的兴趣和习惯。正是在这学习的过程中，受相关学术期刊的支持陆续发表了一些论文。现选择近二十年来的大部分论文汇成此书，作为供读者批评指导的第一手素材。

　　本书共五章，包括教育管理的核心视域、学校领导愿景与责任、教育政策聚焦、教育法治的理想与现实、教育管理与政策的域外考证。第一章讲述了教育管理的学科定位、教育管理的生命线、教育决策的保障机制、教育督导的制度创新四个方面的问题，收入论文十一篇。第二章讲述了学校发展理念与定位、校长领导力的价值及期待、立德树人的学校职责、教学管理的常衡问题四个方面的问题，收入论文十九篇。第三章讲述了教育公平、随迁子女的学校教育、学校安全及收费三个方面的问题，收入论文十篇。第四章讲述了教育问题的法理依据、教育立法的核心问题、教育法治困境三个方面的问题，收入论文十七篇。第五章讲述了学校制度变革和学校的教育教学两个方面的问题，收入论文五篇。

　　本书之所以这样设计，是基于各国无一例外的教育管理组织制度设计。以教育行政部门为代表的各级政府对各级各类学校的管理和学校内部的自主管理，形成了纵横交错的矩阵式的教育管理系统，按照中央政府和地方政府与学校的关系，可以将这一系统分为宏观管理、中观管理和微观管理三个层面。遵循这一脉络，本书的前两章是对教育管理问题从宏观到微观的纵向思考。而无论是教育的宏观管理还是微观管理，政策和法律始终是管理的手段，以此反映国家的大政方针和战略决策。所以，研究教育管理离不开对教育政策和法律的研究。

可以说，不懂得教育政策和法律的教育管理实践是无序的，不懂得教育政策和法律的教育管理研究是没有说服力的。因此，本书的第三章和第四章是对教育政策的焦点问题和教育法治的重点问题的思考。"他山之石，可以攻玉"，在几十年的从教生涯中，我有机会多次到美国等国家长期或短期访学，学到了一些先进的教育管理理念，进行了一些实践探索，将其中的重要感受写了出来，选择其中的一部分作为本书的第五章。

本书立题之初，期待以前沿性的选题而不浪费各种资源。那么，什么是前沿问题？就是必须先行思考的问题。尽管对此找不到统一的答案，但刀锋剑刃上的问题、亘古不变的问题、争论不休的问题、冰点难点问题等，能否视为前沿问题？如果可以，本书中对论文的选择在这方面付出了努力。书中选择了六十二篇本人独立撰写且自认为涉及前沿问题的论文，按照教育管理与政策的内在联系放入不同的思考专题，每个专题中的论文采用由近及远的时间排序，并在标题之后标注了论文发表的年份。效率与标准、数量与质量、权力与责任、权利与义务、决策与执行、制度与公平、法律与道德、任务与愿景、人与环境等，都是管理理论包括教育管理理论研究的核心问题，这些问题反映了管理理论发展的基本脉络。管理理论从追求效率开始，逐渐走上追求以人为本的质量管理。在管理理论的演进中，基于对决策与执行关系的思考，领导理论逐渐发展起来，自成体系。基于对权力分配的宏观思考，治理理论也逐渐成为管理领域的研究重点。而无论是管理还是领导抑或是治理，没有一种行动可以离开政策和法律。又因为法律被视为宏观意义上的政策的一部分，所以，本书以《理解教育管理与政策》为名，将对相关问题的思考融入其中，有的观点或许在对问题揭示的时间上和对问题本质的理解上表现出了一定的前沿性，在此赘列几例。

第一，关于教育管理学科的定位，在《走出徘徊：确立教育管理学一级学科地位的思考》一文中提出了将教育管理学科确立为一级学科的观点。因为教育管理首先是对教育发展做决策，如果将其置于教育学中的二级学科，那么教育发展的方向就难以确定，这在逻辑上是本末倒置的。世界其他国家凡有教育管理专业的高等学校，多以"教育领导与政策"或"教育管理与政策"为名确立教育管理一级学科的地位，这应当成为我们的借鉴。《教育管理学的发展轨迹、价值取向及其对研究者素质的挑战》一文是理解这一问题的姊妹篇，从不同的视角审视了这一问题。

第二，在一段时期内讨论的教育公平与效率的关系问题，存在着将两者相对立的认识，对此，《高中阶段教育公平的缺失及策略思考》一文指出这种假设存在逻辑错误。论文认为，效率对应的是量的概念，公平对应的是质的概念，公平的对立面是偏倚而不是效率，公平与效率会相互影响，却并不相互排斥。这一观点受到学界的肯定。《基础教育生均预算内公用经费支出的基尼系数考查》一文以基础教育生均公用经费支出呈现的强势、较强势、较弱势和弱势的阶梯形分布，证明了基础教育存在的非均衡发展的现象。早期发表的《基础教育均衡发展的政策视点》一文对教育均衡的解释以及对存在问题的阐述也广被引用。

第三，对高等教育中存在的学术学位和专业学位的制度冲突，在《高等教育基本制度的法律视点》一文中进行了揭示，十年后这一问题得以解决。对学位制度是国家学位还是学校学位的讨论，在《〈中华人民共和国学位条例〉的主要问题及修改建议》一文中通过将学位授权和学位授予相区别，坚持学位的国家授权性质。同时，为了保障质量，建议引入学位授权与授予的评价机制并制定学位标准。为了调动学位授予单位的积极性，建议转变学位授权方式。这些观点在学位管理制度发展变化的过程中得以印证。

第四，进城务工人员子女的学校教育问题多年来考验着教育的公平与质量。对此，《新生代进城务工农民子女的教育政策需求及政策制定方式的转变》《农民工子女就学政策的十年演进及重大转变》等多篇论文对这一问题进行了比较深入的探讨，始终坚持要公平对待进城务工人员子女在流入地接受学校教育，保障他们的受教育权。这一观点与《国务院办公厅转发教育部等部门关于做好进城务工人员随迁子女接受义务教育后在当地参加升学考试工作意见的通知》《国务院关于进一步做好为农民工服务工作的意见》等政策产生共鸣。与进城务工人员子女接受教育密切相关的另一个问题是留守儿童的监护问题，对此在《进城务工农民子女受教育权保障的政府责任》一文中，依据法理阐述了进城务工人员不可推卸的监护义务和责任，建议政府依法监督这一问题。

第五，社会的发展对教育领导者的要求越来越高，权力分享、领导者的人格魅力，成为领导理论研究的主要动向。《中小学领导者真诚领导的现状调查及建议》一文，应用真诚领导理论对中小学领导者真诚领导现状进行了质化研究。研究对实践中存在的成绩、问题及阻力进行了分析，为学校领导者提出"通过反思与自律、原创与判断、重大事件的有价值记忆、真诚对话与授权等策略，妥善处理人际关系，彰显以德治校的领导力"的建议。真诚是道德素养的核心，这将永远是领导理论研究的重点。真诚不仅可以调整教育领导者和追随者的关系，还可以调整教师和学生的关系。《学校变革的领导行为选择》一文再次强调领导者真诚的道德素养在学校变革行为选择中的重要意义。

第六，法治与德治是相辅相成的统一体。在道德水准有限的情况下，依法治教是促进教育发展的必然要求。《法治视角下的教育管理行为审视》一文对教育管理中形式合理而实质不合理的行为进行了尖锐的剖析，试图破解对教育管理理论与实践认识的种种误区，提出遵循比例原则调整教育行政法律关系，在权利位阶框架下化解权利冲突，为张扬法的精神做出努力。显然，教育管理与政策研究是具有难度的。这一领域的问题不会因研究者的热情而化解，真正的研究需要多学科知识的积累和应用，需要对教育管理和政策的深入理解。

在中华人民共和国成立 70 周年之际，有机会将自己多年积累的研究成果整理出来，著书出版，是我的幸运。为此，诚挚地感谢东北师范大学教育学部和东北师范大学出版社的鼎力支持，感谢为此书出版付出辛勤劳动的各位老师。同时，我也非常感谢董塬煜和满碧君两位硕士研究生，她们帮助我查找原文、转换格式，为本书的出版做了大量的工作。她们现已成为光荣的人民教师，祝愿她们桃李芬芳，幸福快乐。呈现在本书中的论文受个人理解水平的限制和不同时期环境的影响，错误和局限在所难免，真诚地请读者多多批评指正。

杨颖秀

2019 年 9 月

# 目 录

# 第一章

## 教育管理的核心视域

# 思考 1　教育管理的学科定位

## 走出徘徊：确立教育管理学一级学科
## 地位的思考（2008）

近 30 年来，教育管理学科一直在教育学和公共管理一级学科间徘徊。由于教育管理学科定位失确，在招生、培养、就业、学科建设等方面表现出了这样或那样的问题。教育管理学科定位失确与学科基本概念界定不清、交叉学科定位标准的模糊、学科定位危机的忽略密切相关。如果说"认识危机是新理论突现的适当的前奏"①，那么我宁愿将教育管理学科在教育学科和公共管理学科之下的徘徊视为其实现准确定位的前奏危机。对于这一危机我们没有理由再忽视了，因为准确的学科定位不仅影响到教育管理研究人才的培养质量，还影响到教育管理实践的成功与失败。

### 一、教育管理学科定位的演变

教育管理学科在教育学和公共管理一级学科间的徘徊是不争的事实，从 20 世纪 80 年代初至 90 年代末一直处于调整之中。1983 年，国务院学位委员会发布《高等学校和科研机构授予博士和硕士学位的学科、专业目录》（试行草案），在教育学类教育学一级学科下设二级学科学校管理与领导、二级学科教育经济学。1989 年 3 月 1 日，国务院学位委员会批准《授予博士、硕士学位和培养研究生的学科、专业目录》（修订草案），将原来设于教育学类教育学一级学科下的二级学科学校管理与领导改为教育管理学，同时沿用教育经济学二级学科。1990 年 11 月 28 日，国务院学位委员会、国家教育委员会发出通知，《授予博士、硕士学位和培养研究生的学

---

① 托马斯·库恩. 科学革命的结构［M］. 金吾伦，胡新和，译. 北京：北京大学出版社，2003：79.

科、专业目录》正式施行。在 1992 年 11 月 1 日由国家技术监督局批准、1993 年 7 月 1 日施行的中华人民共和国国家标准学科分类与代码表中（国家标准 GB/T13745－92《学科分类与代码》），教育管理学和教育经济学作为教育学科类的二级学科被列入。1993 年 7 月 16 日，国家教委印发了《普通高等学校本科专业目录》，在教育学门类中的教育学类中列入教育管理专业。1997 年 6 月，国务院学位委员会、国家教育委员会修改并发布了《授予博士、硕士学位和培养研究生的学科、专业目录》，将教育经济与教育管理两个二级学科合为教育经济与管理，列入管理学类的一级学科公共管理，可授管理学、教育学学位。同年，国家教委发出通知，开始进行《普通高等学校本科专业目录》修订工作。1998 年 7 月 6 日，教育部发布《普通高等学校本科专业目录》，将已有的教育管理专业扩展为公共事业管理而列入管理学门类的公共管理类，可授管理学、教育学、文学或医学学士学位。

　　教育管理学科在本科专业、硕士和博士研究生培养学科目录中的演变，一方面表明国家力求为教育管理学科找到一个恰当的位置，以达到发展教育管理学科的目的；另一方面，由于受对教育管理学科认识程度等方面的限制，这种演变并未能使教育管理学科真正得到一个恰当的位置。相反，其演变的轨迹却鲜明地反映了教育管理学科定位的徘徊与困惑，身处其中的理论工作者和实践工作者在教育管理学科的发展中遭遇了各种尴尬的场景。

## 二、教育管理学科定位失确衍生的问题

　　由于教育管理学科定位失确，所以在招生、培养、就业、学科建设等方面表现出了这样或那样的问题。

### （一）专业设置缺位导致一级学科招生二级专业培养

　　从 1997 年发布的《授予博士、硕士学位和培养研究生的学科、专业目录》和 1998 年发布的《普通高等学校本科专业目录》来看，在管理学门类之下，研究生阶段涵盖教育管理学科的一级学科是公共管理，其下设行政管理、社区医学与卫生事业管理、教育经济与管理、社会保障以及土地资源管理五个二级学科；本科阶段只在二级类公共管理中设公共事业管理专业，其下并未再设其他具体专业，与公共事业管理并设的还有行政管理、劳动与社会保障以及土地资源管理，而教育管理专业并未被列入目

录。因而，各校在招生简章中常常要用括号注明招收的是教育管理专业的学生。因此，很多学校在本科阶段实际上是按照公共事业管理专业招生，按照教育管理专业培养学生的，甚至有的学校是按照教育学一级学科招生，在学生入学一年半至两年的时候再分设出教育管理专业的。

　　然而，从教育管理学科的特点来说，学生不仅需要掌握教育学的相关知识，还需要了解教育管理作为部门管理工作与一级政府之间以及社会之间存在的必然联系，即要掌握公共管理的相关知识。因此，除了师范院校在教育（科学）学院设教育管理专业之外，也有部分院校在1997年之后相继成立公共管理学院，设教育管理专业。无论是在教育（科学）学院设教育管理专业，还是在公共管理学院设教育管理专业，都是将教育管理作为二级或三级学科建设的。这样，学生就难以理解为什么选择的是公共事业管理，学习的却是教育学和教育管理方面的课程，难以厘清教育学科与公共事业管理专业之间的关系，难以想象所选专业的培养目标，难以找到公共事业管理的坐标。

### （二）课程设置在一级学科间的转化导致专业特点无法凸显

　　公共事业管理学科是一个理论性、实践性、前沿性十分突出的宽广领域。它需要将组织行为学、社会学、经济学、政治学、政策学、管理学、公共管理学等多门学科作为专业基础课。同时，在公共事业管理的各专门领域，又需要教育、经济、卫生等多方面的知识作为专业主干课体系。专业基础课和专业主干课是构成学生专业知识结构、培养学生能力的重要基础。如果在本科阶段按照公共事业管理专业招生，则很难使学生在四年内清晰地了解和掌握公共管理的理论基础和各专业领域的知识结构，很难达到《学位条例》对获得学士学位要求"掌握本门学科的基础理论、专门知识和基本技能，并且有从事科学研究工作或担负专门技术工作的初步能力"的标准。因而，按一级学科招生按二级专业培养也就成了多数学校在公共管理学科培养学生的惯例。然而，这样做也未能很好地解决专业基础课和专业主干课的设置不充分的问题。由于历史上将教育管理学科置于教育学一级学科之中，加之受教师、经费、设施等教育资源的限制，所以在课程设置上，专业基础课常常以教育学一级学科的基础课为主。这样，学生就可能在入学一年半至两年后才进入本专业的基础课和主干课的学习，课程设置空间相对狭小，课程内容不深不透，课程体系间断跳跃，专业特点无法凸显，致使学生难以尽快理解教育管理学科体系和教育管理专业的特点，学习兴趣因此渐渐淡化，教学效果随之受到影响。这一问题致使本科学生与硕士研究生培养无法衔接。

### （三）学科、专业划分模糊导致学生就业遭遇质疑

由于本科阶段按公共事业管理专业招生，同时在课程设计方面存在诸多问题，所以，学生毕业时得到的学士学位证书在专业上只能称为公共事业管理。公共事业管理是一个包含教育、科技、卫生、文化、财务、国防、社区、资源保障等多方面管理活动的大领域。如果将公共事业管理这样一个大领域作为一个专业就会使用人单位感到专业性不强。加之社会对我国学科门类划分和专业设置的陌生，仅凭借一张公共事业管理专业的学位证书难以使用人单位了解学生究竟学习的是什么专业，即使是师范院校专门学习教育管理专业的毕业生也难以为教育行政部门和学校所认可，这些部门常常以"专业不对口"为由将这一专业的毕业生拒之门外。国家虽然在硕士研究生阶段在公共管理一级学科中设置教育经济与管理二级学科，但由于学科、专业名称的不明确性，加之授予学位的可选择性（可选择教育学或管理学学位），所以学生就业时还是会受到许多用人单位的质疑。

### （四）学科被边缘化迹象导致学科建设矛盾重重

目前，研究生阶段教育管理学科与教育经济学科共同定位于一级学科公共管理的二级学科，但师范院校从事这一学科教学工作的教师队伍及其组织机构多半还设置于教育（科学）学院之中。这就使教育管理学科成了传统的、历史悠久的强势教育学科下的附属学科，管理者关注的重点基本不在教育管理学科，这难免削弱教育管理学科应有的位置和作用。教育管理学科必须独立申请硕士点和博士点，而无力以教育学科的发展作为其发展的重要依托。在新成立的公共管理学院之中，教育管理学科同样不能受到应有的重视，因为在研究生的学科、专业目录中，教育经济与管理是与行政管理并列的学科，而在我国，行政管理学科必然处于更优先的位置。这样，教育管理学科逐渐产生了被边缘化的迹象，各种不应有的阻力在其发展中接踵而至。

## 三、教育管理学科定位失确的成因分析

### （一）学科基本概念的界定不清

我国实行的学士、硕士、博士三级学位制度应当是相互衔接、相互统

一的。然而，获取学士学位和获取硕士与博士学位的学科、专业目录却存在着很大的差异。获取学士学位要经过本科阶段的教育，要遵照 1998 年教育部发布的《普通高等学校本科专业目录》。而获取硕士和博士学位要经过研究生阶段的教育，要遵照 1997 年国务院学位委员会、国家教育委员会发布的《授予博士、硕士学位和培养研究生的学科、专业目录》。按照《普通高等学校本科专业目录》，教育管理只能作为公共事业管理的一部分，而按照研究生培养的学科、专业目录，教育管理是公共管理的一部分。严格说来，公共事业管理与公共管理的内涵和外延是不同的。

公共管理概念的提出要求政府不能仅仅关注于政府内部的事务处理，必须有效处理政府与社会的关系，有效管理政府内部与外部的公共事务。如果我们能够对公共管理的内涵和外延有一个清楚的认识，那么公共事业管理的概念也就清晰了。关于公共管理，我国学者认为，"公共"是一个相对于"私人"的概念，表示国家、政府及其他公共组织的职能、活动范围；与多数人的利益相关，有较多的社会公众参与；表示一个众人的事务领域。[①]《现代汉语词典》对"公共"的解释是"属于社会的""公有公用的"[②]。澳大利亚学者欧文 E. 休斯认为：公共管理是一个包含战略、外部环境的处理以及组织的广泛使命和目标的广泛范畴，公共管理一词涉及的范围似乎比内部行政的范围更广泛，公共管理不一定只发生在组织机构的内部。[③] 欧文 E. 休斯还比较了"公共管理"与"公共行政"的不同，认为"公共行政"一词几乎完全和政府官僚制结为一体。[④] 从国内外学者的认识来看，公共管理是一个与私人管理相对应的概念，是一个包括公共行政和其他公共事务管理的广泛领域。由于公共管理的资金大部分来自财政拨款，提供公共物品是政府的必然选择，因此强调公共管理主体的责任是最重要的，追求公共利益的合理分配是公共管理的核心。公共事业应当是公有公用、没有生产收入，由国家经费开支，不进行经济核算的事业。[⑤] 对公共事业的管理是区别于私人管理、企业管理的国家管理活动。在管理范围上，公共事业管理应当从属于公共管理，是不包括政府管理的管理，

---

① 陈振明. 公共管理学 [M]. 北京：中国人民大学出版社，1999：33.
② 中国社会科学院语言研究所词典编辑室. 现代汉语词典 [M]. 北京：商务印书馆，2002：1153.
③ 欧文 E 休斯. 公共管理导论 [M]. 彭和平，等译. 北京：中国人民大学出版社，2001：9.
④ 欧文 E 休斯. 公共管理导论 [M]. 彭和平，等译. 北京：中国人民大学出版社，2001：9.
⑤ 中国社会科学院语言研究所词典编辑室. 现代汉语词典 [M]. 北京：商务印书馆，2002：1153.

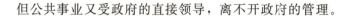

但公共事业又受政府的直接领导，离不开政府的管理。

### （二）交叉学科定位标准的模糊

以什么标准对交叉学科进行定位是决定教育管理学科地位的关键。目前，我国授予硕士、博士学位的学科门类共 12 个，一级学科 88 个，二级学科（学科、专业）382 种。普通高等学校授予学士学位的学科门类共 11 个（无军事学），下设二级类 71 个，专业 249 种。在此我们无法论证其他交叉学科在学科定位中的问题，仅就教育管理学科而言，之所以在教育学和公共管理学科之间徘徊，主要是由教育管理学科的交叉性特点所致。因此，如何对交叉学科进行定位至少要澄清三个问题。

其一，这一学科的研究对象及主要研究领域是什么。教育管理学是应用一定的理论与技术研究教育管理活动中的各种现象的科学，研究的目的在于发现其中的问题，揭示引发问题的原因，寻找解决问题的策略。教育管理是教育管理主体依据国家的方针和政策对教育实施的计划、组织、调控、监督、指导等活动，它既包括宏观上的政府及其职能部门对各级各类教育的管理，也包括微观上的学校领导者及教师等对学校的管理。因此，教育管理活动与政府部门的公共管理活动及教育活动具有交叉性。当然，教育管理学科的研究领域与公共管理学科及教育学科的研究领域也具有交叉性，但这种交叉性并不能取替或冲淡教育管理学对教育管理主体怎样实施教育管理活动的研究。尽管在教育管理研究中包括对政府及其职能部门的教育管理活动的研究，但教育行政部门始终是政府职能部门中管理教育的最重要的主体，它代表国家、代表政府对教育实施管理。所以，教育管理研究的最重要的对象是教育行政部门以及学校的管理活动。同样，教育管理活动是对教育活动的决策和服务，决策是权力的转移、行使和利益的分配过程，尽管教育管理活动是与教育活动相伴而行的，但教育管理活动并不是从属于教育活动的，教育管理的决策行为和服务手段决定了它对各级各类教育发展的重要性。因此，不能因为教育管理活动是公共管理活动的一部分而使教育管理学科从属于公共管理学科，也不能因为教育管理活动要与教育活动相伴而行而使教育管理学科从属于教育学科。

其二，这一学科与其交叉学科之间的关系是什么。学科之间的交叉可以分为三种情况：第一种情况是部分交叉关系，第二种情况是包含交叉关系，第三种情况是重合交叉关系。教育管理学与教育学和公共管理学的交叉应当属于第一种情况。仅就教育管理学科与教育学科的交叉来看，如前所述，教育管理的决策职能决定了教育管理学研究要应用教育学科的相关知识分析和解决教育管理中的实际问题，但这种应用是由教育管理活动本身的客观存在性决定的，并不是因为教育学科的存在而存在的。因此，教育管理学科应当是与教育学科并列的，而不是从属的或重合的。而已往由于更多地强调了教育管理的手段作用而忽略了教育管理的决策职能，所以导致了教育管理学科定位的徘徊。而这种忽略恰恰又存在着极其严重的不利后果，因为它可能导致对权力滥用的放纵，对责任缺位的无人问津，对管理伦理丧失的麻木不仁。如果在教育管理学科定位中无视这些，就等于限定了教育管理学科只需要研究作为手段的教育管理活动，而不需要研究作为职能的教育管理活动，也就等于假定了教育决策失误不会发生。

其三，与这一学科交叉的上位学科之间的关系。从目前的情况来看，教育管理学科的上位学科是教育学和公共管理。但从活动领域来说公共管理至少包括公共行政和公共事业管理两大领域，而教育事业是公共事业的一部分，所以，公共管理的活动领域大于教育的活动领域。教育学科不仅要研究各级各类教育的实践活动，而且要研究教育基本理论、教育技术及方法等方面的问题，它是一个具有独立范式的学科。因而，教育学科与公共管理学科均处于一级学科的地位而并列于学科目录之中。这再一次表明，实践活动领域并不是划分学科的基本标准，而学科研究领域及其基本范式才是划分学科的最重要的依据。同理，根据上述对教育管理学科内在研究领域的分析，教育管理学科理应定位于与教育学科并列的一级学科。

### （三）学科定位危机的忽略

任何一门学科的产生都有一个历史的发展过程，能否准确及时地确立这门学科的地位，关键要看能否对这一学科发展的本质特征给予及时、准确的认识。教育管理学科定位的危机恰恰在于对教育管理学科徘徊现象所掩盖的客观存在性及其价值的忽视，这种忽视又是由来已久的。因为重教育管理的经验性，轻教育管理的科学性，重教育管理学科划分主体的权术性，轻教育管理研究主体的学术性的表现根深蒂固。在这一问题上，一位从事教育管理研究的前辈在近 20 年前的一次教育管理学科专业委员会的学术年会上，向我讲述了发生在他身上的一件事。他在步入教育管理研究领域之初，曾经带着强烈的责任感去走访一位教育管理界的资深领导者，求教如何搞好教育管理研究问题，却受到了这位领导者的质疑："你们搞教育管理，那我们干什么？"这句话说出至少有 30 年的历史了。在审视教育管理学科定位时，教育管理界的这位前辈讲述的这件事终于与我今天的想法有了对接。应当说，我国教育管理研究的历史曾经在中华人民共和国成立到改革开放这段时间里间断过，这一方面是因为受苏联教育学体系的影响，将教育管理置于其中的缘故；另一方面，这位领导者的观念也不乏代表性，教育管理研究仅仅被视为领导者的事，忽视了学术研究对权力行使的监督和指导的意义。值得庆幸的是，1997 年终于在硕士、博士研究生培养学科和专业目录中增列了管理学门类，体现了管理是科学的意识，在客观上否定了管理仅仅被视为经验的积累和权力的行使的传统观念，这或许正是向教育管理学科解除定位危机而发出的信号。

## 四、结　论

将教育管理学科定位于教育学类下的一级学科既是一种设想，也是对学科划分实践的审视。如此，教育管理学科可以分为教育管理、教育经济等二级学科，以教育学、中外教育史、组织行为学、管理思想史、公共管理学、管理学、政治学、社会学、政策学、法学、经济学、高等数学等为专业基础课，设教育管理原理、基础教育管理、高等教育管理、职业教育管理、成人教育管理、比较教育管理、教育政策学、教育法学、教育经济学、计量经济学、教育督导学、教育评价学、校长学、教育管理应用文写作、教育发展战略、教育人力资源管理等专业课程，再增设一定数量的选修课，教育管理学科的价值将得以新的体现。

[原文载于《中小学管理》2008 年第 12 期，14-17 页]（杨颖秀）

# 教育管理学的发展轨迹、价值取向及其
# 对研究者素质的挑战（2005）

教育管理学作为一门学科的研究历史并不长，如果从 1908 年达顿（Dutton，Samuel Trail）和斯奈登（Snedden，David）创作《美国公共教育管理》（*The administration of public education in the United States*）（Dutton，Samuel Trail & Snedden，David，1908）算起，还不足 100 年。然而，近百年的历史却使教育管理学研究跨越了两个世纪，这种跨越使得一些人感到教育管理学研究正在产生重大变化。但事实上世纪转折并不是教育管理学研究产生变化的必然原因，真正影响教育管理学变化的因素是外部的政治、经济、文化、技术的变迁和内部的人的身心发展规律的永恒。在内外因素的合力作用下教育管理学表现出了一定的发展轨迹与价值取向，也为研究者的必备素质提出了严峻的挑战。

## 一、教育管理学的发展轨迹

### （一）从实践中走来的教育管理学

教育管理学是一门应用性很强的学科，从它产生之日起，就一直伴随着对教育管理实践的解读。教育管理学的创始作《美国公共教育管理》，在写满 31 章、600 余页的内容中，饱含了当时条件下教育管理实践从宏观到微观的全部过程。它从美国学校管理介绍入手，具体对促进优质教育的因素、联邦政府与教育、州政府与教育及管理、地方政府与教育管理、教育管理中的问题、城市学校制度及管理、公共教育财政、校舍、教科书及其提供、教学与督学、教职工、教师服务与改进、幼儿园和小学督导、小学课程学习、等级与升级、中学管理、师范学校管理、职业教育管理、体育管理、改正教育管理、问题儿童教育管理、夜校和继续教育学校管理、义务教育和童工法、学校纪律与政府、教育统计；财政、教育统计；学校记录和报告、公共教育的未知领域、学校与社会等方面，做了详尽的论述。从这些内容来看，教育管理学研究从开始就包括各级政府对各级各类教育的管理和各级各类学校内部的自主管理两个层面。在不同层面的管理中，管理的主体已经涉及政府、学校、社会；管理的事项已经涵盖法律、体制、制度、督导、教学、财政、校舍；管理中的人已经包括教职工、学生等（Dutton, Samuel Trail & Snedden, David, 1908）。之所以会有如此完整的体系，主要因为 19 世纪末 20 世纪初工业革命风起云涌，各国义务教育迅速普及，教育的内外情况迫切要求尽快提高教育管理的水平。因而，在教育管理主体、对象、内容相对稳定的情况下，使教育管理学有了明确的研究领域，并成为一门独立的学科。

《美国公共教育管理》问世后，在世界范围内相继出现了众多的教育管理学著作，其中包括中国在 20 世纪 30 年代以后出版的一批此领域的著作。诸如：常导之于 1930 年著的《教育行政大纲》（上、下）、张季信于 1931 年著的《中国教育行政大纲》、杜佐周于 1932 年著的《教育行政与学校行政原理》、罗廷光于 1942 年著的《教育行政》等，均是教育管理学发展史上的代表作。这表明，中国的教育管理学研究在历史上是与世界同步的。但中华人民共和国成立以后，由于对教育管理权力认识上的偏差，一度使中国起步较早的教育管理学研究中断了 30 余年，20 世纪 80 年代中期以后才重新起步，20 世纪 90 年代看到的几本反映中国教育管理实践的教育管理学，在中国教育管理学发展史上起到了重要的承上启下的作用。中国教育管理学研究的中断，导致了研究队伍的断层和研究者知识结构的失调，并使教育管理学研究在实践领域表现出了较大的欠缺。

### （二）在继承中发展的教育管理学

教育管理学在历经百年的进程中，大批的研究著作表现出在继承已有研究的基础上再发展的特点。继承表现在学科体系的延续，这是由教育管理的对象决定的；发展表现在研究范围的扩大和内容的深化，这是由管理理论和科学技术的创新决定的。例如，受美国教育管理专业重视的《教育管理理论与实践》（*Educational Administration Concepts and practices*）（Fed C. Lunenburg, Alan C. Ornstein, 2004）一书，2004 年第四次再版，其内容分为四个部分。第一部分：基本原则和理论，包括管理理论的发展、组织结构、组织文化；第二部分：管理过程，包括动机、领导、决策、交往、组织变革；第三部分：教育结构构建，包括联邦和州政府与教育、地方学区、学校财政与运营、法律视角与教育；第四部分：项目与服务管理，包括课程发展和执行、分析和改进教学、人力资源管理、教育管理生涯等。从这一著作的体系来看，仍从教育管理实践出发，包括了教育管理过程、教育管理组织结构、教育法律、人的管理、财务管理、教学管理等内容。但在理论研究上明显地扩大了视野，强调对理论发展脉络和组织理论的研究，强调人力资源管理，强调教育管理的专业性以及教育管理者的职业生涯。这种变化反映了研究者对现代教育管理的理论性与实践性认识的深化以及科学技术的发展对教育管理实践的要求。

### （三）在综合中分化的教育管理学

教育管理学研究的逐渐深化和研究内容的不断丰富，对教育管理某一领域的研究呈现出相对完善的状态，并不断地从教育管理学中分化出来。从世界范围来看，教育管理学逐渐地分化出了专门研究学校内部管理的著作、专门研究学校领导的著作、专门研究教育组织的著作、专门研究教育法律及政策的著作、专门研究教育财政的著作、专门研究教师与管理者专业发展的著作、专门研究教育督导及评估的著作等等。这样，在教育管理学研究领域，出现了综合研究教育管理现象的教育管理学与分化研究教育管理现象的教育管理分支学科并存的教育管理学科群。

然而，教育管理学研究的逐步深化与成热并不意味着未来的教育管理学研究会轻车熟路，恰恰相反，带给教育管理学研究的是已经走进的高原期。站在高原期上，要实现教育管理学研究的新进展，不是要喊出新的口号，而是要思考如何使教育管理学能够在发展中求发展，如何使教育管理学对教育管理实践产生更大的指导意义。这就需要探讨近百年来教育管理学研究一直在追求什么，研究者又应如何实现这种有意义的追求。

## 二、教育管理学研究的价值取向

### （一）教育与政府及社会的关系：教育管理学研究的视野

教育是培养人的活动，教育界是统治者为维护其统治极力控制的领域。这种控制主要通过法律、政策、拨款等管理决策手段来进行。而培养人的活动又必须遵循教育的内在规律。在法律、政策、拨款有利于促进教育发展的时候，政府对教育的控制与教育自身的发展会协调一致；在法律、政策、拨款不利于促进教育发展的时候，政府对教育的控制则可能破坏教育的内在规律或阻碍教育的有序发展。实际上，政府对教育的控制两种情况并存。以政策控制为例，由于政策的制定存在着单向性或权力统治性，所以政府可以通过政策控制教育，也可以通过政策将政府的责任转嫁于教育。当教育利益由此受到侵害的时候，教育与政策更准确地说是与政府之间的博弈便随之发生。为了教育的利益，为了教育的生存和发展，教育管理者常常会对政策做出各种变通，也可能会拒绝执行政策。这种博弈的后果往往使受教育者成为事实上的受害者。

由此看来，教育作为培养人的活动，决不是教育自身能够完成的。它不仅受到政府的控制，也受到社会的经济、文化、技术等因素的影响。

在经济因素方面，20世纪初期，由于泰勒（Taylor）的科学管理理论的问世，以追求效率为目的的各种管理活动，包括教育管理活动成为时尚。对此，泰勒本人也感到厌倦，针对管理者、报纸、杂志等铺天盖地的宣传，泰勒认为是过分的。[1] 在教育管理学研究领域，也有人认识到了这种过分追求时尚，忽视不同管理领域差异性特点的危险性，认为教育管理者作为教育管理领域的专家，应当具有来自社会的宽厚文化基础和接受专门的训练才能取得成功。[2]

在文化因素方面，各国不同的文化背景对教育管理会产生不同的影响。在追求多元、开放、自由的美国，学校是无围墙的，学生的课堂活动随意性很大，注重交往能力的培养，很少受纪律的约束。在中国，这种情况则难以实行。它不仅因为中国围墙文化的禁锢，家长对教育的认识差异及社会的各种干扰也使学校难以抵御。

在技术因素方面，信息技术革命远远超前于管理行为，并具有积极与消极的双重属性。例如，管理者在还没有充分懂得有线网络技术的优越性时，无线网络技术已经在社会上采用。这种技术在扩大了教育管理空间、丰富了信息资源的同时，也受到腐蚀青少年因素的干扰。教育管理者如何在疾速发展的信息时代既保持教育的纯洁性、稳定性，又显现教育的时代性、优越性，或许是管理者的两难选择。

事实证明，社会的政治、经济、文化、技术因素既影响教育管理策略与手段的改进，又影响教育管理观念与视野的变化。基于此，教育管理学研究应当从社会的实际情况出发，冷静地看待国内外的各种教育管理现象，冷静地处理教育、政府、社会之间的关系，帮助管理者科学地选择教育管理行为，避免在复杂的系统环境中随波逐流，从而给教育管理实践带来误导。

---

[1] Raymond E Callahan. Education and the Cult of Efficiency [M]. The University of Chicago Press，1962：24.

[2] Raymond E Callahan. Education and the Cult of Efficiency [M]. The University of Chicago Press，1962：194.

### （二）民主与专制：教育管理学研究的核心

强调政治因素对教育管理的影响从其实质意义来讲是在强调权力分配的重要性，因为权力的分配状况反映的是社会的民主程度。教育管理上的民主追求在横向上和纵向上均有表现。横向上的学校与家长及社会的权力分配、政府部门之间的权力分配，纵向上的政府与学校的权力分配、学校管理者与教师的权力分配、教师与学生的权力分配等，都反映着教育的民主化进程。权力的分配实际上是利益的分配。因此，从制定义务教育法、以法律手段追求保证儿童平等的受教育权开始，教育管理的民主价值就反映得十分清楚了。此后，在世界范围内此起彼伏的课程改革、管理体制改革、办学体制改革、学校制度改革等，都在不同层面上反映着对民主价值的追求。

研究证明，处于高管理限制与低管理限制中的学校及学生所取得的成就是有差异的。在学生占平均数以上规模的学校，高管理限制的成就获得率为 35.2%，低管理限制的成就获得率为 70.1%；高管理限制学校的学生行为问题为 35.2%，低管理限制学校的学生行为问题为 31.8%。[①] 显然，教育管理的民主性影响着管理对象的业绩。因为倡导民主的教育管理，一方面可以调动管理者、教职工以及学生的积极性，保证每一位主体的切身利益，另一方面也可以防止管理的集权化及其由此带来的权力腐败行为。但强调权力的有效分配，并不等于忽视权力与责任的相互对应性，管理主体在获得权力的同时也获得了责任。如果在追求民主的过程中只强调权力不强调责任，则与专制的管理没有本质上的区别。因而，现代教育管理在权力分配上既表现出重心下移的趋势，也强调管理的自主与自律。

由于强调民主指向的是人及其人的切身利益，因此，多年来一直是教育管理学研究的核心问题。教育管理学正是在不断强调人性化管理，强调管理的服务功能的过程中得以发展的。

### （三）数量与质量：教育管理学研究的主线

追求民主不是抽象的而是具体的，它在权力分配上的具体表现会通过管理过程的数量化与管理结果的质量化反映出来。教育管理研究领域有很

---

① John E Chubb and Terry M Moe. Politics，Markets，and America's Schools ［M］. Washington，D. C.：The Brookings Institution，1990：170.

多数量表现形式，如学校规模、班级规模、教职工与学生比、生均公用经费、学生使用面积、图书藏量等等。强调数字化形式的重要性，是要强调量变是质变的过程，质变是量变的结果这一道理。在教育管理过程中，对一定的量反映着一定的教育管理理念及价值追求的认识，有时会因为研究者的不同视阈以及数量与质量转换的缓慢过程而受到忽视。

### （四）公平与效率：教育管理学研究的精髓

追求民主，关注数量与质量，说到底都是在研究公平与效率的问题。管理要减少浪费，追求效率，但同样反对在追求效率的时候以牺牲公平为代价，二者不能相抵。公平与效率的博弈存在着四种基本情况，即高效率高公平、高效率低公平、高公平低效率、低公平低效率。教育培养人的属性决定了教育管理要以追求高公平与高效率为宗旨，如果非要将两者进行排序的话，那么应当是公平第一，效率第二的。对此，党的十六大报告明确指出："初次分配注重效率，发挥市场的作用，鼓励一部分人通过诚实劳动、合法经营先富起来。再分配注重公平，加强政府对收入分配的调节职能，调节差距过大的收入。"教育分配属于再分配的范畴，其经费来源主要依靠政府的税收。因此，追求公平是教育公益性的具体体现，也是教育管理学研究的精髓。

追求公平的实质意义在于保证人的受教育权，受教育权是人的绝对权利，它是由于人的生命的存在而存在的，生存权是人的绝对权利，受教育权是生存权的一部分，因此是人的绝对权利。然而，应然上的教育公平目前还受到实际上的不公平的阻碍，特别是在市场经济发展的初级阶段，这种情况则更加明显。仅以基础教育生均公用经费投入情况为例，各地已经明显地出现了强势、较强势、较弱势、弱势的分层现象。这种现象给学生带来受教育起点的不平等和受教育过程的不平等。受教育起点的不平等表现于受教育条件的不平等，受教育过程的不平等表现于由受教育条件的不平等而带来的教育质量上的差距。这两方面的不平等最终将导致受教育结果的不平等，而不平等不是人类社会追求的生命价值准则。

因此，教育管理学研究必须关注教育管理与其他管理的差异性，关注以人为主体的教育管理的真正意义。对一味强调效率而忽视公平的态度不仅是泰勒本人不欢迎的，也是教育管理学研究应当抵御的。

## 三、教育管理学的发展对研究者素质的挑战

### （一）挑战研究者的经历

教育管理学的应用性表明，研究教育管理学的人具备什么样的经历非

常重要，它不仅影响着对教育管理实践价值的认识，也影响着如何以学科研究的方式引领教育管理实践活动。笔者先后两次在美国著名大学教育管理专业访学中看到，教育管理学的教学与研究者，大多是年逾花甲的教授，他们不仅拥有博士学位，而且多数是中小学教育教学和管理的佼佼者。美国的教育管理专业更准确地说是培养中小学校长和教育行政人员的专业。因为，在美国做中小学校长需要具备四个基本条件：其一，要具有从被认可的高等学校获得的硕士学位；其二，要在公立学校或非公立学校成功承担至少三年的全日制课堂教学工作；其三，完成学校行政与督导项目的课程学习；其四，成功地完成校长实习。美国的教育行政人员被称为督学，要做督学需要具备两个基本条件：其一，有在被认可的学校获得的教育管理专业的博士学位；其二，有至少五年的全日制中小学课堂教学经验。如果没有博士学位，至少要有硕士学位，但在其他条件上要有更高的要求。

从对校长和教育行政人员的要求来看，教育管理学的研究者当然不能比之逊色。因为研究者的素质直接影响着他对教育管理理论和实践的理解以及应用程度。尽管人们可以从书本上学到间接经验，但对于应用性学科来说，直接经验具有特殊的意义。例如，没讲过中小学教材的人如何知道教材的利弊？又如何设计课程？没教过中小学生的人如何知道他们的内心世界？又如何处理各种疑难问题？没批改过中小学生作业的人，如何知道学生常犯的错误？又如何提高他们的学习成绩？而对于学校中最重要的事：教育学生、安排课程、提高质量都无法面对，还能在更深的程度上理解教育管理的意义和价值吗？正因为研究者直接经验的匮乏，所以常被实践工作者称为"说管理的人"，这种说法不无道理。

**（二）挑战研究者的态度**

强调教育管理学研究经历的重要目的在于强调教育管理学的研究态度。由于教育管理学理论与实践的交融性以及教育管理学对教育决策的重要影响性，特别要求教育管理学的研究者要具有科学的态度。如果说研究背景或许还受到客观因素左右的话，而研究态度却是由主观因素决定的。

**1. 少一点批判，多一点反思**

批判表示的是否定，反思表示的是对问题的关注与对解决问题的期望。由于社会处于动态发展过程之中，各种因素的变化会对教育管理产生这样或那样的影响，因此，研究者难免在动态之中，特别是在迅速变化的社会中产生各种迷惘，也很容易在还未来得及认清事实真相的时候就盲目地对以往的教育管理理论和实践进行批判、指责或否定。这种态度不是实事求是的，也不能称其为创新。作为社会科学研究是有连续性的，作为教育管理实践是有稳定性的。研究者没有理由因为新生事物的出现而肆意指责和批判已有研究或实践的瑕疵，只有义务思考已有的理论与实践还存在什么问题，原因如何，怎样解决。批判是过激的，反思则是积极的。教育管理中的问题，不会因为研究者的批判或否定而得以解决，只能在理论与实践的磋商与探讨中找到解决问题的答案。

**2. 少一点浮躁，多一点积淀**

教育管理学研究者要站在学科发展的线上来从事研究，就要少一点浮躁，多一点积淀。积淀可以帮助研究者认清教育管理学发展的来龙去脉，认清教育管理学研究的价值走向，认清教育管理实践需要解决哪些问题。因此，浮躁容易使研究空洞乏味、没有根基，积淀则可使研究逐步深入、耐人寻味、更具说服力。教育管理学研究需要积淀的不仅仅是学科本身的知识，还应包括相关学科的知识以及社会实践的知识。因为教育管理活动由于受到社会的政治、经济、文化、技术等因素的影响，要对其进行研究，仅仅从教育管理学本身来研究教育管理学是远远不够的，还必须研究与之相关的学科，如社会学、政治学、行政学、经济学、政策学、法学等。只有站在学科系统和社会系统的角度来研究教育管理学，才可能比较客观地解释教育管理活动，比较准确地认识教育管理现象。

**3. 少一点跨越，多一点改进**

面对迅速发展的社会，一些人会感到压力重重，产生浮躁心理，进而导致跨越的冲动。但跨越会带来先天不足。无论是社会的发展还是人才的成长，都是逐渐递进的过程，需要扎扎实实地进行。在教育"十年树木，百年树人"的规律支持下，教育管理学研究亦不能一味追求时尚而不顾教育管理的内在规律性，不顾教育管理现象与其他社会现象的差异性，不顾研究者的知识基础。人云亦云，或者说空话的做法不是实践所欢迎的，也是没有任何意义的。自然科学的一个难题或许几个世纪才能解决，社会科学的难题也不会因为追赶潮流而迅速化解。为此，每一个研究者需要有一点探究的精神，保持一种理智的态度。要在逐渐积累的过程中，在不断探讨的基础上，针对复杂社会系统中的教育管理问题提出改进教育管理的策略与途径。改进是连续的渐进的过程，是符合事物发展规律的。

［原文载于《教学与管理》2005 年第 28 期，3-6 页］（杨颖秀）

# 思考 2  教育管理的生命线

## 提高质量：教育改革和发展的核心问题（2011）

教育质量是教育发展的心脏。《国家中长期教育改革和发展规划纲要（2010—2020 年）》将提高质量作为教育改革和发展的核心任务，具有划时代的意义。改革开放以来，我国重大教育政策虽然始终对提高教育质量予以充分的关注，但在提高教育质量的实践过程中还存在这样或那样的问题。例如，对教育质量认识的偏差、教育资源的短缺和教育质量监测标准的单一等。为此，需要以大教育质量观的视角和动态的思维审视教育质量，正确处理普及教育与提高质量的关系，为教育质量的提升创建优质的环境。《国家中长期教育改革和发展规划纲要（2010—2020 年）》将提高质量作为核心任务写在 20 字工作方针中，明确了我国未来教育改革和发展的方向。然而，方向的定位并不等于质量的提升，提高质量是一个需要长期坚持的实践行动，对此我们需要做出深入的思考。

### 一、国际社会对教育质量的审视

2005 年，联合国教科文组织 EFA（Education for All）项目以教育质量为主题，探讨了为什么要关注教育质量以及提高教育质量应关注什么等问题。EFA 报告认为，教育质量是教育的心脏，它决定着学生的发展和社会的进步。家长将孩子送到学校首先要审视教师的质量，思考孩子在学校是否能学有所得。为此，学校要解决培养什么人、怎样培养人以及谁来培养人的问题。培养什么人，要求学校科学设计培养目标，帮助学生发展其创造力和情感，获得技能、知识、价值观和负责任的态度。怎样培养人，要求学校为学生设计适合于他们发展的课程，使他们学会如何学习。谁来培养人，除学校要为学生科学设计培养目标及其有利于其发展的课程之外，还要求政府为提高教育质量提供具有支持性的政策以及拨付足够的教育经费。①

从国际社会对教育质量的理解来看，高质量的教育实际上是要实施面向全体学生以及促进学生全面发展的教育。面向全体学生追求的是教育应有的公平属性，促进学生全面发展追求的是保障每一个学生的学习权利。为此，世界许多国家及国际组织都纷纷采取策略，力争以公平的教育准则和权利本位的理念，为每一个学生，特别是学业不良的学生或经济背景较差的学生提供发展的机会，践行《世界人权宣言》提出的"充分发展人的个性并加强对人权和基本自由的尊重"的教育目的。② 例如，美国实施《不让一个儿童落后法》（No Chilled Left Behind，NCLB），帮助学业不良儿童增长知识和提高能力；芬兰以耐心等待为教学习惯，保障每一个儿童都能学会如何学习；③ 加拿大通过年轻学生转换调查（Youth in Transition Survey，YITS）掌握学生的成长过程；而世界经济合作与发展组织（The Organization for Economic Co-operation and Development，OECD）则通过对学生能力的国际评价（Programme for International Students Assessment，PISA），来实现监控教育质量的目的。④ 国际社会的这一系列教育举措，不仅有助于学生学业成绩的提升，也同样能使学生体会到教师与学生之间、学生与学生之间的友谊、互助、分享、合作等伦理精神。因此，高质量的教育不是仅仅追求分数的教育，而是彰显公平和正义的教育，是传播道德和责任的教育，是惠及每一个人切身利益的普及教育。

## 二、提高教育质量的划时代意义

改革开放以来，我国重大教育政策已经对教育质量予以充分关注。1993年，《中国教育改革和发展纲要》就提出："必须全面贯彻党和国家的教育方针，遵循教育规律，全面提高教育质量和办学效益。""努力使教育质量在九十年代上一个新台阶。"为落实提高教育质量的战略目标，《中

---

① EFA Global Monitoring Report［EB/OL］.（2005）. http：//unesdoc. unesco. org/images/0013/001373/137333e. pdf.

② 世界人权宣言［EB/OL］. ［2003-01-20］. http：//news. xinhuanet. com/ziliao/content_698168. htm.

③ 萧富元，等. 芬兰教育世界第一的秘密［M］. 台北：天下杂志，2009：112-114.

④ 王蕾. 教育评价探新［M］. 西安：西安交通大学出版社，2007：4-5.

国教育改革和发展纲要》要求建立各级各类教育质量标准和评估指标体系，特别强调保证高等教育、职业教育等方面的质量。2010 年，《国家中长期教育改革和发展规划纲要（2010—2020 年）》再次要求"把提高质量作为教育改革发展的核心任务"，并且在义务教育、高中阶段教育、职业教育、高等教育、人才培养、对外开放、管理体制、重大项目改革和试点等方面，全面提出提高教育质量的具体要求。在近 20 年的历程中，党和国家的重大教育政策始终关注教育质量问题，充分显示了提高教育质量的划时代意义。

### （一）教育质量是教育存在和发展的基础

教育的价值不在于教育活动的外在表现，而在于教育本身固有的特性，这种特性使教育有了存在的基础，有了其他社会活动不可替代的唯一性，这种属于教育自身的特性也就是教育的质量属性。因此，党和政府在民生工程中不仅提出要解决"有学上"的问题，而且要求解决"上好学"的问题。而"上好学"则是要为人们提供高质量的教育。高质量的教育是一个系统呈现的优质教育，至少应当具备三个条件：其一，基本教学条件符合学生身心发展的需要，满足教学的基本要求。具体表现在教育经费、学校设施、教师配置等都应以符合学生身心发展需要为标准，并应随着国际社会对教育要求的不断提高而不断改进。基本教学条件是保证教育质量的物质基础。其二，以公平为准则，面向全体学生。学生自身存在的差异性要求对其实施差异性教育，使其在先天条件不平等的基础上获得后天平等的教育，这就要求教育以公平原则为底线，为保障学生个性发展提供良好的制度设计。基于这样一种认识，公平的教育行为是无穷尽的，没有固定的模式可以套用。建立在公平基础上的面向全体学生的教育是保证教育质量的伦理标准。换言之，高质量的教育是建立在公平基础上的教育。其三，创造条件，促进学生全面发展。全面发展是社会对人的发展提出的必然要求，也是人能在社会中得以生存和发展的必要条件。强调人的全面发展是解决钱学森之问的必然选择，因为创造性人才的缺失主要不在于人的知识与智力的缺失，而在于人的精神与责任的缺失。在人缺少一种创造的精神和责任的情况下，也就无法从其已有的知识与智力中迸发出创造力。教育是为社会的发展和人的自身发展创造条件的基础设施，有义务为受教育者提供有利于其全面发展的各种条件。

### （二）高质量的教育是建设人力资源强国的保障

《国家中长期教育改革和发展规划纲要（2010—2020 年）》指出："百年大计，教育为本。教育是民族振兴、社会进步的基石，是提高国民素质、促进人的全面发展的根本途径，寄托着亿万家庭对美好生活的期盼。强国必先强教。"同时，提出"到 2020 年，基本实现教育现代化，基本形成学习型社会，进入人力资源强国行列"的战略目标。我国是一个人口大国，一方面承载着比较沉重的人口负担，另一方面也有着将人口大国转化为人力资源强国的潜能。国家要进入人力资源强国行列，就要培养数以千计、数以万计、数以亿计的各级各类人才，而人才的培养无疑又依托于高质量的教育。教育质量不仅惠及每一个人的切身利益，还对民族素质的提升、综合国力的发展起着不可替代的作用。因此，对教育的重视说到底应当是对教育质量的重视。所以，教育对人的培养不仅要在数量上达到一定的规模，体现普及性，更要使人的培养在质量上提升水平，体现公平性、创新性和强势性。因此，强调高质量教育的重要意义在于考证教育为国家发展、社会进步培养出了多少有用之才。而有用之才不仅包括尖端人才，更包括基础性人才。人力资源强国的重心应当在于人作为资源而存在。

## 三、提高教育质量亟待解决的问题

就教育实际而言，不仅对什么是教育质量在认识上存在分歧，而且对如何提高教育质量在行为上也存在着阻力，这些分歧和阻力构成了影响教育质量提高的主要问题。

### （一）教育质量观的偏差

对什么是教育质量的认识是能否提高教育质量的前提。种种迹象表明，重知识、轻能力，重智育、轻德育，重部分、轻整体，重显性、轻隐性，重静态、轻动态等偏差正在影响着对教育质量的审视。首先，以知识代替能力的教学要求扼杀了学生发展的潜能。知识与能力虽然是相互联系的统一体，但知识并不等于能力，特别是不等于创造力。[①] 我国学生在基础教育阶段的诸多国际竞赛中都能在知识领域表现出较强的优势，但在研

---

[①] 林崇德. 创造性人才特征与教育模式再构 [J]. 中国教育学刊，2010（6）：1.

究生阶段却无法显现他们从事科学研究的能力，知识方面的优势与对其能力的挑战相比显得黯淡无力。其次，以知识为本位的教学过程不仅冲淡了对学生能力的培养，还使他们的道德行为、情感态度等出现危机。很多学生缺乏人生规划，缺乏社会责任感，缺乏学习兴趣，甚至知识有时成为他们攫取既得利益的工具。再次，以知识为标准的人才培养和选拔制度，使少部分学生的既得利益无限膨胀，促生了新的不公平。以知识论人才不仅忽视了对学生综合素质的培养，还忽视了全体学生对教育质量的不同需求。学生对知识掌握程度的不同给他们带来了不均等的受教育机会，也使全面发展的教育和面向全体学生的教育因此失衡，而这种失衡又反过来被部分人的知识光环所强化，使教育质量的本真意义再次受到冲击。最后，以知识为指标考查质量的行为导致对学生发展的误导。单纯以知识为指标考查学生的质量是一种急功近利的行为，忽视了用发展的眼光看待学生的学习动机、学习态度、学习效果、行为表现以及它们之间的相互关系。因而，多知识少能力、有分数无人格、高智商低情商的教育结果触目可及。

### （二）教育质量提升资源的缺失

不仅认识的偏颇会阻碍教育质量的提升，政策、制度、设施、经费、师资、课程等资源的缺失也会阻碍教育质量的提升，特别是政策资源的作用不可忽视。因为政策是国家管理教育的基本手段，是教育战略决策的表现形式，各种教育资源的配置均须通过教育政策的制定与实施得以实现。这就不仅需要政策内容、政策体系具有科学性，而且需要政策制定过程能够掌握影响教育质量因素的发展变化态势，据此在关键时刻能制定出解决问题的可操作性政策，以政策调控教育的有序发展和质量的可持续提升。

例如，在教育资源的配置中，一方面要关注平均成本，另一方面还要关注不同利益群体的特殊需要。然而，长期以来提高质量政策的可操作性薄弱以及相关政策的不配套，致使教育质量的提升一方面受到教育资源不足的限制，另一方面也受到区域间、校际间教育资源巨大差异的影响，以公平为要义的教育政策目标难以达成。教育质量提升资源的缺失有多种情况：有资源数量的缺失，也有资源质量的缺失；有资源的绝对缺失，也有资源的相对缺失。资源数量的缺失会影响教育质量的提升速度，资源质量的缺失会影响教育质量的提升水平。资源的绝对缺失会影响教育质量提升的可能性，资源的相对缺失会影响教育质量提升的有效性。

### （三）教育质量监测标准的单一

提高教育质量是一个具有相对标准的教育行动，它需要通过一定的手段对教育质量进行客观的监督和评价，以确保教育质量的真实性和发展性。然而，受认识偏差的影响，对教育质量的监测还停留在分数至上的误区之中，缺乏必要的监测制度和科学的监测标准，监测集中于对学生的学习结果主要是学习成绩的监测，忽视对学生的学习过程及其进步程度的监测，也忽视对学习动机、学习态度、学习习惯、学习环境等因素对学生学习效果的影响作用的监测，更忽视对学生能力品质的监测。这样的监测很容易构成对教育质量标准的误导，进而对有碍于教育质量提高的行为起到推波助澜的作用。教育质量监测标准的单一性是与教育质量观的片面性以及对教育质量监测缺乏管理息息相关的。长期以来，不仅在对教育质量的认识上存在着以偏概全的现象，在管理上我国也缺少专门的教育监测组织系统，习惯以行政命令、考试排队等手段代替对学校、教师及学生的监测，致使监测缺少客观性和科学性。不仅如此，对教育质量评价的目的还局限于表扬强者的思维定式，忽视帮助和提升弱者的教育目的。因此，教育质量的提高难以收到预期的效果。

## 四、提高教育质量的多维思考

教育质量的内涵具有多层次性，从学前教育到义务教育，再到高中阶段教育以至于高等教育，提高教育质量是一个系统工程。为此，需要以立体思维寻求解决问题的路径。

### （一）确立大教育质量观

确立大教育质量观需要从三个方面入手：其一，对教育质量对象的考查要普视所有受教育者，特别是要倾注于学业成就较低的受教育者。这是基于对教育质量与教育公平二者统一性的思考。没有公平的教育，就没有有质量的教育；没有为着每一个受教育者的教育，就没有为着整个民族的教育。教育质量与教育公平是未来十年我国教育改革和发展的两翼，是党和国家教育工作的重点。如果说以往教育质量与教育公平的失衡不排除经济条件、制度设计等因素影响的结果，而目前我国经济实力的提升和未来十年党和国家对教育改革和发展的战略抉择已经为教育质量与教育公平的协调统一奠定了基础。那么，我们在当下强调提高教育质量的时候就必须将促进公平纳入其中。只有这样，我国的教育质量观才能与国际社会的教育质量观接轨，也只有这样，提高教育质量的行动才能体现其价值。其二，对教育质量监测组织的设置要兼顾权力部门与非权力部门的作用。为保证教育质量的提高，需要对教育质量实施监测，这就需要改变以往以行政权力代替学术权力的倾向，设立非政府组织的教育质量监测机构，划分监测职能，保障监测行为的客观性和监测结果的科学性。目前我国已经设置基础教育监测制度，但主要还是由行政部门对基础教育条件进行监测。与国外对教育质量的监测相比，我国在监测主体、监测内容、监测方式等方面还存在着较大的差距，对此需要完善。其三，对教育质量监测评价体系的建立要科学设置各项指标，兼顾知识与能力的监测、学识与品行的监测、过程与结果的监测、学校文化与环境条件的监测等。例如，对学生学业标准与成绩要监测中止与进步情况；对教学质量要监测教师的资格、工资、质量标准情况；对教育经费要监测其充分性、公正性与分配情况；对学校氛围要监测学校的安全、纪律、学校及班级规模、学校自主权、对学生学习的支持情况等。①

### （二）以动态思维审视教育质量

提高教育质量是一个动态的过程，但动态性却往往被忽视。因为在人们的思维视域中，显性的、近期的、表层的、简单的现象更容易被察觉，而隐性的、远期的、深层的、复杂的现象及其内在规律则不容易被发现。因此，以动态思维审视教育质量更显得重要。据此，首先要关注教育质量相关指标的提升程度。一般来说，评价教育质量的指标是相对稳定的，评价的结果在特定的时间也是一定的。但对评价对象教育质量的分析却不能停留在静态的节点上，而是要对其质量评价的时间序列值进行分析，以便得到反映其教育质量的发展性指标，这也是关注教育对象发展过程的需要，是发挥评价的激励作用的必要选择。其次，要关注教育质量提升的相对性。衡量教育质量的提升程度，不仅要监测评价对象自身的纵向发展指标，还要以同类对象的发展指标为参照，以监测其教育质量提升的相对性。对相对性的认识也需要在动态的进程中比较同类对象发展的差异性，以观测一定的评价对象的教育质量提升程度。最后，要及时发现并解决阻

---

① 朱益明. 美国教育质量的监测［EB/OL］.（2008）. http://jky.ynjy.cn/jgsz/pgyjczx/201004/1106.html.

碍教育质量提升的问题。任何对教育质量的监测的目的都是为了发现教育质量提升中的问题，进而对问题进行必要的诊断，并提出解决问题的对策。教育质量的提升在不同的阶段存在着不同的问题，发现问题是解决问题、提升教育质量的前提。从重大教育政策对教育质量的关注来看，强调提高质量往往发生在教育改革发展的关键时期。在这样的历史时期，强调提高质量，一方面反映了教育质量对教育改革和发展存在的内在影响性，另一方面也反映了教育质量提高的动态性。教育质量提高的动态性，要求决策者不能因为教育质量在提升中存在问题而在主观上以心理账户降低教育质量的客观标准，否则，提高教育质量的行为就会受到影响。

### （三）正确处理普及教育与提高质量的关系

《国家中长期教育改革和发展规划纲要（2010—2020年）》在将提高质量作为教育改革发展的核心任务的同时提出了"基本普及学前教育""加快普及高中阶段教育，毛入学率达到90％；高等教育大众化水平进一步提高，毛入学率达到40％"等普及各级教育的重要指标。一方面是提高教育质量的核心工作，另一方面是普及教育的明确要求，反映了国家在教育发展中兼顾数量与质量的整体思考。数量与质量是教育发展的两个观测点[①]，普及教育是提高国民素质的有力举措，常常以数量化的方式反映其发展的状况，诸如入学率、合格率、毕业率、达标率等，都是反映教育普及程度的数量指标。然而，在追求这些数量指标的时候往往会出现忽视教育质量与数量存在的内在关系，导致在追求普及教育的数量指标时，降低教育发展的质量标准的现象。例如，在20世纪80年代普及初等教育的过程中，"校校无危房，班班有教室，人人有课桌凳"是最初确立的普及初等教育的基本办学条件标准，在这样的条件下，普及率虽然有了提高，但质量却因此而难以保障，这也为后来的义务教育实施带来了一定的困难。又如，在20世纪90年代高等教育扩招的过程中，由于忽略了教育资源的供给量，导致毛入学率提高而质量下降的势头。大量的教育行为表明，忽视教育数量与质量的内在关系最终导致的结果只能是质量的下降，因为忽视教育数量与质量的关系实际上是忽视了事物在发展过程中由量变向质变转化的内在规律性。这种转化可能是积极的，也可能是消极的。因

---

① 杨颖秀. 农村基础教育发展新战略的着力点［J］. 东北师大学报（哲学社会科学版），2009（4）：72.

此，在国家确立了一系列普及教育的指标时，更应将提高质量作为教育改革与发展的核心工作，避免在追求数量的过程中导致质量的滑坡。

### （四）为教育质量的提升创建优质的环境

教育质量的提升需要优质环境资源的保障。[①] 优质环境包括正确的政策决策、人性化的制度体系、充分的教育资金、良好的教学设施以及优秀的教师等。任何一个条件的缺失都会影响提高质量的有效性。其中，政策决定着资源的配置与利益的分配方式，是重要的环境资源。因此，要保证教育政策制定与实施的民主性和科学性。制度是政策实施的必要保障，正确的政策要得以落实，不能仅仅依赖于对政策的理解，还要依托于能够保障政策实施的制度体系。因为制度是遵循一定程序和规则的管理机制，科学的制度可以克服政策的灵活性、原则性等不利于操作的特点，使政策的精神付诸实践。资金是提升教育质量的必要成本，充分的资金可以为提供良好的设施、吸引优秀的人才创造条件。任何政府为了提升其影响力均会以坚持教育公共产品的属性来增加教育投入，克服教育困境，实现教育公平。由此可见，强调优质的教育环境包括以政策和制度为主的软环境，也包括以资金和设施为主的硬环境。软环境是目前亟须关注的，因为它是提升教育质量的理念和精神的直接反映，是影响和决定硬环境建设的先导性因素。在法律制度相对健全以及付诸实施的过程中，和谐法治应当不乏政策和制度的设计，它们会以其充分体现和谐精神的价值和特点为法律的实施创造更大的空间。[②]

［原文载于《东北师大学报（哲学社会科学版）》2011 年第 2 期，138-142 页］

（杨颖秀）

① 王智超. 农村中小学教师队伍建设困境与对策研究 [J]. 东北师大学报（哲学社会科学版），2009（4）：87.

② 张文显. 和谐精神的导入与中国法治的转型 [J]. 吉林大学学报，2010（3）：13-14.

# 教育的双轨性现象及其矫正（2011）

在教育制度变革的进程中表现出了一些具有双轨性的现象，这些现象出现在基础教育阶段和高等教育阶段，并以实施手段偏离决策目的、局部公平掩盖整体偏倚、近期行为淡漠远期效果等特征反映出制度本身的缺失。教育双轨性现象带来了种种危机：教育行为与教育目标的背离；教育数量与教育质量的背离；人的培养与人才标准的背离。对此，需要通过坚守以人为本的理念，尊重系统性的决策原理；提升决策的技术水平；创造参与决策的制度环境等对其进行矫正，以提高教育决策的有效性。

19世纪末20世纪初期，英、法等国实施双轨制教育，通过小学与中学在年龄衔接上的不同、课程设置上的分离，以及中学高额学费的威慑，接受小学教育的儿童只能进入与之衔接的高级小学、中心学校、补习班、技工学校以及职业学校继续学业，而接受家庭教育的儿童则可以直接进入中学预科、中学直至大学继续学业。[①] 这两条受教育路径影射下的教育制度被形象地称为双轨制教育。其中，践行前一条教育路径的主要是受高额学费的限制的贫民子女，践行后一条教育路径的则是条件优越的富家子弟。双轨制教育的重要危害不在于划分了受教育路径，而在于划分了儿童未来的发展方向，前者由于失去了接受高等教育的机会而无法进入上层社会，后者则可以因为受过高等教育而继承其父辈的高官厚禄。双轨制教育虽然已经在社会的发展中退出历史舞台，但教育的双轨性并没有彻底消失。从我国目前的教育制度变革来看，出现了一些具有双轨性特征的现象，需要我们认真反思以减少其潜在的负性征。

## 一、教育的双轨性现象

### （一）基础教育中的双轨性现象

**1. 义务教育阶段就学中的双轨性现象**

义务教育阶段就学中的双轨性现象，本文仅指城市户籍所在地学生和

---

① 曹孚. 外国教育史［M］. 北京：人民教育出版社，1979：308.

进城务工人员子女在城市就读学校表现出的差异现象。进城务工人员子女在城市就学问题依据"两为主"政策及《义务教育法》已经得到了缓解，但又出现了新的问题。据笔者在部分地区的调查得知，进城务工人员子女主要集中于城市生源短缺的小型学校就读，这样的学校或位于城市的边缘，或位于大规模优质学校的间隙，或位于城市非中心区的商业网点附近。这些学校由于城市儿童的逐渐减少正面临着生源危机，教育行政部门往往将这些学校作为安置进城务工人员子女在城市就学的指定学校。这样一来，城市义务教育阶段学校就自然分成了户籍所在地学生集中的较大规模的优质学校和进城务工人员子女集中的较小规模的普通学校。由此引发了义务教育阶段学生的教育环境在学生的素质、家长的素质、社区的条件等方面，都表现出极大的差异性。这种现象与科尔曼研究的美国白人子女的学习环境与黑人子女的学习环境的差异性十分相似，由此将导致学生学习成绩的显著差异。

**2. 高中阶段教育普及中的双轨性现象**

第一，高中阶段教育普及路径的双轨性现象。国家对普及高中阶段教育早有设计。1993 年，中共中央国务院发布《中国教育改革和发展纲要》提出了 20 世纪 90 年代在"大城市市区和沿海经济发达地区积极普及高中阶段教育"的发展目标。2001 年，《国务院关于基础教育改革与发展的决定》进一步提出"有步骤地在大中城市和经济发达地区普及高中阶段教育……支持已经普及九年义务教育的中西部农村地区发展高中阶段教育"的新战略。2007 年，党的十七大报告将"加快普及高中阶段教育"作为改善民生的重要举措。2008 年，党的十七届三中全会通过的《关于推进农村改革发展若干重大问题的决定》做出"加快普及农村高中阶段教育，重点加快发展农村中等职业教育并逐步实行免费"的重要决定。2009 年，十一届人大二次会议政府工作报告将"逐步实行中等职业教育免费，今年先从农村家庭经济困难学生和涉农专业做起"的民生工程作为年内重点抓好的五项工作之一。2010 年，中共中央国务院发布的《国家中长期教育改革和发展规划纲要（2010—2020 年）》（以下简称《教育改革和发展规划纲要》）再次提出"加快普及高中阶段教育"的任务。至此，普及高中阶段教育的战略目标已经有了一个比较清晰的设计脉络，即普及高中阶段教育在农村要重点普及中等职业教育，并以对农村家庭经济困难学生和涉农专业的免费作为发展农村中等职业教育的有力支持。这样，农村中等职业教育与城市普通高中教育形成高中阶段教育普及的两条路径，前者是为解决农村学生继续学业的教育路径，后者则是为解决城市学生继续学业的教育路径。

第二，高中阶段教育普及学校类型的双轨性现象。实施高中阶段教育的学校之间，在资源配置上存在着较大的差距，致使一部分拥有优质教育资源的普通高中成为成绩优秀学生期待升入大学的选择目标。通常情况下，这类学校是被地方教育行政部门冠名的"一类校"或"二类校"。这样，优质学校毕业生的选择与学校的培养目标之间契合成了升学的共同意愿。而成绩较差的学生只能进入资源较差的其他学校，此后，这类学生很难在以成绩为衡量标准的升学制度下，进入高等学校继续深造，那么，他们高中毕业后的去向则成为其人生发展的转折点。在崇尚学历的社会背景下，以受教育程度或学历为样标的群体分层，为列于其中的不同群体提供了差异悬殊的发展机会，有人会因此前途无量，有人会因此前景渺茫。而这两种去向的分离及发展，追根溯源，不能排除接受高中阶段教育的学生，在一开始就因为学校类型的划分已经为其做出了方向性的决断。

**3. 学生分班中的双轨性现象**

接受基础教育的学生，其未来发展不仅受到学校等级划分的影响，也受到学校内部分层机理的影响。有的学校设重点班与非重点班，或实验班与非实验班，或国际交流班与非国际交流班等（尽管在义务教育阶段这种做法是不允许的），在优质资源有限的条件下，为前者配置较好的师资，给予特殊的关注，而对后者则无论在师资配置上，还是在常规性的教学中，都难以得到与前者相同的待遇。这样，学生之间的差距可能因为班级性质的划分而进一步扩大，最终使不同的学生群体由于受教育过程的不同而带来受教育结果的不同，受到重点关注的学生群体增加了更多的选择机会和发展空间，诸如实施初中升高中的指标到校制度、高中升大学的自主招生制度等，都使成绩上乘的学生有了升入优质高中和名牌大学的更大概率。分班的行为导致学生分层，学生未来的发展走向因此受到深度的影响。

**（二）高等教育中的双轨性现象**

**1. 研究生招考中的双轨性现象**

在硕士研究生考试制度中，不仅有全国统一的入学考试，还有面向部分群体的单独入学考试，两者在出题难度、录取分数上均有差异，后者易于前者。目前，全国统一的部分专业入学考试正在试行基础课，由全国统一出题制度，而对于单独入学考试来说则仍然沿用以往的招生单位出题制度，这种制度已经延续了十几年。这就形成了入学的起点要求不同，但毕业获得的学位及学历却相同的不同招考制度，由此也就形成了受教育机会上的双轨性。这种双轨性使一部分人与另一部分人相比在受教育起点上占据了优势，并使他们以较少的付出获得较多的回报。

**2. 专业学位发展中的双轨性现象**

专业学位是我国借鉴国际社会培养专门人才模式建立的一种新型学位制度，其中教育硕士专业学位自 1997 年开始招生至今已经走过了 10 余年的发展历程。在这一进程中培养了大批的教育管理工作者和中小学骨干教师，提升了这些人员的专业素养和学位。但在 2007 年之前，教育硕士专业学位制度一直实行着合格毕业生只能获得学位证书而没有学历证书的单证制，使教育硕士研究生在高等教育制度中成为有失公平的受教育群体。因为事实上专业学位的获得不仅要通过国家的入学考试，还要具备一定的实践基础，并要保证一定时数的在校学习时间，并通过学位课程考试和论文答辩。也就是说，申请专业学位，在受教育程度、学习经历和学业标准上并不能低于相同层次非专业学位的申请标准。但专业学位申请者却在具备法律要求的条件后只能获得学位证书，不能获得学历证书，这就使得我国的学位制度在受教育结果上表现出一定的双轨性，并受到质疑。① 但这种双轨性在 2007 年教育部、财政部、人事部、中央编办联合发布的《教育部直属师范大学师范生免费教育实施办法（试行）》中再次得以强化。文件规定："免费师范毕业生经考核符合要求的，可录取为教育硕士专业学位研究生，在职学习专业课程，考核合格并通过论文答辩的，颁发硕士研究生毕业证书和教育硕士专业学位证书。"这一规定，不仅使教育硕士专业学位的获得在专业学位制度内部出现了单证制与双证制的分化，在招生录取上也出现了不同的标准，一个是经过全国统一的考试，并要有至少三年的实践经历；另一个是经考核合格，不需要有实践经历。显然，教育专业学位的考核与获得对不同的受教育者已经表现出了不同的标准，而这一现象在 2009 年更扩展到统招硕士研究生专业学位的招生制度中。

## 二、教育双轨性现象的特征

我国教育的双轨性虽然存在，但与欧洲 19 世纪末 20 世纪初期的双轨

---

① 杨颖秀. 中国高等教育基本制度的法律视点［M］// 劳凯声. 中国教育法制评论：第 2 辑. 北京：教育科学出版社，2003：225-231.

制教育相比却有着不同的目的。在基础教育方面，解决义务教育阶段进城务工人员子女的就学问题虽然在不同时期曾经有过不同政策的引导偏差和路径选择，但最终还是以国家法律的形式明确了政府的责任，并依法保障进城务工人员子女受教育的权利。同样，发展义务教育后的高中阶段教育也是国家在发展过程中对教育的前瞻性决策，对教育的可持续发展具有重大意义。在高等教育方面，各种制度性变革也无法排除从实际情况出发的善意探索，诸如实施教育部直属师范大学师范生免费教育政策，直至为其提供继续攻读双证制专业学位的机会，其目的在于促进中小学教师队伍建设，特别是为农村输送更合格的教师。正因为我国上述教育决策的目的与欧洲19世纪末20世纪初期的双轨制教育的本质差异，我们才将上述现象称为双轨性，而不称其为双轨制。然而，国家的教育决策是否一定能收到预期的效果还受多方面因素的影响。在决策的过程中，如果忽视了内部与外部的关系、局部与整体的关系、静态与动态的关系，则可能出现偏离教育决策目的的现象，并形成一定的局限性。正因为如此，教育的双轨性也较为集中地表现出一定的特征。

### （一）实施手段偏离决策目的

手段是决策通向目的的中介，手段正确可以保证决策的方向，提高决策实施的速度和效果，相反则可能导致决策的失败。以高中阶段在农村重点发展职业教育的决策手段为例，首先需要追问的是：这一决策的前提是什么？不可否认，农村在现代化建设的进程中需要大量具有科学素养的新型人才，而我们现在的普通高中教育及中等职业教育都无法满足这一需要，所以发展农村中等职业教育应当说是情理之中的事。但随之而来的问题是：在农村发展中等职业教育的对象指向谁？毫无疑问，发展农村中等职业教育要为农村义务教育后的学生继续在农村致富创造条件，为建设社会主义新农村奠定基础。但问题恰恰在于农村的孩子不想留在农村，他们千方百计地想走出农村，到城市去学习，并希望留在城市，这也是农民家长对孩子的期待，两者的一致性在我们的课题研究中得到了证明。既然如此，在农村发展中等职业教育的手段也就无法支持为农村培养现代化人才的目的，也就是说由手段带来的不同教育路径无法实现教育的终极目的。对此，我们或许需要从更广阔的视野来破解农村的发展建设问题。

### （二）局部公平模糊整体偏倚

追求公平是教育政策的价值选择，那么，教育政策对问题的处理就必须客观公正。在教育部直属师范大学师范生免费教育政策中，由于认定了促进中小学教师队伍建设这一问题的重要性，因此，在高等学校实行招生收费并轨 10 年后又毅然对部分师范生实行免费，并给予通过考核攻读教育硕士专业学位，颁发硕士研究生毕业证书和教育硕士专业学位证书的双证制待遇。这种政策性选择对于接受免费教育的师范生来说是公平的，他们比以往的教育专业硕士研究生更幸运，可以得到他们所应得到的待遇。然而，这种公平对于教育专业硕士研究生整体来说却只是针对少部分人。正是由于政策对这少部分人的关注，不仅使绝大多数的教育专业硕士研究生与非教育专业硕士研究生相比，依然在毕业待遇上处于不公平的境地，而且在教育专业硕士研究生内部与接受免费教育继续攻读教育专业硕士的师范生相比也处于新的不公平境地。这种在专业学位制度内外同时出现的不公平现象使我们有理由认为：专业学位制度与非专业学位制度在待遇上的不平等性不仅没有得到改变，反而在教育专业学位制度内部进一步扩大，而这种扩大在很大程度上是由于对部分主体的关注而忽视整体中其他主体的利益而导致的，即局部的公平模糊了整体的偏倚。

### （三）近期行为淡漠远期效果

不能排除教育的许多决策行为是应急性的，因为决策者对教育问题特别是对那些隐藏性的问题的认识需要一个过程，但这不能作为教育决策者片面决策或错误决策的理由。作为教育决策者，应当具有洞察问题的能力，应当了解教育的规律性。这就要求教育决策者不能不关注决策的远期效果，因为教育是具有长周期性和长效性的，近期的问题解决了不等于问题真的解决了，或许在看似已解决了的问题背后还隐藏着新的更深层次的问题。例如，在进城务工人员子女就学问题上，虽然《义务教育法》保障了他们的受教育权利，使他们有学上了，但他们能不能上好学，能不能取得好的成绩，能不能有一个好的发展空间，都正在成为新的更深层次的问题，而这些问题恰恰是在解决进城务工人员子女就学问题时没有关注的远期效果问题。由于这些问题被忽视，进城务工人员子女在城市就学过程中呈现集中就学于特定类型学校的现象，极可能导致学业成绩的低效。

### （四）轰动效应掩盖缄默制度

得到肯定或表扬是个人、团体及组织追求的评价方式。作为学校，也不排除期望得到其他客体对其行为结果的积极赞许。而要得到这些赞许则需要以较强的教育信息影响与之相关的学生、家长、上级及社区等群体。这样，升学率、奖牌数量、竞赛名次、状元金榜等一系列具有轰动效应的指标都成为学校炫耀其成绩的重要信息。但我们不能忽视这些轰动效应的背后，可能伴随着学生沉重的课业负担和大量的强化训练，无论是能够取得优异成绩的还是不能取得优异成绩的学校，都会因为耀眼的奖牌及其所带来的利益而竭尽全力，但最终的结果却往往只是少数学生受益。在这样的代价背后，我们无法忽视驱使学校追名逐利的制度因素。只关注结果，不关注过程，只关注少部分群体，不关注群体之间差异的缄默制度，正在被学校的轰动效应所掩饰，一些学校在欢呼奖牌与名次的时候忽视了不同利益群体的无奈感受。

### 三、教育双轨性现象的危机

#### （一）教育行为与教育目标的背离倾向

教育是培养人的社会实践活动，寄托着亿万家庭对美好生活的期盼。国家将基本实现教育现代化，基本形成学习型社会，进入人力资源强国行列作为教育改革和发展的战略目标。战略目标即远景目标，而远景目标的实现又依托于近期目标的达成。也就是说，作为教育的每一步行动都与国家的远景目标与近期目标相关联，与目标方向一致的行动将促进目标的达成，与目标方向相反的行动将阻碍目标的实现。但上述双轨性教育行动的误区在客观上已经表现出背离教育目标的倾向，这种倾向将直接影响教育战略目标的实现。例如，学校分类给学生发展带来的隐患，班级分层给学生心理带来的阴霾，都直接反映着教育行为与教育目标的背离。这种背离不仅影射着相对落后的教育观念对教育实践的负面影响，也折射出素质教育实施困难的渊源。正是由于教育行为与教育目标的背离，才使得教育面临公平与公正的拷问与质疑。因此，在选择教育行为的时候，必须慎重地思考其与教育目标的关系，以负责任的态度履行教育职责，最大限度地达到教育目标的期待。

#### （二）教育数量与教育质量的背离倾向

普及教育是面向一定群体的教育，如普及高中阶段教育是面向高中阶段全体适龄学生的教育，这在人们的理解中可能首先关注的是普及教育的数量意义，即将普及高中阶段教育理解为高中阶段适龄学生达到一定入学比例的教育。但是，要实施普及的教育，不仅需要适龄学生达到一定的入学比例，同时需要适龄学生达到一定的学业标准，也就是要给予学生有质量的教育。然而，现实中却存在着在追求数量的时候忽视质量的倾向性，以降低普及教育的标准来达到提升普及率的情况成为不可忽视的教育危机。教育数量与教育质量的背离不仅表现在以数量代替质量方面，还表现在以少数代替多数，忽视质量内涵等方面。例如，实践中存在的对学生人为分层，扩大机会不均等，为提高少数学生的成绩而忽视多数学生的利益等问题，即是忽视教育质量内涵的表现。教育质量是教育效果和教育水平的统一。教育水平主要反映在教学水平、教师水平、领导水平等教育过程之中，教育效果则主要反映在学生的学习程度、身心素质、未来发展等教育结果之中。因此，教育效果是对教育是否面向全体学生和是否促进学生全面发展的战略目标达成度的检测，如果仅以学生的学习成绩衡量教育效果则窄化或扭曲了教育质量的内涵，这样的教育效果只能是在低水平的层面上徘徊。

### （三）人的培养与人才标准的背离倾向

《教育改革和发展规划纲要》在工作方针中提出"把育人作为教育工作的根本要求""努力培养造就数以亿计的高素质劳动者、数以千万计的专门人才和一大批拔尖创新人才"，这些方针的内容揭示了人的培养与人才标准的关系。人的培养是教育工作的核心，需要尊重教育规律和学生身心发展规律，为每个学生提供适合的教育。也就是说，人的培养首先指向于培养适合人的成长规律与社会需求的高素质的劳动者，在此基础上也要满足不同群体对不同志向的追求，使其或成为专门人才，或成为拔尖创新人才。这样的培养过程，不是教育对其培养对象的主观分层，而是在依据人的自身成长规律、尊重人的自主选择的基础上，追求教育理想目标的必然结果。这种结果使人的培养指向于科学的人才标准，教育行动有了明确的目的性。而以往存在的追名逐利的教育分层行为，失去了对人才标准的审视，使教育过程与教育目的背道而驰，教育手段与教育责任大相径庭。

## 四、教育双轨性现象的矫正

### （一）坚守以人为本的决策理念

以人为本的理念有着深厚的理论依据，是科学发展观的核心，也是教育改革和发展的战略主题。以人为本，也就是以人的发展为本，为人的全面发展创造条件，解决好培养什么人、怎样培养人的重大问题。因为人是具有思想和情感的，是要追求和谐与幸福的，是应当得到公平和受到尊重的。这一切都体现了人与物的区别，体现了人是生而平等的世间公理。教育的目的是培养人，坚守以人为本的决策理念是保障实现教育改革和发展的前提。偏离人本理念的教育决策，则是忽视了人的内在需要，忽视了人的积极性的行为表现。所以，任何一个教育决策行为都需要在以人为本理念的指导下，实现面向全体学生，促进学生全面发展的战略重点。然而，教育决策理念与教育决策行为并不是自然统一的，理念浮于行为之上的现象是存在的。这种现象的存在来自环境的渲染、制度的压力和决策者的修养等多种因素的影响。要坚守以人为本的教育决策理念，就要解决这一系列的问题，以期实现理念与行为的统一。

### （二）尊重系统性的决策原理

教育决策是教育管理的普遍行为，需要遵循基本的原理，而最重要的原理应当是系统性原理，因为这一原理要揭示的是事物各要素之间的相互关系，这种关系是不以人的意志为转移的，是客观存在的，如果忽视了事物各要素之间的相互关系，就可能导致差之毫厘、谬之千里的结果。至今为止，有很多备受尊崇的理论都是基于系统性原理的系统阐述和思考，诸如管理幅度理论、社会系统理论、复杂理论、学习型组织理论等，都警示人们要关注事物发展的关系性，这些理论的正确性也得到了实践的认证。因此，为避免教育决策手段与决策目标的偏移或偏倚，就必须尊重系统性原理，对教育内部与外部的关系、局部与整体的关系、静态与动态的关系、现实与未来的关系等做出相关的分析，避免以偏概全。当然，教育决策要面对的实际情况是复杂的，仅仅依据理性化的推理是不够的，还需要将理性的逻辑转化成对具体情况的分析，转化成解决实际问题的策略。但这种转化不仅仅是为了解决看得见的问题，还需要解决问题背后的问题，解决与一个问题相关的其他问题。这就需要分析引发问题的真正原因，关注解决问题的动态效果，不断修正解决问题的策略，使动机与效果、手段与目的之间达成共识。所以，在宣布普及农村中等职业教育的时候，不能忽视农村整体发展状况是否与这一决策相协调；在宣布为攻读教育硕士专业学位的免费师范毕业生颁发硕士研究生毕业证书和教育硕士专业学位证书的时候，不能忽视相关群体是否也得到了同样的待遇等，这是系统性原理对教育决策的基本要求。

### （三）提升决策的技术水平

政策是决策的结果。多年来，很多人都已经习惯或适应了简单的经验管理或行政权力的简单运行，对于以科学的手段预测或论证决策的科学性还很不适应。例如，有人认为教育政策的执行滞后于教育政策的制定是天经地义的，不需要思考滞后的时间是长是短；也有人认为教育政策的实施结果是未来的，因此也是未知的，无法论证教育政策的可行性。正是因为有了第一种认识，才使得"上有政策，下有对策"的行为有了可乘之机；正是因为有了第二种认识才使得教育政策的出台缺乏系统性和科学性，进而产生短期行为。事实上，无论是教育政策的制定还是教育政策的执行都不是一个任意延续的过程，这一过程必须与发现问题、认定问题、阐述问题、解决问题紧密联系在一起，使教育政策的制定和执行在相对有限的时间内达到效益最大化，即对问题的解决收到最佳效果。因此，问题解决所用时间的多少影响政策制定与执行的绩效。同样，一项新的教育政策的结果虽然是未来的，但不一定是未知的。教育政策分析的技术手段，特别是预测技术，可以通过历史外推、时间序列、德尔斐等技术，对已经发生的情况通过归纳的思维逻辑对未来可能发生的情况进行预测，[1] 根据预测设计解决问题的策略，以期实现决策效益的最大化。这样做虽然不能完全保证绝对理性，但至少可以有备而来，收到更好的有限理性效果。这种依据相应的技术手段实践教育管理的行为必将激活理论本身的应用价值，为实践增添科学性。

### （四）创建参与决策的制度环境

强调制度设计是管理领域所倡导的核心问题，诸如科学管理理论倡导的权责对应制度、新制度经济学倡导的价格成本制度、治理理论倡导的公民社会制度等，都不能排除为每一个人提供参与社会竞争的公平环境并使其在平等的基础上发挥内在潜能的目的，而这种制度设计的根本在于弘扬民主的理念，健全法治与责任的伦理规范。因此，要避免教育双轨性的弊端，就要关注每一个权利主体的真实感受，关注权利主体之间的平等地位，俯下身来发挥主人翁的作用。正是基于这样的思考，我们需要改进单向的自上而下的政策决策路径，重新思考它的反馈路径，不仅在政策决策

---

① 欧文 E 休斯. 公共管理导论 [M]. 北京：中国人民大学出版社，2001：155.

环节强调反馈，在政策执行环节也要强调反馈。同时，在教育制度的设计中要关注有关学者呼唤的软法之治，将公共政策、自制规范等列入软法之列，将追求实现激励与制约相容、内外协调统一、自律与他律相结合作为善治的机制依赖，① 这样的一种思考对于矫正以教育政策决定教育行为而导致的教育双轨性弊端具有显而易见的启迪意义。

［原文载于《华中师范大学学报（人文社会科学版）》2011 年第 1 期，148-153 页］

（杨颖秀）

---

① 罗豪才. 公共治理的崛起呼唤软法之治［M］. 法制日报（周末版），2008（12）：4.

# 农村基础教育发展新战略的着力点 (2009)

农村教育问题始终受到党和国家的重视。在改革开放 30 年之际，党的十七届三中全会提出发展农村基础教育的新战略；在中华人民共和国成立 60 年之际，十一届人大二次会议再次将这些战略作为年内工作重点。理解农村基础教育的新战略，义务阶段教育需要以均衡发展为目标，以提高质量为重点，高中阶段教育需要以加快普及为目标，以发展职业教育为重点。为保证农村基础教育的发展，需要澄清义务教育均衡发展与非义务教育协调发展的关系，需要澄清普及高中阶段教育与施行高中阶段义务教育的关系，同时需要以高质量的教师队伍保证农村基础教育发展新战略的落实。

改革开放以来，破解农村教育难题一直是党和国家教育工作的重点。2008 年，中国共产党十七届三中全会通过《关于推进农村改革发展若干重大问题的决定》，提出了"巩固农村义务教育普及成果，提高义务教育质量""保障经济困难家庭儿童、留守儿童特别是女童平等就学""促进城乡义务教育均衡发展""加快普及农村高中阶段教育，重点加快发展农村中等职业教育""保障和改善农村教师工资待遇和工作条件，健全农村教师培养培训制度，提高教师素质"等农村基础教育发展的新战略。2009 年，十一届人大二次会议政府工作报告再次强化了这些新战略，将"优先发展教育事业"作为民生战略之一，以"促进教育公平""优化教育结构""加强教师队伍建设""推进素质教育""推进农村中小学标准化建设"等为重点的年内教育工作，凸显了农村基础教育发展新战略的着力点。

## 一、义务阶段教育以均衡发展为目标，以提高质量为重点

### (一) 数量和质量是城乡义务教育均衡发展的观测点

均衡不是指平均而是指平衡[①]，表现于"对立的各方面在数量或质量

---

[①] 中国社会科学院语言研究所词典编辑室. 现代汉语词典 [M]. 北京：商务印书馆，2002：694.

上相等或相抵"①。"数量"指事物的多少②。"质量"指产品或工作的优劣程度③。由此可见，"数量"和"质量"是衡量城乡义务教育是否均衡的两个基本观测点，城乡义务教育的均衡发展就是要在城乡义务教育的数量和质量指标上达到平衡。那么，农村义务教育学校的规模和布局是否合理，城乡义务教育学校之间的条件有何差异，农村义务教育学校在教师、经费、设施等条件配置上是否充分，义务教育和义务教育后阶段教育、普通教育和职业教育是否协调等，都是城乡义务教育均衡发展过程中应当关注的。从数量来看，到2007年底，"两基"人口覆盖率达到99％。这说明我国义务教育在学校数量、教师数量、经费数量上基本能够满足适龄儿童和少年的入学要求。但小学和初中体育运动场（馆）面积、体育音乐美术器械配备、小学数学自然实验仪器配备、初中理科实验仪器配备等达标校数的比例还较低④，农村部分地区还存在着学生辍学现象，农村学校布局结构调整还面临着诸多的问题，农村教师的数量不足，难以满足当地义务教育的需要。这说明，义务教育的资源配置仍然存在着数量上的差距，而数量上的差距必然影响到质量上的差异。例如，较低的办学条件配备达标校比例反映着低运行的义务教育实施状态，农村地区的学生辍学现象反映着城乡义务教育非均衡的质量程度，农村学校布局结构的调整会影响到学生享受到"离家最近的优质教育"。因此，义务教育的均衡发展正在经历着一个由"数量"向"质量"逐渐转化的过程，关注"数量"与"质量"的辩证关系，对促进城乡义务教育均衡发展具有重要的意义。

### （二）提高质量是发展农村义务教育的重点

早在1993年，中共中央、国务院发布的《中国教育改革和发展纲要》中就已经将提高质量作为教育改革的重要内容。而用"数量"和"质量"作为义务教育发展状况的观测点，则更有利于有的放矢地实现义务教育的

---

① 中国社会科学院语言研究所词典编辑室. 现代汉语词典 [M]. 北京：商务印书馆，2002：978.

② 中国社会科学院语言研究所词典编辑室. 现代汉语词典 [M]. 北京：商务印书馆，2002：1176.

③ 中国社会科学院语言研究所词典编辑室. 现代汉语词典 [M]. 北京：商务印书馆，2002：1622-1623.

④ 教育部公报. 2007年全国教育事业发展统计公报 [EB/OL]. [2008-06]. http://www. moe. gov. cn/edoas/website18/94/info1213855326367694. htm.

均衡发展目标，实现义务教育由外延发展向内涵发展的转化。[①] 基于此，就必然有为实现这一目标的价值追问和为实现这一目标的重点选择。就价值而言，国际社会普遍以普及义务教育的法律手段来保障人的生存和发展的应有权利，体现人的生而自由、生而平等的人权准则。例如，《世界人权宣言》第一条中写道："人人生而自由，在尊严和权利上一律平等。"第二十六条指出："教育的目的在于充分发展人的个性并加强对人权和基本自由的尊重。"据此可以认为，追求平等是促进义务教育均衡发展的价值基础。但要实现这一价值，则必须以提高质量为重点。因为，实施义务教育既是为了提高民族素质，也是为了发展人的个性。那么，国家不会希望义务教育的实施仅仅停留在追求覆盖率上，更希望对义务教育的投入收到优质的回报；接受义务教育的学生也不会仅仅满足于有学上的现状，更期望体验上好学的幸福。所以，仅仅为每一个学生提供平等的入学机会只是实施义务教育的起点，使每一个学生都能享受到平等的教育过程，得到成功的教育结果，才是义务教育的企盼。为此，在城乡义务教育存在较大差距的情况下，国家通过修订《义务教育法》，明确了义务教育均衡发展的目标，通过发布《关于深化农村义务教育经费保障机制改革的通知》，确立了重点解决农村义务教育经费问题的新举措，通过启动"中小学校舍安全工程"，为保障农村义务教育学校的师生安全提供了物质基础。这一切都标志着国家在促进义务教育均衡发展的过程中，已经为农村义务教育的发展给予了较大的倾斜和扶持，提供了不可或缺的前提条件。然而，国家并未就此满足。近期又通过制订"农村义务教育阶段学校教师特设岗位计划""义务教育学校实行绩效工资"制度、教育部直属师范院校实行"师范生免费教育"等政策，为提高义务教育均衡发展的核心能力，保障农村义务教育的质量，创设了新的契机。追求义务教育的质量就是要追求义务教育的优质程度，追求义务教育的高尚品位。这是一个逐渐升华的过程，是一个永无止境的过程。因而，提高农村义务教育质量不仅是义务教育均衡发展的诉求，也是农村义务教育发展的保障。在我国综合国力不断增强的进程中，农村义务教育办学条件的改善将永远服务于义务教育质量的提升。

---

① 柳海民，娜仁高娃. 基础教育改革 30 年：理论创新与实践突破［J］. 东北师大学报（哲学社会科学版），2008（5）：10.

### （三）义务教育均衡发展不能与非义务教育协调发展等同或对立

均衡是一个相对的概念，追求义务阶段教育的均衡发展是一个动态的过程，这个过程在教育整体运行中必然与其他阶段教育的运行相互作用。针对这种不可回避的教育发展状态，出现了义务教育是均衡发展，非义务教育是协调发展的主张，这就需要厘清二者的关系，保证教育局部间及教育局部与整体间的和谐共生。如前所述，义务教育均衡发展的价值基础是保障人的生存与发展的基本权利，追求权利主体的平等地位。所以，城乡义务教育的均衡发展要求在城乡义务教育的数量和质量指标上达到平衡，不能偏倚，这也是依法保障义务教育的本质所在及必然选择。而协调是指"配合得适当"，或"使配合得适当"①。那么，均衡与协调是不矛盾的。城乡义务教育的均衡也是一种协调，表现于教育内部资源配置的协调和由此导致的教育结果的协调。但协调比均衡更具灵活性，可以有选择、有侧重、有差异。不过这种灵活性的表现不能以无条件牺牲一定主体的利益为代价。例如，义务教育后的高等教育，在学校类型、学校规模、专业设置、修业年限、培养目标等方面都会表现出一定的差异，但正是这种差异才会满足具有不同差异的人继续深造的需求，满足社会发展对人才结构的需求。因而，无论是强调义务教育的均衡，还是强调非义务教育的协调，都不可忽略二者之间既相互区别又相互统一的关系。正是由于这种关系的存在，才使得义务教育的均衡发展成为非义务教育协调发展的基础，非义务教育的协调发展成为义务教育均衡发展的延续和补充。研究数量之间的关系既是数学概念的本质②，也是教育管理研究的核心。我们在正确认识均衡与协调二者关系的过程中，可以有把握地避免教育结构在纵向体系上的割裂或在横向体系上的分离，可以更好地以系统的观点促进城乡义务教育的均衡发展，保障教育整体的可持续发展。

## 二、高中阶段教育以加快普及为目标，以发展职业教育为重点

### （一）普及高中阶段教育是优化教育结构的突破口

教育结构是各级各类教育横向与纵向有机结合的组成系统，任何一个环节的弱化都可能阻碍其他环节的发展。高中阶段教育属于非义务阶段教

---

① 中国社会科学院语言研究所词典编辑室. 现代汉语词典［M］. 北京：商务印书馆，2002：1392.

② 史宁中. 数学的抽象［J］. 东北师大学报（哲学社会科学版），2008（5）：172.

育,在义务教育历经 20 余年的发展之后,高中阶段教育则成为衔接义务教育与高等教育的关键环节。一方面,强调公益、强制、免费为基本属性的义务教育使越来越多的学龄人口能够完成九年义务教育,但 2007 年高中阶段毛入学率却仅为 66%[1],农村大约每年有 1000 万的初中毕业生不能升入高中继续学习[2]。另一方面,高等教育的发展速度也达到了前所未有的程度,毛入学率逐年提高,高等教育的大众化目标已经提前实现,但大量农村初中毕业生升优质高中或升高中难于上大学的现象,表明了高中阶段教育已经成为教育纵向体系上的瓶颈。从横向而言,职业高中在学校数量、专业设置、教学条件、教师队伍等方面的限制,使得农村初中毕业生无法在当地继续学业,无法掌握谋生的技能,大多数进城务工的农民子女也无法在流入地报考高中阶段学校,他们过早地流入社会,成为知识型社会中的贫瘠者。高中阶段教育的问题已经清晰地揭示了它在优化教育结构以及优化人才结构中的桎梏作用,不实现普及农村高中阶段教育的目标,就无法解决农村学生义务教育后的升学问题和创业问题,无法解决教育与社会的和谐发展问题。因此,普及高中阶段教育必然成为优化教育结构的突破口。

### (二) 发展农村中等职业教育是普及农村高中阶段教育的重点

"加快普及农村高中阶段教育,重点加快发展农村中等职业教育并逐步实行免费",是党的十七届三中全会关于推进农村改革发展的重大决定之一。为什么在加快普及农村高中阶段教育的过程中,要以加快发展农村中等职业教育为重点?从农村高中阶段教育类型而言,包括普通高中、成人高中和中等职业学校教育,中等职业学校又包括普通中等专业学校、职业高中、技工学校和成人中等专业学校。从农村基础教育体系而言,普通高中教育和中等职业学校教育是与农村义务教育相辅相成的基础教育的重要组成部分,是农村义务教育后阶段教育的主体。但前文已经述及,大量的农村初中毕业生想要接受高中阶段教育是极其困难的。所以,加快普及农村高中阶段教育必然成为未来农村基础教育发展的战略选择,而在农村高中阶段教育中重点发展农村中等职业教育又必然成为实现这一战略的关键。因为农村高中阶段教育是农村教育的薄弱环节,而农村中等职业教育

---

① 中国农民工问题研究总报告起草组. 中国农民工问题研究总报告 [J]. 改革,2006 (5):17.

② 杨放. 教育法规全书:中共中央国务院关于普及小学教育若干问题的决定 [M]. 海口:南海出版公司,1990:162.

又是弱中之弱。从农村中等职业教育的现状来看，对社会最需要的技能型人才的培养还不能很好地适应经济社会发展的需要，农村的初中毕业生还难以从农村中等职业学校获取他们就业需要的实践技能。虽然国家已经颁布《职业教育法》，但由于这一法律本身可操作性的缺失以及下位法的不配套，致使影响中等职业教育发展的关键性因素不能保障，如中等职业教育的投入不足、办学条件较差、教师队伍素质不高等问题，正在影响着农村中等职业教育的质量，影响着农村初中毕业生对中等职业教育的信任程度，加之受技能型人才社会地位和收入较低、中等职业教育与高等职业教育的衔接机制不力等外部因素的影响，农村初中毕业生选择继续接受中等职业教育的可能性正在降低。这种情况越发加重了农村中等职业教育发展的困境。显然，农村中等职业教育一方面面临的是社会对技能型人才的需求，另一方面面临的是准入型教育对象的背离。这种两极化的境遇必然凸显发展农村中等职业教育的必要性和紧迫性。而国家以加快普及农村高中阶段教育为大背景，以加快发展农村中等职业教育并逐步实行免费为重点的战略决策，必将为农村中等职业教育尽快走出低谷创建优势。

**（三）普及农村高中阶段教育不能与施行高中阶段义务教育等同或对立**

在国家提出加快普及农村高中阶段教育战略的过程中，由于对普及教育与义务教育的混淆，出现了对这一战略的质疑。对此，需要澄清普及高中阶段教育与施行高中阶段义务教育的内涵和过程。前者是在一定范围内对高中阶段教育的普遍推广，这是人的发展与社会发展的需求，是教育发展到一定阶段的必然结果。通过普及可以使更多的人接受高中阶段教育，在义务教育后继续提高知识和能力素养，进而获得更多的成长机会和更大的发展空间。后者是国家统一实施的所有适龄人口必须接受的教育，是国家必须予以保障的公益性事业。通过义务教育，国家可以将人的应有权利转化为法定权利，可以通过法的公正运行保障人的应有权利在现实生活中的实现。强制与免费是义务教育的重要属性，而普及教育并不具有强制性和免费性。在普及教育阶段，受教育者有选择是否继续学业的权利，国家有选择为普及的教育实行免费或不免费的权利。但如果国家实行免费的普及教育，则可以优化普及阶段教育的条件，加快普及阶段教育的进程，提高普及阶段教育的质量，吸引更多的人接受普及阶段的教育。倡导某一阶段的普及教育，往往可以为施行这一阶段和下一阶段的义务教育奠定重要的基础。目前所施行的九年义务教育是建立在 1980 年中共中央、国务院发布《关于普及小学教育若干问题的决定》，提出"在八十年代，全国应基本实现普及小学教育的历史任务，有条件的地区还可以进而普及初中教育"目标的基础之上的。此后，教育部于 1983 年发布《关于普及初等教育基本要求的暂行规定》，以保证入学率、巩固率、毕业率、普及率应达到的基本指标为基础①，加快了普及小学阶段教育和尽早施行九年义务教育的进程。但这一时期实施的普及教育并不是强制的和免费的。不强制表明普及小学阶段教育的非法律规定性，不免费表明国家引导普及小学阶段教育还具有一定的努力空间。目前国家提出加快普及农村高中阶段教育，重点加快发展农村中等职业教育并逐步实行免费的战略，不仅反映着国家对发展农村高中阶段教育前所未有的重视，也意味着普及农村高中阶段教育特别是普及农村中等职业教育，将对施行高中阶段义务教育起到生成性的奠基作用。

## 三、教师队伍建设以提升素质为目标，以健全培养培训制度为重点

### （一）改变教师队伍结构是提高农村基础教育教师素质的前提

教师素质的高低一直是影响教育发展和民族教育质量提升的关键因素②，在国家提出提高农村义务教育质量，重点加快发展农村中等职业教育的进程中，加强教师队伍建设，提高教师素质更显得尤为重要。农村基础教育的教师队伍经历了公办教师与民办教师共同承担教育工作的过程，经历了通过民办教师转为公办教师来满足农村基础教育教师数量要求的过程。这样的一支教师队伍在农村基础教育发展中曾经起到的作用是有目共睹的。但随着社会的发展，仅仅以追求数量为标准的教师队伍建设已经无法满足社会发展和学生发展的需求。从现有农村基础教育教师编制标准及生师比来看，教师总量已经趋于饱和，由此带来的教师队伍的老龄化以及知识能力的固化状态正孕育着教学过程的僵化和教育质量的停滞危机。停滞是没有出路的，是不符合科学发展观的。要打破这种僵局就必须从量和质两个方面入手改变教师队伍结构，提高教师素质。目前农村基础教育教师总量虽然已经达到国家教师编制标准，但这是一个生师比较大的标准，也是一个模糊的标准，它忽视教学科目设置，忽视学校规模，忽视城乡差

---

① 国家教育委员会办公厅. 基础教育法规文件选编 [M]. 北京：北京师范大学出版社，1988：73.
② 卢乃桂. 怀智兴教：对中国大陆教师培养中一些问题的探索 [J]. 东北师大学报（哲学社会科学版），2009（2）：163.

异，没有灵活的编制调整机制。世界发达国家不断缩小班级规模，实质是在不断缩小生师比，加之他们灵活的编制调整机制、细腻的教师资格准入制度以及厚重的经济支撑，教师终身学习的渴望与行为可以自主地得以统一。同时，缩小生师比的意义不仅在于减轻教师负担，更重要的在于使学生得到更多的关注，享受到更有效的教育教学过程，最终产生更高的教育质量。所以，要提高农村基础教育教师队伍的素质，需要从改变教师队伍结构入手，激活教师培养培训机制。那么，缩小班级规模，调整生师比，注重学科教师比例，设置机动教师编制等，都是改变教师队伍结构，加强教师队伍建设的关注点。

### （二）健全培养培训制度是加强农村教师队伍建设的重点

在国家宏观政策规划教师规模的前提下，教师素质的提高主要依赖于教师的培养培训制度。培养来自职前教育，培训来自职后教育，主要由师范院校和教师在职培训机构来完成。目前，国家对农村基础教育教师培养培训已经有了较多的政策支持，但制度建设还不够完善，还未能将教师培养和培训纳入一个系统，亟须思考和解决的，如：教师资格制度是否应以学科要求进行设计，如何形成农村教师队伍建设的长效机制，怎样使农村教师队伍在内涵上得到提升等。因此，农村基础教育教师队伍建设首先应完善教师来源制度，使愿意做教师的人能够源源不断地择优进入农村学校任教。目前国家正在实行的师范生免费教育制度、农村义务教育阶段学校教师特设岗位制度、教育硕士专业学位招生改革制度等，均可以在这方面收到一定的效果。其次，应完善教师资格制度，使能够做好教师工作的人在国家政策的支持下，通过科学的教师资格认证，进入农村基础教育教师队伍。再次，应完善高等师范院校课程设置制度。受科学技术迅猛发展的影响，尽管师范院校一直在进行课程改革探索，但教育的长周期性还会使学生毕业后在知识领域表现出一定的滞后性。这就需要在课程设置上更多地关注能够反映专业结构特点的生成性的知识、核心性的知识以及教育实践技能性的知识，注重提高学生思维能力的教育教学过程。因而，"宽基础""精专业""重应用"的课程设计原则有助于协调通识性的课程、理论性的课程以及实践技能性的课程之间的关系，有助于师范院校的课程设置注重专业知识结构的变化和发展趋势，注重学生的发展需要，注重基础教育改革实践的要求。最后应完善教师培训制度。目前，农村基础教育教师培训在设施及培训教师等方面还比较贫乏，难以保证培训的质量，"学非所教"的现象降低了培训的效益。为此，需要改进地方教师培训机构的条件，完善教师培训者培训制度，为提高农村基础教育教师素质创造条件。

### （三）健全培养培训制度与改善农村教师待遇相辅相成

要建立农村基础教育教师培养培训的长效机制必须辅之一定的保障机制，这就需要提高农村基础教育教师的待遇，改进他们的工作条件，这也是保障农村基础教育教师权利的重要组成部分。改善农村教师的待遇包括改善农村教师的工资待遇、医疗待遇、住房待遇等。改善农村教师的工作条件包括改善学校建筑硬件设施和改善教育教学资源软件设施等。在待遇上，国家实行的"以县为主管理"的体制，保障了教师工资按时足额发放，现在又在义务教育学校实行绩效工资制度，使教师的工资待遇按照绩效原则逐渐提高。但农村教师的工资还偏低，因财政困难而实行的低薪聘用代课教师的现象还存在，医疗待遇、住房待遇还有待于进一步改善。在工作条件上，国家已经启动的"中小学校舍安全工程"不仅将为农村中小学学生的在校人身安全提供基本保障，也将为教师的在校人身安全提供基本保障。另外，互联网在农村的普及也将为教师丰富教育教学资源提供条件。但这还需要一个过程。尽管如此，我们仍坚信：农村基础教育教师待遇的改善必将为提高教师素质、保障教育质量奠定重要的基础。

［原文载于《东北师大学报（哲学社会科学版）》2009 年第 4 期，72-76 页］

（杨颖秀）

# 思考 3　教育决策的保障机制

## 教育决策失误的原因（2002）

　　教育决策是教育管理过程中首位、普遍、核心的行为，无论人们在主观上承认与否，它都会在客观上自动发生，并影响着教育改革的成功与失败。因此，正确分析教育决策的困境、尽快走出教育决策的误区，是实现教育决策科学化、民主化的重要起点。

　　教育决策难免失误。从总体上说，教育决策失误集中地表现在教育决策权力集中、负担过重、内容过细等等，这些都限制了教育决策的科学化、民主化进程。

　　教育决策失误的根本原因在于决策未能遵循教育的客观规律，决策是主观的。合规律性的正确决策有自觉性和自发性之别；反规律性的错误决策也有自觉性与无奈性之分。事实上，遵循规律是教育决策者经常思考的问题，却又是教育决策者最难处理的问题。为什么教育决策者知道遵循规律的重要性，却又常常出现忽视或者违背教育规律的现象，以致受到规律的惩罚呢？有如下原因在影响着教育决策。

### 一、认识规律需要一个过程

　　规律是客观、普遍存在的，但教育决策者要认识影响教育决策的规律却不是一朝一夕、轻而易举的事情。教育决策者能否等待完全认识规律之后再进行决策，这是个两难性的问题。其主要难处在于：

#### （一）规律是客观的、复杂的

　　教育决策者应当遵循的基本规律既应该包括教育的基本规律，也应包括教育管理的基本规律。教育规律是与社会、自然和教育对象自身发展的规律错综复杂地交织存在的，教育活动与社会的契合及其衍生规律的凸显常常是被掩盖的，处于隐蔽状态的。教育管理的规律是蕴含在对教育互动进行管理的活动之中的规律，这方面的规律既要受制于其他教育规律的复杂性，也要受制于教育管理对象的复杂性。也就是说，教育决策应当遵循的规律有的是显性的，有的是隐性的；有的是动态的，有的是静态的；有的是普遍的，有的是特殊的。如此看来，要掌握这么复杂的客观规律，的确具有相当的难度。

### （二）规律的暴露是认识的前提

隐蔽的客观规律，只有被暴露出来，才能被认识。故而要认识规律的客观性和复杂性，必须以规律的暴露为前提。规律的暴露需要一定的条件，即要有暴露的机会。这就是人们在教育活动中常见的教育问题、教育的成功与失误等大量的教育现象。只有通过这些教育现象，才能窥测到教育规律的客观存在。问题的难点在于，不是任何教育现象都是对规律集中、准确的反映，它需要人们的精心选择和深刻透视。这一暴露和认识的过程是相当复杂的。

### （三）确切表述并形成共识不易

语言的恰当表述是认识规律的中介。在规律暴露之后，规律需要用语言恰当表述。所谓恰当表述是指用准确、简明、直接、规范的语言或其他符号予以确认。只有经过确切表述的规律才可以使教育决策者掌握规律的内涵，抓住规律的实质，并获得共识正确地运用规律。

### （四）转化为教育决策更不易

表述论证科学规律的语言、范式与表述教育决策的语言、范式是不同的，前者是认识的理论形态，后者是行为的规范形态。在教育决策科学化、民主化的进程中，如何恰当地处理二者的关系，使教育决策中的各种行为规范既正确、又免于空洞抽象，这又是常常困扰教育决策者和决策过程的一大难题。

## 二、遵循规律需要付出代价

客观规律的暴露和人们的认识是容许等待的，而大量需要急迫决策的现实问题又是不容许等待的，这就难免使决策带有许多短期主观的成分。

这是不得不忍痛付出的代价。

教育决策是人的主观能动性的产物。它受人的价值取向和认识能力不同的影响。教育决策者要正确认识规律就要发挥其积极的主观能动性。这需要教育决策者调整自身的价值取向，克服各种困难，协调客观规律与主观能动性之间的关系。教育决策者以积极的主观能动性与客观规律相结合的过程是需要付出代价的。

在这一问题上，教育决策者历来表现出三种态度：（1）在客观规律面前表现得无能为力，束手观望，等待客观规律的"决定"，这是一种消极的态度。（2）当个人的价值取向与客观规律相矛盾时，宁可无视将受客观规律的惩罚也要以个人的价值取向作为决策的标准，这是一种独裁、专制的态度。教育活动受其影响最终要付出代价，而受到规律惩罚的不仅包括教育决策对象，也包括教育决策者自己。（3）教育决策者以积极的态度认识客观规律，当个人的价值取向与客观规律发生冲突时，能实事求是地分析各种情况，及时对失误的教育决策做出纠正和调整，这是一种遵循客观规律的、应选择的正确态度。

## 三、遵循规律需要实践磨砺

教育决策者要认识规律需要通过教育实践。教育决策的正误也要靠教育实践的检验。

教育实践检验的过程是教育决策者积累经验的过程。历史上，人们总结了大量教育实践的经验与教训，在历经了"教育大革命""文化大革命"等教育决策的失误后，人们终于厘清了教育与政治的关系，加深了对教育功能的认识，并依据其中的规律开始了教育方面的改革。改革中，教育决策已经向着科学化、民主化的方向迈进了一大步。

在科学化的进程中，教育决策表现出了遵循规律的诚意，从面向未来的角度提出了许多战略性的决策。例如，科教兴国战略、教育优先发展战略、依法治教战略等，都表现出了教育决策的科学性，并为深入教育改革提供了前提条件。

在民主化的进程中，教育决策表现出了以形式促实质的转机，教育决策的程序开始趋向法律化，教育决策的权力开始重心下移。

[原文载于《中小学管理》2002年第2期，7-8页]（杨颖秀）

# 教育决策的民主与效益（2001）

在动态的管理活动过程中，决策是贯穿始终的行为，这是西蒙等人的决策理论早已认定的事实。教育管理是管理活动中的一部分，教育决策当然是教育管理活动中最重要的活动。决策的正确与否直接影响着教育管理活动的成功与失败。促成教育决策成功的因素很多，其中进行民主决策，实现教育决策的民主化是提高教育决策效益的必要条件。

## 一、教育决策民主化的理论基础

教育决策的民主化是指在充分尊重以人为中心的教育对象的基础上，通过对权力的恰当分配以及各方面意见的分析综合，有效选择教育行动方案的过程。对教育决策民主化的界定主要包括三个方面的内容：其一，要以充分尊重人为中心；其二，要对权力进行恰当分配；其三，要经历一个民主的过程。这三方面内容的核心是解决好人与权力的关系。在人与权力的关系上，包括管理者与组织权力的关系，被管理者与组织权力的关系，管理者与被管理者的权力分配关系等几个方面。对此，有关的管理理论已从不同的角度做过相应的研究分割，旨在实现目的的各种活动和职务，并落实到每个人，再对每个人的活动进行调节和控制的方法，以便最经济、最有效地达到目的。① 很明显，厄威克已经将组织与组织中的人分割开来，将管理者与被管理者分割开来，将组织中的权力与职务作为管理者设计与控制的对象，对组织中每个人的行为作为由相应的权力与职务进行调节的客体。这种组织设计是难以实现其最经济、最有效地谋求经营的目的的。

人际关系理论注意到了科学管理理论的弊端，在管理者与被管理者的权力分配关系上强调人际问题，追求人与人之间的合作，重视被管理者积极性的发挥，需要的满足与士气的提高。在被管理者与组织权力的关系上突出非正式组织的作用，要求管理者允许非正式组织的存在，引导非正式

① 孙耀君. 西方管理思想史［M］. 山西：山西经济出版社，1987：225-227.

组织支持正式组织的工作，并且要以非正式组织作为正式组织行为变革的参照物。在管理者与组织权力的关系上认为在管理人员中也存在非正式组织，即存在感情逻辑，但管理人员中的效率逻辑更重要。也就是说人际关系理论在一定程度上越过了将管理者与组织权力相等同的障碍，一方面客观地看待管理者的社会属性，另一方面并不否认管理者对实现组织目标的理性作用。事实上，管理者的情感因素在决策中的作用是不能忽视的，因为他们也是具有社会属性的人。但重要的是他们应当能够理智地处理感情逻辑与效率逻辑的关系，妥善处理个人目的与组织目的的关系。

人际关系理论对人与组织权力之间的关系的看法优越于科学管理理论的关键在于它重视了人的情感因素，肯定了人的社会性。这是实现决策民主化的一个基础条件。然而，民主并不等于放纵，决策应当注重非正式组织作用的目的在于提高正式组织的管理效能。如果过于强调非正式组织的作用就会影响正式组织作用的发挥。人际关系理论在这方面表现出了一定的缺陷。

社会系统理论认识到了科学管理理论与人际关系理论各自表现出的片面性，在人与组织权力的关系上强调两者的平衡。这一理论将决策作为主要研究对象，认为存在于组织中的是"决策和调节的过程"。为此，正式组织要有协作的意愿、共同的目标和信息联系。管理者要有建立和维持一个信息系统，从组织成员那里获得必要的服务以及规定组织的目标三项基本职能。西蒙发展了社会系统理论对组织的研究，将组织作为决策者个人所组成的系统，认为组织中的"权威"是做出指引另一个人的行动的决策的权力，而不是只以正式制裁为依据的"法律现象"。因为组织中的成员会更愿意由于实现组织目标、心理上"追随他人"、团体的社会支持等而接受命令，而不是由于害怕惩罚才接受命令。组织最理想的状态是，它的所有成员由于个人目标和组织的共同目标最好地结合了起来，因而都愿意为提高组织的效率而做出贡献。在当代社会中，"职能地位"的重要性越来越大，"等级地位"的重要性愈来愈小。组织中的成员日益习惯于接受职能专家的建议，认为他们是能干而诚实的权威者。

社会系统理论和决策理论与人际关系理论相比对人与权力的关系的认识又向前迈进了一步。它们不再将组织决策仅仅视为管理者的事，管理者也不再作为组织权力的象征，管理者权威的形成来自他能做出指引别人行动的决策，而不取决于他对别人的正式制裁。被管理者的个人目标与组织目标的协调被视为提高组织效率的保证。[①]

在人与权力的关系上，科学管理理论、人际关系理论、社会系统理论以及决策理论的研究对教育决策的民主化不无指导意义。然而，我们是否可以由此认为教育决策的民主化与其他领域决策的民主化完全相同，是否可以认为比较科学的社会系统理论和决策理论对决策过程中人与权力关系的看法是完全适用于教育决策的？回答是否定的。因为不仅教育决策的对象、层次等与其他领域的决策存在着明显的不同，同时在巨变时代教育决策的环境也正在发生着变化。从教育决策的对象来看，以培养人为中心、为目的的决策是其他任何领域都不可能与之相同的。尽管其他领域的决策也要涉及对人的管理问题，但其管理的直接目的不是培养人。这样，其他领域对人的管理只能是达到决策目的的手段，而教育对人的管理才是决策的目的。教育决策与其他领域的决策在目的与手段上表现出的明显差异决定了在教育决策过程中，决策者不仅是指挥者，更重要的是服务者；决策的权威不仅来自上级赋予的权力，更重要的是来自自身的素质；决策者的行为不是被动地平衡教育组织与教育者之间的关系，而是调动教育者的积极性，促进教育变革。从教育决策的层次来看，多层次性导致了教育决策的复杂性。这种多层次性不仅仅反映在宏观、中观、微观的教育决策上，更重要的是在同一层次上会涉及不同层次主体的相互作用。仅从微观上的学校内部决策来看，学校管理者——教师——学生之间的作用与反作用会使教育决策更为复杂。每一个层次上的教育者或受教育者都会依据自己的价值观念评价教育决策方案，选择自己的行为，他们对自己行为的选择就是一种决策。所以，学校管理者在学校内部的决策不是要平衡学校与教师之间单方面的关系，而是要平衡学校与教师、教师与学生、学生与学校、管理者与教师、管理者与学生等多方面的关系。从决策环境的变化来看，在知识经济时代，人们对知识的理解更加深刻，彼得·杜拉克（Peter F. Drucker）认为"知识就是力量"，[②] "知识的本质就是不断的变化"。[③] 这种对知识的理解既反映了掌握知识的人在教育决策中的重要地位，也反映了当今掌握知识的难度。也就是说，教育管理者在知识迅速更新的时代，已经无法成为决策的绝对权威，每一个教育组织中掌握了知识的人都可能对决策产生影响，影响的程度不取决于组织成员所处的地位，而取决于组

---

① 孙耀君. 西方管理思想史［M］. 山西：山西经济出版社，1987：504
② 彼得·杜拉克. 巨变时代的管理［M］. 周文祥，等译. 太原：山西经济出版社，1998：15.
③ 彼得·杜拉克. 巨变时代的管理［M］. 周文祥，等译. 太原：山西经济出版社，1998：59.

织成员能否掌握最新的知识。教育管理者要使决策具有效力除本身要不断学习，及时更新知识外，对被管理者也要有新的认识。应当认识到他们不仅具有决策的主动性，而且具有决策的主动权。主动性来自他们的社会属性，主动权则来自他们的知识资本。他们会通过对知识的理解与分析，理智地去对待教育决策方案，选择自己的具体行为。所以，教育管理者的权力影响力如果不与非权力影响力相匹配，就必然失去权力的作用。特别值得注意的是，我们所强调的被管理者参与决策的作用与社会系统理论以及决策理论所倡导的平衡理论是有区别的。平衡理论是从组织的角度出发，要求管理者决策时要平衡组织目标与个人目标的关系。教育决策当然也要从教育组织的角度出发，但要提醒管理者的不仅仅是决策时要平衡组织目标与个人目标的关系，还要承认无论管理者怎样看待被管理者或者怎样进行决策，被管理者都会以自己的知识与行为参与决策的事实。

## 二、民主化是教育决策的必然选择

由上述分析可知，教育决策的民主化是现代社会发展的必然结果，是人的身心发展的必然要求。现代社会的发展为教育决策的民主化提供了现代的管理理论、管理方法和管理技术；现代社会中人的身心发展为教育决策的民主化提供了知识资本、选择意识和创新能力。这两个方面的客观条件要求教育管理者必须步入民主化的教育决策进程，否则教育决策则将是低效益的。非民主化的教育决策导致的低效结果历史上已有教训。

例如，针对中小学生过重课业负担问题，中央教育行政部门自 1977 年恢复高考制度以来，颁发过五次教育规章或教育规章性文件。它们是：关于减轻小学生课业负担过重问题的若干规定（1988 年 5 月 11 日），国家教委关于重申贯彻《关于减轻小学生课业负担过重问题的若干规定》的通知（1990 年 2 月 15 日），国家教委关于减轻义务教育阶段学生过重负担，全面提高教育质量的指示（1993 年 3 月 24 日），国家教委关于全面贯彻教育方针，减轻中小学生过重课业负担的意见（1994 年 11 月 10 日），教育部关于在小学减轻学生过重负担的紧急通知（2000 年 1 月 3 日）。然而，这些具有法规性质的教育文件并未在中小学中引起足够的重视，并未收到其以法规范的结果。学生的课业负担一直处于减而不轻的状况。1994 年 10 月，国家教育督导团组织北京、上海、天津、河北、辽宁等五省、市对所辖城区（河北、辽宁均为省会城区）减轻义务教育阶段学生过重课业负担情况进行了督导检查。检查之后发现，义务教育阶段学生课业负担过重问题尚未从根本上得到解决。从总的情况看，初中重于小学，毕业年级重于其他年级。义务教育阶段学生课业负担问题主要表现在七个方面：(1) 从教学计划的执行情况看，初中普遍存在任意增减课时的现象。(2) 利用节假日给学生集体补课的现象比较普遍。(3) 小学高年级和初中各年级学生作业量都超过规定。(4) 从考试情况看，教育行政部门或教研部门组织统考和按分数排队的现象仍然存在。(5) 学生手中的习题集、练习册和复习辅导资料仍然很多。(6) 各种奥校（奥班）辅导班及学科竞赛愈演愈烈。(7) 初中学生睡眠不足，特别是初三学生严重不足。1994 年调查了解到学生课业负担过重的问题直至 2000 年仍然未能缓解，因而教育部于 2000 年 1 月又颁发了关于在小学减轻学生过重负担的紧急通知。

国务院及教育行政部门对中小学乱收费问题的治理同样反映了缺乏民主的教育决策所导致的低效结果。1991 年 5 月 3 日国家教委印发《关于坚决制止中小学乱收费的规定》的通知，1993 年 8 月 25 日国家教委印发关于坚决纠正中小学乱收费的通知，1994 年 9 月 20 日国家教委印发关于进一步做好学校收费工作的通知，1994 年 10 月 24 日国家教委办公厅印发《部分省市中小学收费管理工作座谈会纪要》的通知，1994 年 12 月 19 日国家教委办公厅印发关于禁止通过学生征收集资费等有关事项的紧急通知，1995 年 4 月 25 日国家教委印发关于贯彻执行《关于治理中小学生乱收费工作的实施意见》的通知，1996 年 3 月 25 日国家教委、国务院纠风办颁发关于 1996 年在全国开展治理中小学乱收费工作的实施意见，1996 年 5 月 17 日国务院办公厅转发国家教委等部门关于 1996 年在全国开展治理中小学乱收费工作实施意见的通知，1996 年 7 月 25 日国家教委印发关于严禁以勤工俭学名义乱收费的通知，1996 年 11 月 7 日国家计委、国家教委印发关于开展全国中小学收费检查的通知，1996 年 12 月 16 日国家教委、国家计委、财政部印发关于颁发义务教育等四个教育收费管理暂行办法的通知，1998 年 4 月 7 日教育部办公厅印发关于进一步加强治理中小学生收费工作的紧急通知。从 1991 年至 1998 年，国务院及其教育行政部门共颁发了 14 个关于治理中小学乱收费问题的文件，可以说数量之多，前所未有。从文件发布的数量来看，应当说国家对这一问题是重视的。但从对乱收费问题的治理情况来看，应当说文件是低效益的。类似的问题还有许多，如中小学的安全问题、复习资料问题、健康问题、竞赛问题、教科书问题等等，教育行政部门都要反复颁发相关的文件来规范这些方面的行

为，但始终收效甚微。

### 三、教育决策的民主化有助于提高其效益

为什么大量的法规性文件却禁止不了学生过重负担问题，治理不了对学生乱收费的问题？究其原因是多方面的，但教育决策过程缺乏民主意识与民主程序，从而导致低效的教育决策是不可忽视的重要原因。

教育决策过程中民主意识的缺乏主要表现在教育决策者对人与权力关系的片面认识上。教育文件的重复颁发，反映了教育决策者在教育决策过程中其行为具有较大的主观性。他们将制定教育决策仅仅视为教育决策者单方面的行为，似乎发一个文件就能够解决一些问题，并未充分思考教育决策对象对文件的理解水平、可接受程度，以及不同因素间的相互关系和影响。教育决策者对人与教育决策权力关系的片面认识，导致了教育决策的形成缺乏民主的决策程序。我们看到许多内容相关的文件在很短的时间内连续发出，那么它们不可能经过充分的讨论、审议，不可能有较多的人参与决策过程。这种决策行为使文件制定得容易，实施得艰难，效率较高，效益较低，问题终未能得到妥善解决。

教育决策程序上的民主化是促进教育决策权力恰当分配，提高教育决策效益的主要手段。发达国家在这方面的某些做法为我们提供了可借鉴的经验。美国联邦政府制定法规需要经过特定的民主程序，并以法律的形式进行确认。1946 年，美国联邦用联邦行政程序法第一次统一了制定法规的程序。这个法律适用的范围很广，在其他法律没有特别规定时都适用。联邦行政程序法规定两种制定法规的程序，即：非正式程序和正式程序。非正式程序是制定法规普遍适用的程序，正式程序用于法律有特别规定的时候。非正式程序包括通告、评论、最终法规的公布以及生效日期几个环节。其中最主要的环节是通告和评论。通告是指除法律规定的例外情况和紧急情况以外，行政机关必须把它所建议制定的法规草案或其主要内容，在联邦登记上公布，供公众了解和评论。评论是非正式程序中，公众或利害关系人对已经公布的建议法规表示意见的正式渠道，是公众参与制定法规的权利。公众提供意见的方式由行政机关决定，可以采取接受书面意见、书面资料方式，可以允许口头提供意见，也可以采取非正式的磋商、会议、咨询和其他可以供公众表示意见的方式。其中书面评论是非正式程序中公众参与的主要方式。评论的期限由行政机关决定，但不能过短，否则不具有评论的价值①。

美国政府制定法规的程序给予我们很大的启示，特别是通告与评论对实现教育决策的民主化具有重要的促进作用。通告与评论之类的民主程序有利于增加决策的透明度，调动更多的人参与决策的积极性，使大家能够了解决策的内容，了解自己的权利与义务，通过了解则更有利于认识决策方案的优势与不足，进而有针对性地提出建议，为教育决策者修改决策方案提供参考。

教育决策民主程序的确定是教育决策者正确认识决策者、决策对象以及决策权力之间的相互关系的结果。民主的教育决策程序虽然要耗费较多的时间，但会取得令人满意的效果，所以民主的教育决策是高效的。实现教育决策的民主化在认识上需要一个过程，在操作上也需要一个过程。这一过程不是要教育决策者放弃决策的权限或职责，而是要教育决策者重新认识教育决策对象在决策过程中的位置，将应该属于决策对象的参与决策的权利还给他们，目的在于提高教育决策的效益。否则，教育决策对象也会以其自身的素养与态度影响教育决策方案的实施，这仍然是一种参与决策的举动。

［原文载于《教学与管理》2001 年第 2 期，9-12 页］（杨颖秀）

---

① 哈佛大学行政管理学院行政教程系列. 美国行政法 ［M］. 曾繁正，等编译. 北京：红旗出版社，1998：25-26.

# 思考 4  教育督导的制度创新

## 教育督导的理念与制度创新及展望（2019）

教育督导是教育管理的重要组成部分，在督政、督学及评估监测的过程中，充分体现了对教育管理规律的尊重。中华人民共和国成立以来，教育督导理念与制度创新相辅相成，为教育发展起到了保驾护航的作用。

### 一、教育督导理念的创新

#### （一）依法督导

##### 1. 依法创建教育督导机构

教育督导机构的创建可归纳为四个阶段。第一个阶段从 1949 年至 1965 年，是教育督导机构的形成时期，行使教育视导的职能。第二个阶段从 1966 年至 1976 年的"文革"期间，是教育督导机构的中断时期，中断教育视导职能。第三个阶段从 1977 年至 1992 年，是教育督导机构的恢复时期，正式行使教育督导职能。第四个阶段从 1993 年至今，是教育督导机构的发展时期，行使和完善教育督导职能。教育督导机构在创建过程中，形成了中央教育督导机构和地方教育督导机构两个层次，地方教育督导机构包括省、市、县三级。教育督导机构的名称从视导到督导，经历了从看—导到督—导的职能（职责）转换，也反映了教育督导机构发展中的有序性。在这一过程中，国家制定的文件始终是教育督导机构变革的重要依据，也为教育督导制度的形成奠定了基础。

##### 2. 依法规范教育督导制度

在教育督导机构的创建过程中，国家先后发布教育规章、教育法律规范、教育行政法规，对教育督导的任务、范围、机构、职责、人员、方式等做出明确规定，形成了我国独具特色的教育督导制度。1991 年，国家教育委员会令第15号颁布《教育督导暂行规定》，以规章的形式确立了教育督导的制度体系，使新中国的教育督导制度有了第一部专项法。1995年3月18日，第八届全国人民代表大会第三次会议通过《中华人民共和国教育法》，将教育督导制度作为国家的基本教育制度之一。这不仅赋予教育督导制度重要的法律地位，也使教育督导制度的运行有了国家基本法的依据和保障。随着教育改革的不断深入，国家和社会对教育督导的要求不断提高。2012年，中华人民共和国国务院令第624号颁布《教育督导条例》，自2012年10月1日起施行。这使教育督导制度有了专门的教育行政法规作为依据，以"保证教育法律、法规、规章和国家教育方针、政策的贯彻执行，实施素质教育，提高教育质量，促进教育公平，推动教育事业科学发展"为立法宗旨，[1] 进一步规范了教育督导的制度体系。

**（二）破冰督导**

**1. 攻克"两基"**

1980年12月，中共中央、国务院发布《关于普及小学教育若干问题的决定》，在强调教育事业在四个现代化建设中具有重要作用的同时，指出了当时小学教育存在的主要问题，包括：小学五年教育尚未普及、小学教师平均工资位各行业之末、教师队伍不稳定等。小学教育不能普及，新文盲则继续大量产生。这种状况与国家整体改革的刚需极不适应。因此，文件要求必须切实改革普通教育的领导管理体制，加强师范教育，提高教师的社会地位，从"校校无危房，班班有教室，学生人人有课桌凳"和课本供应"人手一册，课前到手"等软硬件基本指标入手，开始了政府主导下的普及小学教育工作。这也成为后来普及九年义务教育和扫除青壮年文盲工作的基础。1985年，中共中央发布《关于教育体制改革的决定》，提出有步骤地实行九年制义务教育。1986年4月12日，第六届全国人民代表大会第四次会议通过《中华人民共和国义务教育法》，自1986年7月1日起施行。自此依法实施九年义务教育。九年义务教育与普及小学教育相比是一个新的起点，需要克服更多的困难，教育督导则在其中发挥了重要的作用。1986年9月11日，国务院办公厅转发国家教育委员会、国家计划委员会、财政部、劳动人事部《关于实施〈义务教育法〉若干问题的意

---

① 国务院. 教育督导条例［EB/OL］.（2012-09-017）［2019-02-12］. http：//www. gov. cn/flfg/2012－09/17/content _ 2226538. htm.

见》，规定"逐步建立基础教育督学（视导）制度"。① 1993 年 12 月 13 日，中共中央、国务院印发《中国教育改革和发展纲要》，提出 20 世纪 90 年代全国"基本普及九年义务教育""基本扫除青壮年文盲"的"两基"战略目标。然而，由于普及小学教育的起点较低，所以"两基"的实施面临教育投入、办学条件、师资队伍等方面的棘手问题。为有效实现"两基"目标，通过对"国家贫困地区义务教育工程""全国中小学危房改造工程""农村寄宿制学校建设工程""农村中小学现代远程教育工程""中小学教师继续教育工程"以及"两免一补"等重要工程项目的督导，"两基"攻坚在较短的时间内取得了可喜的成绩。2001 年，《国务院关于基础教育改革与发展的决定》指出，"两基"目标基本实现，占全国人口 50%左右的农村地区和占全国人口 35%左右的大中城市和经济发达地区实现了"两基"。2011 年，所有省（区、市）通过了"普九"验收，城乡全面实行免费的九年义务教育，青少年文盲数量得到了有效控制。② 这为九年义务教育开启了均衡发展的新篇章。

**2. 推进义务教育均衡发展**

义务教育的普及并不等于义务教育是均衡的和有质量的。《国家教育督导报告 2005》在总结义务教育主要进展的情况下，重点指出了当时存在的主要问题，并针对问题提出了推进义务教育均衡发展的督导意见。2006 年，第十届全国人民代表大会常务委员会第二十二次会议修订《中华人民共和国义务教育法》，将促进义务教育均衡发展作为基本原则，并在第八条规定："人民政府教育督导机构对义务教育工作执行法律法规情况、教育教学质量以及义务教育均衡发展状况等进行督导，督导报告向社会公布。"推进义务教育均衡发展，反映的是义务教育从"有学上"向"上好学"转变的行动取向，要求义务教育的起点、过程及结果均达到公平。解决这一问题的难度不低于"两基"攻坚，而教育督导在这一进程中担起了指导、监督、助推等重要职责。2012 年 1 月，教育部印发《〈县域义务教育均衡发展督导评估暂行办法〉的通知》，开始了县域内推进义务教育均衡发展的进程。县域内的校际均衡是义务教育均衡发展的基础，自下而上地推进才能实现义务教育的整体均衡。2012 年 9 月，国务院发布

---

① 教育部. 中国教育督导制度简况 ［EB/OL］.（2003-12-01）［2019-02-12］. http://old. moe. gov. cn/publicfiles/business/htmlfiles/moe/moe_163/200409/3084. html.

② 国务院. 关于深入推进义务教育均衡发展的意见 ［EB/OL］.（2012-09-07）［2019-02-15］. http://www. gov. cn/zwgk/2012－09/07/content_2218783. htm.

《关于深入推进义务教育均衡发展的意见》，从办学标准、办学经费，教育资源、国家课程，教师配置、教师整体素质，学校班额，县域内学校之间的差距，义务教育巩固率，实现基本均衡的县（市、区）的比例等方面，提出了推进义务教育均衡发展的基本目标。县域义务教育均衡发展督导评估，在义务教育学校达到所在省的基本办学条件的基础之上，通过对县域内义务教育校际间均衡状况评估和对县级人民政府推进义务教育均衡发展工作评估，推进义务教育的均衡发展。2015 年以后，国家连续发布《全国义务教育均衡发展督导评估报告》，截至 2017 年底，全国已有 2379 个县，占全国总数的 81%，通过国家督导评估，有 11 个省（市）整体通过认定。[①] 显然，义务教育均衡发展已初见成效。

**3. 开拓教育质量监测**

义务教育的均衡发展评估主要是对办学条件的监测，而在一定办学条件下学生的发展状况如何，是教育要回答的质量的问题。1999 年，《中共中央国务院关于深化教育改革全面推进素质教育的决定》提出："进一步健全教育督导机构，完善教育督导制度，在继续进行'两基'督导检查的同时，把保障实施素质教育作为教育督导工作的重要任务。"素质教育是促进学生全面发展的教育，是提升质量的教育。根据 2016 年国务院印发的《关于统筹推进县域内城乡义务教育一体化改革发展的若干意见》，教育部 2017 年印发《县域义务教育优质均衡发展督导评估办法》，在义务教育实现基本均衡的基础上开始了将义务教育均衡发展向更高水平推进，全面提高义务教育质量的督导评估进程。这项督导评估坚持"依法实施、保障公平、注重质量、社会认可"的原则，对通过国家义务教育基本均衡发展认定三年以上，基本均衡发展认定后年度监测持续保持较高水平的县实施优质均衡督导评估认定。认定的内容包括资源配置、政府保障程度、教育质量、社会认可度四个方面，每个方面均规定了具体的指标。这意味着，义务教育均衡发展已经从基本均衡走向以质量衡量发展、以质量促进发展、以质量监测发展的更高水平。2015 年，国务院教育督导委员会办公室印发《国家义务教育质量监测方案》，本着客观、规范、引导的原则，开始对义务教育阶段学生学习质量、身心健康及变化情况进行质量监测。监测采取抽样调查的方法进行，2018 年形成第一份《中国义务教育质量

① 教育部. 2017 年全国义务教育均衡发展督导评估工作报告 [EB/OL]. （2018-02-28）[2019-02-15]. http：//www. moe. gov. cn/jyb＿xwfb/xw＿fbh/moe＿2069/xwfbh＿2018n/xwfb＿20180227/sfcl/201802/t20180227＿327990. html.

监测报告》。通过监测，发现了义务教育在质量方面取得的成绩以及其存在的问题，引导政府、学校、家庭、社会以正确的质量观冷静看待问题，尽快转变教育管理方式，恰当改进学校教育教学。由此可见，义务教育质量监测将积极促进义务教育的优质发展。

### （三）问责督导

教育督导始终坚持权责对等、问责督导的制度。1991 年颁发的《教育督导暂行规定》，在罚则中规定了被督导单位及其有关人员和督学的责任及责任方式。2012 年颁发的《教育督导条例》将罚则改为法律责任。法律责任规定了被督导单位及其工作人员不履行义务的责任方式，包括：通报批评并责令其改正；拒不改正或者情节严重的，对直接负责的主管人员和其他责任人员，由教育督导机构向有关人民政府或者主管部门提出给予处分的建议。法律责任也规定了督学或者教育督导机构工作人员不履行职责的责任方式，包括：由教育督导机构给予批评教育；情节严重的，依法给予处分，对督学还应当取消任命或者聘任；构成犯罪的，依法追究刑事责任。此外，《教育督导条例》还通过县级教育督导机构设立教育督导责任区制度，对责任区督学的义务做出专门规定，实行责任督学挂牌督导制度，依法规范经常性督导行为。权利与义务对应、义务与责任对等，是依法治国、依法督导的必要条件。对督学或者教育督导机构工作人员而言，督导的权利既是其履职的权力，也是其履职的义务，权力不可以转移，义务不可以放弃。否则，无论是转移权力或者放弃义务，都是其失职的行为。失职必然带来相应的法律后果，须对责任主体追究相应的法律责任。对被督导单位而言，依法接受督导是他们必须履行的义务，同样不可以转移或放弃，否则，也要追究相关责任主体的法律责任。这也就是有权必有责，有责要担当，失责必追究的权责运行规则。

## 二、教育督导制度的创新

### （一）教育督导内容的创新

督政与督学相结合是中国教育督导的特色。督政主要是指县级以上人民政府对下级人民政府落实教育法律、法规、规章和国家教育方针、政策情况的督导。督学是指县级以上地方人民政府对本行政区域内的学校和其他教育机构教育教学工作的督导。督学的范围包括实施学前教育、义务教育、高中阶段教育、高等教育的各级各类学校。教育督导是政府的行为，需要明确划分不同主体的权力范围和责任界限，在督学或者教育督导机构工作人员依法行使法律、法规、规章赋予的职权时，也必须履行相应的义务，对其行为的不利后果承担必要的法律责任。督政与督学相结合需要对政府和学校的办学行为实施全方位督导。诸如，学校实施素质教育的情况，教育教学管理情况，校长队伍建设情况，教师管理情况，招生、学籍管理情况，教育质量情况，学校的安全、卫生制度建设和执行情况，教学和生活设施配备和使用保障情况，教育投入和使用情况，义务教育普及水平和均衡发展情况，各级各类教育的规划布局、协调发展等情况。根据《教育督导条例》的规定，教育督导，必须以提高教育质量为中心，遵循教育规律，遵守教育法律、法规、规章和国家的教育方针和政策，督政与督学并重、监督与指导并重，实事求是、客观公正。

**（二）教育督导队伍的创新**

教育督导人员分为专职督学和兼职督学，由具有专业性的人员担任，满足政治、业务、身体等方面的条件。在政治上，督学要坚持党的基本路线，熟悉教育法律、法规、规章和教育方针政策，秉公办事。在业务上，督学要有大学本科以上学历，10 年以上从事教育管理、教学或教育研究工作，业绩突出，有较强的组织协调能力和表达能力。在身体上，督学要身体健康，能胜任教育督导工作。2016 年教育部印发的《督学管理暂行办法》，对督学的地位、性质、聘任、责权等规范管理提出了具体要求。专业性的专职督学和兼职督学队伍，充分利用了教育管理的人力资源，提高了督导水平，保证了督导的质量。

**（三）教育督导方式的创新**

教育督导方式点面结合、突出重点，对教育管理行为实施全过程督导。综合督导、专项督导和经常性督导是教育督导的三种方式。综合督导是指就所有具有法律效力的督导事项对被督导单位实施的督导。专项督导是指就具有法律效力的督导事项中的一项或几项对被督导单位实施的督导。经常性督导是指指派督学，对县级人民政府根据本行政区域内的学校布局设立的教育督导责任区内学校的教育教学工作实施的督导。教育督导作为教育管理的重要组成部分，必然体现教育管理的规律和特点。教育督导方式和职能也遵循分阶段、有步骤、螺旋上升的动态管理规律，在不同的历史条件下有所侧重。例如，教育督导曾经发挥了监督、指导、检查、评估、监测等职能作用，但现阶段为推进义务教育均衡发展和优质发展，评估监测正在发挥重要的职能作用。教育督导还依托对重大突发事件、[①]学生欺凌、师德师风、教育公平与质量等专项督导及综合治理，完成教育的重点工作和解决现实中的突出问题。

### （四）教育督导程序的创新

程序是权利的保障。教育督导在实施过程中必然涉及相关主体的权利，需要明确督导程序，保障法律关系主体的权利。根据《教育督导条例》的规定，专项督导和综合督导的程序包括：发布通知、自查自评、审核自评、现场考察、征求意见、评议、形成初步督导意见、反馈督导意见、对督导意见申辩、发出督导意见书、核查整改情况、提交和报送督导报告等。程序中"对督导意见申辩"环节，充分表达了依法督政的基本理念。因为教育督导体现的是纵向的行政法律关系，具有督导者和被督导者之间存在的行政法律关系的不平等性。但"对督导意见申辩"程序，赋予被督导者主张权利的权利，通过救济途径平衡二者之间的法律关系，体现了教育督导制度的创新性。

## 三、教育督导的未来展望

教育督导在理念不断更新，制度不断完善中成为保障教育优先发展，落实教育方针政策的关键举措。"两基"工作取得了令人瞩目的成绩，九年义务教育的基本均衡和优质均衡步步提升。然而，实现更高水平的普及教育、形成惠及全民的公平教育、提供更加丰富的优质教育、构建体系完备的终身教育、健全充满活力的教育体制，仍然是《国家中长期教育改革和发展规划纲要（2010—2020 年）》提出的教育发展的战略目标。为此，需要继续写好教育督导的"奋进之笔"。

---

① 国务院教育督导委员会办公室. 关于印发《教育重大突发事件专项督导暂行办法》的通知 [EB/OL]. （2014-02-12）［2019-02-16］. http：//www. moe. gov. cn/s78/A11/s7057/201402/t20140212_163747. html.

### （一）实现更高水平的普及教育

高水平的普及教育不仅包括巩固提高九年义务教育水平，扫除青壮年文盲，还要在基本普及学前教育、普及高中阶段教育、提高新增劳动力平均受教育年限等方面做出努力。普及教育是坚持教育的公益性和普惠性的重要体现。办好普惠性幼儿园和公办园，使孩子系好人生的第一粒扣子，保障家庭经济困难学生、进城务工人员子女、残疾人受教育的权利，发展职业教育、高等教育、终身教育，促进教育质量整体提升等，都是教育督导不可推卸的责任。

### （二）改革教育督导体制

良好的教育督导体制机制是保障教育督导有序运行的前提。2014年，国务院教育督导委员会办公室印发《深化教育督导改革转变教育管理方式的意见》，从教育管理的视角再次审视教育督导的重要意义，提出了深化教育督导改革的总体思路、工作目标和主要任务。按照决策、执行、监督的教育管理职能，设计督政、督学、评估监测的教育督导制度体系。根据现代教育管理理念，教育督导要有助于调动政府和学校从事教育管理的积极性，为优先发展教育事业，促进教育现代化建设，办人民满意的教育服务。因此，建设管办评分离的教育督导体制，理顺政府、学校、社会之间的权责关系，是教育督导制度改革的着力点。

### （三）夯实教育督导责任机制

教育督导是政府行使职权和监督政府职权行使的双重行为，必须有明确的责任机制。现行教育督导制度不仅规定了法律责任，还针对县级政府的教育管理权限，制定了经常性督导制度，使督学行为落到实处；针对教育督导重点事项和省级人民政府的管理权限，根据2017年国务院办公厅印发的《对省级人民政府履行教育职责的评价办法》，2018年，国务院教育督导委员会办公室印发了《〈对省级人民政府履行教育职责的评价办法〉实施细则》，目的在于构建顶层有设计、责任有分工、规划有落实、进展有督查、奖惩有通报的监管体系，同时还印发了对省级人民政府履行职责评价的测评体系，主要用于测试省级人民政府履行教育职责的工作进展、存在问题与工作成效。可见，夯实责任机制是教育督导的重点，也是未来

教育督导制度的发展趋势。

### （四）完善教育督导法律体系

依法督导、依法治教，是依法治国的重要组成部分。教育督导虽已形成基本的法律体系，但还需要不断完善。例如，对教育督导的法律关系主体及其权利义务关系尚需做出更加明确的规定，对履行责任的评价监测标准需要更加清晰，中央和地方教育督导法律、法规、规章要形成体系。随着形势的发展，社会对教育督导制度的要求会不断提高，教育督导法治体系也必然与之相应，在动态的发展过程中不断完善。

（杨颖秀）

# 督政与督学相结合
## ——中国教育督导制度的显著特色（2005）

教育督导制度是《中华人民共和国教育法》（以下简称《教育法》）规定的教育基本制度之一，也是世界多数国家实行的一项基本的教育监督制度。《教育法》第二十四条中规定："国家实行教育督导制度。"那么，中国实行什么样的教育督导制度？我们认为，督政与督学相结合是中国教育督导制度的特色，这与世界多数国家实行的主要是督学的教育督导制度有所不同。为什么督政与督学相结合能够成为中国教育督导制度的特色？从变革的教育实践出发，依据相关的理论，透视国际教育督导制度的发展态势，可以对中国教育督导制度的特色做如下分析。

## 一、督政与督学相结合的实践本源

### （一）重构教育督导机构及其制度的特定历史时期，为督政与督学相结合奠定了基础

"文革"之后，百业待兴。1977 年 9 月，邓小平提出了恢复我国教育督导机构和教育督导制度的设想，在与教育部负责人谈话时提出："要健全教育部的机构。要找一些 40 岁左右的人，天天到学校里去跑。搞 40 人，至少搞 20 人专门下去跑。要像下连队当兵一样，下去当'学生'，到班里听听课，了解情况，监督计划、政策等的执行，然后回来报告。这样才能使情况反映得快，问题解决得快。可以先跑重点大学，跑重点中学、小学。这些就是具体措施，不能只讲空话。"在邓小平的倡导下，中国步入恢复与重构教育督导机构和教育督导制度时期。中央一级的教育督导机构从 1984 年开始，先后经历了在教育部设督导室（1984 年 8 月）、将教育部督导室更名为国家教委督导司（1986 年 10 月）、建立国家教委教育督导团（1993 年）、将国家教委教育督导团更名为国家教育督导团（2000 年 1 月）等发展壮大的过程。地方的教育督导机构，情况各异，分别设立于省、市、县三级政府或教育行政部门之中。伴随着中国教育督导机构的不断发展，教育督导制度也不断完善，先后经历了建立普通教育督导制度，

建立系统的教育评价和监督制度，建立检查、监督、验收、复查"两基"教育制度，建立指导、监督、检查、评估素质教育制度，建立对农村教育监督、检查制度等演进过程。在这一过程中，"督政与督学相结合"的教育督导特色愈来愈清晰。

### （二）普及小学教育及义务教育的特定办学条件，要求督政与督学相结合

中国恢复教育督导制度之时，义务教育法尚未颁发，普及小学教育的工作存在着相当多的困难。当时，唯一可以依据的文件是《中共中央、国务院关于普及小学教育若干问题的决定》。从中国的实际情况出发，文件对普及小学教育的标准定得很低，"校校无危房，班班有教室，学生人人有课桌凳"（简称"一无两有"）是当时普及小学教育的基本条件。这种规定，不仅反映了中国当时普及小学教育的困难程度，也反映了中国政府普及教育提高国民素质的决心与态度。就是在这样的小学教育的基础上，中国于1986年4月12日颁发了《中华人民共和国义务教育法》，1986年7月1日起施行，以强制性的手段开始了普及九年制义务教育的工作。

义务教育的强制性是双重的，一方面要强制适龄儿童、少年的父母及其他监护人送其子女或被监护人按时入学、接受规定年限的义务教育；另一方面要强制政府为适龄儿童、少年提供按时入学、接受规定年限的义务教育的条件。而对于教育督导来说，要强制适龄儿童、少年的父母及其他监护人送其子女或被监护人按时入学、接受规定年限的义务教育就要做好督学工作；要强制政府为适龄儿童、少年提供按时入学、接受规定年限的义务教育的条件就要做好督政工作。督学是容易被理解和接受的，督政则是容易被忽视和拒绝的。因为中国基础教育的条件比较薄弱，中国历史上教育监督与教育决策和教育执行相比也比较薄弱。在双重薄弱的条件下，行使政府的职权，强迫适龄儿童、少年按时入学，接受规定年限的义务教育顺理成章，而强迫政府承担责任，为适龄儿童、少年提供按时入学，接受规定年限的义务教育的条件则十分困难。越是如此，就越是从客观上提出了督政的必要性、迫切性和艰巨性。为了使实施义务教育卓有成效，1986年9月11日，国务院办公厅转发国家教育委员会、国家计划委员会、财政部、劳动人事部《关于实施〈义务教育法〉若干问题的意见》（国办发〔1986〕69号文件），规定："逐步建立基础教育督学（视导）制度。""国家和地方逐步建立基础教育督学（视导）机构，负责对全国或地区范围内义务教育的实施进行全面的视察、督促和指导，并协同当地人民政府

处理有关实施义务教育的各项问题。"这一规定明确赋予中国教育督导机构行使实施义务教育的督政权力。从此，督政与督学相结合则成为中国教育督导制度的鲜明特色。

### （三）重点解决基础教育问题的特定管理体制，要求督政与督学相结合

中国基础教育实行地方负责，分级管理，以县为主的体制。当然，发展基础教育的责任主要在地方人民政府。中国各地经济、文化、教育差异显著，教育督导部门监督地方各级人民政府，特别是监督经济、文化、教育相对落后地区的人民政府发展基础教育的任务十分艰巨。在基础教育体系中，义务教育是最重要的组成部分。因此，中央和地方教育督导部门开始了对全国或地区范围内义务教育的实施进行全面的视察、督促和指导，并协同当地人民政府处理有关实施义务教育的各项问题的督学与督政相结合的工作历程。它包括地方各级人民政府要保证为接受义务教育的适龄儿童和少年提供符合标准的校舍、设备、教师、经费等方方面面的条件；保证学生的入学率、毕业率、普及率、升学率；保证学校网点布局覆盖率、义务教育人口覆盖率；保证任课教师达标率，等等。为了实现以上各项指标，教育督导部门以督政和督学相结合的积极态度，克服了诸多困难，使普及义务教育步步深入，取得了历史性进展。

### （四）深化农村教育改革的特定战略目标，要求继续坚持督政与督学相结合的特色

2001年，中国政府先后颁发《国务院办公厅关于完善农村义务教育管理体制的通知》和《国务院关于基础教育改革与发展的决定》。2003年，国务院召开中华人民共和国成立以来的第一次农村教育工作会议，颁发《国务院关于进一步加强农村教育工作的决定》。这几个文件明确了中国在今后一段时间内教育发展的方向，提出："十五"期间，地方各级人民政府要坚持将普及九年义务教育和扫除青壮年文盲作为教育工作的"重中之重"，进一步扩大九年义务教育人口覆盖范围，初中阶段入学率达到90％以上，青壮年非文盲率保持在95％以上；高中阶段入学率达到60％左右，学前教育进一步发展。按照"积极进取、实事求是、分区规划、分类指导"的原则，发展不同地区的基础教育事业。到2010年，基础教育总体水平接近或达到世界中等发达国家水平。同时明确了农村教育在教育工作中"重中之重"的战略地位，提出了西部共建、巩固提高和深化农村

教育综合改革的三大目标和深化改革、促进农村教育发展的一系列重大政策措施。实现这些战略目标仍然是政府的责任。为此，中国教育督导需要继续坚持督政与督学相结合的特色，监督政府继续发挥发展基础教育的作用，承担相应的责任，以实现既定的教育目标。

## 二、督政与督学相结合的理论本源

从中国教育督导实践来看，特定的历史时期、特定的教育条件、特定的管理体制、特定的战略目标，均需要督政与督学的密切结合。由此我们是否可以认为，中国教育督导实践的特别需要就是中国教育督导制度凸显督政与督学相结合特色的充分理由？我们的回答是：中国督政与督学相结合的教育督导特色，不仅有其雄厚的实践基础，也有其充分的理论依据。

### （一）教育督导机构的行政主体资格是行使其督政与督学权力的基本条件

行政主体是指"依法享有国家的行政权力，以自己的名义实施行政管理活动，并独立承担由此产生的法律责任的组织"。在中国，"职权行政主体都是行政组织。其行政主体资格随着该组织依法完成设立程序而取得。"[①] 中国行政组织的设立通常需要经过有权机关的提出、批准或决定，备案，公布三个程序。这表明，要取得行政主体资格，必须在设立程序上是合法的，同时应当具备相应的权利能力和行为能力。据此，中国教育督导机构是否具备行政主体资格需要从其设立程序是否合法、是否具备相应的权利能力和行为能力三个方面进行分析。

首先，中国教育督导机构设立的基本程序证明：中国教育督导机构是职权行政主体，是中国行政组织的组成部分之一。1983 年 7 月，在全国普通教育工作会议上，中华人民共和国教育部提出了《建立普通教育督导制度的意见》，提出县以上教育行政部门要建立督导机构，并要求先试点，而后逐步实行。1984 年 8 月，中华人民共和国国务院批准教育部设视导室，负责巡视、检查和指导帮助全国各地的普教工作。1985 年 6 月，中华人民共和国教育部任命 12 位教育部视导员。1986 年 10 月，中华人民共和国国务院批准教育部视导室更名为国家教委督导司，这标志着中国教育督导制度的正式恢复与重新建立。1993 年，中央编制委员会批准建立国家教委教育督导团，设教育督导团办公室挂靠基础教育司。2000 年 1 月 3

---

① 皮纯协，张成福. 行政法学 [M]. 北京：中国人民大学出版社，2002：51.

日，中央机构编制委员会办公室下发了《关于原国家教委教育督导团更名的批复》（中编办字〔2000〕2 号），同意将原国家教委教育督导团更名为"国家教育督导团"。2000 年 1 月 26 日，中华人民共和国教育部印发了《关于转发中央机构编制委员会办公室〈关于原国家教委教育督导团更名的批复〉的通知》，要求加强地方各级教育督导机构和教育督导制度建设。从中国教育督导机构的设置过程来看，完全符合中国行政组织设立的批准、备案、公布的基本程序，具有中国行政主体资格。

其次，中国教育督导机构作为职权行政主体依法享有国家赋予的权利能力。中国教育督导机构的权利能力是法律所赋予的，它表明的是其依法享有一定权利或承担一定义务的资格。中国教育督导机构的权利也就是其作为职权行政主体的权力，具体权力在《关于实施〈义务教育法〉若干问题的意见》（国办发〔1986〕69 号）、国务院批准印发的《教育部职能配置、内设机构和人员编制规定》（国办发〔1998〕108 号）、1991 年国家教育委员会第 15 号令发布的《教育督导暂行规定》、《关于加强教育督导与评估工作的意见》（教督〔1999〕6 号）、《关于原国家教委教育督导团更名的批复》（中编办字〔2000〕2 号）、《国务院关于基础教育改革与发展的决定》（2001 年 5 月 29 日）等国家行政法规和规章性文件中均有规定。国办发〔1986〕69 号文件的主要规定有："逐步建立基础教育督学（视导）制度。""国家和地方逐步建立基础教育督学（视导）机构，负责对全国或地区范围内义务教育的实施进行全面的视察、督促和指导，并协同当地人民政府处理有关实施义务教育的各项问题。"《教育督导暂行规定》的主要规定有："建立教育督导制度，加强对教育工作的行政监督。""教育督导的任务是：对下级人民政府的教育工作、下级教育行政部门和学校的工作进行监督、检查、评估、指导，保证国家有关教育的方针、政策、法规的贯彻执行和教育目标的实现。""教育督导的范围，现阶段主要是中小学教育、幼儿教育及其有关工作。""行使教育督导职权的机构可根据本级人民政府或同级教育行政部门的委托，对前款规定以外的教育工作进行督导。"教督〔1999〕6 号文件的主要规定有："承办教育督导团的日常工作，组织国家督学对各地中等及中等以下教育的督导评估和检查验收，宏观指导各地的督导工作。"中编办字〔2000〕2 号文件的主要规定有："研究制定教育督导与评估的方针、政策、规章制度和指标体系；对地方人民政府贯彻执行国家有关教育方针政策的情况进行指导、监督、检查、评估，保障素质教育的实施和教育目标的实现。"《国务院关于基础教育改革与发展的决定》（2001 年 5 月 29 日）在教育督导制度方面的主要规定有："加强和完善教育督导制度。坚持督政与督学相结合，继续做好贫困地区'两基'评估验收工作，保证验收质量；对已实现'两基'的地区，建立巩固提高工作的复查和督查制度。积极开展对基础教育热点难点问题的专项督导检查。在推进实施素质教育工作中发挥教育督导工作的保障作用，建立对地区和学校实施素质教育的评价机制。"依据《中华人民共和国立法法》的规定，行政法规和规章是中国法律体系的重要组成部分，具有相应的法律地位和效力。因此，上述行政法规和规章赋予中国教育督导机构的各项权力是具有法律效力的，其中包括督政与督学的权力。换言之，中国督政与督学相结合的教育督导制度具有法律依据。

再次，中国教育督导机构依法具备行使权力的行为能力。中国教育督导机构的行为能力是其能以自己的行为依法行使一定权力和履行一定义务的资格。这种行为能力主要表现为拥有确定的职责权限；有固定的人员编制及人员；有固定及相对独立的行政经费来源；有明确的办公地点和必要的办公条件。中国教育督导机构分为中央、省、市、县四级，在其形成过程中具备以上各方面的条件，即能够以自己的行为依法行使一定的权利和履行一定的义务，包括行使和履行督政与督学的权利和义务。

### （二）督政与督学相结合是教育督导机构的业务监督职权

综上所述可知，中国教育督导机构作为行政主体具有督政与督学的权力，但从中国的教育管理体制来说，督学是顺理成章的，而督政却比较复杂。在监督的方向上，督政既包括隶属组织间的纵向监督，也包括平行组织间的横向监督。中国的行政机关是层级分明的，在纵向上上级行政机关对下级行政机关可以通过行政命令、决定、措施等进行监督。当然，上级教育督导机构也可以对下级政府及其教育等职能部门进行监督。然而，在不存在命令服从关系的横向上的平级行政机构之间是否也可以行使监督的职权？这是教育督导机构必须面对的事实。

在中国，行政机关的内部监督包括专门监督和业务监督。专门监督是以行政监督为专门或主要职责的行政机关对被监督人进行的监督。[1] 例如，中国的审计机关和监察机关对被监督人进行的监督均属于此类监督。业务监督是不以行政监督为专门或主要业务的行政机关对被监督人进行的监

---

① 皮纯协，张成福. 行政法学 [M]. 北京：中国人民大学出版社，2002：402.

督。例如，上级人民政府对下级人民政府及其职能部门进行的监督属于此类监督。由于专门监督与业务监督的任务不同，所以两者的监督形式也不同。以监察和审计为例，根据《中华人民共和国行政监察法》和《中华人民共和国审计法》的规定，监察监督与审计监督是监察与审计人员依法执行职务的行为，既可以对下级政府进行，也可以对同级政府进行，任何组织和个人不得拒绝、阻碍，不得打击报复。而业务监督在上下级之间属于领导与被领导关系的工作监督，在平级机构之间属于在统一领导下的工作职责监督。平级机构之间的监督，在通常情况下虽然不能通过命令、决定、措施等使上下级之间履行命令服从的关系，但却可以通过情况总结、汇报、通报等职责的履行，使上级机关全面了解情况、统一制定措施、处理相关问题。在特殊情况下，如果得到上级机关的明确委托，监督机构也可以在平级机构之间，在一定范围内，采取必要的措施，直接处理有关事项。

由此可见，中国教育督导机构行使督政的职能，既可以在上下级政府机构之间进行，也可以在平级政府机构之间进行，只是在督政的形式、手段、采取的措施等方面有所区别。因此，《教育督导暂行规定》规定：督导机构或督学根据国家有关的方针、政策、法规进行督导，并具有以下职权：列席被督导单位的有关会议；要求被督导单位提供与督导事项有关的文件并汇报工作；对被督导单位进行现场调查。同时规定：对违反方针、政策、法规的行为，督导机构或督学有权予以制止。督导机构或督学完成督导任务后，应向被督导单位通报督导结果。督导机构或督学提出的意见和建议，被督导单位如无正当理由，应当接受，并采取相应的改进措施。必要时督导机构可进行复查。督导机构完成督导任务后，应向本级人民政府、教育行政部门及上级督导机构报告督导结果，提出意见和建议，并可向社会公布。这些规定不仅明确了中国教育督导机构的督导内容、职权范围，也明确了教育督导的工作程序、处理手段等。教育督导机构对平级政府机构教育工作的监督，虽然是职权性的业务监督，但仍然对维护教育管理秩序、促进教育发展起着重要的作用，对奖优罚劣也具有重要的参考价值。

根据上述分析可以得知，中国督政与督学相结合的教育督导制度既符合中国国情，也具有充分的理论依据。

### 三、督政与督学相结合的未来走势

强调中国督政与督学相结合的教育督导特色，并不排除关注和借鉴世界其他国家教育督导的有益经验。从世界其他国家教育督导的发展走势来看，督政与督学并不是截然对立的，只是在不同的历史阶段，不同的条件下其侧重点不同而已。

从英、法、日、美等国的教育督导情况来看，早期的督导职能偏重于视察和监督，主要是监督政府办教育的情况。例如，英国枢密院于1839年设置两名皇家督学，就是为了监督政府教育补助款的使用情况。法国在帝国大学中设置督学，让其巡视各地，也是为了借此督促教育法令的实施，以及纠正学校存在的弊端。美国早期的教育督导也是一种行政性的督导，其目的在于检查和考核下属人员工作的优劣，监督教育经费的筹措和使用。然而，随着教育民主化浪潮的不断高涨，20世纪30年代后，美国教育督导的职能也要求由视察、监督转向指导、服务。因而，督政的职能逐渐淡化，督学的职能逐渐强化。但从发达国家督导职能转变的过程来看，教育的迅速发展是各国由督政向督学转变过程中不可忽视的重要条件。19世纪，发达国家开始通过立法实施义务教育，当时的教育条件和人们接受教育的积极性还有一定的限制，教育督导的视察、监督作用也就十分重要，督政则是教育督导的必然要求。20世纪以后，教育的普及程度有了长足的发展，教育的条件有了相当大的改观，人们的民主意识愈来愈强。这种情况一方面要求政府转变职能，不需要再以强制命令的手段监督教育的实施，另一方面学校和教育工作者也提高了教育的水平和意识，需要教育督导部门加强指导，帮助他们解决问题，督学则成为教育督导的主要任务。

［原文载于《美中教育评论》2005年第2期，6-10页］（杨颖秀）

# 教育督导的职能定位与督学专业化的政策性建议（2003）

## 一、教育督导的职能定位

### （一）教育督导的职能主要是监督和指导

教育督导职能是指教育督导机构在促进教育事业发展中的作用。从世界教育督导机构存在的情况来看，有的从属于一级政府，有的从属于一级政府所属的业务职能部门。但无论哪一种情况，教育督导机构都在为国家承担着促进教育事业发展的监督指导职能。政府部门是国家管理的主体，自20世纪初期泰勒（Taylor）提出以计划和执行职能分开来提高管理效率为主要思想的科学管理理论之后，就有许多学者相继探讨了管理究竟有哪些职能的问题。作为管理者，不仅计划和执行职能需要分开，监督和指导职能也需要分开。如果说计划和执行分开是为了提高管理效率的话，那么监督和指导则更有利于提高管理的质量。因为监督和指导都是一个管理主体对另一个管理主体所施加的管理行为，它可以从客观上帮助或保证另一个管理主体有效履行职责，达到提高管理效率的作用。所以，监督、指导行政职能的发挥，不仅可以存在于隶属型的组织机构之间，也可以存在于平行型的组织机构之间。在我国，为了较大范围地发挥教育督导职能部门的作用，已经将教育督导机构设一级政府部门之中，进而为其最大限度地督政、督学创造了条件。鉴于此，监督、指导职能的发挥正是教育督导机构存在的必要基础。

### （二）教育督导职能定位的模糊

我国恢复教育督导制度以后，对于教育督导职能问题始终未能给予明确的定位。1987年，原国家教委拟定的《教育督导工作暂行条例（讨论稿）》提出教育督导机构应当履行监督、检查、指导的职能。1991年，《教育督导暂行条例》规定教育督导履行监督、检查、评估、指导的职能。1999年，教育部《关于加强教育督导与评估工作的意见》提出教育督导机构要履行督导、评估、检查、验收的职能。从国家政策对教育督导职能的规定来看，由三项职能增加到五项职能，虽然数量增加了，但其实质并没有改变。因为检查、评估、验收都只能是监督与指导的必要手段。依据戴明（Deming）提出的管理过程理论，检查只是管理过程中的一个环节，它与计划、实行、处理各个环节构成管理过程。检查包括监督计划的实施，查验计划的合理性，建立反馈渠道与机构，提供反馈信息等，这正是对计划、实行环节的监督。评估是为监督和指导提供依据的。在教育督导过程中，评估的主体可以是教育督导部门，可以是教育行政部门，可以是其他政府职能部门，可以是学校，也可以是教师等教育主体。如果仅仅将评估视为教育督导部门单方面的行为，不仅无法调动评估主体的积极性，也使教育督导机构陷入了僵化的境地。因为，现代评估理论证明，发展性评估是评估发展的趋势和特点。实行发展性评估就要排除或避免机械僵化的做法，在动态过程中去发现管理对象的成绩。因此，作为教育督导部门仅仅依据一个评价指标体系来为督导对象做结论的做法已经不能凸显督导的真正意义了。评估必须为教育督导对象提供充分的空间，让他们在自我评估中体验、实现和确认其自身的价值。教育督导部门要为其掌握科学的评估方法提供指导。验收是教育督导部门对不同地方实施义务教育情况的检验。它只是阶段性的教育督导行为，也是监督的一种形式，并不能作为教育督导机构永久性的和普遍性的行为，当然也无法将其确认为一种职能。

**（三）职、责、权的统一是教育督导职能定位的理论基础**

我们强调教育督导职能的定位是管理规律所要求的。管理强调职、责、权的统一，有职无权、有权无责都不是教育管理理论与实践所能接受的。教育督导的监督、指导职能体现的是教育督导的责任与权力的统一，这种责任与权力的基础在于国家对教育权的掌握和控制。因此，任意扩大或缩小教育督导职能的做法都可能导致教育督导职、责、权的不统一。教育督导部门有权在其职责范围内监督政府和学校的教育教学工作，并依据教育政策法规对其进行指导，目的在于提高教育教学质量。

## 二、督学的专业化要求

### （一）教育督导职能要求督学专业化

督学的专业化是由教育督导职能所决定的。督学要行使监督、指导的职能需要同时具备理论与实践两个方面的条件。在理论方面，督学应当懂得教育学和教育管理学的知识；在实践方面，督学应当具有崇高的道德情操，热爱教育督导工作，拥有丰富的教育教学经验。总之，督学应当是资深的教育专家。

### （二）国内外教育实践要求督学专业化

从教育督导人员的条件规定来看，无论在学历层次上，还是在实践经验上，都低于对教师与校长的条件要求。例如，1996 年原国家教委印发的《关于加强教育督导队伍建设的几点意见》对教育督导人员的学历要求和实践要求是：具有大学本科（县督学可大学专科）以上学历或同等学力，有 7 年以上从事教育工作的经历，熟悉教育业务，具有强立工作的能力相写作能力。由于督学的学历要求与我国初中教师和高中教师以及校长的学历要求是一致的，因此，督学的理论基础并不占有优势。又由于 7 年的教育工作经历对一般教师来说只能获得中级职务，因此，督学的实践基础也不占有优势。在此情况下，教育督导人员要对教育工作进行监督与指导必然存在较大的困难，也无法保证督导的权威性与绩效性。

从我国目前教师和校长队伍的建设来看，学历标准正在提升，特别是城市学校，许多教师和校长已经获得硕士学位，他们的教育水平得到了较大的提高。如果督学的水平不超越于他们，就无法行使指导的职能。从国外的情况来看，教育督导人员也都是精通教育理论、教育管理理论与教育实践的专家。例如，美国的督学一般都具有博士学位，并有多年的教育实践经验。在教育学科领域，设有教育督导博士学位，招收具有教育实践基础的学生。这种对督学的较高要求，正是教育督导职能所决定的。

## 三、完善教育督导政策的几点建议

### （一）进一步明确教育督导的职能

教育督导的职能应定位于监督、指导上。监督主要是通过检查、评估等手段督促政府和学校的校长与教师依据教育方针和政策创造性地完成他们的本职工作。作为教育督导部门，有权制定客观的检查计划和评估标准，但要增加透明度，增加督导的交互性，应将督导情况与督导的对象相沟通。督导是为了提高学校教育教学工作的水平。因而，督学应能发现督导问题，并提出解决问题的策略。没有指导的督导结果，会令校长和教师感到迷惑，当然也就失去了教育督导的意义。

### （二）提高督学的条件标准

督学应当是教育理论与实践方面的权威者。无论哪一级的督学最低学历都应在大学本科毕业以上。国家要制定提高督学学历的政策，在一定时期内使具有研究生学历的督学达到一定的比例，争取与世界发达国家督学的学历标准接近。督学的教育实践经历应不低于高级职称教师的经历，一般不应少于 10 年，并应具有较强的管理工作能力。应实行督学资格证书制度和督学见习制度，经考核合格者才能成为正式督学。

### （三）建立督学人员培训考核制度

督学水平需要不断提高，因此要定期对督学进行培训，将教育改革中的新理念、新经验交流给他们，促进他们更多地了解教育的发展和要求。与此同时，要建立督学考核制度，奖优罚劣，净化督学工作作风。

### （四）建立督导申诉制度

为保证督导质量和建立民主平等的督导关系，应当允许被督导的校长和教师对督导结论提出申诉。教育督导是一项比较复杂的工作，政策性、理论性、技术性很强，如果督学没有较高的水平，很容易出现差错。另外，教育督导从其行政职能的角度而言，与校长和教师之间是垂直的隶属关系，有时容易形成命令与服从式的督导。为避免上述弊端，保护校长与教师的权利，可以通过申诉制度获得平衡。

［原文载于《中国教育政策评论》2003，150-154 页］（杨颖秀）

# 教育督导制度发展的新趋势（*1999*）

教育督导制度已经成为我国具有法律效力的教育基本制度之一，它的发展体现了教育管理理论的发展轨迹，也体现了知识经济浪潮对其影响的新趋势。

## 一、教育督导任务的螺旋状发展趋势

1906 年，清朝政府在中央的学部设视学官，专门巡视京外学务；在各省的提学使司和府、州、县的劝学所设视学。1912 年，中华民国政府建教育部，视学沿用清末旧制。1935 年，中华民国政府推行义务教育，各省、市、县（区）设义务教育视导员。中华人民共和国成立以后，中央人民政府教育部设视导司，司内设视导员。1955 年，教育部发出《关于加强视察工作的通知》，各省、市、自治区教育厅（局）均设视导员，负责视导学校工作。"文革"期间，视导工作间断。1986 年，国务院批准国家教育委员会重新设立教育督导机构，称之为督导司，其职能人员称之为督学，规定了教育督导的主要任务是监督、检查、评价、指导教育行政部门和学校的教育、教学和管理情况，对教育工作中的问题进行调查研究，向政府和教育行政部门提出意见和建议等。1991 年 4 月，国家教委颁发《教育督导暂行规定》，规定教育督导的任务是：对下级人民政府的教育工作、下级教育行政部门和学校的工作进行监督、检查、评估、指导，保证国家有关教育的方针、政策、法规的贯彻执行和教育目标的实现。

从我国教育督导制度的历史发展轨迹来看，教育督导经历了一个由视到导，由导到督，再由督到导的发展过程。这一过程包含着三次飞跃：第一次飞跃是从视到导的飞跃。开始的督导只是完成视的任务，后来才转变为视与导的结合，因为只视不导，不能从积极的方面促进督导对象改进工作。第二次飞跃是从导到督的飞跃。教育督导仅仅完成视与导还不够，还需要在视的同时进行监督，使静态的视变为动态的视，以便更好地指导。

第三次飞跃是从督到导的飞跃。教育督导要由静态的视变为动态的视就要辅之检查与评价等过程，从而为科学的指导奠定基础。由此可见，教育督导任务的转变是一个螺旋上升的过程，每一次转变的重心都集中于如何导。

教育督导任务之所以能呈现出上述转折过程是与管理理论的发展息息相关的。20世纪初期泰勒所倡导的科学管理只注重完成组织任务、提高管理效率这个方面，忽视了生产者的社会属性这个方面。针对科学管理理论的片面性，梅奥倡导的人际关系理论开始强调人的因素在完成组织任务中的重要作用，后来的行为科学理论在这方面也做了大量的研究，但他们仍没能摆脱过多地强调人的个体需要这个方面的片面性，未能恰当解决个人与组织之间的相互关系。20世纪50年代以后，现代管理理论开始对个人与组织的关系问题进行研究，巴纳德提出了"均衡理论"，西蒙提出了决策理论，德鲁克提出了目标管理理论，他们都是从社会系统观念出发来研究如何协调个人的需要与组织的关系问题，从而使管理有了新进展。特别是德鲁克的目标管理理论对教育督导的影响较大。德鲁克认为，目标管理"是综合了以工作为中心和以人为中心的管理技能和管理制度，能使职工发现工作的兴趣和价值，从工作中满足其自我实现的需要，企业的目标也因而实现了。这样就把工作和人的需要两者统一起来了"。[①] 显而易见，目标管理的宗旨在于调动管理对象的积极性，使之能够参与管理。

教育督导由视到导，由导到督，再由督到导的转变充分体现了教育督导的主体由督导人员自身向督导对象转化的过程。依据现代管理理论，特别是目标管理理论，教育督导中督是手段，导才是目的，因为只有恰当的指导才能使被督导者感到督导工作具有亲切感、宽松感，才能调动他们努力工作的积极性，完成工作任务。

## 二、教育督导对象的纵向性发展趋势

1909年12月11日，学部奏定颁布中国近代第一个教育视导规则《视学官章程》，其规定视学官的视察内容为：1. 各省学务公所、各厅州县劝学所劝学区教育行政情形；2. 各种官立、公立、私立学堂教育情形；3. 学堂内卫生、经费，学务职员办事、教员授课及学生分配情形；4. 有

---

① 孙耀君. 西方管理思想史 [M]. 太原：山西经济出版社，1987：623.

关教育学艺之设施；5. 特受部示之事件。① 从视察内容中我们可以得知，当时的视察对象是教育行政部门、学校和学校内的教师。

1946 年 4 月，教育部颁布《教育部视导试行标准》，分别规定了省市教育行政、地方教育行政、中等学校、中心国民学校、国民学校、社会教育六方面的视导试行标准。② 从标准中仍可得知视导的对象依然是教育行政部门、学校和教师。

前文已经述及，1991 年 4 月，国家教委颁发的《教育督导暂行规定》，规定了教育督导要对下级人民政府的教育工作、下级教育行政部门和学校的工作进行监督、检查、评估、指导。显然，从这时起督导对象已经涉及一级政府。

1997 年，国家教委印发《普通中小学督导评估工作指导纲要（修订稿）》，纲要的评估要点中规定了教师方面的督导内容和通过检验学生督导教师方面的内容，如教师的职业道德、业务水平、工作实绩；学生学习习惯与学习能力的培养，学生个性的培养等。从 1909 年至 1997 年教育督导对象的变化，在纵向上表现出两点趋势：第一，宏观上由督学向既督学又督政转化。1909 年至 1990 年，教育督导的对象还仅仅停留在督学上，1991 年，国家便明确提出了督导的对象应当包括人民政府。第二，微观上由单纯地督导教师向通过检验学生来督导教师转化。这种变化在《普通中小学校督导评估工作指导纲要（修订稿）》中体现得十分清楚。

教育督导对象为什么会出现这种纵向性的发展趋势？依据系统性原理便可得知：首先，从系统与系统之间的关系来看，教育系统是存在于社会大系统中的一个子系统，它要影响其他子系统的发展，同时又要受其他子系统的制约。要协调各子系统的关系，政府部门的宏观调控起着举足轻重的作用。同样，教育是否受到重视，是否能发挥作用，也并非是教育系统自身的事，而需要政府的协调与帮助。因此，教育督导仅仅督学校、督教育行政部门还不够，还应当督导政府工作。其次，从系统内的各要素来看，教师的教是通过学生的学反映出来的，要检查教师的教学质量，就应当检查学生的学习质量，要使学生学得好，就应指导教师教得好。所以，教育督导必然要既督教师又督学生。

---

① 江铭. 中国教育督导史 [M]. 北京：人民教育出版社，1994：102.

② 江铭. 中国教育督导史 [M]. 北京：人民教育出版社，1994：138-139.

### 三、教育督导内容的系统性发展趋势

由于系统性原理在教育管理中的作用越来越清晰，教育督导的内容也越来越全面系统。仅以学校督导为例，1946 年 4 月，《教育部视导试行标准》中对中等学校视导的项目包括中等学校行政和中等学校教师教学两大方面。其中中等学校行政包括：学校环境及一般行政处理、经费与事务管理、教务设施、训育、体育及医药卫生、推广工作。中等学校教师教学包括教学环境、教师特性、教室管理、教材管理、教育方法及技能。1997 年 2 月《普通中小学校督导评估工作指导纲要（修订稿）》中对中小学督导的项目则包括：办学方向、管理体制和领导班子、教师管理与提高、教育教学工作、行政工作的常规管理、办学条件、教育管理七大方面。相比之下，在共同重视常规项目督导的基础上，后者比前者更多地重视了对学校办学方向、管理体制、教育质量、民主管理、学生学习能力及个性发展方面的督导，它使教育督导的意义更深刻、更有价值。

### 四、教育督导方法的科学化发展趋势

随着教育督导任务的重心转移和教育督导内容的日趋复杂，教育督导方法也表现出了新的发展趋势。

第一，由强制命令式的督导向启发民主式的督导转化。

强制命令式的督导表现为督导人员在督导过程中常习惯于发号施令，压制被督导者的主动性，这主要成因于督导工作的权力性影响力。然而，自人际关系理论问世之后，"民主管理"的问题便受到教育管理者的重视。民主管理被教育管理者视为与教师和学生的士气及满意程度有关的事，提出了"教师参与管理"的思想和做法。例如，罗伯特·欧文斯在《教育组织行为学》一书中指出："在美国的教育中，人际关系运动对学区管理者（地方教育官）的影响较小，相对来说对学校管理者（如小学校长和视导员）的影响则相当大。一般来说，教育局长继续强调关心如等级控制、权限和正式组织这样一些古典的思想，而视导员在更大的程度上强调如士气、团体的内聚力、合作和非正式组织的动力这样一些人际关系的思

想。"① 人际关系理论之所以受到视导者的重视，其原因主要在于它强调了人的积极性、主动性与创造性的内在动力。作为被督导者不会被动地接受督导人的命令与指导，而是要有选择地接受督导者的批评与建议，即教育督导是督导者与被督导者双方共同活动的过程，其效果如何，取决于双方的共同参与与合作，取决于一种协调的督导氛围。因而，民主式的督导便越加受到欢迎。

第二，由定性评价向定性与定量评价相结合转化。

定性评价只能用比较模糊的语言去描述督导对象的各种状况，在某些问题上会表现出不准确性和不科学性，有时也很难做出纵向和横向的比较。现代教育统计学和测量学为定量评价奠定了基础。随着教育督导任务的不断增多，人们开始将数量分析的某些方法应用于教育督导过程中，对于一些可以量化的指标，如学生学习成绩的评定，教师教学效果的考查等进行量化，对于很难进行量化的指标如学生品德、学习能力的评定等仍采取定性评价与定量评价有机结合，提高了评价结果的科学性。

第三，由督导"是什么"向督导"为什么"转化。

在知识经济时代，人们对知识内涵的理解越来越深刻，国际经济合作发展组织《以知识为基础的经济》报告中援用了在西方自 20 世纪 60 年代以来关于求知的概念，即知道是什么、知道为什么、知道怎么做、知道谁。我国学者吴季松认为还应加上"知道什么时间、知道什么地点、知道是多少"。② 实践表明，教育督导在从视到导的发展过程中，仅仅告诉督导对象是对还是错已经不能适应社会发展的趋势。教育督导的最终目的应当是提高教育质量，要提高教育质量，就需要在发展智力资源上下功夫，所以，督导对象要清楚某些知识是否正确的原因，怎样扬弃，怎样归属，怎样选择恰当的时间和地点去应用，怎样去确定其多少等问题。例如，相同知识在不同的时间、不同的地点去应用，其效益的发挥是不同的，教育督导在检查、指导、评定过程中，应当使督导对象对有关问题能知其然并能知其所以然，从而理智地去选择教育行为，力图收到最佳的效果。

---

① 罗伯特 G 欧文斯，等. 教育组织行为学 [M]. 孙绵涛，译. 武汉：华东师范大学出版社，1987：21.

② 吴季松. 知识经济 [M]. 北京：北京科学技术出版社，1998：16.

## 五、教育督导人员的专家型发展趋势

教育督导制度的日趋完善对督导人员的素质要求日益提高，经验式的督导已经不能满足教育实践的需要。实践要求督导人员应当由既具有教育及管理的理论知识又具有教育工作实践经验的硬专家来担任。《教育督导暂行规定》中督导人员的基本条件已经明确了这一点，要求教育督导人员"要熟悉国家有关教育的方针、政策、法规，有较高的政策水平；具有大学本科学历或同等学力，有十年以上从事教育工作的经历，熟悉教育教学工作业务"。督导人员是教育行政人员的一部分，他们理当不断提高自身发展的素质，与世界对教育行政人员的要求接轨，而理论与实践知识兼备的专家型督导人员是督导人员素质的基本标志。

［原文载于《教育研究与实验》1999 年第 1 期，18-21 页］（杨颖秀）

# 第二章

## 学校领导愿景与责任

# 思考 1　学校发展理念与定位

## 学校管理理念如何与学生的心灵沟通（2010）

学生内心世界的发展需要学校管理理念的引领，营建与学生心灵沟通的理念是校长的责任。学校应以尊重学生的人格为基础凝练学校管理理念，以体现学生的年龄特征为要义表述学校管理理念，以付诸行动为目的呈现学校管理理念。

### 一、为什么学校管理理念要与学生的心灵沟通

#### （一）学生内心世界的发展需要学校管理理念的引领

学校管理理念是校长管理学校的意识或信念，它决定着学校的发展方向；学生的心灵是指学生的内心世界，体现着他们向往的一种精神。中小学生从迈入学校大门起，便开始以学生的视角认识自己，感受学习生活。因此，学校的一切都在与学生的心灵碰撞着。通过碰撞，学生开始重新认识学校、认识自我。慢慢地，他们的心灵在学校生活的渲染中，或更加阳光灿烂，或陷入冲突迷惘。因此，学校需要为学生提供一个使他们的本真得以升华的阳光环境，使他们能够在与内心世界同步的环境中茁壮成长。所以我们说，学校管理理念不是装点学校的道具，而是学校生活的缩影；它应该能够与学生的心灵沟通，而不是简单地取决于校长的主观意识。

#### （二）建立与学生心灵沟通的管理理念是校长的责任

建立以与学生的心灵沟通为起点的学校管理理念，是校长义不容辞的责任。因为学生是学校存在的基础，有了学生，校长就有了领导学校的权力及为权力承担责任的双重使命。也就是说，校长与学生的关系是责任与权利的关系，这种关系存在的基础是学生应有的权利得到保障。现在，人

们对这一点的认识并不到位。片面地认识学生与校长之间的关系，就会导致学校管理理念的机械化、成人化和政绩化。这样的学校管理理念远离学生的心灵，是一种被架空的理念。

对于校长来说，责任是第一位的，重于权力。对责任的正确认识，是校长正确行使权力的前提，也是有效协调与学生之间关系的基础。香港九龙鲜鱼行小学的校长在这方面为我们树立了榜样。这所小学曾因招生学额达不到教育统筹局要求的最低标准而面临停办的危机。校长梁纪昌针对学生多来源于贫家子弟的实际，以"朴诚勇毅"的理念达成与学生的心灵沟通，承担起了将学校办下去的责任。从教师队伍建设到学校课程改进，从校园环境优化到校内设施完善，在校长的努力下，学生各方面素质大幅度提升，学校招生数量不断攀升。最终，这所小学得到社会及教育统筹局的认可，受到学生及家长的欢迎。

## 二、学校管理理念与学生心灵沟通的路径

### （一）以尊重学生的人格为基础，凝练学校管理理念

尊重学生的人格是国际社会追求和倡导的学校管理理念之一。这一理念不仅有心理学的理论依据，还有法理学的重要支撑。学生首先是一个人，需要得到尊重，这种尊重能够使他们对自己充满信心，体会别人的关爱，由此形成尊重自己、尊重别人的态度和习惯。尊重学生不仅是学生发展的需求，还是学校管理行为的出发点和归宿。芬兰在经济合作与发展组织（OECD）的国际学生评量计划（PISA）中连续夺冠，其策略之一就在于坚持不放弃学习慢的儿童、不按成绩给儿童排队。这一做法的深刻内涵在于对每一位儿童受教育权的尊重。通过尊重，扶持弱者、平等民主、合作共存的理念及行为自然地在学校活动中生长。学生能够体会到，尊重与合作是共同进步的基础。所以，芬兰的教育更多地体现出对学习困难儿童的耐心等待，以及以关心别人为荣的理念和实践。因此，芬兰的教育在尊重与合作中培养了学生的品行，使学校管理理念增添了唤醒学生心灵的生命力。①

### （二）以体现学生的年龄特征为要义，表述学校管理理念

学校管理理念需要显性化，即需要校长根据学生的年龄特征，用简明

---

① 萧富元，等.芬兰教育，世界第一的秘密［M］.台北：天下杂志股份有限公司，2009：
112-119.

易懂的语言将其表述出来。例如：小学生活泼好动，以直观具体的形象思维为主，这就需要学校管理理念的表述形象生动，贴近学生的心灵感受，使学生能理解其中的内涵。所以，学校管理理念不是写在墙上的口号，而是为了学生成长的真诚信念。这种信念不需要学生记忆和背诵，仅仅为了学生的体验与感受。体验来自理念辉映下的环境渲染和行动过程，学生可以在理念营建的氛围与过程中体验学习的艰辛与快乐。

目前，学校管理理念的表述是异彩纷呈的。从语句来看，有长有短。从语义来看，有不同的侧重点：有的关注学生的品德修养，有的关注学生的学习志向，有的关注学生的人格特质。从来源看，有的来源于校长对人生经历的体验，有的来源于学校的实际问题，有的来源于学校发展的需求。无论是怎样的学校管理理念，都应基于促进学生发展的出发点。简明、概括、童真、阳光等特征应成为学校管理理念表述追求的共同特性。

学校管理理念的表述要经历一个不断完善和逐渐提升的过程，因为学校的发展是一个动态的过程，对学校管理理念内涵的认识也是一个不断深化的过程。例如：北京海淀区四季青中心小学教育管理理念的生成就经历了"做远大人、铸远大魂""为每个学生的成功创造机会，为每个教师的成功创造机会""为每一个学生拥有美好的童年服务，为每一个学生拥有幸福的人生奠基；让师生体验快乐；让师生享受成功；让每一位师生得到发展""同心呵护童心，同心哺育童心，同心发展童心"，直至"童心教育"五个阶段的发展过程。[①] 在这一过程中，学校师生共同理解、揭示、凝练、诠释学校管理理念的内涵，使学校管理理念能最准确、生动、简捷地反映学校的育人宗旨，反映学生心灵的期盼。

### （三）以付诸行动为目的，呈现学校管理理念

学校管理理念是学校管理行为的先导，学校管理行为是学校管理理念的反映；没有理念会导致盲目管理，错误的理念会导致管理的失误。所以，学校管理理念一定是先于及上位于学校管理行为的。但值得注意的是，理念并不能代替学校管理行为，它只是学校实施正确管理的前提，理念还需要在学校管理过程中付诸行动。

学校管理理念付诸行动体现为与学生心灵的主动沟通。因为理念的表述只是为学生提供了一种直观的感性认识，这种认识的深化或感染还需要

---

① 宋继东."童心教育"促进学生幸福成长［J］. 中小学管理，2010（2）：51-53.

通过各项活动来完成。芬兰教育成功的奥秘就在于实现了正确的理念与具体的行为的统一。20 世纪 70 年代初期，芬兰开始教育改革，从九年一贯的义务教育入手，实施了以公平为理念的教育行动。公平的理念在学校管理中具体化为不让一个儿童落后，不放弃学习慢的儿童，不按成绩给儿童排队，确立优质教师标准，使儿童在生活中学习、在世界领域畅游等行动。这些行动从大处着眼、小处着手，不急功近利，不虚华浮躁，捕捉孩子对身边事物的兴趣，为他们创建科学研究的殿堂，引领他们攀登世界人才的高峰。① 这样的行动充分体现了公平的学校管理理念，通过为每一个儿童创造发展的机会，使他们在学习活动中体会学校生活的快乐，强化他们热爱学习、热爱生活的内心感受。这样，学校管理理念便自然与学生的心灵共鸣，实现了二者的和谐与沟通。

［原文载于《中小学管理》2010 年第 5 期，30-31 页］（杨颖秀）

---

① 萧富元，等.芬兰教育，世界第一的秘密 ［M］.台北：天下杂志股份有限公司，2009：112-119.

# 学校改进中的抉择（2010）

学校改进需要学校管理者的理性抉择。在学校改进的路径上，选择渐进还是跨越，涉及学校改进能否收到可持续性的效果；在学校改进的动力上，如何争取资源支持并对资源进行有效整合，涉及学校改进怎样策划未来的发展战略；在学校改进的评价上，是检测静态的结点还是动态的序列，涉及学校改进怎样营建激励机制。学校改进是一个系统工程，手段与目的永远统一于培养人的质量。学校改进的行动萌生于对学校生存意义的反思，其改进的过程与结果也必然同时受到审视。不同理念、不同价值准则下的学校改进行为以不同的学校发展定位、不同的资源环境和不同的检测技术等正在影响着学校改进的效果。

## 一、渐进与跨越：学校改进的行动定位

学校改进是学校发展的永恒行动，但行动的路径如何却需要每一所学校做出战略抉择。选择跨越式发展还是渐进式发展会对学校改进产生不同的效果。通过跨越式发展收到学校发展的显性业绩往往是学校领导者的期待，然而，跨越式发展的间断性却可能给学校改进带来隐患。

首先，管理对象是一个复杂的系统，管理中的各种因素在系统中相互影响，任何一种因素的改进都需要其他因素的支持与配合，任何一种因素的惰性都会影响其他因素及其系统的整体运行。简单地追求跨越式发展就等同于忽视各因素之间的相互关系而孤立地看待影响学校发展的各种因素，这样的抉择显然是脱离学校实际的。因此，任何追求零起点的改革都会无情地暴露出致命的问题。关于这一点，社会系统理论已经为学校改进提供了指导，它强调个人、团队、组织（如学校）及社会大系统的相互协调作用，以提高组织活动的有效性。[①] 但为什么道理显而易见，行为却常常滞后或偏颇？其中不能排除学校系统各因素相互关系的复杂性导致的对

---

① 孙耀君. 西方管理思想史 [M]. 太原：山西经济出版社，1987：472.

其认识难度的增加。学校系统中的各种影响因素有的是显性的，有的是隐性的，其相关性也是如此。而前者容易被认识，后者不易被认识，学校改进行动则可能在片面地认识各影响因素及其相互关系中忽略学校发展的渐进性规律，进而带来欲速则不达的效果。

其次，管理活动是一个动态的过程，学校管理的先期基础对后续的改进具有影响作用。具体而言，每一所学校都有着鲜明的文化底蕴，体现一种价值，引领学校成员形成一定的行为倾向，这种倾向具有一定的惯性，不会因为学校改进的开始而戛然停止。因此，学校改进的价值选择与学校已有的价值基础会产生一定的碰撞：两者相融时会形成一定的合力，促进学校的改进；两者相悖时会形成一定的分力，阻碍学校的改进。那么，学校改进就无法抛开或脱离学校的原有基础，它不仅包括学校的价值基础，还包括教师的专业化程度、学生的基本素质、家长的教育观念、学校的办学条件和领导者的工作方式等，这些基础性因素都是学校改进无法忽视与回避的。但这些因素并非永远是静态的，它们也可以伴随学校改进发生变化，与学校改进相互交融，这就需要学校领导者的关注与引领。因而，学校改进很难是跨越式的。

然而，强调学校改进过程中的系统性和动态性，并不等于否定学校改进中的突变性。因为学校改进在各种因素相互作用的过程中，也会在一定条件下由量的变化带来质的突破。因此，学校改进既不能忽视各种因素的影响而简单地追求改进的速度和幅度，也不能忽视质的突破而狭隘地限制改进的进程。学校改进需要领导者在关注各种变化的同时不断地调整改进方案，保障如期实现改进的目的。

## 二、挑战与支持：学校改进的资源依赖

学校改进是组织的有效运转，它不仅需要准确定位以保障改进的方向，还需要充分的资源作为改进的动力。学校改进的资源可以从客观上提供，也可以从主观上开发。客观上的提供往往是挑战学校改进而提供的必要支持，主观上的开发往往是学校改进对内部资源的重新整合。无论是客观上的支持还是主观上的整合都是学校改进必不可少的资源环境。任何高挑战、低支持的学校改进都很难收到预期的效果。

从客观上说，上级教育行政部门往往是学校改进的挑战者，当然也应当是学校改进的支持者。但教育行政部门的挑战与支持在学校改进的过程中却可能不对等。因为上级教育行政部门与学校之间的权力运行是纵向

的，教育行政部门可以主观地、单方面地向学校发布命令，要求学校在规定的时间内做出特定的改进行动，而与此同时，教育行政部门对学校改进的支持却可能滞后于对学校改进的命令。这给学校改进带来的更多的是压力而不是动力，这在教育改革的进程中已经有所表现。如，在教育财政体制改革中存在财权与事权不对等的情况，使学校改进受限于资金匮乏；在课程改革中存在改革目标与教师素养相背离的情况，使学校改进受限于质量困境；在办学体制改革中存在学校性质划分与收费行为允许相混淆的情况，使学校改进受限于生源竞争。诸如此类，不能不使我们反思：学校改进在客观上究竟有哪些资源可以提供？当然，人力、物力、财力的支持是不能排除的，但权力和政策的资源性更具有无法准确估计的内在价值。提供权力和政策支持不仅可以直接对某一所学校的改进提供支持，还可以间接地对某一所学校的改进产生影响，同时可能使对某些学校的资源支持成为对其他学校的资源掠夺。因此，教育行政部门对学校资源的提供应当是及时的、公正的、公平的，并应当具有一定的标准。

从主观上说，学校改进是对学校自身的挑战，可以通过资源重组实现学校资源的再开发，进而为学校改进提供动力。学校资源重组可以是人力、物力、财力、时间、空间和信息等单因素的重组，也可以是多因素的重组。仅就教师而言，资源重组的方式就是多种多样的，不仅可以通过对教师职称、年龄、性格、性别、专业等结构上的调整，形成资源互补的教师团队，调动教师的积极性，推动学校改进的进程，还可以通过教师管理机制的重组激发教师的工作热情，使教师焕发新的活力。应当强调的是，对教师资源的开发不是学校改进的程序性变革，而是学校改进的战略策划，因为人的管理永远是管理中的管理，教师在学校改进中的影响力是任何其他因素都无法替代的。而对教师的管理的策划也并不是将决定付诸实施的程序，而是有体系地使问题明确，并做出深思和决定的过程。[①] 如果学校改进能在理念上将教师作为宝贵的资源，在机制上将教师作为核心能力进行管理，那么，学校改进就会将教师潜能的开发转化为学生质量的提升，使学校改进达到预期的目的。

## 三、幅度、深度与广度：学校改进的三维检测视角

学校改进不仅需要起点上的准确定位，还需要运行中的资源支持，更

---

① 杜拉克. 杜拉克管理思想全书 [M]. 苏伟仑，编译. 北京：九州出版社，2001：317.

需要对结果的科学评价，这是衡量学校改进有效性的关键问题。以往对学校改进的评价至少存在三个方面的误区：一是将学校改进局限于对学生学习成绩的评价，忽视学生发展的其他指标，如学生的学习态度、学习兴趣和学习习惯等，也忽视了影响学生学习成绩变化的客观指标与学生学习成绩之间的相关性，如学生的知识基础、教师的专业素质和学校的文化积淀等。这样的检测是对学校改进某一点的检测，而不是对学校改进所有指标的检测，也不是对某一指标在不同维度的检测，这种检测不能科学地评价学校改进的真实效果。二是将学校改进或学校改进的某项指标局限于对最终结果的评价，忽视改进过程的变化程度，如学生学习成绩的提升幅度，学习态度、学习兴趣和学习习惯的转变过程等，这样的评价也不能称之为科学的评价。三是将学校改进的评价局限于对学校自身因素的评价，忽视与之相关的客观因素对学校改进的影响，如学校的社区环境、家长的素质、区域经济发展状态和教育政策的支持力度等，这样的评价在校际间是不公平的。

因此，要检测学校改进的有效性，必须对学校改进的连续过程进行检测，而学校改进的连续过程又是由具体的指标构成的，所以对学校改进过程的检测就转化成了对每项指标变化状态的检测，而变化状态又包含各项改进指标的提高幅度和变化程度。改进指标的提高幅度是纵向的检测标准，可以衡量学校改进的某项指标在原来的基础上有了多大的提升，并可以反映改进速度的快与慢。学校改进某项指标的变化程度包括这项指标变化的深度和广度，可以用来衡量这项指标的发展状态，反映这项指标达到什么样的水平，在什么范围内产生影响等。因而，学校改进某项指标的幅度、深度和广度可以构成衡量这项改进指标有效性的三维视角，如图 2-1 所示。

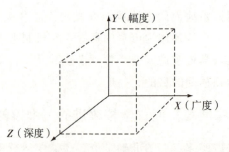

图 2-1　衡量学校改进某项指标有效性的三维视角

以对学生学习成绩的有效性检测为例，可以从学生的主观条件的转变及客观条件对主观条件的相关性出发，进行多维视角的检测。在学生主观条件方面，学生学习兴趣的广泛程度（可在 $X$ 轴检测），学习成绩的提升幅度（可在 $Y$ 轴检测），学习态度的转变程度（可在 $Z$ 轴检测）等，是检测学生学习成绩的有效性指标。而要分析这些指标的发展状况，除了分析学生自身的检测指标外，还需要对影响学生学习成绩的客观条件与主观条件的相关性进行分析，包括检测学生的知识基础、教师的专业素质、学校文化、社区环境、家长的素质、区域经济发展状况、教育政策的支持力等指标与学生学习成绩的相关性，进而检测学生学习成绩的提高受哪些因素的影响、主观上的努力程度如何等。这种检测是一个复杂的系统工程，需要在学校改进中以具有说服力的事实和数据来证明学校改进的有效性，任何简单的学校改进效果分析都可能使学校改进陷入僵局，甚至可能对学校改进主体的信心产生消极的影响。

综上可知，学校改进是一个永无止境的过程。要使学校改进收到预期的效果，学校改进者需要秉持科学的研究态度，从学校自身实际和客观条件出发选择改进方案，尽力挖掘学校自身潜力，对改进的效果进行客观公正的评价，使学校改进服务于教育质量的提升。

［原文载于《教育科学研究》2010 年第 1 期，10-11＋38 页］（杨颖秀）

# 学校改革的陷阱（2005）

在本文中，笔者想表达的一个基本观点是：并不是所有的改革都能成功，如不能采取有效措施，改革就会成为学校运行的陷阱。

**陷阱之一：宏伟蓝图**

对学校领导者来说，改革是件大事，因此，很多学校都会将改革设计成一幅宏伟蓝图。但有了宏伟蓝图，如果不具体落实，学校就会陷入空想而无法实现美好的愿望。改革是艰苦的旅行，需要改革者脚踏实地、一步一个脚印地前行。要达到这个目的，学校领导者首先要明确的问题是学校要改什么，怎么改，采取什么方式改。在此基础上，学校可以沿着以下环形思维方式，稳步地进行改革。（1）明确界定改革需要解决的问题。问题是学校改革的障碍，排除了障碍才能实现目标、达到目的。这里最关键的是要认定真问题，而不要错误地认定问题或解决错误的问题。（2）从理解学生的学习入手，选择改革的策略，因为促进学生发展是学校改革的实质目的。（3）从学校的实际情况出发，加强改革的针对性。（4）从途径和措施着手，将"不断思考需要做什么"作为学校改革的价值选择和决策基础。

**陷阱之二：追求零起点**

改革最容易引起学校新任领导者的兴奋，他们往往将学校改革作为其业绩的象征，这实际是一个危险的信号，其危险性在于新任领导对零起点的追求。追求零起点等于对历史的忽视，而忽视历史则意味着忽视学校发展的动态过程以及各种因素的相互关系。任何一所学校的发展都处于过去、现在、未来三种时态之中，每一个相对独立时期的工作都会受到已往背景的延续性影响以及教师队伍、文化环境、经济基础等因素的相互作用，这些时间与空间的因素会对学校现在与未来的改革产生影响。因而，彼得·圣吉将系统思考作为学习型组织理论的核心与精髓。当然，系统思考也是学校改革的重要理论基础。追求零起点并不表明改革者有魄力、有勇气，恰恰相反，它反映了改革者相对狭隘的视界和不够周密的思维。

### 陷阱之三：　孤军奋战

孤军奋战是学校忽视开放性的表现。在实践中，孤军奋战的表现形式各不相同，如有的校领导不顾学校其他成员的感受，自作主张进行改革；有的校领导孤立地看待学校成员，忽略家长、社区等方面的作用；还有的学校自我封闭，不关注其他学校的改革动态等。这些表现与现代社会追求团队合作的宗旨极不协调。在当今的社会条件下，教育学生的任务已经不是由领导者、教师或学校单方面即能完成的。学校改革的目的与计划不仅学校领导者要清楚，教师要清楚，家长、社区也要清楚。清楚改革的目的与计划是达到目的的前提，在决策过程中被称为心理解冻，心理解冻意味着改革者对行动方案的认可，有了认可才能产生实现目标的动机和行为，才能形成合力，实现改革目标。任何单方面的行动都可能导致学校改革行为产生相互抵触、南辕北辙的后果。

### 陷阱之四：　无能而为

学校改革是一个系统工程，需要具备与改革方案相匹配的人力、物力、财力等资源。资源是一个比较宽广的概念，学校不仅要关注显性的资源，而且要关注隐性的资源。学校的能力就是隐性的、潜在的资源，需要我们认识和开发。例如，一所厂办小学，位于几所办学条件较好的公办小学的包围之中，生源和经费都面临着极大的危机和挑战。然而，校长在学习了彼得·圣吉的学习型组织理论之后，对学校的发展充满了信心。她认为，只要改变心智模式，采取有效措施，学校是可以办好的。她不去模仿条件好的学校大规模地盖教学楼、建体育馆的做法，而是带领学校教师从一点一滴做起，采取了普通百姓过日子的策略，这学期修走廊，下学期修教室，然后修厕所……在校长、教师用"心"办学的行为感染下，社区百姓面对学校的变化，对学校逐渐产生了好感，纷纷将孩子送到学校，使学校焕发了新的活力。从这所小学的做法来看，学校改革的能力是与学校改革目标相对应的概念。学校在改革中既要尽力挖掘内在的潜能，又要正确估计自己，有的放矢，量力而行。

### 陷阱之五：　无数而治

眼中有问题，脑中有目标，手中有技术，心中有数是现代中小学校长应当具备的基本素质。其中数字是校长发现问题、确定目标和运用技术的基础，它反映着教育改革由量变到质变的过程。"心中有数"是布什政府进行教育改革，实施《不让一个儿童落后法》的重要举措，它通过建立卡片制度，追踪每一个儿童的学业状况，达到不让一个儿童落后的目的。建立卡片制度以后，无论是教育行政部门还是学校，都可以通过计算机管理，随时抽取每一个学生的学习指标，并可以进行横向与纵向比较，及时发现学生存在的问题。这项制度目前已经被美国教育界所接受，加之政府加大了对教育和保护"能力缺失儿童"的投入力度，使得美国基础教育改革正在步步走向深入。因而，学校改革需要不断地积累数字，用数字来说明学校改革的进程，但这个数字绝不仅仅是升学率，还要看较差的学生是否也得到了较大的发展。

### 陷阱之六： 不良路径

学校改革会出现几种典型的路径。（1）稳步上升，表现出向上倾斜的直线式运行轨迹。（2）上下摆动，表现出锯齿式的运行轨迹。（3）先升后降，表现出弓箭式的运行轨迹。上述三种路径中，第一种是可取的，它表明学校改革进入了良性循环状态。第二种和第三种路径则是存在问题的。出现锯齿式路径的主要原因在于学校改革目标不明确，各种资源不充分，进而导致学校改革没有方向，没有持续发展的能力。出现弓箭式路径的主要原因在于管理者对学校力量估计不足，分配不当，不能持续关注改革的反馈信息，未能及时调整由此带来的问题。这种情况使学校改革在开始的时候进展很快，但进入高原期后很快下滑，甚至跌入低谷。因此，理论上认为学校发展的高峰期也是危险期，它容易使学校的管理者沾沾自喜，忽视学校存在的问题。为此，学校管理者需要在发展的最佳状态保持冷静的头脑，不断反思学校存在的问题，并恰当选择解决问题的策略，这样才能使学校保持稳步上升的状态。

### 陷阱之七： 不公而评

教育评价可以分为教育行政部门对学校的评价，学校对教师和学生的评价，以及教师对学生的评价等不同层次的评价。学校改革不仅受到来自外部的教育评价的影响，还受到来自学校内部的教育评价的影响。评价在任何时候都只是一种手段，其目的在于促进教育教学，促进学生的发展，而不是为了将评价作为一种权力来控制学校、教师和学生，更不是为了优胜劣汰。所以，任何不公正的评价都会挫伤教师和学生的积极性，也会使学校改革步入陷阱。

教育的公正性是指对所有教育对象，包括多数的和少数的、男性的和女性的、成功的和落后的以及失落的，都要给予公正参与、获得成功和提供各种利益的教育机会。教育评价的公正性是建立在教育公正性基础上的。要公正地评价学校和教师，就要先公正地评价学生；公正地评价学生就要先确定是否给了学生公正的教育。例如：教师、经费、教学设施等各种资源是否公平地进行了分配，为学生提供参与教育教学活动的机会是否均等等。如果学生受教育的机会不均等，那么学校的外部评价和学校的内部评价也不会公平。据此，教育评价与教育活动的关系应当是"先有行为后有评价"。评是对教育教学活动结果的客观认定，评的目的是使做得好的学校、教师、学生得到肯定，做得较差的看到差距和努力的方向。我们现在恰恰颠倒了评价与教育教学活动的关系，往往是先制订一个定性的或定量的评价指标体系，然后学校、教师按照评价指标体系去做。由于评价指标体系本身不去关注学生受教育机会的公平性，因而对学校、教师来说也不会公平。所以，评价常常成为一种误导，风起云涌，很不稳定。为了对还不够公平的教育现实给予比较公正的评价，需要正确灵活地应用各种评价方法，使评价成为学校改革的动力。

[原文载于《中小学管理》2005 年第 8 期，27-28 页]（杨颖秀）

# 准确定位是学校发展的关键（2004）

学校发展是学校生存的运动状态。现代社会的发展速度不断加快，致使一些学校行为浮躁，无所适从，甚至影响培养人的质量。因此，完善现代化教育体系需要学校发展的准确定位。准确定位就是要找到学校发展的生长点，它是一个实事求是的学校自组织过程，但在这一问题上目前还存在着一定的误区。

误区之一在于追求数量、追求规模化的发展模式。学生的数量可以作为衡量学校发展状况的一个指标，但不一定是学校发展的良性指标。导致学校在籍学生多的原因有许多，有地理位置的原因，有历史积淀的原因，有教育资源分布的原因，有升学压力的原因，也有多方面合力的原因。学校管理者如果将在籍学生数视为检测学校质量的重要指标，据此而盲目追求学生发展数量，则可能由于管理面过大而使学校失去控制。衡量一所学校的标准不是学生数量的多少，而是学生质量的优劣，即学生身心发展的状况如何和对社会作用的大小。如果学校的育人质量低，则招收的学生愈多，对教育和社会造成的浪费就愈大。

误区之二在于相互攀比，缺乏学校发展的个性目标。学校的发展目标是学校发展的未来趋势。没有发展目标是短视的，目标不适合学校的个性特点则与短视的目标如出一辙。强调学校发展目标的个性特点，就是要使学校的目标切合学校发展的实际，使之具有可行性，体现激励性。例如，示范学校的资源丰富，目标定位较高，但不适合普通学校和薄弱学校；城市学校学生基础较好，目标设计粗放灵活，但不适合农村学校；发达地区学校发展迅速，目标周期较短，但不适合不发达地区的学校。不同类型、不同基础、不同地区的学校在制订目标时需要从学生实际、教师实际、经济实际、地理及人文环境实际等多方面情况出发，使目标能够起到促进学校发展的作用。体现学校发展的个性目标可以从多处着手，比如学校的类型、学校的层次、学校的特色等都是学校发展的生长点。学校发展目标的策划要扬长避短，可以与优势学校比差距，与国外学校比问题，与同类学校比特色。在比较之中发挥优势,确定位置,明确发展方向,避免出现千校一面的现象。

误区之三在于跟着政策跑,缺乏对新政策的理性思考。政策是引领学校发展的重要依据,但不是唯一的依据。政策具有灵活性、可变性、原则性、指导性等特点,所以最容易被决策者作为管理的工具和手段。但对于一所学校来说,政策的实施需要一个对政策的内化过程。一项政策出台之后是否必须采用以及如何采用首先需要学校分析政策的指向对象和实施条件。经分析适合学校发展的政策可以积极采纳,不适合学校发展的政策不能随波逐流。学校管理者在不断出台的政策面前需要保持冷静的态度和清醒的头脑,学会对政策做系统的、动态的分析,从学校的全局和未来发展趋势选择适合学校的政策。除学校必须执行的教育大政方针之外,对于其他子政策,学校管理者可以经过理性的分析再做抉择,否则可能选择不适合学校个性的政策,从而陷入内忧外患、举步维艰的境地而不能自拔。

学校会出现上述几个发展过程中的定位误区,原因都集中于学校管理者们在发展过程中陷入单向、静态、孤立的思维方式误区,缺乏多维、动态、系统的思考,从而不能预见和平衡学校内部环境与外部环境的相互关系,使学校表现出一定的混乱和无序状态。因此,在复杂的社会系统中,学校管理者不能仅仅依赖于资本性的经济权威,即不能片面地以学校经济收入的多少来决定学校的发展定位;也不能仅仅依赖于社会性的政策权威,即不能在盲目追逐政策的变化中决定学校的发展定位。学校发展定位的关键在于依赖学校的智慧权威,即要依赖于对知识的掌握、分析和运用,它是影响学校定位的不竭资源,是支持学校发展的基础。学校的理念、策略、经营,都离不开学校管理者的知识结构。有了知识权威,学校管理者才能理智地分析学校自身的特点,科学地吸纳政策、资本等其他权威的优长,不断为学校发展服务。

[原文载于《福建教育》2004年第9B期,20页](杨颖秀)

# 思考 2　校长领导力的价值及期待

## 学校变革的领导行为选择（2019）

学校变革是教育改革的重要内容。面对改革，学校领导者如何因时而变，不仅检验领导者的决策水平，也影响学校变革的成功与失败。因此，理性思考变革中的行为选择，是新时代对学校领导者素质的必然要求。学校变革有时是突发的，有时是常态的，有时是自觉的，有时是迫于外在压力的。但无论如何，变革对学校来说都是一种挑战。面对变革的挑战，学校领导者如何写好"奋进之笔"，做到既不随波逐流也不故步自封？这依赖于领导者的行为选择，正确的选择可以避免变革给人才培养带来不必要的风险。其中静与动、主与次、多与少、循规蹈矩与善于创新等不同的行为方式，都是学校领导者辩证思考和恰当选择行为的出发点。

### 一、静与动的选择

学校变革可以不同的速度反映出来，小步子快频率和大步子慢频率都可以达到变革的相同速度，但其产生的效果会有所不同。国际社会多以"小步子"的"学校改进"实施变革，避免或减少大起大伏、左右摇摆、跨越、重构等行为带来的风险。小步子的变革既可以通过以静制动的方式达到变革的目的，也可以通过动中取静的方式收到变革的预期效果。无论是以静制动还是动中取静，都是学校变革的内驱力与外驱力相互作用的结果。内驱力是学校自发变革的动力，反映学校主观上的变革愿望，这种愿望常常发生在学校的教师、资金、设施、设备等资源匮乏而导致学校运行不畅的情况下。这时，学校运行的内在需求与外在供给之间的冲突会促使学校主动变革，改变资源不足的现状，为学校创造正常运转的契机。外驱力是学校受外部环境压力而产生的变革愿望，这种愿望常常发生在上级政策的变化以及由此产生的学校间的竞争等情况下。这时，学校的外部环境压力与内部状态滞后之间的冲突会促使学校实施变革，以适应外界环境对学校提出的新要求。

以静制动是学校调整内外环境关系的一种行为方式，可以有效应对来自政策变化的压力。由于政策具有宏观性、导向性和灵活性等特点，学校在应对政策变化时，可以先详细了解政策内容和实施要求，再分析学校的实际情况，然后制订实施政策的行动计划，做到有的放矢。这一系列的行动过程与盲目地执行政策相比，是相对静止、以静制动的理性行为。因为，这不是政策压力下的被动行为，而是经过学校领导者的主动思考逐步形成的行动流程。在这一过程中，行动计划起着重要的作用，没有科学的计划则难以实施必要的行动和检测行动的实效性。

动中取静是应对外界环境变化的另一种行为方式。与以静制动相比，这种行为方式始终处于动态过程中，其相对静止性是通过对一定阶段的总结或反思体现的，以此为下一步行动奠定基础，体现管理活动闭合回路的特点。例如，在课程改革过程中，国家对义务教育阶段和高中阶段课程方案的试行发布和正式发布，则表明了对教育变革阶段性的总结和反思，体现了改革的相对静止性，这也是学生身心发展规律的必然要求。学生的培养不可以逆转，不允许失败。因此，学校变革通过阶段性的总结或反思，冷静思考，及时纠正偏差，是十分必要的。

## 二、主与次的选择

计划的制订只是行动的预期，能否执行计划还需要掌握执行计划的方法。伯利恒钢铁公司总裁查里斯·舒瓦普在困惑于如何更好地执行计划的时候，请效率专家艾维·利为其出谋划策。利递给舒瓦普一张白纸，让他在上面写下明天要做的六件最重要的事，然后标明每件事情对他和他的公司的重要性次序，接着按照这个次序进行第一项，用同样的方法对待第二项、第三项……直到下班。如果只做完第一件事，没关系，因为照此下去总是做着最重要的事。舒瓦普对利这堂有价值的课以一张数目不小的支票表达了谢意。五年后，舒瓦普的小钢铁厂成为世界上最大的独立钢铁厂。①利给舒瓦普的策略充分地体现了管理的核心要义，即管理的目的在于提高

---

① 吉米·道南，约翰·麦克斯韦尔.成功的策略［M］.黄焕猷，译.广州：中山大学出版社，1995：95-96.

质量和效率。这种排序尽管有主次之分，但当做完了最重要的事情之后，其次的又变成了最重要的。这不仅体现了主次的辩证关系，也证明了按重要性次序办事的高效性。

学校变革过程也需要通过确定主次顺序，达到总是做最重要的事的目的。学校领导者如果能正确选择学校变革事项的主次顺序，则可以避免因排序不当而出现的变革偏差以及对资源的浪费。要能恰当地排序，就要找到各项变革的相互关系。这种关系可以是横向的，也可以是纵向的，还可以是内外的。同时，在不同的时期，重要事项的排序是不同的，在不同的条件下其排序也可能不同。这反映的是变革事项的时代性和实践性。因此，对学校变革事项的排序需要具体问题具体分析。

如果从学校管理要素的基本结构入手，可以起到提纲挈领、简化排序的作用。例如，学校管理包括学校理念、学校制度、学校文化、学生、教师、领导者、家长、课程与教学、学校空间、学校安全、社区环境等多种要素的管理。但核心的要素是学生，其他要素的管理都是为学生发展服务的。学校领导者在对变革事项排序时，应围绕这些要素分析其在学生培养中的作用及相互关系，率先做好最重要的事。这样，即使在学校能力有限的情况下，也可以收到总是先做最重要的事的最佳效果。上述要素如果从纵向关系而言，学校理念、学校制度、学校文化是上位的，影响学校管理的方向。如果从内外关系而言，学生处于核心位置，教师、家长、领导者其次，他们对学生成长起着直接或间接的教育和影响作用，课程与教学、学校空间、学校安全、学校环境在学校理念、学校制度、学校文化的影响下构成学生培养的多维媒介。因此，按照学校管理要素的基本结构分析其主次关系，对学校变革事项进行排序也是可行的。需要注意的是，主次关系在一定的周期内可能具有相对性，这种相对性要求学校领导者在决策时根据学校的不同情况做出适度调整，避免机械化的排序带来的僵化行为选择。

## 三、一次解决一个问题与同时解决多个问题的选择

学校变革归根结底是为了解决学校中的问题，而问题不会孤立地存在，这就要求学校领导者在解决一个问题的同时预见到这个问题与其他问题的相互关系，也就是使对一个问题的解决转化为同时对若干个问题的解决，或者使对一个问题的解决转化为对问题成因的分析和化解。而同时解决若干个问题往往比单独解决一个问题更容易，因为这是集中精力破解问

题与问题之间的关系，关系断了，问题之间自然失去了黏合力。而问题之间有影射的关系，有交叉的关系，也有制约的关系。

问题之间的影射关系是指问题的一对一、一对多、多对多的关系，一个问题可能渗透出另一个或更多个其他的问题。例如，学生近视率在不同教育阶段持续升高的问题渗透的是可能导致学生近视的其他问题，包括课业负担过重的问题、电子产品辐射的问题、灯具质量的问题、活动量不足的问题、食品不达标的问题等，这些都可能是学生近视率增高的诱因，也是现实中的教育问题或社会问题。如果在分析学生近视率问题的时候，仅仅看到学生课业负担过重问题的诱因，则难以解决学生的近视率攀升问题。因此，解决这类问题，要做系统的思考，不同的问题诱因由不同的责任主体解决。作为学校，要解决其应当解决或能够解决的问题。学校难以解决的问题，要由相关主体解决。

问题的交叉关系是指问题之间你中有我或我中有你的关系，这种关系可能是全部交叉或包含的关系，也可能是部分交叉或包含的关系。学校变革要解决这类问题，就要在找到问题的交集的基础上，分析问题的成因，选择解决问题的对策。例如，教师短缺可能是教师队伍整体数量短缺，也可能是部分学科教师结构性失衡，而前者包含后者。解决这一问题可以从招收最短缺的学科的教师入手，逐一调整不同学科的教师队伍结构，最终达成增加教师队伍整体数量且学科结构合理的结果。短期内，也可以按照国家对分科与综合的课程结构设计，整合相应的学科，发挥同一位教师在不同学科的优势，相对缓解学科教师结构性失衡和教师队伍整体数量短缺的压力。

问题的制约关系是指一个问题的发生决定另一个或更多个问题的发生的关系，这种关系反映的是问题之间存在的必然性。受制约关系的影响，学校领导者在变革过程中需要在发现一个问题时及时预见由此将要发生的其他问题，并采取积极的措施，避免连锁问题的发生和问题的堆积。例如，面对高考改革，选科是改革的核心，而选科的关键又在于学科教师的数量和质量的充分性。如果教师的问题不能妥善地解决，那么选科的问题就不能妥善地解决，那么学生报考什么学校也就无法自如。这一系列的问题，起制约作用的还是学科教师的数量和质量的问题。所以，要做好高考改革，学校领导者必须将教师队伍建设作为学校发展的长期目标，不断积蓄教师力量，以不变应万变。

## 四、循规蹈矩与善于创新的选择

循规蹈矩并不是完全错误的，学校管理遵守规矩，不轻举妄动，有时候会减少不必要的失误，但如果学校管理总是故步自封，也会使学校失去活力，甚至失去生命力。科学家法伯的"毛毛虫试验"充分地说明了这一道理。他将若干个毛毛虫首尾相接放在一个花盆的边缘，毛毛虫按照它们的"跟随者"习性，一个跟着一个地爬，整整爬了七天七夜，最终都因疲劳饥饿而死去。但就在花盆周围不到六英寸的地方，法伯已经撒满了毛毛虫爱吃的松针。① 可惜的是，因为毛毛虫的拘守旧规而没有一个能另辟蹊径，走出怪圈，挽救自己和其他毛毛虫的生命。毛毛虫的习性反映的是它们的思维定式，或者叫思维惯性，这种定式有时具有经验的作用，使行动者少走弯路，但有时也会因经验的错误而导致行动的失败。

学校变革既然称之为变革，就需要打破思维定式，勇于创新，不断取得进步，而不能像毛毛虫那样永远扮演追随者的角色。打破思维定式可以有方向上的转变，如另辟蹊径，逆向思考，迂回前行；也可以有布局上的转变，如先整体后部分，或先部分后整体。2001年开始的基础教育课程改革设计，实际上要实行先部分后整体的改革，试图通过先行一步的实验区的改革探寻经验，然后逐步推开。但由于一些学校领导者受从众心理的影响，改革出现了毛毛虫效应，带来了事与愿违的结果。因此，当学校领导者盲目地扮演"跟随者"的角色时，失误就可能发生，因为他校的改革未必适合你所在的学校。

要打破思维定式首先需要认准方向，对跟着走还是独立走做出正确的判断。这就需要学校领导者提升政策素养和理论素养，提升对学校发展方向的洞察力，这是学校领导者必备的硬功夫。学校领导者一旦对学校变革选错了方向，则会产生南辕北辙的结果。其次，需要充分掌握学校的实际情况，分析采取什么措施能够沿着选定的方向走下去。能达到一定方向的路径很多，有的是直线，有的是曲线，有的是陡坡，有的是缓坡，究竟如何走要看学校的资源，看教师和学生的基础。有时候绕道而行可能会收到更好的效果。最后，不要简单地复制他人他校的做法。理念不能复制，文化不能复制，组织机构设置不能复制，教案不能复制，学生的培养模式也不能复制。复制不仅没有一点创新的味道，还可能会因水土不服而产生负

---

① 谢明. 公共政策导论 [M]. 北京：中国人民大学出版社，2002：169.

能量。每所学校都有自己的发展历史，有自己的文化和故事。学校变革的过程就是积淀和彰显学校个性的过程，这需要发挥学校的自主精神，选择切合实际的变革路径。

## 五、守于局部与放眼世界的选择

学校是社会系统中的子系统，学校变革需要系统思考，妥善处理小与大、明与暗、宏观与微观的关系。一所学校虽然具有独立性，但仍然离不开与其他子系统的相互作用。从社会大系统而言，学校是开放的小系统。学校的发展一方面要争取社会其他子系统的支持，另一方面要为社会其他子系统培养优秀的人才。因此，学校培养目标的设计要从社会需要出发，有的放矢。在目标明确的前提下，学校变革要遵循人的成长规律，在变革的过程中有效利用各种资源，提高育人的质量和效益。这也是学校管理的开放性、动态性、递进性规律的要求。但仅此还不够。学校变革是管理科学的实践行动，现代科学技术的发展正在向学校变革提出新的挑战。走出局部、放眼世界，成为新时代选择学校变革行为的迫切要求。在学校变革中，我们正在逐渐认识和坚持已经发现的管理学等原理，但据此并不能穷尽学校变革的行为依据。学校变革的行为选择既要善于依据已经发现的规律，也要勇于探索仍未清楚认识的规律。究竟影响学校变革行为选择的暗物质是什么并不重要，重要的是我们需要知道影响学校变革行为选择的因素很多，有的我们认识到了，有的我们还没有认识到，而那些没有认识到的因素可能更需要我们尽快认识。同样，在已经发现的影响因素中，我们对不同影响因素之间相互关系的认识也完全没有穷尽它们真正存在的相互关系，这些因素之间的速度和强度可能都比我们的已有认识更复杂。所以，学校变革的复杂性要求学校领导者不仅要跳出学校自身来思考学校变革的问题，也要在更大的范围内依据更多的科学原理，分析和认识学校变革行为，避免以简单的变革带来不必要的风险和人才培养的损失。

学校变革是为了有效解决影响学生发展的问题。而问题是永远存在的，旧的问题解决了，新的问题又会产生。因此，学校变革需要不断思考学生培养中的真问题以及问题与问题之间的相互关系，以便选择解决问题的有效对策。

［原文载于《教学与管理》2019 年第 16 期，1-3 页］（杨颖秀）

# 中小学领导者真诚领导的现状调查及建议（2019）

真诚领导是 21 世纪领导理论发展的前沿，这一理论倡导领导者以真诚为标准提升自我意识、展示内心的道德观念、平衡处理领导者与他人的关系、向他人呈现真实的自我，目的在于增强领导者与追随者之间的信任，增强以德管理的人文性。真诚领导理论对学校领导者以德治校提出了更高的要求。真诚是构建信任的基础，是体现道德领导的核心，也是中小学领导者在新时代的努力方向。调查得知，中小学领导者的真诚领导在实践中有成绩、有问题，也有阻力，中小学领导者们需要在真诚领导理论的指导下，通过反思与自律、原创与判断、重大事件的有价值记忆、真诚对话与授权等策略，妥善处理人际关系，彰显以德治校的领导力。

## 一、真诚领导：领导理论的发展前沿

真诚领导理论（Authentic Leadership Theory）源于人们对各种政治和经济危机事件的恐慌而期待受人信任的领导者的诞生。这一理论认为，信任一定要求建立在真诚的准则之上，使领导者的非权力性影响力发挥优势作用，进而强化权力性影响力的人文性，淡化行政性。瓦卢姆布瓦等人（Walumbwa, et al.）从自我意识、内心的道德观念、平衡处理以及关系透明四个维度创建了真诚领导理论模型，成为受人瞩目的领导理论前沿。

自我意识（self-awareness）是指领导者通过了解自己的优缺点，反省自己的价值观、身份、情绪、动机、目标等，从最深层次上认识自己到底是谁。当领导者认识了自己是谁的时候，其决定和行为就会更坚定；其他人，包括追随者，会因此认为这种具有强大自我意识的领导者更真诚。内心的道德观念（internalized moral perspective）是指领导者不是靠外部压力的控制而是靠内在的道德标准和价值观去指导自己的行为，追随者会因为领导者的行为和表达的信仰与道德具有一致性而认为领导者是真诚的。平衡处理（balanced processing）是指领导者在做决定前充分地听取和参考他人的意见，包括反对者的意见，同时坦陈自己的观点，不偏不倚地平衡处理二者的关系，这样会使追随者感到领导者是真诚的。关系透明（relational transparency）是指领导者以坦率和诚实向他人呈现真实的自我，与他人分享自己真实的感受、动机、偏好等，展示自己的优点与缺点，关系透明地与他人交往和交流，由此会被认为是真诚的。[①] 这四个方面都是领导者自我调整的过程。

真诚领导理论的四点要义继承和发展了领导理论大师詹姆斯·麦格雷戈·伯恩斯（James Mac Gregor Burns）的变革型领导理论。虽然在领导者与追随者的关系处理以及领导者应成为道德的领导者的主张方面二者具有一致性，然而，瓦卢姆布瓦的真诚领导理论更系统地阐述了领导者应具备的道德行为内涵，将道德的核心素养聚焦于真诚，在此基础上揭示了领导理论研究的思维理论，即领导者如何认识自己、如何对待他人、如何处理自己与他人的相互关系。这也是中小学领导者的必备素养。

## 二、中小学领导者真诚领导的现状调查及分析

瓦卢姆布瓦认为，影响人们生活的关键事件是影响真诚领导的重要因素之一。生活不仅指个人或家庭的生活，还包括工作生活。关键事件可能是积极的事件，也可能是消极的事件。[②] 为了解中小学领导者真诚领导的工作生活状况，笔者调研了 37 位中小学领导者（正副校长），让他们以无记名的方式分别写出在学校管理工作中感到最快乐和最不快乐的三件事，然后采用关键事件话语分析（Discourse analysis）的方法[③]对文本进行了研究。37 位学校领导者被随机编码为 $X_1$，$X_2$，…，$X_{36}$，$X_{37}$，研究者经录入文本得到 198 个有效答案，11 个无效答案（语义不清或不符合主题要求），13 个无回答。在有效答案中，学校领导者在管理工作中感到最快乐的事有 96 件，感到最不快乐的事有 102 件。研究者经仔细研读事件文本，对学校领导者在管理工作中感到最快乐的事和最不快乐的事进行开放式编码，提取关键词 43 个，包括快乐的事的关键词 23 个，不快乐的事的关键词 20 个。再经轴向式编码，得到八个方面的关键范畴，包括学校领导者的自我意识、办学条件、与上级及社会的关系、学生的表现、教师的

---

① 彼得 G 诺斯豪斯. 领导学：理论与实践 [M]. 5 版. 吴爱明，陈爱明，陈晓明，译. 北京：中国人民大学出版社，2012：143-144.

② 彼得 G 诺斯豪斯. 领导学：理论与实践 [M]. 5 版. 吴爱明，陈爱明，陈晓明，译. 北京：中国人民大学出版社，2012：145.

③ 伍威·弗里克. 质性研究导引 [M]. 孙进，译. 重庆：重庆大学出版社，2011：273.

表现、行政管理、与教师交流以及与家长交流。然后，将能够反映学校领导者如何认识自己（自我意识），如何正确对待外部的压力（内心的道德观念），如何平等坦诚地待人（平衡处理），如何妥善处理自己与他人的关系（关系透明）的范畴进行选择式编码,[①] 归类纳入真诚领导理论模型的四个维度。最后，应用扎根理论，分析关键事件的信息，并对相关数据进行统计（见表2-1）和分析（见表2-2至表2-5）。

表2-1　中小学领导者在工作中感到最快乐和最不快乐的事反映的真诚领导现状

| 维度 | 关键范畴 | 最快乐的事（频次） | 最不快乐的事（频次） | 总计 | | 占全部数据的百分比（%） | |
|---|---|---|---|---|---|---|---|
| 自我意识 | 学校领导者的自我意识 | 6 | 3 | 9 | 9 | 4.55 | 4.55 |
| 内心的道德观念 | 办学条件 | 3 | 1 | 4 | 51 | 2.02 | 25.76 |
| | 与上级或社会的关系 | 13 | 34 | 47 | | 23.74 | |
| 平衡处理 | 学生的表现 | 15 | 5 | 20 | 117 | 10.10 | 59.09 |
| | 教师的表现 | 21 | 21 | 42 | | 21.21 | |
| | 行政管理 | 28 | 27 | 55 | | 27.78 | |
| 关系透明 | 与教师交流 | 9 | 8 | 17 | 21 | 8.59 | 10.61 |
| | 与家长交流 | 1 | 3 | 4 | | 2.02 | |
| 总计 | | 96 | 102 | 198 | | 100 | |

### （一）中小学领导者的自我意识现状及分析

学校领导者的自我意识能真实地反映他们的工作动机、奋斗目标和自知自律的状况。学生及家长、教师及管理者，据此可以更多地了解领导者，增添对领导者的信任。参与调查的37位学校领导者有9件感到最快乐或最不快乐的事来源于自我意识，快乐的事表现于对其职业动机和人格魅力的感受上，不快乐的事表现于对其领导能力欠缺的反思上（见表2-2）。在职业动机上，有的学校领导者对从事教育工作有着浓烈的情感，认

---

① 伍威·弗里克. 质性研究导引［M］. 孙进，译. 重庆：重庆大学出版社，2011：247-254.

为做教育是一件愉快的事，如清晨来到校园感到快乐。在人格魅力的感受上，学校领导者感到快乐的事包括：被教师喜欢，被教师认为优秀并有赞誉的声音，人格魅力受到教师的认可，克服困难取得成功。在领导能力的欠缺上，学校领导者对自己的发展跟不上时代的要求，事必躬亲，固执己见听不进意见和建议的状态，感到不快乐。反馈的各项事件均体现了学校领导者自我意识的积极性，包括热爱工作的职业动机和对自身的成绩及问题的感受和反思。然而，在198个有效答案中涉及学校领导者自我意识的答案仅有9个，占全部答案的4.55％（见表2-1）。进一步分析发现，这9件事分别由9位学校领导者提出，仅占参与调查的学校领导者的24.32％（9/37）。

表2-2　中小学领导者的自我意识现状

| 维度 | 关键范畴 | 最快乐的事 | | 最不快乐的事 | | 总计 | 占此维度数据的百分比（％） |
|---|---|---|---|---|---|---|---|
| | | 关键词 | 频次 | 关键词 | 频次 | | |
| 自我意识 | 学校领导者的自我意识 | 职业动机端正 | 2 | | | 2 | 22.22 |
| | | 有人格魅力 | 4 | 领导能力欠缺 | 3 | 7 | 77.78 |
| 总计 | | 6 | | 3 | | 9 | 100 |

这一结果表明，部分学校领导者能够从认识自我做起，正确评价自己，具有热爱教育工作的职业动机，对自身体现出的非权力性影响力的优势方面感到快乐，对劣势方面感到不快乐。根据真诚领导理论，如果学校领导者能够正确认识自己的优缺点，发现影响自身行为的内部动因和外部表现，进而展示做一名领导者的动力和信心，将给学校成员一种真诚的感受，也将吸引更多的学校成员增添对他们的信任。但这类学校领导者在样本中所占比例较低，说明学校领导者自我意识的发展水平与做一名真诚领导者的要求相比还有较大的差距。这不仅表现于学校领导者在总体上的自我意识与学校管理工作之间缺少足够的关联，而且表现于每一位学校领导者个体也较少从自我意识维度积极地影响学校管理工作。也就是说，学校领导者有意识地为学校成员了解、理解和信任他们而提供自身信息的行为还不充分。在此情况下，学校领导者以非权力性影响力凝聚学校成员的能力就会相对薄弱，那么，学校的发展目标、各项决策就难以在学校成员中达成共识，学校的发展也会因此失去一定的动力。

### （二）中小学领导者内心的道德观念现状及分析

学校领导者内心的道德观念体现的是其自身的道德标准和价值观，有什么样的道德标准和价值观就有什么样的行为。但当较大的外部压力对学校领导者的道德标准和价值观构成阻碍的时候，学校领导者就需要调整自我，克服压力和阻力，努力实现自我并以此影响学校成员。数据显示，办学条件已不再是影响学校发展的主要因素和外部压力，学校领导者不需要通过人际交往在争取办学条件方面付出更多的努力。尽管如此，但反映学校领导者与上级或社会关系项的数据却高居八项数据中的第二位，占全部数据的 23.74%（见表 2 - 1），占内心的道德观念维度的 92.16%（见表 2 - 3）。从学校领导者描述的最快乐和最不快乐的事来看，在学校受到上级或社会的重视或肯定或认可、获得上级的表彰或奖励或荣誉、培训的机会增多等情况下，学校领导者会感到快乐。但在这一维度，学校领导者感到不快乐的事是感到快乐的事的 2 倍之多（35/16，见表 2 - 3），体现在疲于应付各种检查而不能安静地做教育，缺乏自主权，得不到政策的支持，课程改革压力大，工作得不到认可五个方面，特别是应付各种检查一项，在此维度最不快乐的事中占 40%（14/35，见表 2 - 3），比例最高。

表 2 - 3　中小学领导者的内心的道德观念现状

| 维度 | 关键范畴 | 最快乐的事 | | 最不快乐的事 | | 总计 | 占此维度数据的百分比（%） |
|---|---|---|---|---|---|---|---|
| | | 关键词 | 频次 | 关键词 | 频次 | | |
| 内心的道德观念 | 办学条件 | 办学条件得到改善 | 3 | 办公条件不好 | 1 | 4 | 7.84 |
| | 学校领导者的自我意识 | 受到重视或肯定或认可 | 8 | 应付各种检查 | 14 | 47 | 92.16 |
| | | | | 缺乏自主权 | 7 | | |
| | | 获得表彰或奖励或荣誉 | 4 | 得不到政策的支持 | 5 | | |
| | | | | 课程改革压力大 | 4 | | |
| | | 培训的机会增多 | 1 | 工作得不到认可 | 2 | | |
| | | | | 身兼多职 | 1 | | |
| | | | | 上级领导言行不一 | 1 | | |
| 总计 | | | 16 | | 35 | 51 | 100 |

描述和数据还显示，上级及社会对学校领导者的激励性评价欠缺，纵向的行政控制为其工作带来较大的外部压力。引发学校领导者最不快乐的事表明，学校领导者的价值追求与外部压力之间已形成较大的冲突。在此情况下，学校领导者如何调整内心的道德观念，为学校成员增添信心，是其提升真诚领导的重点和难点。特别是在上级行政部门与学校之间权限隶属的前提下，学校领导者要坚守内心的道德准则，需要付出更多的努力。如果学校领导者不能化解内心的价值追求与外部压力之间的冲突，就可能陷入消极的工作状态。因此，在审视学校领导者真诚领导的同时，也不能忽略外部环境给他们带来的较大压力。

### （三）中小学领导者的平衡处理现状及分析

学校领导者不仅要通过内心道德观念的调整与学校外部形成良性互动，还要平等对待学生、教师以及其他管理者，平衡处理自身与学校成员的关系，提升学校管理的实效性。学校领导者对学生及教师表现的态度以及对管理者评价的倾向性，反映了他们在平衡处理维度的真诚领导水平。调查显示，学校领导者在平衡处理维度的付出比例最高，达59.09%（见表2-1）。

在学生的表现一项，学校领导者感到最快乐的事包括：学生良好的精神风貌和道德行为习惯，较好的学习态度和学习习惯，取得好的学习成绩或获得奖励，与教师或领导者交流。学校领导者感到最不快乐的事只包括学生不良的精神风貌和道德行为习惯（见表2-4）。描述和数据表明，学校领导者更关注学生的品德修养和学习态度及习惯，而对学习成绩的关注并不是学校领导者对学生评价的最强兴奋点。由此可知，学生的道德品行、学习态度以及学习习惯培养已经成为学校教育和管理工作的重点，学校领导者对教育过程的关注已经胜过对教育结果的关注。同时，学校领导者对学生表现的快乐的感受远远胜过不快乐的感受，前者是后者的3倍（15/5，见表2-4）。这一现象表明，学校领导者的教育理念已经发生了重要的转变，由以往仅仅关注对学生学习成绩的评价转向对学生综合素质的评价，特别关注学生的道德品质和学习品质。

表 2 - 4　中小学领导者的平衡处理现状

| 维度 | 关键范畴 | 最快乐的事 | | 最不快乐的事 | | 总计 | 占此维度数据的百分比（%） |
|---|---|---|---|---|---|---|---|
| | | 关键词 | 频次 | 关键词 | 频次 | | |
| 平衡处理 | 学生的表现 | 良好的精神风貌或道德行为习惯 | 6 | 不良的精神风貌或道德行为习惯 | 5 | 20 | 17.09 |
| | | 良好的学习态度或学习习惯 | 4 | | | | |
| | | 良好的学习成绩或获得奖励 | 3 | | | | |
| | | 与教师或领导者积极交流 | 2 | | | | |
| | 教师的表现 | 爱岗敬业/工作有积极性 | 11 | 工作积极性不高 | 16 | 42 | 35.90 |
| | | 团结友爱 | 4 | 不顾全大局 | 3 | | |
| | | 取得成绩 | 4 | 整体实力不强 | 2 | | |
| | | 对学校工作认可 | 2 | | | | |
| | 行政管理 | 领导班子和谐或有凝聚力 | 3 | 执行不力 | 9 | 55 | 47.01 |
| | | 常规管理有成效 | 9 | 安全事故 | 3 | | |
| | | 文化氛围或活动令人满意 | 8 | 学校发展缓慢 | 4 | | |
| | | 理念或计划或制度发挥作用 | 4 | 制度困扰 | 8 | | |
| | | 教学质量有提升 | 4 | 教学质量低 | 3 | | |
| 总计 | | | 64 | | 53 | 117 | 100 |

在教师的表现一项，学校领导者感到最快乐的事包括：教师爱岗敬业或工作有积极性，团结友爱，取得成绩，对学校认同。反之，学校领导者

感到最不快乐的事包括：教师工作积极性不高，不顾全大局，整体实力不强。这项数据高达 21.21％，位列第三（见表 2 - 1），占这一维度的 35.90％（见表 2 - 4）。显然，学校领导者对教师工作给予了较多的关注，其中最关注的是教师爱岗敬业的精神或教师工作的积极性。遗憾的是，学校领导者对教师工作积极性的满意度并不高，仍有很大的提升空间。

行政管理一项在八项指标中比例最高，达 27.78％（见表 2 - 1），在平衡处理维度的三项指标中也占最高比例，达 47.01％（见表 2 - 4）。在这一项，从学校领导者感到最快乐和最不快乐的事来看，依次是管理工作的实效性、管理制度、学校文化、教学质量、学校发展、领导班子的实力和学校安全，这些是学校领导者在行政管理工作中的重点。学校领导者在行政管理方面快乐的感受和不快乐的感受基本持平，快乐的感受主要来自学校领导者对学校的设计收到实效，不快乐的感受主要来自学校成员的工作效率低和制度建设不力。

与学生的表现相比，学校领导者对行政管理和教师的表现投入了更多的精力，表明他们的行政负担还比较重。在学校领导者阐述的最不快乐的事中，对利益分配、绩效考核、教师调配等制度的制订感到力不从心。他们讲述的情况，反映了他们以领导者的单向说教为主的工作方式，这使得领导者和学校成员之间在制度建设上难以达成共识。制度不力、执行不力、教师的工作积极性不高，必然在整体上放缓学校的发展速度以及影响教学质量的提升。

### （四）中小学领导者的关系透明现状及分析

互通有无，尊重他人，是学校领导者妥善处理与学校成员间关系的良好美德。通过学校领导者与教师及家长的交流可以了解学校领导者在关系透明维度的真诚领导现状。实际中，学校领导者会通过单向主动交流及双向同时交流或双向即时交流的方式与教师或家长沟通，达到关系透明的目的。三种交流方式在使学校领导者感到最快乐的事上都得到了应用，在使学校领导者感到最不快乐的事上，仅从学校领导者与教师的单向主动交流中得到反馈（见表 2 - 5）。反馈事件显示，有部分学校领导者通过单向主动交流将自己的想法或办学思想告知教师，指导教师，进而使教师取得成绩，请教师一同解决棘手的问题。通过双向同时交流与教师共同活动，双方共享收获的喜悦。通过双向即时交流，领导者顺利解决教师的诉求。这些交流使学校领导者感到快乐。相反，不能与教师达成一致、对教师的积极性调动不力时，学校领导者会感到不快乐。使学校领导者感到不快乐的事包括：与教师商量相关事项或调动教师的积极性没能成功或实效低，与教师有分歧时发生激烈争执，教师语言生硬地与其说话，自己的设计得不到教师的认可，给不守纪律的教师做思想工作等。但数据也显示，学校领导者与教师交流的频次较低，在八项数据中仅位列第五（见表2-1）。

表2-5　中小学领导者的关系透明现状

| 维度 | 关键范畴 | 最快乐的事 | | 最不快乐的事 | | 总计 | 占此维度数据的百分比（％） |
| --- | --- | --- | --- | --- | --- | --- | --- |
| | | 关键词 | 频次 | 关键词 | 频次 | | |
| 关系透明 | 与教师交流 | 主动告知自己的想法或请教师帮助解决问题 | 4 | 不能与教师达成一致 | 5 | 17 | 80.95 |
| | | 与教师共同活动，共享快乐 | 3 | 调动教师的积极性不力 | 3 | | |
| | | 及时解决教师的诉求 | 2 | | | | |
| | 与家长交流 | 做家长的思想工作成功 | 1 | 请家长配合学校的工作失败 | 3 | 4 | 19.05 |
| | 总计 | | 10 | | 11 | 21 | 100 |

当然，学校领导者与教师的交流情况和与家长的交流情况相比还是比较乐观的，在关系透明维度达80.95％（见表2-5），而与家长的交流在关系透明维度仅占19.05％（见表2-5）。这说明学校领导者与家长的交流没有取得满意的结果。出现这种情况的原因不排除家长对学校工作的不配合，同时也提醒学校领导者还需要加强与家长之间的恰当沟通。

## 三、结论与建议

### （一）结论

通过对37位中小学领导者198件在管理工作中感到最快乐的事和最不快乐的事的文本分析，可以得出他们在真诚领导方面的基本现状。在自我意识维度，部分中小学领导者具有了解自己优缺点的主动意识，从职业动机、非权力性影响力等管理要素反思自己的价值观，试图从深层次上认识自己是谁，但这部分领导者在样本中占比较低。在内心的道德观念维度，中小学领导者对外部的激励性措施感到快乐，但因更多地受到外部压力的影响，还难以用自身的道德标准和价值观去指导管理行为。在平衡处理维度，中小学领导者对此投入了较多的精力，对学校管理工作效果整体感觉较好，能通过学生的表现、教师的表现及其他管理者的表现关注他们的行为立场及倾向性，以此发现问题，调整自身与学校成员之间的关系。但在学生、教师及其他管理者三个群体中，学校领导者对学生的满意度最高，对教师和其他管理者的满意度较低。学校领导者在关系平衡中，还较多地使用以领导的说教为主的交流方式，处理与学校成员的关系，缺少调动教师和其他管理者的积极性以及提高他们的综合素质的充分措施。在关系透明维度，学校领导者能够通过与教师及家长的单向主动交流、双向同时交流、双向即时交流等方式表达自己的观点，但交流的效果并不理想，特别是单向主动交流效果不佳，自上而下和自下而上的双向交流体现得不明显，学校领导者的交流能力还有待提升。

### （二）给学校领导者的建议

### 1. 勇于反思与自律

真诚，首先学校领导者要敞开心扉，善于将自身的优势和劣势坦诚地呈现给学校成员，使学校成员清楚地知道领导者善于做什么和不善于做什么。这样，一方面可以使学校成员更多地了解领导者，进而增添与领导者共同克服困难的动力；另一方面可以为学校成员提供监督领导者的机会，帮助领导者在工作中少出差错。其次，学校领导者要经常反思自己，不断提升自己做人的标准。反思不仅是反思知识的过程，还是创作知识的过程。反思的重要性在于通过反思找到真诚的道德标准，纳入自身的道德信念。[①]言而有信、以身示范、公平正义、勇于担当等，都是学校领导者做人的准则，在此影响下产生的领导行为，会给学校成员带来无限的激励。最后，学校领导者要有自律的精神。自律反映学校领导者在自我意识方面坚持道德准则的意志，有了坚强的意志，才能使真诚的道德准则体现在行

---

① 克里斯蒂娜·科尔斯戈德. 规范性的来源［M］. 杨顺利，译. 上海：上海译文出版社，2010：20.

动之中。①

**2. 坚持原创与价值判断**

真诚不是复制，而是原创。学校领导者不仅要真诚地做人，还要真诚地做事，这就要求学校领导者对行为的道德性做出价值判断，这种判断常常要在"原创"与"复制"之间做出选择。研究认为，变革带来的创新包括程序性的、结构性的和文化意义上的，其变革的难度在这三种情况下递进增长。② 如果学校领导者仅仅停留在程序性的创新上，并不具有原创的意义；如果人云亦云，效仿他人的做法，只能是一种复制，也不具有原创意义。世界发展的瞬息万变，教育改革政策的层出不穷，学校情况的千差万别，都为学校领导者的决策平添了复杂性和不确定性。因此，学校领导者如果能在客观要求与学校实际状况的交叉点上寻找突破口，则可以避免"千校一面"的现象发生。这种实事求是的态度和行为选择，无疑要建立在道德判断的基础之上。学校领导者掌握判断的价值标准，形成判断的道德习惯，一是可以提高自身缓解外部压力的能力，有选择地做好学校各项工作，二是可以在正确的价值标准之下理解学校成员，增强自身的适应性，平衡处理与学校成员的关系。

**3. 以重大事件积淀有价值的记忆**

重大事件对一个人或组织的发展具有重要的意义，诺贝尔奖得主阿马蒂亚·森（Amartya Sen）因童年时曾经历一个穷人必须到一个危险的地区工作来维持家庭生活，因而在路上被刺死的事件，对他成年以后走上研究穷人经济学的道路产生了重要的影响。③ 霍华德·舒尔茨之所以在创建星巴克时给追随者都上了健康保险，是因为他有父亲在做邮递司机时，摔伤了却因没有保险带来诸多麻烦的不愉快记忆。④ 调查得知，有的学校领导者也因为"元旦迎新义卖活动"等重大事件的成功而享有快乐的感受。重大事件的影响力在于它的强度和广度，强度大的事件会因其印刻效应而吸引更多的人，范围广的事件会因其较多的信息流通而引起更多人的注

---

① 克里斯蒂娜·科尔斯戈德. 规范性的来源 [M]. 杨顺利，译. 上海：上海译文出版社，2010：21.

② 托德·威特克尔. 创新型学校：给学校管理者的9个策略 [M]. 冯凯，刘琦，译. 北京：中国青年出版社，2010：15-18.

③ 阿马蒂亚·森. 以自由看待发展 [M]. 任赜，于真，译. 北京：中国人民大学出版社，2002：5.

④ 彼得 G 诺斯豪斯. 领导学：理论与实践 [M]. 5 版. 吴爱明，陈爱明，陈晓明，译. 北京：中国人民大学出版社，2012：146.

意。学校领导者如果能精心设计具有教育意义的重大事件，将给学校成员留下有价值的记忆，成为学校文化的重要积淀。这种积淀不仅可以影响学校成员的价值观，也可以成为学校领导者与学校成员交流的重要媒介。学校成员会在这些重大事件的感染中，领会学校的办学精神和理念、历史和文化，逐渐形成良好的道德行为习惯。

**4. 在真诚对话与授权中改变与学校成员的关系**

从调查来看，中小学领导者与学校成员的关系，仍然是自上而下的单向关系，双向互动、合作共同体在学校中并未得到较好的体现。之所以如此，主要是因为缺少了真诚的对话以及权力的再分配。学校领导者与学校成员的真诚对话，是互通有无、交流观点、分享理解的过程，有助于增强学校成员对领导者的信任。[1] 学校领导者对学校成员授权，是调动学校成员积极性的重要策略，有助于提升学校成员的满意度和业绩。[2] 真诚的对话和授权过程，就是将学校领导者和学校成员的关系，由自上而下的单向关系向自上而下和自下而上的双向关系转变的过程。[3] 这种关系的转变，反映的是学校领导者与学校成员的地位平等和权力在双方间的平等分享。[4] 因此，真诚对话与授权将给予学校成员更多的参与学校管理的机会，促使他们在学校管理中发挥重要作用。

［原文载于《教育科学研究》2019 年第 4 期，10-15＋27 页］（杨颖秀）

---

① Daina Mazutis, Natalie Slawinski. Leading organizational learning through authentic dialogue [J]. Management Learning 39 (4)：437-456.

② Carol A Wong & Heather K S Lasching. Authentic leadership, performance, and job satisfaction：the mediating role of empowerment [J]. Journal of Advanced Nursing 69 (4)：947-959.

③ 彼得 G 诺斯豪斯. 领导学：理论与实践 [M]. 5 版. 吴爱明，陈爱明，陈晓明，译. 北京：中国人民大学出版社，2012：3-4.

④ Jessica Holloway, Ann Nielsen and Sarah Saltmarsh. Prescribe distributed leadership in the era of accountability：The experiences of mentor teachers [J]. Educational Management Administration & Leadership. 46 (4)：538-555.

# 校长在学校改进中的领导力（2012）

学校改进是反思与提升学校教育行为有效性的实践过程，校长、教师、学生、家长、行政人员、大学教师等均可参与其中，而校长在这一群体中起着彰显独特领导力的作用。因为校长是兼容行政信息、学术信息、社会信息的决策中枢，是学校改进的领导者和责任人。学校改进是内生式的发展，大学研究者是校长及其学校团队的合作伙伴，与 A 市 L 小学和H 小学的学校改进合作研究印证了这一事实。作为大学的研究者，我们与改进校的校长及师生一道，走出了浇铸理念、创建愿景、凝练信任、分享权力的学校改进轨迹，感受着取得成功后的喜悦，也思考着校长为此付出艰辛的核心领导力。

## 一、浇铸理念：倾听学校发出的声音

### （一）校长行动的理念化期待

校长努力提升管理水平是其成为专家型校长的内在需要，但很多校长却难以对日积月累的管理行动做出理性的思考。在 UAS 模式[①]学校改进项目中，通过与校长的交往，我们体会到了校长期待研究者将其所作所为进行理论提升的迫切愿望。这种愿望，一方面反映了校长对其行动的高期待，另一方面也反映了校长对理念与行动关系的理解误区。他们每天都在进行着各种管理活动，但却很少思考行动的理论依据。所以，校长往往陷入"先行动后思考"的成长路径。这无疑反映了校长正徘徊于对管理行动具有提升的愿望却又难以确立提升依据的两难境地。基于此，协助校长将理念期待转变为实际行动，达到"先思考后行动"的境地，进入以理念指导学校管理过程的状态，既是大学研究者在学校改进中肩负的责任，也是校长认识自我、提升自我、检测自我的必然选择。学校理念是校长对客观

---

[①] UAS 模式是指大学、教育行政部门、中小学共同参与的学校改进模式。学校改进出现了较多的模式，如 US 模式、UDS 模式、UDSF 模式等。UAS 模式与 UDS 模式体现了政府参与其中的学校改进状况，这是中国学校改进的特色所在。

存在经过思维活动而产生的管理学校的意识或信念。学校理念决定着学校的发展方向，引领学校在坚持一定客观标准的前提下，选择管理行为，体现管理价值。所以，理念是校长向教师、向学生、向家长、向社区发出的最强声音，没有理念的学校则无法倾听自己的声音。

### （二）经得起检验的学校理念

学校理念的形成不是空穴来风，而是基于对学校管理问题的反思。问题是学校理念产生的土壤，是学校管理的预期目标与现实之间的差距。只有意在解决学校管理问题的理念才经得住学校管理实践的检验。问题有显性的，也有隐性的，每所学校都有自己的问题。正因为如此，我们在共同合作之始就提出学校改进是"内生式"发展，中小学与大学是合作伙伴，大学与中小学在改进中共同成长的理念。我们倡导的"内生式"发展排斥视大学与中小学或大学与中小学及政府部门在学校改进中的关系为"服务关系"或"雇佣关系"的提法，更排斥一边讲"内生式"发展，一边又讲"服务关系"或"雇佣关系"，因为这样的关系不可能有"内生式"的发展。在与两所学校的合作研究中，我们在问卷、座谈、听课、看材料等大量调查研究的基础上，应用 SWOT 分析，了解到 L 小学需要体现儿童特性的教育，H 小学需要反映儿童个性的教育。经过与改进校的共同研讨，两所学校分别确立了"尊重童心，培养具有民族情怀的现代人"和"阳光教育"的理念。前者在于遵循儿童生命发展的规律，让教育依归童心，依归儿童世界，关注儿童心灵的成长，把属于儿童的生活、童年的幸福还给儿童，使小学阶段成为孩子一生值得回味的美好人生经历。同时，要传承中华文化，培育学生的民族情感，使学生具有民族魂、中华情，成为根植于民族土壤的有根的一代。还要培养学生具有现代文明素质和科学素养，具有实践能力和创新精神，成为与时俱进的一代。后者在于创造一个让每一个学生都和谐发展的七彩阳光校园。因为阳光代表着生命与希望，为万物生长提供不可缺少的能量。学校以阳光教育为理念，就是要为每一个个体的生命健康成长普射阳光，通过人性化与个性化的情感关怀和人文化的教育措施，建立起阳光的校园文化，阳光的学校精神和品味，促进学生形成阳光的生活态度和学习态度，达到每一个个体都能身心健康发展的目的。两所学校的教育理念在表述上虽有差异，但却共同反映着校长要解决学校问题的强烈愿望，正是这种愿望，使随后的学校管理发生了一系列有意义的行动。

### （三）团队对学校理念的认同

学校理念不属于校长个人，而属于学校全体成员。没有学校团队对学校理念的认同，就不可能将理念转化为学校的行动。学校团队对学校理念的认同，首先表现在团队成员对学校理念的理解。理解包括团队成员对理念表述的表面意义的理解，也包括团队成员对理念表述的引申意义的理解。对表面意义的理解可以通过对理念的阐释来完成，而对引申意义的理解则需要团队成员较高的素养，不断提升对理念内涵的深刻认识。其次表现于团队成员与学校理念达成共识，以行动彰显理念。共识的达成在于使团队成员感到对学校工作具有价值，感到所做的努力都是为了学校的发展，学校的发展也与其努力息息相关。强调团队成员对学校理念的认同并不排斥学校理念对每一位成员的个性关照。不同的成员由于背景不同，理念对其发展的作用也具有特殊性。学校理念与团队成员的密切关系在UAS模式学校改进过程中表现出了许多亮点。例如，以"尊重童心"为理念的 L 小学，利用"阳光体育工程"为学生设计了大型京剧团体操"京韵中华"，全校师生共同参与京剧团体操的学习，他们不仅在学习中品味了国粹文化，也理解了京剧中不同角色的精神内涵，更为重要的是还塑造了师生的团队精神。在对京剧人物的理解中，一名学生的学习态度发生了悄然变化，由原来的苦于学习到后来的乐于学习，是因为他对所扮演的京剧人物有了是与非的判断标准。师生的共同参与及由此带来的积极变化，证明了学校理念与团队之间已产生共鸣，学校理念正在哺育着学校团队。

## 二、创建愿景：提升学校的核心能力

### （一）愿景是学校的核心能力

愿景是学校团队想要创造并能共同分享的成功意向或景象，激励团队成员为追求某一目标而不懈地努力。[①] 如果团队成员能够由共同愿景获得奋斗的勇气，则可提升学校的核心能力，使学校凸显个性，永不言败。因此，学校愿景不是校长个人的主导性愿景，而是一所学校为之发展的未来希望，是学校发展的战略策划，校长的领导力就在于引领团队成员建立共同愿景并为实现共同愿景而不懈努力。学校的核心能力是学校发展的资源

---

① 彼得·圣吉. 第五项修炼：学习型组织的艺术与实务 [M]. 上海：上海三联书店，1998：238.

体系。之所以认为共同愿景是学校的核心能力，是因为愿景具有方向性和导向性，通过共同愿景，团队成员明确了奋斗的目标，形成了交流的平台，具备了对话的空间。团队成员可以在理解愿景、实现愿景的过程中增长智慧、促进团结、增进友谊、提升实力、共同成长。无疑，学校愿景是学校发展的资源。因此，学校改进以共同愿景为动力提升学校的能力是必然的选择。正因为如此，L小学和H小学都确立了以学生发展为最终目的的学校愿景，立志通过提升学校能力为学生提供发展的空间，达到办学生快乐、家长满意、社会认可的学校的目的。

### （二）生命力学校愿景的营建

学校愿景虽然指向于学校发展的未来，体现学校的发展战略，但并不是空洞的和可望而不可即的，而是活生生地展现在团队成员身边。校长的领导力恰恰在于引领团队成员在营建学校愿景时使其更具生命力。更具生命力的学校愿景主要有以下几个特点。

**1. 对团队成员具有感染力**

感染力来自愿景在学校工作中的具体化，来自对团队成员生命的关照。具有感染力的愿景可以使团队成员感悟到学校是他们自己的学校，是他们成长和发展的乐园。H小学在"以阳光之心育阳光之人"的理念下，发挥各类课程的育人功能，设计了以语数英、音体美为主体的国标课程；以书法、艺术鉴赏、休闲体育、经典诵读为主体的校本课程；以艺术、体育、科技、益智为类别的生本课程。学校将国标课程定位于学生的正餐，为学生提供生命必需的能量；将校本课程定位于维C及微量元素，为学生提供生命所需的营养物质；将生本课程定位于饭后甜点，为学生提供不同口味的需求。这种设计，赋予学校愿景以生命的活力，这种活力主要表现于以生为本的课程对学生的感染力，这种感染力既来自课程整体对学生身心发展的全面关照，也来自订单式生本课程的选择性对学生个体差异的尊重。不难想象，在既关注学生整体的普遍性又关注学生个体的差异性的教学中，学生会怎样享受阳光的沐浴，家长会怎样赞誉学校的生命力。

**2. 愿景自身具有生长力**

学校愿景的凝练是综合分析学校优势与劣势而确立的学校发展战略，要实现这一战略就要不断萌发新的生长点，没有生长点的学校愿景将失去生命力。H小学正在进行的"以美育德"的有效德育模式研究，提出在小学阶段欣赏100首名曲，100幅名画，阅读100本名著的"三个100"的目标。但校长并未满足于这"三个100"，在经过几个学期的实践的基础上，又提出了做100个游戏的目标，形成了"四个100"的有效德育模式，使学校愿景增添了更符合学生身心发展规律，更贴近学生实际需求，更有利于减轻学生课业负担的新的生长点。而这样的生长点越多则学校愿景就越具有生命力。

**3. 对团队成员具有凝聚力**

学校愿景是全体成员行进的航标，有了航标团队成员才有了为之奋斗的方向。但学校愿景与团队愿景及个人愿景要融于一体，使学校愿景成为团队成员的自觉行动。为此，校长需要俯身倾听团队成员的声音，需要懂得团队成员的内在需求，需要为满足他们的需求做出准确的决策。例如，教师有专业发展的需求，校长就要为其创造专业发展的机会，提供促进其专业发展的条件。H小学在改进中选择的校际之间的"影子培训"，使教师受益匪浅，增添了教师对学校的信任。L小学的教师"一二三四五"培训计划，即一年"结对子"、二年"压担子"、三年"指路子"、四年"搭台子"、五年"拔尖子"，也为教师的专业发展铺设了阶梯性的路程，使教师有了明确的努力方向和目标，增添了教师之间以及教师和学校之间的凝聚力。

## 三、凝练信任：促进团队成员的合作

### （一）凝练信任的意义

学校改进是校长与团队成员的精诚合作，没有相互信任则合作难以成功。这首先是因为团队成员是相互联系的人员子系统，这一系统又处于学校管理大系统之中。从系统与系统之间的关系来看，无论是人员子系统内部，还是人员子系统与学校大系统的整体运行，都需要建立在相互信任、相互支持的基础之上。没有相互信任和相互支持，系统之间就会产生内耗，进而影响学校改进的时效性。其次，团队成员之间的相互信任其实质在于成员间的相互尊重，对他人尊重和被他人尊重都是团队成员的内在需求，是实现人的价值的激励力。团队成员如果能在学校环境中受到尊重，也能给予他人尊重，则反映着学校中人的素质的高端性，反映着学校人力资源合力的强劲性。第三，团队成员的相互信任是学校健康人际关系的反映，它可以使团队成员感受到轻松愉快的氛围，心情舒畅地投入工作，进而提升学校目标的达成度，即提高学校管理和学校教育教学的有效性。因此，校长采取恰当的领导方式，凝练团队成员间的相互信任，促进他们的合作共赢是其必备的领导力。

### （二）凝练信任的方式

### 1. 展示校长的权变式思维

对领导方式的研究，科学管理理论和人际关系理论分别指向于对组织任务的关心和对组织中人的关心的分析。而弗雷德·菲德勒（Fred E. Fiedler）则跳出两维空间的思维方式，提出了领导行为的有效性取决于情境因素的权变式思考，他认为情境包括下属对领导者的信任程度、工作任务的明确性以及领导者的地位权力。① 而对于校长来说，在学校中的地位权力是一定的，那么，团队成员对校长的信任以及学校工作任务的明确性就显得尤为重要。校长要获得团队成员的信任，就要追求适合于团队成员的领导方式。根据科曼（Karman）的领导生命周期理论，② 校长要收获信任，面对不同成熟程度的团队成员可以运用权变的思维方式，分别采取命令式、说服式、参与式、放权式的领导。前文述及的针对学生个性设计的选择性生本课程是凝练校长与学生之间相互信任的媒介。此外，项目学校还在实践中设计了许多耐人寻味的凝练校长与教师之间、教师与教师之间相互信任的策略，使校长与教师之间、教师与教师之间形成了一种相互往来，又相互肯定的共同体。③ 例如，体现共同体精神的"青蓝"工程、名师工作室、电子资源包备课手段等，均有利于发挥不同群体的积极性，达到资源共享、相互信任的目的。

### 2. 提升校长的转型领导力

由于不同的团队成员对学校发展及个人发展的期待不同，所以，不同的团队成员也会在对待学校愿景的激情与积极性上表现出一定的差异性。对此，校长需要在学校改进中提升自己的转型领导力（transformational leadership），④ 即要创造条件，以较高的领导水平激发团队成员的激情和士气，使不同层次的团队成员在不同阶段都能受到激励、受到尊重、受到信任，并逐渐与学校整体目标达成共识。团队成员与校长及团队成员与团队成员间的相互信任是以学校愿景为基础的，学校愿景是团队成员的未来理想，对团队成员具有激励力。校长需要引导不同层次的团队成员将自己

---

① 孙耀军. 西方管理思想史［M］. 太原：山西经济出版社，1987：693.

② 孙耀军. 西方管理思想史［M］. 太原：山西经济出版社，1987：714.

③ 斐迪南·滕尼斯. 共同体与社会［M］. 北京：北京大学出版社，2010：43.

④ 詹姆斯·库则思，巴里·波斯纳. 领导力（第四版）［M］. 北京：电子工业出版社，2009：100.

视为学校发展中的一部分，增强对学校的归属感，并在学校愿景的凝聚下发挥应有的作用。团队成员有了较强的归属感也就有了对学校的信任以及对学校其他成员的信任，那么，团队成员间的相互合作则成为可能。校长的转型能力主要表现于对待不同层次的团队成员在不同阶段的满足感的提升上，他们每一个层面、每一个阶段的需求都是校长努力的节点，只要校长突破节点则可以提升团队成员的信任度，达到顺利转型的目的。因此，校长针对不同的人选择不同的行为方式则是体现其转型领导力的关键，项目学校对此做出了充分的努力。例如，L小学的师生综合素质评价体系的建立，重过程、重多元、重激励的评价理念和技术运用，为师生成长提供了优越的环境。

## 四、分享权力：增进学校发展的契机

### （一）校长的权力来自团队成员

校长虽然是学校的行政负责人，但校长的权力从其本源来看来自学校团队成员，没有学校团队成员的委托，就没有校长的权力。[①] 校长在学校团队成员的委托下，集中行使其赋予的权力来为其服务，从这一意义上讲，校长行使权力的行为也是其履行责任的行为，是将权力与责任融于一体的职务行为。因此，校长不可以在工作中只要权力不要责任，当然也不能要求校长只履行责任，不行使权力。这种权力与责任的对应性要求校长既不能滥用职权，也不能放纵职权。滥用职权容易导致团队成员利益分配的不公平，影响团队成员的工作积极性；放纵职权则容易导致责任的缺失，损害团队成员的切身利益。校长在学校改进中关注权力的正确使用和利益的有效分配是提高学校改进效果的核心问题，权力与责任的不对等是校长领导力萎靡的重要表现。L小学和H小学的校长在学校改进中坚守民主的工作作风，尝试实施扁平化管理，积极探讨权力分享的策略，既减轻了校长的负担，又调动了团队成员的积极性。

### （二）权力分享是学校发展的契机

权力分享不仅在于将权力归还于权力的拥有者团队成员，并将自身从繁重的工作中解脱出来，更重要的在于校长对团队成员的高期待，相信每一位成员都是出色的领导者。这表明，校长与团队成员分享权力是对团

---

① 卢梭. 社会契约论［M］. 北京：商务印书馆，1980：73.

成员的信任和尊重，是对团队成员的最好激励。权力分享是现代社会发展的必然要求，因为任何一位校长都不可能懂得和包揽学校工作的所有事项，学校的教师团队、学生团队、家长团队等，都是学校管理的重要资源。校长在与团队成员分享权力的同时，便增添了与他们探讨问题和学习知识的机会，丰富了校长的学识，增强了团队成员对校长的理解和信任，提高了校长的领导力。学校发展是一个循序渐进的过程，没有学校改进的积累，不可能期待在某一时刻取得超越性的成功。所以，学校发展是每一位教师和学生共同努力的结果，是团队成员的共同责任。当团队成员都积极参与学校管理中来的时候，学校也就有了团队协作的基础，学校的发展和效能的提高也就成为可能。因此，权力分享的实质在于激发团队成员的积极性，发挥学校子系统的协作功能。当校长与团队成员分享权力的时候，正在发挥着团队成员的潜能。

**（三）校长要为团队成员提供机会**

校长要发挥学校团队成员的潜能，就要为他们提供更多的机会。机会空间有大有小，不同的机会蕴含不同能量的动力。对团队成员来说，一次机会就是一次权力分享、一次激励、一次展示、一次获得成功的可能。所以，每一位团队成员都期待得到机会，机会越多，他们发展的空间就越大。校长领导力的重要表现也在于为学校团队成员提供发展的机会。如帮助别人的一次机会、开阔视野的一次机会、展示自己的一次机会、发挥创造力的一次机会、改变心智模式的一次机会，等等。机会对团队成员的意义在于受到锻炼、受到信任、受到尊重，品味其中的感受。他们在运用机会的过程中，可以更好地认识和提升自己，并能与其他成员有更多的合作和分享。在学校改进过程中，L 小学为不同层次的教师设计了不同的激励机制，形成了学科新秀、学科骨干、学科精英、学科首席、学科专家的教师专业发展路径，使所有教师都能在成长过程中得到发展的机会，看到发展的希望，增添发展的信心。H 小学在"夏日的阳光"艺术节活动中，让所有儿童都参与其中，允许不同的儿童有不同的表现，为每一位儿童提供展示自己的机会。由此可见，机会对团队成员来说是无价的，校长能为他们提供发展的机会，就是为学校的发展提供了可能。

## 五、体验成功：再现学校改进的生命

**（一）体验成功是学校改进的生命**

学校改进是学校的内生式发展，是学校自主精神的张扬。改进的目的在于促进团队成员的发展，特别是促进教师与学生的发展。通过改进，学校在循序渐进的过程中获得进步和成功。与此同时，团队成员可以在改进的过程中体验成功的喜悦。而这种喜悦，又增添了团队成员对自己的信心和对学校的责任感，产生促进学校发展的新的动力。这是一个循环往复不断再生的过程，是学校获得生命力的源泉，是学校文化的积淀。因此，校长领导力的发挥应集中于为团队成员提供更多的体验成功的机会，再现学校改进的生命。然而，不同的团队成员由于对机会的理解不同、水平不同，在利用机会的时候则可能成功，也可能失败。而要为团队成员提供更多的成功机会就要求校长一方面要提升其转型领导力，为不同的成员提供更适合其发展的机会，另一方面要提升决策能力，为学校发展争取更多的成功机会，避免失误给团队成员带来心理上的压力和行进中的阻力。

### （二）汲取资源是学校改进成功的保证

学校改进没有起点和终点，因为学校始终处于变革之中。但为什么自20世纪80年代以来，学校改进会受到世界各国的瞩目，其中的原因不乏学校改进是一种有计划、有目的、有组织的变革，这种变革注重的是过程与结果的统一，注重的是学校内部资源与外部资源的统一，这比学校效能研究更向前推进了一步。所以，学校改进成功的生命力在于永不止步，永不自封，每一次成功都将是继续改进的起点，每一项改进都将汲取各方面的资源，这是现代学校管理制度建设的必然选择，因为学校发展是动态的，学校改进是处于社会系统之中的，没有动态的发展理念，学校改进就不能不断创造成功的机会，没有系统的资源整合，学校改进就不能取得较大的成功。而 UAS 模式正在为学校改进提供资源整合上的优势，来自教育行政部门和大学研究者的人力、物力和财力，为学校改进的成功提供了充分的资源。当然，资源的整合也为大学研究者的学术发展，为理论与实践的契合提供了新的空间。因此，学校改进的受益主体、体验成功的主体不仅来自中小学，也来自教育行政部门和大学，这种旨在多方主体体验成功的改进，无疑会带来成功的结果。校长是学校的领导者，以此为契机，坚持提升领导力，必然在学校改进中收获更多。

［原文载于《教育理论与实践》2012 年第 1 期，15-18 页］（杨颖秀）

# 新任校长慎行三件事（2003）

俗话说："新官上任三把火。"新任校长最为青睐的三件工作是建新校舍、扩大学校招生数量、重新组建学校组织机构。然而，从理论视角来审视这三件事，它们未必科学合理。因此，对上述三件事，新任校长当慎行。

## 一、慎行建新校舍

一般来说，建新校舍有三种情况。一是校舍已经成为危房，必须重建。二是校舍十分短缺，需要增建。三是已有校舍还能够正常使用，但也要推翻重建。前两种情况不属于我们讨论的范畴，第三种情况却是值得我们思考的。

第一，讲求效益应当是校长具有的基本管理素质之一。校舍使用年限的长短应当与其投入的成本相联系，每一座校舍都有它的生命周期，没有特殊情况，校舍的使用时间愈接近其生命周期的终点，效率则愈高。反之，如果我们在一座完好的校舍还没有达到生命周期终点的时候就将其推倒重建，那么必然造成教育有效资源的大量浪费。这种浪费，在我们"穷国办大教育"的背景下，是很可怕的，是不值得提倡的。

第二，一所名校不是喊出来的，也不是靠新校舍展现出来的，而是靠正确的办学理念和良好的教育质量多年积淀出来的。学校的悠久历史不仅体现在办学时间的长短上，更体现在学校物质文化的精神内涵上。古老的建筑、勤俭的传统，无一不在影响着学生的精神世界。经过装修、装点、美化的旧校舍的教育意义一点也不小于新建校舍的教育意义。

第三，如果说现代社会需要有以不变应万变的管理方法的话，那么讲求效率或许是学校管理者应当具备的管理意识之一。效率连接着效应。无论是古典管理理论还是现代管理理论，无一能够否定管理的效率效应。因而，校长是否具有现代管理理念不能以现代的校舍建设为标志，而应以对现代管理理论精髓的掌握为标志。

## 二、慎行扩招学生

许多学校的学生都在抱怨教师力量的薄弱和教室的拥挤。学生的抱怨不无道理。事实上，学校和班级的规模是不可以随意扩大的。

第一，从人的注意范围来说，心理学研究认为，刺激物数量愈多，呈现速度愈快，判断的错误愈多。一般来说，一个成人一次性注意的范围数最大为9。因此，对于学校管理者和教师来说，学校和班级规模的扩大，就意味着管理者和教师需要注意的范围增大。而事实上，管理者和教师的实际注意范围是有限的，是不可能无限扩大的。若不适当扩大，则可能导致对一部分学生关注程度的减弱，也可能导致分配到每一个学生身上的关注强度的减弱。

第二，学校教育教学工作和管理工作的任务，是要培养具有思维灵活性和主观能动性的人，人的培养必须符合人所具有的独特的身心发展特点。这些特点不仅有共性的，也有个性的；不仅有显性的，也有隐性的；不仅有已知的，也有未知的。这意味着学校管理和班级管理以及教育教学管理具有复杂性、多变性、灵活性、引申性等特点。任务越复杂，越应控制管理的人数，否则会强化管理的复杂性和完成任务的难度。

第三，从发达国家的中小学班级规模来看，小班化教学以及视学区情况设置学校等做法已经被政府、社会和教育界所接受。这种趋势的呈现，除上述分析的原因外，学校管理要追求质量绩效的宗旨也起着重要的作用。由于小班化教学有利于教师与学生之间以及学生与学生之间的交流，学生可以得到更多的教育信息，得到更多的情感投入，得到更多的表现机会，因而其教学质量已被证明远远超出同等条件下大班教学的质量。

第四，从效率指标来看，生产效率（productive efficiency）与配置效率（allocative efficiency）都是提高效率的组成部分。生产效率可以用生产或提供服务的平均成本来衡量，对学校来说也就是生均教育经费标准。配置效率指组织所提供的产品或服务能够满足利害关系人的利益偏好的程度来衡量。如果资源的配置能够满足大多数人的最大利益，即资源配置所进行的任何改变都不会给任何人带来损失且能增加一些人的福利，那么这样的一种状态就是有效率的资源配置。对学校来说，如果学生数的增多导致每个学生必要的资源配置相对减少，或者不能满足大多数学生的利益，则无法说扩大招生是有效率的行为。这种无效率状况会影响到学校管理的质量。

### 三、慎行重组学校组织机构

一般来说，学校组织机构的重组包括组织结构的重新设计和组织人员的重新调整两个方面。学校人力资源的管理是一个系统工程。学校行政人员的成长需要一个过程，行政人员与教学人员之间的业务熟悉与沟通也需要一个过程。学校行政人员的更换意味着学校管理关系的变化，这种变化仅仅有学校领导的适应是不够的，还需要有学校教师的适应。学校行政人员频繁更换会强化教师与行政人员之间的不适应性，也就自然会增加学校管理的复杂性。因此，学校组织机构的重组，无论在结构设计方面还是在人员调整方面，都要有一个科学的态度，注重实际，因地制宜，注意避免因学校管理的复杂化而带来管理的低绩效化。

学校的发展是一个动态的系统工程，并不是一座新楼、一批新学生、一套新班子就能体现出学校管理者的水平与绩效。因此，新任校长要脚踏实地、实事求是地带领全校教职工办好学校，为学生的全面发展做出有益的贡献。

[原文载于《中小学管理》2003 年第 9 期，18-19 页]（杨颖秀）

# 思考 3  立德树人的学校职责

## 人工智能时代劳动教育的价值省思与超越（2019）

人工智能是通过计算机模拟人的思维和智能，使其在更高层次得以应用的技术，它与基因工程、纳米技术共同成为人类 21 世纪的三大尖端技术。人工智能在为人类尤其是教育带来诸多便利的同时，正在对人的劳动素质提出更高的要求。人工智能时代呼唤新的劳动素质，对学校劳动教育提出新的挑战。面对挑战，我们有必要重新审视劳动教育的价值，实现劳动教育新的超越。人工智能时代，劳动教育应该更加重视培养学生的反思精神、创新精神和合作精神，超越劳动精神和劳动技术的分离、劳动教育与德智体美的分离、体力劳动与脑力劳动的分离、劳动主体与劳动客体的分离，更好地提升学生的综合素质。因此，随着人工智能的迅速发展和广泛应用，中小学校需要对劳动教育做出新的价值审视和实践超越。

### 一、人工智能时代呼唤学生新的劳动素质

人类社会经过原始文明、农耕文明、工业文明、信息技术尤其是人工智能的不断演进，在不同的历史阶段表现出不同的劳动特征。马克思针对工业文明带来的人的劳动属性的变更指出："大工业的本性决定了劳动的变换、职能的更动和工人的全面流动性。"[1] 时代在更替，规律在继续，人工智能不仅将信息技术时代推向前进，也加剧了人与人之间社会结合的变革和人的全面流动性，并由此带来劳动形式的变换和职能的更动，这一切必然对学生的劳动素质提出新的挑战。

---

[1] 马克思、恩格斯、列宁、斯大林著作中央编译局. 马克思恩格斯选集（第二卷）[M]. 北京：人民出版社，2012：169.

首先，人工智能呼唤学生新的劳动精神和劳动智慧。人工智能的应用需要更智能化的劳动者，这是一个信息技术智能不断变革更新的过程。劳动，包括体力劳动和脑力劳动，是人类创造物质财富和精神财富的活动。对劳动的界定表明，学校的劳动教育是一个更广泛的概念，而不是简单的体力劳动。学生在学校的学习活动以课程设计为标准，可以分为掌握学科知识的活动和掌握实践技能的活动，这两方面的活动都是体力劳动和脑力劳动的过程。在人工智能时代，学生要以更勤奋的精神和坚韧的态度不断学习，掌握知识结构，理解知识内核，恰当运用信息技术，灵活使用计算机软件，抵御各种不利信息的干扰，使人工智能为发展自己的劳动精神和劳动智慧服务。

其次，人工智能时代呼唤学生新的劳动态度和劳动习惯。学生的劳动态度反映其行为的倾向性或准备状态，可以通过学生学习的注意状况、情绪状况、意志状况体现出来；学生的劳动态度也可以反映学生的学习动机和参与程度。人工智能视点提供了多种多样的信息和选择，学生的注意力会越来越多地被各种信息所干扰，其学习态度、学习习惯和学习效果都会在不同程度上受到这些信息的影响，就更需要学生形成新的适应人工智能时代变化的劳动态度和劳动习惯。

最后，人工智能时代呼唤学生新的劳动意识和劳动品质。劳动的深刻意义在于创造人类文明，推进社会的发展。人工智能带来的智能化劳动在减轻学生各种劳动强度的同时，也会影响学生对劳动意义和劳动内涵的理解。而对劳动的片面认识则容易导致学生忽略智能化劳动必须具有的辛勤付出、诚实作为和不断创新的劳动品质，忽略智能劳动更需要的合作共享、协同创新的劳动条件。

## 二、人工智能时代凸显劳动教育新的育人价值

从人工智能对学生劳动素质的挑战来看，其不仅要求学生熟练掌握计算机技术，也要求学生对应用于人工智能的各种信息做出价值判断，这为劳动教育增添了特殊的意义。

首先，劳动教育可以培养学生的反思精神。21世纪的中小学生被称为数字技术时代的"原住民"，[①]他们熟悉应用数字技术的环境，但对为什

---

① Lorna Arnott. Digital technologies and learning in the early years [M]. London：Sage，2017：11-12.

么使用数字技术却无法做出恰当的价值判断。在数字技术的使用中，复杂的脑力劳动往往变成了简单的技术劳动，数字技术本身和数字技术应用对人的身心发展的不同影响成为劳动教育研究的新课题，而如何使学生正确认识应用人工智能的价值是研究要回答的核心问题。因为这种价值不仅在于使学生强身健体，更在于使学生养成动脑思考的习惯。这就需要在人工智能的应用中，引导学生准确判断人工智能的优势，反思人工智能的劣势，激发学生的反思精神，体现人工智能在学校教育中的劳动价值。

其次，劳动教育可以培养学生的创新精神。我国中小学生处于"少子化"时代，事事受到来自长辈的关爱和帮扶，由此产生的惰性正在削弱他们的动手动脑能力。人工智能的应用又会在一定程度上强化学生的这种惰性，形成学生对现代技术的依赖。而学校中的劳动教育形式是灵活多样的，可以使学生从双重依赖的惰性中解脱出来，帮助学生体验其中的快乐，培育热爱劳动的情感，形成劳动的智慧。也就是说，简单劳动和复杂劳动并不是截然割裂的，二者可以通过教育达成统一。反思与勤奋是创新知识的必要条件，如果学生能在劳动教育中养成乐于反思和勤奋创新的精神，那么这将为人工智能的技术创新带来新的生机，促进人工智能时代向前推进。

最后，劳动教育可以培养学生的合作精神。不可否认，人工智能应用中的人机互动很可能减少班级教学组织形式的集体合作机会，削弱学生的合作意识，减少思维碰撞的创新概率，影响学生合作素养的提升。劳动教育可以通过改进教学环境和智能软件，创造机会增进学生之间的合作，通过多种劳动形式创造条件培养学生的合作意识和技能，使其学会正确审视和妥善处理自己与他人、个体与集体、我国与他国之间的相互关系，提升其合作共赢的国际化素质。

## 三、人工智能时代劳动教育需要新的超越

劳动教育的价值是永恒的，提高学生的劳动素养是学校教育教学活动的重要责任。我国的教育方针从来没有否认劳动教育在人的身心发展中的重要作用，但在人工智能时代劳动教育需要有新的超越。

第一，超越劳动精神和劳动技术的分离。2018年9月，习近平总书记在全国教育大会上明确指出："要在学生中弘扬劳动精神，教育引导学生崇尚劳动、尊重劳动，懂得劳动最光荣、劳动最崇高、劳动最伟大、劳动最美丽的道理，长大后能够辛勤劳动、诚实劳动、创造性劳动。"这一

指示颂扬的是新时代的劳动价值、劳动精神、劳动品质和创造性的劳动成果。劳动教育要体现这一指示的精髓，就不能将劳动精神和劳动技术相分离，因为劳动精神不是抽象的，而是通过辛勤劳动、诚实劳动和创造性劳动得以体现的。一个完整的人不可能仅有生存的理念而没有生存的技术，反之亦然。人工智能技术与教育教学和学生生活的融合，更加考验学生劳动精神的提升。崇高的劳动精神将引导学生克服对新技术的各种认识障碍，使新技术更好地为人类社会的生存和发展服务。同时，在新技术发展不能迅速普及的情况下，劳动精神也将引导学生正确选择自己的职业，尊重技术性职业，平等看待从事各种职业的人，形成正确的劳动观和人生观。

第二，超越劳动教育与其他各育的分离。学界对教育方针的表述在历史上出现过多次讨论，讨论的焦点之一是德、智、体、美、劳的相互关系。习近平总书记在新时代提出的"要努力构建德智体美劳全面培养的教育体系"具有深刻的意义，使教育方针超越对德、智、体、美、劳各育的机械划分，从分离走向融合。劳动教育与各育的融合体现了教育和管理活动的系统性规律，这与国际社会的 STEM 或 STEAM 课程的系统建设如出一辙。劳动教育首先是劳动精神和劳动品质的教育，这无疑是如何做人的道德教育。其次，劳动教育也是反思精神和创新精神的教育，是掌握劳动技术的教育，这不仅是道德教育也是知识和能力的教育，而知识的学习和能力的提升又离不开健康的身心和强壮的体魄。同时，以各种学习活动为特征的劳动教育，也无法排除学生对精神美和物质美的欣赏和判断。所以从劳动的内涵出发，学校为创造物质文明和精神文明而设置的各种学习知识和技能的课程，都是通过学生的劳动完成的。劳动教育在提高学生综合素质中的融合作用，使教育能够收到 $1+1>2$ 的效果。这种融合不仅遵循教育和管理过程的规律，也在系统思考的实践行动中提升学生的认识能力。从"1"看"无穷大"，从微观看宏观，从世界看自我，劳动教育与各育的融合必然促进学生德智体美劳综合素质的提高。

第三，超越体力劳动与脑力劳动的分离。苏霍姆林斯基曾经指出，劳动不只是铲子和犁，而且是一种思维。[①] 无论是体力劳动还是脑力劳动，无论是传统意义上的劳动，还是人工智能时代的劳动，其意义都不仅仅在于学会对劳动工具的使用，更重要的是对人的思维的锤炼，人们正是在劳动过程中学会手脑并用创造财富的。所以体力劳动与脑力劳动本来就是无

---

① 苏霍姆林斯基. 怎样培养真正的人 [M]. 北京：教育科学出版社，1992：146.

法分离的，"劳心者治人，劳力者治于人"的传统观念在现实中已经无法延续。人工智能背景下的劳动教育从技术手段上更有助于为学生创造以劳动经验理解思维过程的条件，有助于在简单劳动和复杂劳动的交叉转换中提升对劳动的认识和思维的历练。正如大国工匠精神，虽然表现为手工性的体力劳动，却彰显复杂劳动的精湛技艺和超人的智慧，衬托劳动过程改变心智模式的创新思维。学校的劳动教育如果实现了体力劳动和脑力劳动的融合，也就彰显了劳动的精神、智慧和品质。

第四，超越劳动主体与劳动客体的分离。中外许多教育家都积极倡导劳动教育，试图通过劳动教育改变学生做人做事的品位和品质。在新的历史时期，我们仍需要对学生作为劳动者的主体性和客体性再做审视，这种审视关注的是学生是积极主动地劳动还是消极被动地劳动。实践中教育者常常将劳动作为惩戒学生的手段，这就使劳动教育失去了它应有的价值，冲淡了劳动的精神和品质，与劳动最光荣、劳动最崇高、劳动最伟大、劳动最美丽的认知形成反差。惩罚性的劳动，不但不能使学生在劳动体验中形成价值认同，还可能使学生对劳动产生逆反心理和厌恶情绪。在此情况下，学生无法成为积极的劳动主体，往往扮演着消极的劳动客体角色。如果劳动无法收到积极的教育效果，那么，体现崇高、美丽等典型劳动特征的志愿者服务等公益性劳动也会失去对学生的吸引力。因此，劳动应当成为学生的积极主动行为，学生应当成为劳动的主体。只有这样，学生才能在劳动中养成关心他人、尊重他人、体贴他人、帮助他人的优良品质，提升对美与丑、爱与恨、是与非的基本判断能力。

[原文载于《中小学管理》2019 年第 5 期，23-25 页]（杨颖秀）

# 高校发挥育人功能的认识误区与努力空间（2018）

高等学校是培养一代又一代新人的重地，在世界充满不确定性的今天，能否培养更多的勇于担当、真诚奉献的有识之士，是衡量高等学校育人质量的首要标准。为强调人才培养的责任意识，国务院关于《统筹推进世界一流大学和一流学科建设总体方案》将"全面贯彻党的教育方针"作为建设"双一流"指导思想的重要内容。从建设人类命运共同体的战略任务来看，高等学校发挥育人功能不仅是中国发展的需要，也是世界发展的必然要求。而高等学校能否有效发挥育人功能，担负起立德树人的历史使命，正在接受世界发展的不确定性的考验。高等学校可以通过积淀学校文化、彰显诚实的道德情操、张扬公平正义的法的精神提高育人的实效性。

## 一、高等学校发挥育人功能面临的挑战

高等学校是培养高级人才的摇篮，人才是道德素养、知识素养与能力素养的综合体，而道德素养是人的核心素养。一个人如果没有良好的道德素养，就等于不会做人，就无法被称为人才。然而，现代社会是一个多元文化并存的环境场，多元文化的不确定性带来多元的价值导向。在其影响下，各种文化要素都会毫无保留地浸透大学生的学习和生活之中。面对这些多元价值的辐射和渲染，大学生无时不在做出筛选。这种筛选有时是自觉的，有时是不自觉的；有时筛选的是社会的主流价值，有时筛选的是社会的非主流价值。而社会的发展需要大学生能够将反映道德的价值信息自觉地筛选出来，以文明的行为和正义的风范体现大学生的美德，张扬大学精神，创新大学文化。但大学生在生理上和心理上正处于从未成年人向成年人的过渡阶段，在学习方式上正在从中等教育阶段的依赖教师和家长的教扶，向高等教育阶段的以自主学习为主的转变。这种身心上和学习上的双重转换使很多大学生不能自如。外界环境的高要求与大学生内在环境相对滞后的冲突，向高等学校发挥育人功能提出新的挑战。

社会的发展需要越来越多的德智体美全面发展的人。根据《国家中长

期教育改革和发展规划纲要（2010—2020 年）》的设计，到 2020 年我国高等教育的毛入学率要达到 40%，这一目标已经在 2015 年提前达到，所以在《国家教育事业发展"十三五"规划》中又提出了高等教育毛入学率达到 50% 的奋斗目标。这意味着高等教育已经从大众化阶段向普及化阶段过渡。而在高等教育的普及化进程中，大学生数量的快速增长必然在社会发展不确定性的伴随下，使其道德素养和知识素养呈现多层化的状态。知识素养的多层化可以被社会分工形成的人才结构的多层化需要所消化，但道德素养的多层化却无法被人才结构的多层化所吸收。因为无论是从事哪个层次、哪种职业的人，在道德标准上的要求都是一致的，人才和社会职业两者对此均不具有任何选择和被选择的空间。作为一个大学生，无论其知识多么丰富，能力多么超人，如果没有甄别是非的能力，缺少服务于人类发展的信念，丢失崇高的思想道德，则无法成为对社会的有用之材。大学生的道德素养多层化的现实与社会发展对大学生道德要求标准唯一性的碰撞，也向高等学校有效发挥育人功能提出新的挑战。

## 二、高等学校发挥育人功能的系统优势

面对各种挑战，高等学校是否有能力发挥育人功能的系统优势，为培养高端人才把握方向？回答应当是肯定的。

第一，高等学校拥有发挥育人功能的组织系统优势。高等学校拥有党、政、学、群一体化的组织系统。中国共产党高等学校基层委员会在这一组织系统中处于领导的地位，其他组织处于管理或参与管理以及监督管理的地位。领导与管理的内涵是不同的，领导承担着做正确的事的责任，负责组织发展的方向，确立大政方针，对重要的事情做出决策。管理承担着正确做事的责任，要执行领导的决策，保障组织沿着正确的方向发展。[①]高等学校的行政组织和学术组织以及群众组织都有参与管理和监督管理的权利和义务。这意味着高等学校拥有有别于其他机构的高层次、网络化的组织系统，各类组织可以从不同角度和不同方面发挥高等学校育人功能的合力作用。

第二，高等学校拥有发挥育人功能的权责系统优势。根据《中华人民共和国高等教育法》的规定，高等学校实行党委领导下的校长负责制，高

---

① 沃伦·本尼斯，伯特·纳努斯. 领导者 [M]. 方海萍，等译. 北京：中国人民大学出版社，2008：5.

等学校党委拥有"按照中国共产党章程和有关规定，统一领导学校工作"的职权，承担着"执行中国共产党的路线、方针、政策，坚持社会主义办学方向，领导学校的思想政治工作和德育工作"的职责。高等学校的校长拥有"全面负责本学校的教学、科学研究和其他行政管理工作"的职权。高等学校的学术委员会拥有"审议学科、专业的设置，教学、科学研究计划方案，评定教学、科学研究成果等有关学术事项"的职权。这些规定，从党的领导、行政管理、学术审议三个方面形成了保障大学生思想政治教育的权责系统，从高等学校的办学方向把握到学科专业设置，直至教学方案以及科研成果的评定，在大学生的每一个学习研究以及生活环节，都有相应的权责主体为之把关定向，通过各方主体的权力和责任清单保障教学育人、科研育人、管理育人的功能得以有效发挥。

第三，高等学校具有发挥育人功能的学术知识系统优势。高等学校不仅有条件依赖于坚实的组织系统和权责系统发挥育人功能，也不可忽略高等学校得天独厚的学术底蕴在育人中的重要作用。与中小学相比，高等学校的学术知识更加高深，更具有综合性，其中蕴含的教育性更加丰富多彩，引人入胜。但学术知识中的教育性也需要教育者的潜心思考和深入挖掘，有意识地将其作为教育学生的重要资源，在常规性的教学科研工作中自觉地体现学术知识本身的教育性。无论是社会科学还是自然科学的教学与研究，专业性的知识都离不开知识本身所具有的科学性和人文性的内在规律。而尊重科学和体现人文是任何领域的专业发展都不可回避的两大支点。因此，高等学校在传授知识、发展学生能力的过程中，无法回避以学术知识为基础的育人功能的发挥。尊重科学，尊重人的身心发展规律，必然是教育者体现其道德素养的最好行动。

### 三、高等学校发挥育人功能应规避的认识误区

尽管高等学校拥有发挥育人功能的优势，但尚需规避这样或那样的认识误区。

第一，避免以管理的二重性类推高等学校发挥育人功能的责任属性。管理的二重性是指其与生产力、社会化大生产相联系的自然属性和与生产关系、社会制度相联系的社会属性。[①] 但不能以此简单类推高等学校发挥育人功能的责任属性，即不能简单地将加强高等学校的思想政治工作，按

---

① 李冀. 教育管理辞典［M］. 海口：海南出版社，1989：34.

照社会的政治经济制度和社会主义的要求处理人与人之间的关系，视为体现的是管理的社会属性，而将遵循教育规律视为体现的是管理的自然属性。因为这样的划分忽略了高等学校的教育教学和科学研究在以人为主体的活动进程中，思想政治工作与遵循教育规律之间的不可分割性。

在高等学校的教育教学、科学研究和管理活动中，首先要认识人的身心发展的规律，诸如人的成长的阶段性规律、个体差异规律等。其次是在遵循人的身心发展规律的基础上探索教育规律，诸如循序渐进的规律、因材施教的规律、终生教育的规律等。再次是探讨教育和社会之间的协调发展的规律，诸如教育优先发展的规律、教育促进社会发展的规律等。而要调节教育与其外部社会的关系，根本的还是要通过为社会培养和输送和谐发展的人，进而达到为社会发展服务和促进社会发展的目的。又因为人的身心发展的规律包括思想道德发展的规律，因此，遵循教育规律和遵循人的身心发展的规律是统一的。也就是说，在人的思想道德发展规律作为人的身心发展规律的重要组成部分的前提下，无法将人的身心发展规律和教育规律割裂开来，当然也就无法将思想道德教育的责任主体和其他教育教学的责任主体割裂开来。

第二，避免以权力的相对独立性误读高等学校发挥育人功能的行动体系。在高等学校，党委领导体现政治权力，校长负责体现行政权力，学术委员会审议体现学术权力。尽管三者之间在权力划分上具有相对的独立性，但对学生的教育上都具有不可推卸的责任，是相互影响的行动整体。高等学校不能以三者的相对独立性模糊三者的关联性，不能以现有法律对三项权力划分的相对界限替代三者之间的权力关系，不能以权力主体的不当行为质疑各项权力行使中的教育性。

应当说，高等学校涉及的三项权力无论从法律的规定性还是从权力的关联性而言，都不存在必然的冲突。权力的划分对应的是职责的担当，权责对应一直是管理的重要主张。这种对应体现的是权利与义务在同一主体或不同主体身上的对等性。正是这种权力与责任的对应以及权利与义务的对等，才使得高等学校的政治权力、行政权力、学术权力达成统一，在共同发挥育人功能的过程中促进教育和社会的发展。同时，高等学校育人功能的发挥主体也并不具有唯一性，因为对学生实施教育是高等学校无法回避也不可回避的职责，社会科学研究需要讲究价值，自然科学研究需要讲究伦理，因此，无论是何种主体的行为或是何种权力的行使都回避不了对道德的审视。那么，高等学校育人功能的发挥就不是孤立的行动，而是一个多元主体参与的行动体系。

第三，避免以组织分工的具体性片面理解高等学校发挥育人功能的职能系统性。高等学校组织机构的设置及其分工并不拒斥相互间育人功能发挥的协调与合作，如果片面地理解教育教学、科学研究以及管理活动共同承担的育人功能，将思想政治教育和道德教育仅限于行政组织的责任范畴，则不仅会曲解教育的内涵和外延，也割裂了学校组织机构之间的教育职能关系。高等学校育人功能的发挥是一个系统工程，学校内的组织机构是一个育人的系统，相互之间的协调互动是收到系统效应的重要基础。实践中，教育教学的以文载义，科学研究的以理服人，管理活动的以服务见真情，无一不对人的培养起着或显或隐的教育作用。如果忽略了学校组织之间的系统性教育作用，那么任何组织育人功能的发挥也难以得到保障。

## 四、高等学校发挥育人功能的努力空间

高等学校要发挥育人功能，虽然在机构设置、权责划分等方面具有明显的优势，但这并不意味着高等学校一定能发挥好育人功能。因为育人功能的发挥不仅需要各个职能部门的合力作用，而且需要通过精神的和物质的交互影响达到净化大学生的心灵，使其养成良好的道德行为习惯的目的。而积淀学校文化、彰显诚实的道德情操、张扬公平正义的法的精神，可以为实现这一目的提供有效的路径。

第一，积淀学校文化。"文化自信"是建设中国特色社会主义更基础、更广泛、更深厚的自信。文化反映的是一个政党、一个国家、一个民族的信念、价值观和传统，它来源于历史的积淀，延续于人类的传承，发展于智慧的创新。正是因为文化的积淀、传承与创新，才逐渐形成一个政党、一个国家、一个民族的特色，并使其中的每一个成员受到感染，增添自信。每一所高等学校在成长的过程中也需要不断积淀文化，形成自身的特色，使学校的每一个成员都能身处其中增添动力，受到感染。办学理念是学校文化的顶层设计，反映培养人的价值标准，体现培养人的方向。哈佛大学主张"以柏拉图为友，以亚里士多德为友，更要以真理为友"的办学理念，培养了众多的诺贝尔奖得主和较多的国家总统。但让哈佛大学感到自豪的却不是培养了若干个诺贝尔奖得主和总统，而是让每一个就读于哈佛大学的学生都像金子一样闪闪发光。因此，办学理念是学校文化不可或缺的重要组成部分，需要在培养人的过程中坚持和发展。

办学理念不是抽象的，需要实践的生动表达，使理念具体化。这种表

达有多种形式，诸如学校建筑的设计、学校环境的美化、教学内容的组织传授、各项活动的开展等。但能留给学生更深记忆的莫过于学校中一直传颂的感人故事，这些故事是学校在办学理念引领下创造的实践行动，反映的是学校的育人传统。学校文化正是在办学理念和感人故事的共同表达中得以积淀、传承和创新的。在美国弗吉尼亚大学的校园里，传颂着"咖啡时间""无人监考制度""荣誉学生宿舍"等感人的故事。"咖啡时间"讲述的是达顿商学院在咖啡时间教师和学生相互交流的文化传统，体现的是教师"恪尽教职"的教育理念。"无人监考制度"讲述的是通过无人监考，培养学生诚实守信的道德品行的教育制度和理念。"荣誉学生宿舍"讲述的是要做荣誉学生，需要竞争条件艰苦的宿舍的学生管理规则，以逆向思维体现培养学生勇于担当的责任理念。这些故事共同表达了弗吉尼亚大学的创办者托马斯·杰斐逊（Thomas Jefferson）的办学初衷。然而，表达办学理念的故事不是自然生成的，是教育者用智慧来书写的，这就为学校文化的丰富和创新增加了难度，需要学校的领导者、管理者和教育者创造性地雕刻。因而美国学者托德·威特克尔（Todd Whitaker）认为，文化创新与程序创新和结构创新相比是最难的创新，但只要坚持以培养人为出发点，文化创新就会收到预期的效果，程序创新和结构创新也就会变得更加容易。[①] 所以，高等学校的各级各类组织如果能紧紧围绕办学理念，以践行理念的行动表达出更多的得以自觉传承的感人故事，那么学校文化的积淀自然会对学生起到耳濡目染的教育作用。

第二，彰显诚实的道德情操。文化讲的是理想信念，诚实讲的是行为准则。高等学校要发挥好育人功能，既要引导学生形成积极的信念，又要引导学生养成诚实的道德习惯。进入 21 世纪以来，"诚实领导理论"受到领导研究领域的青睐，它不仅倡导领导者要拥有诚实的品质，以真实、信念、原创和诚实的价值观来展现领导行为，也倡导以诚实的准则协调人与人之间的关系。[②] 因为无论是领导者还是普通人，在人类命运共同体中，无非是要处理好两个关系，即要处理好人与人的关系以及人与自然的关系。中国共产党第十九次全国代表大会将"创新、协调、绿色、开放、共享"作为新时代的发展理念和建设中国特色社会主义的基本方略，也是对

---

① 托德·威特克尔. 创新型学校：给学校管理者的9个策略 [M]. 冯凯，刘琦，译. 北京：中国青年出版社，2010：18.
② 彼得 G 诺斯豪斯. 领导学：理论与实践 [M]. 5 版. 吴爱明，陈爱明，陈晓明，译. 北京：中国人民大学出版社，2012：137，144.

处理好人与人的关系以及人与自然的关系的精准表达。领导理论在发展的进程中，逐渐认识到组织中的每一个人都是一定意义上的领导者，都需要以诚实的道德准则约束自己，善待他人。① 高等学校为社会所培养的精英，更需要拥有诚实的领导风范。诚实的领导包括自我意识（self-awareness）、内心的道德观念（internalized moral perspective）、平衡处理（balanced processing）、关系透明（relational transparency）四个方面的行为品质。这四种行为品质分别表现于：追求反省自己的核心价值观，给他人以更加真诚的感受；调整自己，用内在的道德标准和价值观去指导自己的行动；客观地分析信息，做决定前参考他人的意见；坦率真实，向别人呈现真实的自我等内涵。② 显然，诚实是原创的，是不可复制的，是永无止境的。诚实追求的是人与人之间的相互信任和尊重，这种信任和尊重同样可以应用于人与自然的关系。

高等学校的组织机构在培养学生诚实的领导品质中具有不可替代的作用。来自学校组织和实施的教学科研活动、党团学生会活动、社会实践活动等各种途径的教育者的言传身教，是以其诚实的行动展现诚实的道德风范的最佳媒介。教育者在各项活动中的行为表现完全可以反映其自身的信念、工作的态度、尊重知识和尊重人才的道德修养等。这些行为表现会对大学生起到潜移默化的教育作用，正所谓教学具有教育性。这种教育性不仅来自教学内容，也来自教育者自身，来自各种组织机构的团队合作、职能的有效发挥和权力的适当应用。教育者的自我反省给学生以真诚的感受，用道德的标准和价值观指导的教育行动给学生以行胜于言的体验，学校决策博采众长的传统描述着民主平等的氛围，使学生受到尊重与信任，教育者的坦率真诚让学生直面真实无暇。因此，高等学校育人功能的发挥是教育者通过全方位、立体化、网络化的真诚表达提高教育实效性的过程，任何一方真诚的缺失都可能影响教育的整体效果。由此可见，诚实的道德情操源于教育者，影响于受教育者。当今社会，教育者和受教育者都亟须这样的行为品质。

第三，以法的精神弘扬公平正义的美德。法律以其对公平正义的主张

---

① 阿尔玛·哈里斯. 分布式领导之中国意义（序）[M]. 冯大鸣，译. 上海：上海教育出版社，2012：1-16.

② 彼得 G 诺斯豪斯. 领导学：理论与实践 [M]. 5 版. 吴爱明，陈爱明，陈晓明，译. 北京：中国人民大学出版社，2012：137，144.

彰显法的精神，也被亚当·斯密视为美德。[①] 高等学校组织机构的设置、权力与责任系统的建立虽然具有发挥育人功能的优势，但不能保证学校管理、教育教学以及科学研究活动的每一个环节都不脱离法治轨道。在权力的行使过程中，因主体权力欲望的膨胀，仍然会出现以权力侵犯权利的现象，这必然会影响教育者在学生心目中的形象，也将影响育人功能的有效发挥。因此，在依据国家宪法及法律法规的前提下制定切实可行的学校章程，形成依法治校的规章制度，是十分必要的。学校章程是学校内部治理的依据，学校的规章制度是学校运行的常态规则，二者构成纵向的学校制度体系。但无论是学校章程还是规章制度，都必须保障权利主体的利益，保证多方主体能在共同的目标下实现良性制度所规定的职责。[②] 学校内部法的完善只是依法治校的第一步，要保障法的实现还要依靠严格执法达到目的。严格执法可以避免出现以人治代替法治的现象，及时纠正学校管理和教育教学以及科学研究工作中的失误。严格执法要求教育者能够按照教育法和学校内部法的规定作为或不作为，避免以情读法、因人执法的现象发生。在这一进程中，需要克服许多"熟人文化"的羁绊，净化关系网络，做到信息公开，关系透明，实现真正意义的民主管理和监督。严格执法仍然是高等学校发挥育人功能的应有之义，是教育内涵和正义美德的重要彰显。

［原文载于《黑龙江高教研究》2018 年第 6 期，62-64 页］（杨颖秀）

---

① 亚当·斯密. 道德情操论［M］. 宋德利，译. 南京：译林出版社，2014：77.
② 詹姆斯 N 罗西瑙. 没有政府的治理［M］. 张胜军，刘晓林，等译. 南昌：江西人民出版社，2001：5.

# 怎样治理"影子教育"乱象（2018）

当前，愈演愈烈的课外补习扰乱了中小学生正常的学习环境，影响了其健康成长。管理不规范、学校和教师失职、家长从众心理以及社会公共服务设施缺失等，都在一定程度上促使了课外补习现象的产生，而治理课外补习乱象需要社会各方的共同发力。寒暑假、节假日、放学后，本应是中小学生了解社会、发展兴趣爱好、强身健体的重要时段，但在很多情况下却被形形色色、漫无边际的课外补习所占据。课外补习也被称之为"影子教育"，是世界范围内的普遍教育现象，其不仅影响了学生的健康成长，也给家长带来了沉重的经济负担。当前，治理课外补习乱象已经成为社会各界必须承担的责任。

## 一、负担过重的课外补习侵犯了中小学生的受教育权和发展权

教育是为了更好地促进人的发展，但泛滥的课外补习却正在侵犯中小学生的受教育权和发展权。中小学生处于未成年的发展阶段，在受成人监护的同时，也会受到成人因法律意识淡薄带来的种种伤害。这不仅表现在体罚或者变相体罚等身体的伤害上，也表现在强迫其参加某些无意义的活动、限制其选择兴趣爱好等心理的伤害上。过度增加各种课外补习，在占据中小学生发展时间的同时，也限制了其发展的空间，对其构成不同程度的身心伤害。

中小学生在身心发展的关键时期，不仅需要物质上的给养，也需要精神上的食粮，更需要劳逸结合、均衡适量的体育活动。所以，为其提供良好的校内外环境不仅十分必要，也需要精心设计，这种设计应当特别注意校内外环境在学生成长中的系统性作用。从现行的教育制度来看，中小学生的校内活动主要是学习系统的科学知识，采用的基本形式是课堂教学，那么校外活动就不应当是课堂教学的延伸或重复，而应当赋予学生更多的选择权和参与权，允许学生自主理解和应用知识，做自己喜欢做和可以做的各项事宜。

赋予中小学生校外活动的选择权和参与权，一方面是对他们身心发展的尊重和保护，另一方面是对他们受教育权和发展权的归位和保障。对中小学生的保护应当包括对其人格尊严的保护和对其人身安全的保护，应当允许他们在适当的时间、适当的环境中接受适当的教育、从事适当的活动。对于中小学生而言，由于其未成年的特点，在很多时候、很多情况下无力对侵犯他们权利的行为进行积极的反抗。因此，其通常是按照成年人的设计和安排消极地进行活动。事实上，中小学生不喜欢也不愿意进行负担过重的课外补习，可迫于压力他们往往无法改变。日复一日、年复一年，过度的课外补习逐渐使得中小学生丧失对学习的兴趣和信心以及对未来的憧憬和想象，对中小学生的成长具有不可忽略的负面影响，亟须对其进行治理。

## 二、课外补习的隐患

愈演愈烈的课外补习，在补习费用、补习目的、补习人员、补习内容等方面均存在诸多问题。从小学到高中，大部分的学生都要参加课外补习，越是大城市，参加补习的学生越多。[①] 一节课少则几十元，多则几千元，一学期从几千元到几万元不等。如果一个学生从小学一年级开始参加各种补习，十几年下来，家长要为其付出几万元到几十万元的高额补习费。然而，在从众心理的驱使下，家长往往认为不补习孩子就会输掉人生，因此，补习市场越来越大。在资源有限、供需冲突的情况下，课外补习机构出现了教师教学水平、道德水准参差不齐，教学场地、教学设施不达标等问题，低成本和高利润成为课外补习机构的主要办学目的。

无序的课外补习给学生的成长留下了较多的隐患。受经济利益驱动，很多教师以学生提前学习课程内容为手段，引导学生参加课外补习。内容超前的课外补习因违背学生的心理发展规律，增添了学生的学习难度和疲劳程度，无味的学习过程冲淡了学生的学习兴趣、强化了学生的厌学情绪。一些教师的不负责做法，对学生道德行为习惯的养成形成了负面渗透。另外，设施较差的课外补习机构不仅会导致学生视力、脊椎、呼吸等身体问题的出现，还可能使学生身处火灾、偷盗、性侵等各种伤害的隐患之中。不仅如此，一些课外补习机构还对中小学生提出许多特殊要求。例

---

① 李佳丽，胡咏梅. 谁从影子教育中获益？——兼论影子教育对教育结果均等化的影响[J]. 教育与经济，2017（2）：51-61.

如，一些课外补习机构和任课教师挑选学生的学习背景，就学于条件较好学校的学生容易被课外补习机构和任课教师所接受。这在一定程度上平添了等级性，而这种等级性的基础与学生因家庭经济背景不同而产生的择校现象具有密切的相关性。如此一来，很多学生和家长就陷入了"经济贫困导致教育贫困—教育贫困导致代际贫困"的怪圈。

### 三、如何治理课外补习乱象

第一，依据《中华人民共和国民办教育促进法》规范管理课外补习机构。依法举办课外补习机构，对学习有困难的中小学生进行适当的辅导，确实是一种社会需要，但主管部门必须进行严格审批。首先，审批机关应依法对课外补习机构的办学宗旨、办学条件、办学标准等进行严格审核，其中的办学标准应和同级公办学校的设置标准相同。同时，为保证质量，应对课外补习机构办学者学历和教学经历有所要求，并应对其进行相应的资格培训，提高其教育理论和教育管理理论水平，增强其法律意识和管理能力。其次，经过批准已经运行的课外补习机构的收费项目和标准应向社会公示，相关的主管部门应发挥监督作用。再次，教育行政部门及相关部门应依法对课外补习机构实行督导，建立课外补习机构信息公示和信用档案制度，以促进课外补习机构教学质量、管理质量的提高。最后，对课外补习机构出现的一切违规违法行为，应依法追究责任。

第二，教育行政部门和督导部门应依法对中小学教师的教育教学行为进行管理和监督。中小学生课外补习乱象产生的重要原因之一，就在于学校和教师赶进度教学或要求学生跨年级完成学习进度。这种违背教育规律的失职行为，不仅加重了学生的学习负担，也促使学生不得不进行课外补习。事实上，课外补习和课内教学是密切相关的，如果学校的教育教学能够遵循规律、保质保量，那么，课外补习就会从根本上杜绝。

第三，发挥家长对子女的保护作用，以及家长对学校和课外补习机构的监督作用。学生家长具有多重角色，他们既是孩子的监护人，也是学校管理的参与者，更是课外补习机构的监督者。作为学生的监护人，家长需要转变观念，孩子之间的差异是永远存在的，其学习成绩并不完全与课外补习成正比，将孩子课后、节假日等时间全部用于补习，必然会影响孩子德智体美的全面发展。作为学校管理的参与者，家长享有民主管理和民主监督的权利。一方面，家长应主动了解学校贯彻教育方针、执行国家课程方案和课程标准的情况，发现问题及时与学校沟通；另一方面，应监督学校的办学行为，对学校违背教育方针、影响教育质量等行为进行抵制，这种抵制也应得到相关部门特别是教育行政部门的支持。对于以营利为目的违反教育法的课外补习行为，家长有权进行监督。

第四，发挥政府和社会的服务职能，为中小学生提供更多的公益性社区教育。中小学生正处于长身体、长知识和提高能力的最佳时期，仅仅依靠学校教育是远远不够的，他们的校外时间应当过得更有意义，因此，社区的教育作用不可忽视。例如，美国通过"放学后计划"为中小学生提供可供选择的各类活动；芬兰通过"课前课后活动法规"规定学校和学校附近的相关机构要在每天上午 7 点到下午 5 点的课前课后时间，设计一些让孩子在安全的环境中休息、玩乐且有益身心发展的课外活动，这些经验都是值得借鉴的。

［原文载于《人民论坛》2018 年第 14 期，48-49 页］（杨颖秀）

# 学校管理道德观的冲突与发展（2002）

　　学校管理道德是学校发展的重要基础。学校管理者的道德观表现出了功利与权利的冲突，效率与公平的冲突，"人治"与"法治"的冲突。这些冲突不仅导致学校管理道德失范，也直接侵犯着教育者与受教育者的切身利益，影响着学校的形象和质量。学校管理道德观的冲突根源于学校管理者的多方面因素，受制于学校管理者多方面认识。学校管理必须走出狭隘的、封闭的、专制的怪圈，遵守社会公德和法律，转变学校管理观念，明确学校管理职能，彰显学校管理的育人功能。

　　在"全球化"与"本土化"激烈碰撞的社会背景下，学校的生存与发展对学校管理者提出了更加严峻的挑战。面对挑战，人们可以找到许多影响学校发展的因素，但在其中，学校管理道德一直无可辩驳地起着根基与引领作用。对此，学校管理者需要给予充分的注意，否则，非道德的管理行为将逐渐蚕食学校前景，扭曲学校形象，直至降低教育质量。

## 一、学校管理道德观的冲突

　　学校管理道德观是学校管理者在学校管理过程中确定的行为准则和规范的基本认识。它影响着学校管理者及管理对象的行为方式。在社会主义转型时期，学校管理道德观的冲突已日趋激烈，主要表现有以下几方面：

### （一）功利与权利的冲突

　　注重功利还是注重权利是学校管理的两种不同道德观，也是学校管理道德水平在不同发展阶段表现出的不同特征。注重权利的道德观以追求尊重个人的法律权利为基准进行决策。这种道德观则以追求管理结果的最大化为基准进行决策。这种道德观从其追求管理结果的目的来看有利于提高管理效率，但从其运作的过程来看则可能导致资源的不合理配置，手段的非道德利用。

　　注重功利的道德观对注重权利的道德观的冲击使学校管理不断失范。

首先，在教师、经费、设备等资源的配置上往往表现出重视毕业班轻视非毕业班，重视中高考科目轻视非中高考科目等道德失范现象。其次，在评价手段上，在以重视终结性评价轻视发展性评价，重视量的评价轻视质的评价的观念引领下，教育者与受教育者表现出道德失范现象。例如，追求以等级、名次、分数、奖金为标的的功名利禄，导致的是为达此目的而不择手段的竞争。第三，在激励形式上，重视物质激励轻视精神激励的管理行为，不仅使各种成绩均和奖金挂钩，也导致学校对物质条件的片面追求，不顾使用效益。许多学校开设信息技术课程，但更多的是教给学生使用计算机的技能却忽视对学生的道德培养。因而，一些学生在网上垃圾与真品之间无从选择，甚至走上犯罪道路。现代化的办学条件在为学校管理者显赫政绩的同时，也为传播追求功利的管理道德创造了条件。

### （二）效率与公平的冲突

注重效率的道德观以追求最大的产出与投入比为基准进行决策。这种道德观坚持资源的利用而非资源的开发，它可能有利于提高学校管理的效率，但却可能由此拒绝保护所有应当受到学校保护的教育者或受教育者的利益，特别是那些可能影响学校管理效率的少部分人的利益。注重公平的道德观以追求最大的产出与投入为基准进行决策。这种道德观注重学校管理对象的个别差异，坚持公平的学校管理理念，它会比较有效地保护和满足学校弱势群体的利益，反映他们的个性特点和权利，创建宽容、合作的管理氛围。

注重效率的道德观对注重公平的道德观的冲击使学校管理失范的主要表现在于对教育机会均等、民主管理、参与管理的拒斥。例如，在对教育对象的态度上表现出非理性的扩大差异的选择，直接拒绝或以各种手段间接拒绝一些依法有权入学接受教育的弱势群体的受教育权。这种管理道德事实上是忽视了学校管理资源的特殊属性和学校教育的本质属性，忽视了师生员工对学校管理道德的关注与体验，从而导致学校伦理的缺失。片面追求效率的一些做法表面看来似乎是在为学校谋利益，但从其实质来讲却是以牺牲一部分人的应得利益为代价的。

### （三）"人治"与"法治"的冲突

注重"法治"的道德观以追求规范管理为基准进行决策。这种道德观坚持"依法治教"的基本理念和行为准则，国家法律是学校管理的根本依据，学校规章制度的制定坚持客观的、公正的、对事不对人的标准。注重"人治"的道德观以满足"官本位"的权力欲望为基准进行决策。这种道德观坚持学校管理者权利的私有化，在决策过程中独断专行，以主观意志代替客观规律，以个人利益代替集体利益，以专制代替民主。

注重"人治"的道德观对注重"法治"的道德观的冲击使学校管理的失范主要表现于对教育法律关系主体权利的剥夺。依据法律规定，学校管理者与被管理者同是学校管理中的法律关系主体，他们在法律地位上是平等的。被管理者在教育教学、接受教育、参与管理等方面的权利受到法律的保护。然而，"人治"的学校管理与"法治"的学校管理道德观的冲突，往往使学校管理者在国家法律法规与其个人意志相悖时选择前者，舍弃后者。这种选择往往导致教育决策的失误。

## 二、学校管理道德观的形成动因

学校管理道德观受诸多因素的影响，其中学校管理者的个人特征、问题强度、组织结构、组织文化、社会环境等具有较强的影响力[①]。

### （一）学校管理者的个人特征对学校管理道德观的影响

学校管理者的个人特征主要是指学校管理者的价值准则、自控能力等影响道德观及其道德行为的基本特征。

首先，学校管理者的不同价值准则会影响管理的道德观及其行为方式。价值准则是指对正确与错误的辨认标准。这种标准在不同的学校管理者身上表现出不同的水平。道德发展水平较低的学校管理者的价值标准主要受利益的驱动，并以此制定决策，确定其行为方式。进一步发展，学校管理者的价值标准会表现于受他人期望的影响，并据此影响其行为方式。再进一步发展，学校管理者会受自己认为什么是正确的个人道德原则的价值标准影响，对社会的准则和法律表现出批判和选择的态度，并表现出尊重他人的权利，遵循自己选择的道德原则等行为标准。

其次，学校管理者的自控能力影响着学校管理者的道德观及其行为方式。具有内在控制中心的学校管理者比具有外在控制中心的学校管理者更具有对他们的行为后果承担责任的意识，他们的道德判断和道德行为也更趋于一致。因为他们更多地依据自己的是非标准来指导其行为，而不依赖

---

① 斯蒂芬 P 罗宾斯. 管理学 ［M］. 北京：中国人民大学出版社，1997：105-107.

于外部的力量。

### （二）问题强度对学校管理道德观的影响

问题强度表现于数量强度、危害强度、效果强度、舆论强度等许多方面。强度不同会促使学校管理者转变或形成一定的道德。例如，弱势群体数量的增加会导致学校管理者主动地关注他们的需要，制定扶助政策。学生在校伤害事故的出现会导致学校管理者增强防范意识，并由此保护学生的受教育权利。而人事改革中的"末位淘汰"制度引发的负面作用持续时间较短，不易产生较强的直接结果，因此，学校管理者会产生对这一制度的观念倾向。但如果人们对这一制度的反响强烈，则较强的舆论会改变学校管理对这一问题的认识，形成新的道德观。由上述情况可知，问题强度在一定的条件下是可以转化的，不同的问题强度的大小会对学校管理者道德观的形成产生不同的影响。

### （三）组织结构对学校管理道德观的影响

组织结构设计与变革要解决的核心问题是权力的分配与职责的划分。权责划分越清楚越有利于学校管理者形成良好的道德观。因为清晰的权责划分可以促进组织制定明确的规章制度，规范的道德行为准则，这些又可以约束管理者形成公众性的道德观及其行为方式。同时，学校管理者的道德观及道德行为又会影响学校中的其他成员。因此，学校组织结构的设置一方面要充分注意权责统一，调动管理者的积极性，使评价标准与预定目标相联系，另一方面又要充分注意实行预定目标的可能性及其客观条件。目标如果制定得过高，评价的压力可能导致学校管理者不择手段地追求工作绩效，从而带来欲速则不达或扭曲学校形象的结果。

### （四）组织文化对学校管理道德观的影响

组织文化从内容上来看可以分为高道德标准的文化和低道德标准的文化。从力量上来看可以分为强势文化和弱势文化。一般来说，高道德标准的文化和强势文化容易渲染管理者。因为高道德标准的文化要求管理者能更多地承担风险，具有较高的控制力，对冲突更能宽容。这对学校管理者来说具有更强的激励作用，更富有挑战性。同样，强势文化会以其内在的力量影响学校管理者产生心理驱动，自觉形成皈依强势文化的观念，直至规范其行为。例如，追求"人师"的教育理念会积淀管理者以身示范的道德观，民主的氛围会提升管理者注重参与管理的意识。

### （五）社会环境对管理道德观的影响

社会环境是宏观上的组织文化。学校管理处于开放的社会系统之中，社会环境必然影响学校管理道德观的形成。目前，学校管理正处于多元价值观念的社会背景之中，"对与错""善与恶""利与弊""优与劣""得与失""诚实与虚伪""权利与义务""权力与责任""公平与效率""中心与边际""共性与个性""物质与精神"等价值标准无时不在困扰着学校管理者对其行为做出选择。价值的多范畴性与多层次性往往使学校管理道德观形成两难冲突。学校管理主体的原动力与社会环境客体的外力之间的激烈碰撞持续不断。碰撞是必然的，选择是不可回避的。面对博大复杂的社会环境，学校管理道德观可能表现出屈从、顺应、批判、反思、契合、改造等多维度的驱动。因此，学校管理道德观在不同时期会由于受到不同强势文化的影响表现出不同的主流特征。但重要的是学校管理如何能在多元文化的大千世界中操守正义的社会公德，彰显学校育人形象，以此牵动数以亿计的青少年踏上未来的成功之旅。

## 三、主流文化与学校管理道德观的发展

如前所述，影响学校管理道德观的因素很多，学校管理道德观的形成亦是一个动态的过程。但在多元素、多原因和动态发展的交织体系之中，主流文化无论从强度上还是从内容上都强烈地渗透于学校管理者及其他成员每一个个体的观念之中，影响着他们的价值判断与选择，对学校管理道德观的形成起着关键的作用。唯此，学校管理道德观的发展应当依托于健康的学校主流文化的张扬与发展。

学校主流文化是反映学校发展过程中本质特征的精神载体，它反映在学校管理者、教师以及学生的观念之中，表现于他们的行为之中，物化于学校的建筑设施之中。在"全球化"的背景下，被学校管理认可的主流文化主要有民主、法治、责任等理念。

### （一）民主理念

学校管理坚持民主的理念从其理论基础来讲是尊重人的生存与发展权利的客观要求。它要解决的主要问题是师生员工以及家长能自主参与学校管理工作，公正选择学校决策，自身的权益受到保护，每个人的切身利益

得到最大的关照。学校管理中的尊重与被尊重、保护与被保护、关照与被关照是相互促进的、极其复杂的。因为学校既不同于政府部门，又不脱离于政府部门，既不同于私人部门，又不排除启用私人部门的管理战略。在此情况下，学校管理的民主观更需要理性的思考与抉择，彰显学校的育人功能。这种选择往往处于两难之中。例如，学校是不以营利为目的的公益机构，其资金来源既依赖于预算拨款，又依赖于服务收费和税金。在政府拨款不足或不能满足学校发展需要时，学校必须通过收取一定数量的服务费来补足资金或加快发展速度。而学校收取费用的数量又受到国家所规定的教育目的及保护教育目的的法律的制约，学校自主权的发挥必须切实考虑受教育者的实际状况、承受能力和受教育的权利。所以学校对管理目标的关注必须兼顾公平与效率两个方面。只有当公平与效率在学校管理中取得最大平衡时，民主的学校管理道德观才能取得最大绩效，学校管理才能在尊重、保护、关照教育者与受教育者的同时获得同样的尊重、保护、关照及理解。由此，学校管理者需要具有公共部门的价值标准，并能有效控制自己，在权利与功利、公平与效率之间做出恰当的选择，无论国际环境与国内环境如何困扰，学校管理都不应失去它的诚信与本真。

### （二）法治的理念

学校管理的法治理念是学校管理道德观的重要组成部分。德治与法治是保证社会发展的双重机制，在人们的道德水准较低时，需要以法治的手段促进道德素养的提高。学校管理坚持法治的理念同样可以促进学校管理道德观的发展和完善。坚持法治的理念主要包括学校要有法可依和有法必依。有法可依是指学校要依法制定有效的规章制度，作为学校内部管理的主要依据。有法必依是指学校要同时依据国家的法律和学校内部的规章制度，保证学校管理不偏离基本的道德行为准则。学校的规章制度是不能与国家的法律相抵触的，如果抵触自然失去效力。在这方面，有的学校为逃避责任，利用其职权肆意制定侵犯教师或学生权利的规章制度，严重地扭曲了学校的形象。这种行为反映了学校管理者薄弱的法律意识和权力私有化的非道德观。

### （三）责任的理念

学校的责任是由学校公益事业主体的性质所决定的。学校管理者一方面要代表政府承担客观上的政治责任、行政责任，另一方面又要代表自己承担主观上的道德责任。[①] 责任与权力是相互对立的统一体，学校管理要树立责任的理念就要正确认识权力。学校管理者的权力是上级和法律赋予的，他们行使权力的行为并不代表个人的意志，而要反映国家法律的要求。他们不应亵渎和滥用职权，也不应违背权力适用程序，否则就要对其不利后果承担责任。权力的有效运用是学校管理者对教育者和受教育者负责任的具体体现。要有效行使权力就要牢固树立廉洁、真诚、守信、正直、刚毅等一些基本的道德理念，以开放、创新、谦恭、奉献、服务的态度和精神开拓学校育人空间。总之，学校管理的道德观是影响学校管理绩效的重要组成部分，它应当在"全球化"与"本土化"的社会环境中不断碰撞和提升，直至代表先进文明的主流文化占据上风。

[原文载于《教育理论与实践》2002 年第 12 期，18-20 页]（杨颖秀）

---

① 张成福. 责任政府论［J］. 中国人民大学学报. 2000（2）：75-82.

# 思考 4　教学管理的常衡问题

## 教育硕士研究生论文指导遵循的
## "四点一线"路径（2009）

　　教育硕士专业学位是我国为培养基础教育高层次专业人才而设置的，在历经 10 年之后，取得了很多成绩，也存在着一定的问题。特别是论文撰写、案例教学环节迫切需要改进。其中，论文撰写既是研究生培养过程的提升环节，也是研究生培养过程的检测环节。通过论文撰写，可以审视研究生培养过程的实际效果，也可以检验研究生综合运用知识分析问题和解决问题的能力，还可以通过师生互动，进一步提升研究生培养质量。但目前教育硕士研究生论文撰写还存在着选题困难、大题小做、重点失衡、写作失范等诸多问题，论文质量普遍不高。因此，需要对教育硕士学位论文指导从选题到写作进行反思。以问题为主线，坚持找准切入点、发现生长点、展现闪光点、反思薄弱点的选题、开题、写作、答辩的过程，正在成为提升教育硕士研究生论文撰写能力的路径。

### 一、找准切入点：以问题为核心进行选题

　　教育硕士研究生大多数具有较丰富的实践经验，是教学的骨干力量，但他们缺少归纳推理的思维方式，少综合应用教育管理理论对实践问题进行逻辑思考的能力。因此，教育硕士研究生论文选题存在着两种倾向：一是倾向于选择经验性题目，试图以工作报告的形式完成论文；二是倾向于选择包揽性题目，试图以凑字数的形式完成论文。前一种情况实际是学生有了对问题现象的感性认识，却无法将感性认识转化成理性认识，即无法将现象确认为问题。后一种情况是学生有了一个问题域，但无法对问题进行定位，即找不到问题的切入点，只好漫无边际，写到哪算哪。针对这两

种情况，指导教育硕士研究生选题应着重培养他们的问题转化能力和问题定位能力。

问题转化能力是指将"疑难问题"抽象为"探究问题"的能力，表现为研究生能将感受到的问题现象抽象为要研究的问题。这是一个从感性认识到理性认识的逻辑加工过程，可以通过指导教师与研究生多次交流研讨来完成。通过交流研讨，启发研究生去说在工作中看到了什么，想到了什么，对什么感兴趣。同时，指导教师还需要引导研究生对其表述进行提炼和归纳，启发他们将问题现象与相关知识建立联系，并对问题现象进行抽象概括，逐渐提升为研究的论题。这一过程实质上是培养研究生抽象思维能力的过程[①]。

问题定位能力是指在选择论文题目时，要具有准确判断论文题目大小的能力，表现为主题鲜明，边界清晰。能否对问题准确定位，从问题域中提炼出具有核心性的问题，是对研究生抽象思维能力的检验。如果研究生不能对问题进行准确定位，就可能使论文选题过大，最终表现为论文做不深、做不透。这实际上是研究生未能突破问题域的束缚，未能厘清各种问题之间的逻辑关系，即未能将问题高度抽象概括[②]。解决这一问题，不仅需要破解研究生担心论文字数不够的心理障碍，还需要引导研究生掌握论文选题的主动权，激励研究生对问题的研究兴趣，形成"小题大做"的归纳式思考问题方式。这如同挖坑的道理，如果将要挖的坑画成一个小圈，挖坑者就掌握了主动权，想挖多深就挖多深。但如果将要挖的坑画成一个大圈，那么就很难在有限的时间内将坑挖深。所以，选一个大题目的论文就难以写出深度、写出亮点，难以体现论文的价值。而要使研究生学会"小题大做"的选题方式就要培养研究生对研究问题的定位能力。定位不仅是要决定研究问题的范围，更重要的是决定问题的切入点，这是分析问题、解决问题的关键。所以，选题的过程，一直是培养研究生问题意识的过程，在这一过程中遵循的基本路径是：反思问题——抽象问题——定位问题。

## 二、发现生长点：以探究为手段开题

开题是研究生进入论文撰写的前奏，通过开题要理顺论文撰写思路，

---

① 北京师范大学. 普通心理学 [M]. 西安：陕西人民出版社，1982：376.

② 曹日昌. 普通心理学 [M]. 北京：人民教育出版社，1964：283-284.

明确论文要写什么，怎么写。因此，开题需要指导研究生做好两件事：一是对已有文献的分析，二是对论文框架的设计。文献分析是论文框架设计的基础，论文框架设计是文献分析的结果。对已有文献的分析应当在了解拟写论题研究现状的基础上，分析已有研究存在的不足，进而发现论文选题和撰写的生长点，确立论文写作的价值。研究生如果不能发现问题、确认问题，就可能受已有研究的暗示，重复别人的劳动，失去写作论文的意义。在发现问题的基础上，对论文框架的设计要突出论文的重点，化解论文的难点。一般来说，解决问题的策略是论文写作的重点，对论题的假设和分析是论文写作的难点。

为了帮助研究生达到上述目的，开题主要应帮助研究生论证两个问题：一是论文选题的必要性，即选题的价值，它关系的是有没有作论文的意义；二是论文选题的可能性，即题目的大小，它关系的是研究生有没有能力写出论文，有没有能力写好论文。

### 三、展现闪光点：以提升自我为准则撰写论文

论文的撰写是将选题、开题所得到的收获落实在文本上的过程，教育硕士研究生能否脉络清晰地展现对问题的逻辑思考，能否表达深思熟虑的亮点，需要用论文来印证。为此，需要指导研究生以提升自我为准则，步步深入地完成论文的撰写工作。

首先应指导教育硕士研究生坚定自我激励的信心。自我激励是研究生完成论文的内在动力，由于教育专业学位硕士研究生是实践工作者，所以对写大篇幅的论文多存有畏难情绪，对自己能否写好论文往往信心不足，这可能束缚他们创造性思维的展现。因此要指导教育硕士研究生充分相信自己，坚定能够写好论文的信心，以此强化其自我激励的内在动力[①]。

其次应指导教育硕士研究生形成自我厘清写作思维脉络的写作习惯。要厘清写作的思维脉络，就要使教育硕士研究生明白要使别人读懂自己的论文，自己必须先知道论文想要写什么、正在写什么、将要写什么。这就需要研究生形成不断反思论文的逻辑线索，能够层层递进展现观点，不断深化阐述论文各部分的写作习惯。

---

① 索里 J M，特尔福德 C W. 教育心理学 [M]. 高觉敷，等译. 北京：人民教育出版社，1982：314-315.

再次应指导教育硕士研究生学会展现论文闪光点的思维技巧。论文的撰写不是简单重复别人的劳动，需要研究生有自己的想法、自己的见解，这是展现研究生创造性思维的关键。尽管教育硕士研究生一般不会有原创性研究，但仍然需要鼓励他们去重点思考能够有所突破、有所升华的闪光点，以此增添论文的可读性和分量。教育硕士研究生的论文写作往往易受已有研究的影响，出现模仿得多，思考得少的现象。这就需要有意地为教育硕士研究生置疑或质疑，指导他们发挥求异思维的作用，促使他们提出属于自己的并有理论与实践支持的看法。所以，反复思考、精心推敲是教育硕士研究生论文写作需要掌握的思维技巧。

最后，应指导教育硕士研究生懂得修改论文的重要意义。受研究生实际水平的差异、工作条件的差异、写作态度的差异等因素的影响，论文成稿后还会存在许多问题，这就需要师生共同对论文进行反复修改。修改的过程就是导师发现问题的过程，是研究生提炼思维的过程，也是研究生自我提升的过程。这样一个反复修改、反复推敲的过程，其意义不仅在于使研究生学会如何写论文，也在于使研究生学会如何做人。

## 四、反思薄弱点：以提升能力为目的进行答辩

论文答辩是对教育硕士研究生论文写作质量以及思辨能力的检验过程。研究生写出了论文不等于写好了论文，也不等于完全理解了论文。研究生可以通过答辩反思论文中的薄弱点，提升思辨能力。答辩包括"答"和"辩"两种回应方式。一般来说，答辩委员会成员对研究生提出的问题都是研究生论文中未能写清楚、未能写充分，或者与研究生论文表述的观点有分歧的问题。这样，研究生就需要以"答"和"辩"两种方式来回应答辩委员会成员提出的问题。"答"主要是对论文未能表述清楚的问题做出回应，"辩"主要是对与论文有分歧的质疑做出辩解。显然，答辩是一个双方互动的过程，也必然是一个帮助教育硕士研究生反思问题、丰富知识、提高能力的过程。通过"答"可以提醒研究生慎重思考与论文相关的基本知识、基本理论，澄清模糊认识，提升严谨治学的态度。通过"辩"可以深化对相关问题的认识，并可以在最短的时间内对论文的思考得以升华，提高思辨的能力。因此，论文答辩是教育硕士研究生完满结束学业不可或缺的一环。为使论文答辩收获更大，研究生反复阅读论文，思考论文的不足，扩展与论文相关的知识等，都是答辩前必须要做的。而反思答辩

中的问题，体味答辩的效果则是答辩之后不可忽视的。

从上述四点得知，教育硕士研究生论文指导从选题到答辩是沿着发现问题、确认问题、分析问题、解决问题这样一条主线进行的。所以，培养研究生的问题意识是做好论文的关键。而正是问题主线的存在，才可能引领研究生对论文的撰写条理清晰，步步深入。

[原文载于《学位与研究生教育》2009 年第 6 期，16-18 页]（杨颖秀）

# 现代大学教学科研组织的运行模式及特征（2007）

　　大学教学科研组织是大学完成教学科研任务的基础。现代社会要求大学教学科研组织的构建遵循教学科研协调发展、教授发挥主体作用、资源配置科学有效、全程管理便捷系统等基本原则。不同类型的大学由于教学科研任务不同，在组织模式上表现出一定的差异。但突出基层组织教学科研职能的矩阵式组织模式和突出教授治学精神的扁平式组织模式是中国研究型大学和教学研究型大学基本的教学科研组织模式，并具有独自的特征。大学组织的构建在于发挥大学管理的组织职能。以往大学组织机构存在着权力过于集中、行政权力与学术权力相混淆、学科之间缺乏交流与合作等弊端，致使大学无法适应现代社会的要求，无法发挥教授治学的重要功能。因而，不同类型的大学在教学科研组织的构建上正在发生着一场深刻的变革。

## 一、大学教学科研组织变革的基础

　　大学是实施高等教育的机构，依据不同的标准可以将大学分为不同的类型。以办学主体为标准，可以将大学分为国家机构利用财政性经费举办的公立学校和国家机构以外的社会组织或者个人利用非国家财政性经费，面向社会举办的私立学校。以学校层次为标准，可以将大学分为实施本科以上教育的大学、专门学院和实施 2—3 年教育的专科学校。以学科设置为标准，可以将大学分为囊括多学科的综合性大学和以一定学科为优势的专门性大学。

　　美国卡内基教学促进基金会（Carnegie Foundation for Advancement of Teaching）自 1973 年正式发布高等教育机构分类标准之后，卡内基教学促进基金会先后五次对其进行修订，于 2005 年 11 月发布最近一次分类标准，引入"本科生培养（Undergraduate Instructional Program）""研究生培养（Graduate Instructional Program）""注册情况（Enrollment Profile）""本科生概况（Undergraduate Profile）"以及"规模和安置

（住宿）（Size & Setting）"五个指标，同时引入"社区参与（Community Engagement）"和"提供本科生教育问询与支持（Undergraduate Education Inquiry & Support）"两个由院校自行选择参与的指标①。美国大学分类标准的多元发展态势和学校参与选择的双重特征是与其大学的发展速度、规模、层次、类型等方面的疾速变革息息相关的。

面对国际社会大学的迅速发展，改革开放以来，中国的公立普通高等学校也由 1994 年的 1080 所发展到 2005 年的 1792 所，其中，本科院校 701 所②。为有效配置高等教育资源，中共中央国务院于 1993 年发布《中国教育改革和发展纲要》，提出实施"211 工程"。教育部于 1998 年发布《面向 21 世纪教育振兴行动计划》，提出实施"985 工程"。"211 工程"和"985 工程"等战略举措使中国高等学校的类型逐渐明晰。比照卡内基教学促进基金会对大学分类标准中"研究生培养"和"本科生培养"的分类标准，"985 工程"学校拥有较高的"研究生培养"指标，研究任务突出，可以称之为研究型大学；其余"211 工程"学校拥有较高的"本科生培养"指标，教学与研究任务基本平衡，可以称之为教学研究型大学。而 701 所本科院校中的其他院校则可比照卡内基"注册情况"分类标准中的"专有本科四年制：只招收本科生，授予学士学位"的指标，这类大学教学任务突出，可以称之为教学型大学。

由美国卡内基教学促进基金会的分类指标和我国目前高等学校的发展战略及实际情况来看，大学的教学科研任务是大学教学科研组织变革的重要基础。

## 二、大学教学科研组织构建的原则

### （一）教学科研协调发展的原则

教学是在教师有目的、有计划的指导下，学生积极主动学习的双边活动。科研是对反映自然、社会、思维等客观规律的分科知识体系的探究活动。高等教育对知识门类的划分与基础教育相比更加细腻，要实施科学的教学，就需要对所传授的分科知识体系进行探究。所以，教学活动与科研活动相辅相成，共同构成大学育人活动的载体，也是大学生存与发展的两

---

① 李政云，徐延宇. 2005 年美国卡内基高等教育机构分类框架解读 [J]. 比较教育研究，2006（9）：14-16.

② 2005 年全国教育事业发展统计公报，http：//wwwmoe. edu. cn/edoas/website18/info20464. htm.

翼。而要实现教学和科研的协调发展，就需要创设一定的组织形式，为教学和科研提供交互活动的环境空间，使二者能够有效运转。

### （二）教授发挥主体作用的原则

"以人为本"的现代管理理念表明，无论是教学活动还是科研活动都离不开能够发挥积极性的人的活动。基于此，支撑大学发展的首要资源是人力资源。而在人力资源中，教授又是教学经验丰富、掌握学科知识体系和科学前沿的中坚力量，他们有权利、有能力参与学校的管理和决策。他们的积极性如何发挥、发挥多少，直接影响着大学的质量、大学的声誉和大学的生命。大学中的教授是一个具有较大影响力的群体，要使教授的影响力积极向上，就要创造条件使他们真正成为大学教学和科研的主体。

### （三）资源配置科学有效的原则

大学除以教授为主体的人力资源外，还有其他财力资源、物力资源、时间资源、空间资源、信息资源等，这些资源都是为人力资源服务的。要充分发挥人力资源的主体作用，就要依据系统性原理科学配置其他资源。从这一意义上讲，大学的管理过程也是资源的有效配置过程。而资源的配置是否科学有效，不能仅靠组织的形式，还要靠维系组织运行的内在机制。所以，大学组织形式的确定需要辅之以有效配置资源的激励机制，通过机制的规范作用，创建一种公平的人际氛围，进而激发教学与科研组织的积极行为。

### （四）全程管理便捷系统的原则

育人需要周期，管理需要过程。大学教学科研组织的运行伴随着育人和管理的时间流程。但管理的目的在于遵循规律、缩短周期、提高效益。大学教学科研组织的构建也应当为达到这一目的提供必要的条件，即大学教学科研组织的构建需要从管理的全过程出发，整体提高管理效益。据此，教学科研组织的幅度、教学科研组织的层级、教学科研组织的沟通渠道等，均需要从方便、简捷、有利于提高管理效益的目的出发，构建符合现代大学发展的组织模式。

## 三、大学教学科研组织变革的基本模式

20世纪90年代，中国高等教育的三项重要改革对大学教学科研组织

的变革产生了较大的影响。一是微观上的大学内部管理体制改革，使很多学校实行与国际社会接轨的校、院、系三级管理体制。二是宏观上的高等教育管理体制改革，使部分大学规模扩大，自主管理的权力逐渐归位。三是学科、专业调整，使大学强化了研究功能。在这三项改革的影响下，研究型大学、教学研究型大学以及教学型大学逐渐分化，不同类型大学新的教学科研组织模式也逐渐形成。

### （一）研究型大学：发挥基层组织职能模式

面对现代科学的迅速发展、交叉科学的不断出现、教学科研的交叉融合、知识经济的全球化发展趋势，研究型大学必须拓宽研究视域，整合研究资源，打破学科界限，承担起攻破重大尖端项目的任务。新时代、新环境、新现实，诉求研究型大学权力重心下移，变革教学科研组织形式。变革中，研究型大学的教学科研组织模式表现出以下基本特征：（1）发挥基层组织的学术职能作用；（2）依托科技创新平台和重点基地的科研项目实施资源整合；（3）构建学术创新团队，关注学科的交叉性和前沿性；（4）明确划分行政职能与学术职能；（5）采用矩阵式教学科研组织形式提高管理效率。研究型大学教学科研组织的基本模式如图2-2所示。

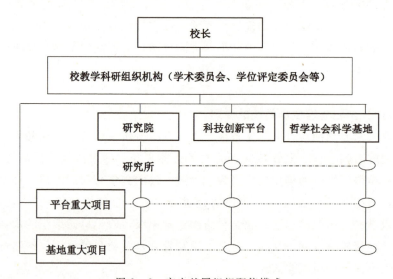

图2-2　突出基层组织职能模式

图2-2中的研究所、科技创新平台、哲学社会科学基地为大学中层教学科研组织机构，研究所为基层教学科研组织机构。由图可知，科技创

新平台和哲学社会科学基地可以通过重大项目协调与研究院及研究所的关系，构建学术创新团队（交点处），形成整体研究优势，使中层和基层教学科研组织共同发挥职能作用，由此提高管理效率，并使校级教学科研组织摆脱行政事务的羁绊。这种教学科研组织模式比较适合于重大项目的合作研究，被研究型大学所青睐。

### （二）教学研究型大学：彰显教授治学精神模式

教学研究型大学所面临的客观形势与研究型大学是一致的，但教学研究型大学的本科教学任务比研究型大学更重，研究任务的要求愈来愈高，在国家经费资助力度有限的条件下，教学研究型大学必须走内涵发展为主的道路。据此，教学研究型大学的教学科研组织的构建一方面要有利于承担较重的基础教学任务，另一方面又要尽力挖掘内在潜力，提升科研能力。这就要求教学科研型大学的教学科研组织机构的构建充分体现其规模适中的优势，减少组织层级较多带来的复杂性和低效性，充分发挥教授在教学科研活动中的积极性和主动性。因此，教学研究型大学的教学科研组织模式在变革中表现出以下基本特征：（1）更注重院级教学科研组织职能的发挥；（2）彰显教授治学的精神理念，强调学科带头人的凝聚力；（3）对拥有重要决策权的教学科研组织实施监督；（4）采用扁平化的教学科研组织形式，使管理更为简捷。教学科研型大学的教学科研组织的基本模式如图2-3所示。

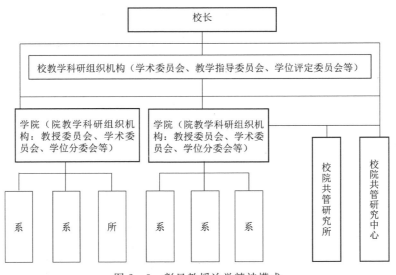

图2-3　彰显教授治学精神模式

图 2-3 中的学院、校院共管研究所（以院为主）、校院共管研究中心（以院为主）为大学中层教学科研组织机构，系、院管所为基层教学科研组织机构，它们分别依据不同学科或专业而设置。教学科研型大学由于规模适中，可以突出中层组织机构职能的作用，所以，有的学校在学院一级设置由学科带头人组成的决策机构，以此研究、决定院级教学科研等方面的重大事项。院级行政组织机构和系作为教学科研决策的执行机构。这种组织模式由于管理层级减少，权力分解至院所，形式趋于扁平，因而更容易调动教授参与决策的积极性，更有利于上下级之间的信息沟通，学校决策能较好地得以贯彻和执行。校长则可以集中精力组织校级教学科研组织，定期讨论或决定学校的重大事宜，把握办学方向。但这种组织模式由于呈现出扁平结构，管理幅度较大，所以在控制上可能出现困难。为此，需要强化纵向与横向上的监督职能，以便保证教学科研组织更负责任地履行职责。

### （三）教学型大学：整合教学科研系统模式

教学型大学以教学任务为主，管理幅度小，层级少，系、所为教学科研的实体，在学校中发挥主要作用。因此，教学型大学的教学科研组织一般为直线式，其基本模式如图 2-4 所示。

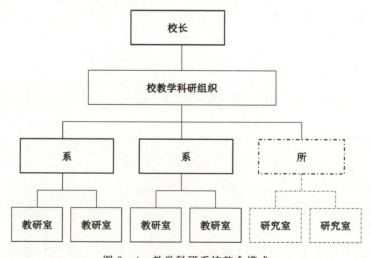

图 2-4　教学科研系统整合模式

图 2-4 中的系、所为大学中层教学科研组织机构，教研室、研究室执行系或所里的决定，主要是组织教师开展常规性的教学和科研活动。这

种模式结构简单，信息容易流通，决策迅速。但权力比较集中，教师积极性的发挥可能受到一定程度的影响。

### 四、大学教学科研组织形式的发展态势

由以上大学教学科研组织模式的构建和分析可以得知，中国大学教学科研组织形式正表现出如下发展态势。

#### （一）权力分解，重心下移

权力如何分配是现代管理要解决的难题之一。一方面，管理组织机构日益庞大，管理关系渐趋复杂，管理任务愈加繁重，高层次的管理者仅凭借个人或少数人的知识经验和能力已经无法科学有效地实施管理，必须重新思考如何分解权力，减轻管理者负担的问题。另一方面，信息沟通渠道的与日俱增和高等教育的逐渐普及，被管理者也提升了参与管理的意识和能力，为管理者有效管理提供了有利条件。在此情况下，大学教学科研组织的构建需要分解权力，将权力重心下移，以便调动更多的人参与管理和从事教学科研的积极性，发挥管理的系统功能。坚持这样做，也是在大学构建学习型组织的策略选择，因为它符合学习型组织理论倡导的"团队学习""系统思考"的核心精神①。

#### （二）决策民主，责权统一

"权力分解，重心下移"是民主管理程度增强的反映，它使决策由集权走向分权，使权力主体层级更加分明，权力分配趋于平衡。但权力的行使是与责任的承担相辅相成的，任何只要权力不要责任或者只强调责任而不赋予权力的行为都会导致权力与责任的分离，最终导致权力的泛化或缺失。大学教学科研组织在权力恰当分解、权力重心逐渐下移的过程中，其责任也随之转移。责权统一是大学教学科研组织变革的理论依据和伦理准则，一个负责任的权力主体正在也必须在大学中形成。

#### （三）角色分明，管理有序

在管理的民主程度不断高涨的过程中，大学校长摆脱了行政权力与学

---

① 彼得·圣吉. 第五项修炼：学习型组织的艺术与实务［M］. 郭进隆，译. 上海：上海三联书店，2001：7-14.

术权力混为一谈的尴尬局面，厘清了决策与执行的关系、管与不管的关系，使自己由原来的划桨与掌舵集于一身的角色转为掌舵者，进而有条件集中精力宏观管理学校重大事项，掌握办学方向，策划学校发展远景目标。中层和基层教学科研组织由原来学校决策的被动执行者转为教学科研的主动行为者，学术研究成为他们追求发展的载体，主动创新、实现自身价值成为他们发展的内在动力。不同角色的明确定位，凝练了校、院、系之间的关系，催生了管理的有效机制，井然有序的管理成为大学运行的客观状态。

总之，中国大学教学科研组织形式的变革正处于生机勃发的进程之中，国际社会的有益经验和中国现实情况的有机结合会使其发展得更为完善。

［原文载于《高教探索》2007 年第 5 期，41-43 页］（杨颖秀）

# 学校必须担起保证学生安全的责任（2007）

2006 年 11 月 18 日江西省都昌县土塘中学发生了踩踏事故，造成 6 名学生遇难，39 名学生受伤。11 月 21 日黑龙江省双城市周家镇无证超载面包车坠桥造成 8 名小学生遇难，39 人受伤的恶性事件。2007 年 1 月 8 日教育部办公厅通报安徽、浙江、湖南、广西、重庆、江西、新疆、内蒙古、贵州等省（区、市）部分地方的学校相继发生传染病流行事件，涉及 49 名学生。针对不断发生的学生安全事故国家相继颁发了《学生伤害事故处理办法》《中小学幼儿园安全管理办法》《关于进一步做好中小学幼儿园安全工作六条措施》《关于进一步加强中小学校校舍建设与管理工作的通知》《中小学公共安全教育指导纲要》等重要文件。新修订的《义务教育法》也规范了学校的安全管理。面对不断发生的学生安全事故，我们不能不沉思：学校是育人的地方，保证学生的安全是学校的重要责任。那么，学校应该如何承担起这个重担？根据学生安全事故发生的特点，学校应在以下方面要有所警惕或有所作为：

第一，警惕卫生安全事故。卫生隐患存在于许多方面，如学校食堂距大型污染源较近、食堂设施不符合标准、食堂管理不当；食堂炊事人员身体不健康；食堂环境及炊具不卫生；食堂清洗、清扫、消毒不及时，有传染源；食品腐烂、霉变、污秽不洁、混有异物、超过保质期等。

第二，警惕交通安全事故。交通隐患主要存在于：校车在接送学生的途中违反交通规则或疏于管理而存在的隐患；学校在组织体育、文娱、劳动等集体活动时因组织不当存在的隐患；学生在上下学和自行活动中不遵守交通规则而存在的事故隐患。针对上述隐患，学校虽然不是主要责任人，但学校可以通过防范措施来最大限度地保护学生的安全。

第三，警惕设施安全事故。学校设施不合理可能带来事故隐患。首先是校址选择不当的隐患。校址选择在陡坡下、高压线下、河道上、滑坡地区、公路铁路近旁、工厂附近等可能带来事故隐患。其次是校内布局不当的隐患。学校的教学、生活等设施布局不合理，不符合安全和教育教学原则可能带来事故隐患。再次是活动场地设置不当，器械管理不妥的隐患。学校活动场地不平整、土质不宜、器材不符合学生年龄特征等都是事故发生的隐患。最后是校舍建设违规隐患。校舍建设违反操作程序和标准，新建、扩建舍未经过批准，任用不具有资格证书或营业执照的单位或个人进行设计或施工，不进行质量监督和验收等均可能带来事故隐患。

第四，警惕意外伤害事故。意外伤害事故虽称意外，但并非偶然。学校组织大型活动，如参观、访问、社会公益活动、文体活动等，若不事先进行安全教育，没有详细的活动计划，不拟定事故防范措施和预案，活动过程中组织者和教育者不尽职责等都会成为学生安全事故发生的隐患。在学生集体生活、教育教学活动之中，学生用火不慎、用电不慎、燃放烟花爆竹、用炉火取暖等是火灾事故的隐患。治安保卫工作制度和机构不健全、法制和治安意识薄弱、安全技术防范设施不充分等也是伤害事故的隐患。

第五，警惕网络安全事故。网络是影响学生成长的双刃剑。面对开放、虚拟、多元、新颖等特点的网络信息，许多学生还无法辨认其中的真伪、善恶及用意。当他们步入网络时，陌生人的甜言蜜语、潜伏着的病毒杀机、精心设计的欺诈程序、诱惑心灵的图片影剧，都可能成为学生犯罪的诱因、受骗的工具。如果学生沉迷于此难以摆脱和自拔，将受到很大的伤害。

面对越来越多的学生安全事故，除了学校提高警惕之外，教会学生自护自救是不可忽视的重要防患策略。如学校要教会单纯的学生识破陌生人的花言巧语和诡计；教会学生逃离即将发生的险情；教会学生在面对潜含危机的挑衅时曲折迂回；教会学生面对熟人的亵渎时向亲人求助。

［原文载于《中小学校长》2007 年第 7 期，52 页］（杨颖秀）

# 学校事故预防是学校的常规性管理活动（2004）

学校常规管理是指对学校经常性工作的管理。将学校事故预防视为学校的常规性管理，并不是因为学校事故会天天发生，而是因为对其所进行的预防工作需要天天做。学校事故，不仅仅指学生伤害事故，还包括其他由各种原因引起的突发性的学校事故。

学校事故可能发生在学生在校期间的一切时间和一切空间范围内。所以，要防止学校事故的发生，学校工作必须慎之又慎，细之又细。因此，学校事故预防就成了学校常规性管理的重要内容。以常规管理预防偶发事故，是学校管理以不变应万变的策略。

## 一、以人为本，注重学校环境建设的安全性：体现职业化校长的理念

在现代学校管理中，以人为本的理念已经被愈来愈多的校长所接受。然而，以人为本并不是空洞的，它应当被校长具体化在学校管理工作中。其中，学校环境建设是鉴别学校能否体现以人为本理念的最好物化形式。学校管理者常常忽视这一问题，往往在追求美、追求经济、追求格调、追求愉快的时候忘却学生最基本的人身安全保障以及最本质的受教育权利的保障。例如：螺旋式的教学楼梯，比较美观，但不安全，因为中小学生好奇、好动的特点很容易导致他们从旋转着的楼梯上坠落下去；操场跑道两侧的台阶或石崖可以将操场的内外界线划分清楚，但容易导致学生在体育活动时挫伤摔伤；教学楼高可以解决占地面积小的困难，但学生活动不方便，而且在大扫除时存在安全隐患；在操场的角落建一沙坑，可以有效利用空间，但如果沙坑离围墙很近，则容易导致学生在跑跳时受惯性的作用而撞伤。

学校环境设计和建设应当科学、合理，它反映的不仅仅是学校文化，而且也反映着校长专业知识的系统性。职业化校长对学校的环境设计、建设（特别是对学校的校舍、场地、设施等方面的设计）要找到科学与人文精神的契合点。例如：教学楼的设计要方便学生大型集会时的出入，避免

造成拥挤和踩踏；学校操场要防止石头、玻璃、铁器等锋利和坚硬物体的裸露，不要使用柏油面操场；种植物要与教学楼有一定的距离，低年级的教室设施与高年级的要有区别；实验室要有良好的通风设备；用电不能超负荷，有条件的学校要备有发电机，避免学生在下自习等集中活动时突然停电引发事故；用水要符合卫生标准，二次供水的学校要经常检查供水设施的清洁状况等。这些设计、建设准则看起来是细微的，但的确是作为一位职业校长所应当明晰的，否则，学校环境的设计、建设就可能在追求形式美的时候忽视事故隐患。

## 二、履行谨慎、注意义务，培养品质：提升专业化教师的素养

学校事故预防不仅需要良好的校园环境，更需要高素质的教师。作为学校，要有意识地提升教师的专业化素质，培养教师能够起到细心的家长所能起到的作用。在美国，对教师在此问题上的素质要求很高，如要求他们要时刻履行对学生的注意义务，甚至包括课间在操场上聊天也不能对此有疏忽。履行对学生的注意义务是教师的基本素养，因为学生是教育的对象，所有可能对学生的身心发展构成危害的因素都应在教师的注意范围之内。

因此，学校事故预防不仅仅是校长的职责，也是每一位教师的职责。学校要使教师清楚地懂得，作为教师，不仅有遵纪守法，遵守教育教学常规的义务，也有监督教育教学常规的实施、保障学生人身安全和接受教育的义务。对此，《中华人民共和国教师法》第八条也规定：教师应当履行"贯彻国家的教育方针，遵守规章制度，执行学校的教学计划，履行教师聘约，完成教育教学工作任务"的义务；应当履行"制止有害于学生的行为或者其他侵犯学生合法权益的行为，批评和抵制有害于学生健康成长的现象"的义务。教师履行遵守教育教学常规的义务，要谨防其过失行为的发生。例如：物理、化学、生物等实验课要严格遵守操作规则，防止各种意外事故的发生；劳动课、体育课要组织好学生，在做各种活动的时候要遵守操作规则。教师应当履行制止有害于学生的行为或者其他侵犯学生合法权益的行为的义务，履行批评和抵制有害于学生健康成长的行为的职责。例如：对学校管理中的疏忽，教师有权进行监督；对学生在课堂上可能对其他同学构成伤害的行为，教师应当及时制止等。

## 三、预防为主，加强安全教育：培养学生的自救自护能力

要防止学校事故的出现，或在事故出现后使损失或伤害降到最低程

度，就要经常对学生进行安全教育，培养学生的安全意识，提高学生的自救自护能力。对学生进行安全和自救自护教育，应当成为常规性教育教学活动的内容。首先，要做好学校安全教育计划。要安排好安全教育的时间、地点、人员、内容及形式，使计划得以落实。例如：在时间的安排上，可以通过有关的学科课教学和各项活动进行安全知识教育。在教育形式上要灵活多样，可以采用讲授、参观、讨论等形式，并辅之以案例和演示，利用图片、实物、电视、计算机等教学手段，增强安全教育的直观性、深刻性和感染性。在人员的安排上，可以聘请教育行政部门、公安司法部门、社区组织、社会媒体的相关人员或学生家长等作为安全教育兼职人员，配合学校的教师进行教育。其次，学校要对学生进行安全技能训练。技能的形成有许多途径，国外常常通过防火、防震等演习活动使学生了解危急时刻的处境与亟须做的事情，使学生形成自救自护的意识和行为习惯。演习不能走过场，要真实，不能事先通知或有所准备，要通过演习帮助学生形成良好的心理素质和掌握自救自护的技能。

## 四、从细微处入手，建立检测制度：形成制度化的预防管理体系

从细微处入手，建立检测制度是预防学校事故发生的重要机制，通过检测能够及时排查可能引发事故的隐患。检测可以定期或不定期地进行，检测内容包括对学校设施安全性的检验、对教师和学生安全意识与防范技能的检验、对学校周边环境的考察等。学校设施包括所有实施教育教学活动的建筑、场地、用具、用品、设备等，也包括防止学校事故发生或及时报告和排除学校事故的紧急救护设施。学校管理者应当对相应设施的安全性进行常规性检测。对教师和学生的安全意识和安全技能的检验可以通过小型测试、演习、访谈等形式进行。学校周边环境对学校事故的发生具有潜在性影响，包括施工现场、营业性娱乐场所等。学校管理者可以通过巡视、调查、访问等形式了解周边环境情况，分析有关问题，防止可能对学校教育教学活动构成严重干扰的事情发生。

［原文载于《中小学管理》2004 年第 1 期，32-33 页］（杨颖秀）

# 课程管理是学校的常规性管理活动（2004）

　　课程包括国家课程、地方课程和学校课程。任何一个层面的课程都需要通过学校对课程的管理来实现其目标。因此，学校不仅要在国家强调课程改革时进行课程管理，而且要在经常性的教育教学工作中实施课程管理。强调课程管理的常规性，主要有以下几方面的原因：

　　**1. 课程是学校教育教学活动的载体**

　　学术界对课程的界定众说纷纭，主要有课程即教学科目、课程即有计划的教学活动、课程即学习经验、课程即社会文化的再生产等不同的解释。这些解释的共同性表明：课程与学校的教育教学活动并存，学校的教育教学活动就是通过不同渠道（如学校的教学科目、学生的学习经验、学校外部的社会文化）来感染、熏陶、教育学生的。没有课程，学校就没有教育教学活动。反之，要搞好教育教学活动，就需要管理好课程。

　　**2. 课程实施需要常规性的管理**

　　只要有教育教学活动，就有对课程的管理活动。因而，课程管理相对滞后的状态必然带来课程改革的风起云涌。面对课程改革的新浪潮，我们不能不反思常规性的课程管理活动究竟对课程改革起到了怎样的预设作用。有人在直面新课程改革时担忧它的跳跃性、违规性和极端性，而这种担忧在很大程度上正反映了常规性课程管理活动的薄弱和缺失。

　　**3. 学生心理发展的稳定性要求强化对课程的常规性管理**

　　课程设计的重要依据在于学生的心理发展特点和社会发展的需求。但其中由于科学技术发展的迅猛性而带来的社会发展的迅速性与学生心理发展的相对稳定性的冲突是十分尖锐的。前者要求课程载体——教材的迅速变化，后者要求教材的相对稳定。据此，课程管理就不可能采取大起大落的改革模式，而应当采取渐进式的常规性管理模式。

　　要使课程管理较好地成为学校的常规性管理活动，学校就应当从以下几个方面入手：

**1. 学校管理者要理解课程计划的精神实质，科学设计课程结构和课程内容**

课程计划是根据一定的教育目的和培养目标制订的教育教学工作的指导性文件。它决定着培养目标、课程体系和课程结构。其中培养目标是设计课程体系和课程结构的依据，是学校管理者实施课程管理的重要依据。课程计划的精神实质主要反映在培养目标之中。例如：国家颁发的《基础教育课程改革纲要（试行）》要求基础教育的课程设置要全面贯彻党的教育方针，体现时代要求，使学生具有爱国主义、集体主义精神，热爱社会主义，继承和发扬中华民族的优秀传统和革命传统；具有社会主义民主法制意识，遵守国家法律和社会公德；逐步形成正确的世界观、人生观、价值观；具有社会责任感，努力为人民服务；具有初步的创新精神、实践能力、科学和人文素养以及环境意识；具有适应终身学习的基础知识、基本技能和方法；具有健壮的体魄和良好的心理素质，养成健康的审美情趣和生活方式，成为有理想、有道德、有文化、有纪律的一代新人。这些要求是基础教育的培养目标，也体现了基础教育课程设置的精神实质。学校的课程管理在整体规划和实施国家、地方、学校三级课程体系时，要时时体现这些要求，并在适当的权限内不断调整课程结构和课程内容。

在课程结构方面，综合与分科并不是机械的，在不同的教育教学阶段有不同的结构，这就需要学校管理者根据地方和学校发展的实际，根据学生的实际，科学设计、调整学校的课程结构，以充分体现培养目标的要求。

在课程内容方面，学校虽然不能决定国家课程和地方课程的教学科目，但可以根据课程标准适当调整教学内容，也可以根据国家课程和地方课程来选择和设计学校课程。

**2. 学校管理者要以研究者的姿态不断总结教育教学经验，善于发现课程实施中的问题，并及时纠正**

学校管理实践本身要求管理者不断地反思各种管理活动中的问题与缺失，并及时总结经验、教训，以适应形势的发展。当前，许多学校管理者对新课程改革都感到来势迅猛、无所适从。这除了社会变革速度快的客观原因之外，学校管理者不善于反思的管理行为惰性和惯性也使其难以发现课程内容本身的问题。发现不了问题也就难以纠正问题。

事实上，课程内容本身或课程实施中的问题并不是突如其来的，而是长期积累的结果。但学校已往的课程管理多半停留在对课程实施的程序性操作上，更多地关注了形式上的问题，而忽视了实质性的问题。学校管理者对课程的常规性管理要从反思基本的教学管理内容入手，包括对学校课程计划的制订、对国家课程标准的理解、对课程实施的教务管理等，以研究者的姿态步入这些经常性的、细微的教学管理工作中，及时发现课程结构、课程体系、课程内容、课程实施等方面的问题与冲突，并有针对性地进行解决，采取改进策略。由于这种改进是建立在及时发现问题的基础上，所以一般来说是渐进的、小步子的调整。也正是由于渐进的、小步子的调整，才能防微杜渐，避免课程问题的堆砌，从而避免课程改革的跳跃与违规。

**3. 学校管理者要积极做好常规性的课程评价工作**

课程评价是检验课程实施效果的重要手段。强调常规性的课程评价意在强调对课程管理过程的评价，也就是坚持从确定课程目标到检验课程实施结果的评价。

确定课程目标是对课程设计和编制的价值取向的选择和评价，在这方面存在着"教材中心""社会中心""学生中心"等不同的标准。以教材为中心的评价取向更多地关注课程内容的相互衔接，以便使学生先前学习的知识能够为后续知识的学习做准备。以社会为中心的评价取向更多地关注课程目标是否适应社会的需要，并以此作为评价教育质量的标准。以学生为中心的评价取向更多地关注课程对学生身心发展和自我实现的作用，强调的是课程的人文精神。然而，课程评价并不能以某一价值取向作为单一的价值标准，而是要关注各种价值取向的交互作用。教材的科学性、社会对人才素质的需求、课程接受者的身心特点，均是影响课程评价的因素。因此，课程评价从内容设计到结果检验，都不能仅仅关注某一因素而忽视其他因素。在明确课程评价标准的基础上，要不断地寻找课程目标实现过程中的问题，检验每一阶段课程实施的效果，发现效果与目标之间的落差，分析引起落差的原因，进而采取改进的措施。这一过程与小步子、渐进的教学管理改革又是吻合的。所以，课程管理应当是常规性的管理活动。

［原文载于《中小学管理》2004 年第 5 期，40-41 页］（杨颖秀）

# 新课程理念下的教学行为整合（2003）

教学行为，不仅指教师"教"的行为，还包括学生"学"的行为。强调新课程理念下的教学行为整合，是因为教学实践中一直存在着只强调某一个方面而忽视另一个方面的倾向，这种倾向是违背教学规律的，也会弱化教师与学生在教学中的协调合作与有效互动，影响新课程改革的效果。传统的教学较多地注意教师教的行为，忽视学生学的行为，导致灌输、强制的教学方式盛行，束缚了学生的发展。新课程改革强调了学生作为学习主体的地位，凸显了学生学习活动的重要性，但对如何通过教学活动实现教师与学生的教学行为整合，从而发挥教师的积极作用尚缺乏应有的认识，需要加以考虑，具体体现在教学方法的运用、思维方式的训练、受教育权利的保障等方面。

## 一、教学方法："设疑"与"质疑"的整合

教学方法是连接教师的"教"与学生的"学"的桥梁，好的教学方法能够体现《基础教育课程改革纲要（试行）》的精神，在教学过程中"培养学生的独立性和自主性，引导学生质疑、调查、探究"。而"设疑"与"质疑"的整合则是实践新课程改革的要求，激发学生潜质的有效途径。"质疑"是学生的反思性活动，它所反映的是学生对疑难问题的关注程度和兴趣集中程度。"设疑"是教师为培养学生的独立性、自主性和探究精神，在教学过程中对学生所设置的疑难或障碍。学生的质疑与教师的设疑是相互统一的教学流程，教师设疑是学生质疑的前提，学生质疑是教师设疑的升华。如果教师的设疑能使学生产生反思性活动，形成探究的精神与态度，那么教学就会在一定程度上达到培养学生的独立性和自主性的目的。

为实现设疑与质疑的整合，教师首先要巧妙设置问题。问题的巧妙性可以从多方面表现出来。在问题的深度上，教师的设疑要能够使学生感到与其对现有问题的认识存在差异，能够引发学生的思考。在问题的强度

上，教师的设疑要能够引起学生的注意和激发学生探究问题的兴趣。在问题的结果上，教师的设疑要体现多元性，答案可以不固定，不唯一，学生能够从不同角度的质疑中得到满意的结果。善于发现问题和恰当提出问题是学生思维活动的前提。教师如果能巧妙设置问题，就为学生进行创造性思维活动创造了条件。其次，教师要精心营建问题情境。问题情境是学生质疑的"动力场"，它不表现于问题本身的深度与强度，而表现于问题存在的积极意义，这种积极意义主要以能够对学生产生心理环境上的渲染为标志。团体动力理论认为，人的行为是人与环境相互作用的结果。教师的设疑要使学生产生兴趣，在问题情境方面可以精心设计，可以将问题情境设计成显性的，也可以将问题情境设计成隐性的。例如，可以通过学习环境的布置以显性的形式突出问题存在的意义，通过语言的迂回表述以隐性的形式激发学生探究的积极性，使其进入质疑的状态等。从设置问题到营建问题情境，教师始终起着引导与策划的作用，其目的在于调动学生学习的积极性，教师与学生在设疑与质疑的相互依托与影响中形成团队学习的精神，起到教学相长的作用。

## 二、思维方式："收敛"与"发散"的整合

收敛性思维是指人在解决问题时，以已有的知识与经验为依据，遵循一定的逻辑规则去寻求唯一正确答案的思维方式。用这种思维方式实施教学活动的主要问题在于，容易使学生受旧经验的束缚，从而简单地复制教师的教学内容，形成机械记忆的行为习惯，失去积极主动的探索精神。但这种思维方式在学生的学习活动过程中又是不可缺少的，因为它可以使学生较快地掌握基础知识和形成解决问题的基本技能，这是学生的学习活动所需要的。发散性思维是指人在解决问题时，会同时想到若干个解决问题的途径、方案、假设或结果，使问题的解决有较多的机会和较大的概率。用这种思维方式进行教学活动，在问题没有确定的结果之前，更有利于调动学生学习的积极性，并有利于为学生提供发挥创造性的空间，有利于培养学生的创新精神和能力。但发散性思维活动需要较多的时间，学生在对基础知识掌握不足和生活经验尚不丰富的情况下，难以进行复杂的发散性思维活动。

由于两种思维方式各具优缺点，因而教学活动应当依据学生的心理发展特点、知识基础、生活经验等各方面的条件，针对不同的问题训练学生的思维能力。收敛与发散都是学生需要具备的基本思维方式。传统的教学

中，过多而单一地追求了收敛性思维方式，束缚了学生思维的发展。例如，在小学数学应用题的编写中，常常是粮食产量一年比一年多，种树一年比一年多，炼钢一年比一年多……忽视了自然、经济等相关因素的制约作用；在解题的过程中，教师特别重视程序性的思维训练，注重以此强化学生解题的熟练程度，但一旦遇到特殊问题，学生单向的思维方式和心理定式，就成了思考和解决问题的障碍。实施新课程之后，教师批判了传统教学的弊端，开始认识到收敛性思维的局限性，比较多地强调训练学生的发散性思维，这会有利于转变以往教学对学生的约束，促进学生创造性思维能力的发展。然而，任何一种思维方式都不是万能的。如果教学过程仅仅强调发散性思维方式的训练，就会使学生形成一种新的思维定式，导致学生忽视教学内容难易、忽视节约学习时间等新的弊端，从而可能出现即便能够利用较简单的程序和方法去解决问题时也会选择较复杂的学习活动的情况。因此，在教学过程中，不能片面地追求某一种思维方式的训练，而应当根据具体的教学内容和学生的实际情况引导学生灵活地进行思维活动，科学地解决学习中的问题。

### 三、价值标准："教育权"与"受教育权"的整合

教学过程中，为什么要力争教师设疑与学生质疑的整合，力争学生收敛性思维与发散性思维的整合？从价值标准来说，新课程改革的真正意义在于实现一种以学生为本的、将学生视为人的教学目标。而学生作为真正意义上的人的权利体现则是保证学生的受教育权，即学生的受教育权是学生生命权的反映。学生的生命权，要求学校为其提供平等的受教育机会和受教育过程，提供符合其身心发展特点的学习内容、学习环境，训练其掌握促进身心发展的学习方法、学习习惯等，为其成为健康的、和谐的、全面发展的人创造条件。在这样一个前提下，教师所拥有的教育权并不是其个人的私有权力，教师教育权的行使是为保证学生的受教育权服务的，是为实现国家培养全面发展的人的教育方针、教育目的服务的。所以，教育权与受教育权的整合，是国家的权力与学生的基本权利相统一的要求。对于这一点，新课程改革不可以忽视。

[原文载于《人民教育》2004 年第 24 期，11-12 页]（杨颖秀）

# 个性化提高学历培训是教师教育的发展趋势（2003）

教师教育从时间状态划分可以分为职前培养与职后培训两个阶段，但无论哪个阶段，提高学历始终是中小学教师需要不断解决的问题。伴随着国内外教育环境的变化，对教师的学历要求已经不再是静态的标准。自1978年以来，我国中小学教师学历提高经历了一个逐步发展的过程，其中，成绩斐然，问题也明晰可见。这就要求教师教育工作能够对此做出分析，以促进教师专业化的进程。

## 一、教师提高学历政策的主要问题

中小学教师提高学历政策是激励中小学教师勤奋进取、提高质量的重要机制。在这些政策的引导下，1996年以后，中小学教师的学历已经从中师、专科、本科三个层次分别提升，有一批中小学教师及教育管理人员获得了教育硕士学位。教师学历层次的提高对教育质量的提高和教育管理水平的提高起到了重要的促进作用。然而，在中小学教师学历不断提升的进程中，我们也必须清醒地认识到：中小学教师的学历提高与教师教育之间存在着内在的包容性，这种包容性要求我们冷静地理清各层次教师教育政策之间的相互关系。否则，教师教育政策的错位不仅会浪费诸多的教育资源，而且会加重教师的负担，导致欲速则不达的结果。就目前正在实施的教师提高学历政策来看，主要存在如下问题：

### （一）培养目标模糊

中小学教师提高学历究竟要达到什么样的目标，即要培养什么样的人是要解决的根本性问题。但目前的提高学历政策在这方面的规定并不明确。无论从国家规定的小学和初中教师学历向专科和本科发展的要求来看，还是从国家规定的高中教师学历向研究生发展的要求来看，都未能具体提出学历向高层次发展的明确目标。当然，在《中小学教师继续教育工程方案》中也提出了提高学历培训的目的是提高受训教师的学历层次，使中小学教师的教育教学水平和教育科研能力明显提高，在《教育硕士专业学位（学科教学、教育管理）参考性培养方案》中将教育硕士定位于培养基础教育教学及其管理工作需要的高层次专门人才，但这些目的并没有转化为明确的目标。具体来说，专科和本科学历培训所要达到的标准和程度是有区别的，教育教学水平的指标也是多方面的。那么，对于参加不同层次学历培训的教师来说，要达到什么目标自然是不同的。"教育教学水平和科研能力的明显提高"以及"高层次专门人才"都只是模糊的文字表述。由于培养目标的模糊，实践中导致两种片面的做法：一是降低学历培训标准，浪费许多教育资源；二是过高定位学历培训标准，将培养高层次专门人才与培养教育家相混淆。这种比较盲目的学历培训会严重地冲击教育教学质量。

### （二）课程设置冲突

课程设置的冲突主要表现在不同层次、不同类型教师教育课程之间的冲突。根据《中小学教师继续教育工程方案》的规定，中小学教师培训包括新任教师培训、教师岗位培训、骨干教师培训、提高学历培训和计算机全员培训，在各种类型培训的课程设置中，有许多课程是重复的，内容无法分辨其层次。诸如，教师职业道德、现代教育理论、现代教育技术等知识，在各层次培训中都有这些内容。尽管这些内容对中小学教师来说是十分必要的，但许多教师在其成长的过程中必定要经历新任、在岗、骨干、提高等发展阶段，因而培训会接踵而至，使其应接不暇。如果培训课程没有区别，不仅培训失去了意义，教师对培训也失去了信心。特别是提高学历培训，如果在课程设置结构、门类、难度上都不能体现提高的特点，就不能真正达到培养专门人才的目的。

### （三）学员负担过重

从目前参加提高学历培训的学员来看，一般都有 3 年以上的教育教学经历，教育硕士研究生许多具有高级职称。这样的教师或教育管理人员，身兼多种角色，既是骨干教师，也是高层次的学生，还有的是学校的主要领导。他们在提高学历的培训中需要克服来自学习时间、学习内容、工作任务等多方面的冲突，这些冲突有的是可以解决的，有的是无法解决的。这种状况需要在政策上给予充分的注意，以便提高学历培训能够收到实效。

## 二、改进教师提高学历政策的建议

提高学历是教师教育在动态发展过程中需要解决的问题，是教师教育的未来走向。所以，提高学历政策是教师教育的核心政策，应当在宏观系统中平衡与协调其他方面的政策并形成体系。

### （一）提高学历政策应有明确的培养目标

在中小学教师学历达标以后，提高学历应当成为教师教育的主要形式。教师教育的目标应定位在培养中小学的教育教学专家上，这是教师的职业特点所决定的，是教师专业化的实际要求。受中小学生年龄特征与教学内容等因素的影响，中小学教师的专业化应特别强调职业道德、教育理念、知识结构、教育教学技能等专业教育，学历提高应当从这些方面设置课程。

在职业道德方面，应使教师形成尊重、责任、民主、公平、关心、宽容、扶弱等道德信念。特别是在全球化的国际背景下，文化的多元化不能混淆道德的公共化，不能因多元化而放纵教师行为，影响学生身心健康。事实上，无论何种形态的社会，无论何种制度的国家，社会公德总是存在的、不需要证明的。教师的责任首先在于教会学生做人，其次才是教给学生知识和培养学生能力。如果教师自己都无法确认道德与非道德的界限，那么教育将误入歧途。所以，培养教师的职业道德是提高学历教育的首要目标。

教育理念是教师从事教育教学工作的哲学视角，有什么样的教育理念，就有什么样的教育行为。学历培训应当帮助教师形成尊重他人、尊重自己、与人合作、开放教育、系统教育等教育理念，形成问题意识、创新意识以及反思精神、批判精神，以教师的哲学视野引导其具体的教育教学行为。教育理念可以在提高学历的学习过程中逐渐培养。

教师的知识结构从世界许多国家教师教育课程设置来看，主要包括普通教育课程、教育科学课程、学科科学课程三个层面。普通教育课程含社会科学、人文科学、自然科学三个方面。普通教育课程知识是教师所应具备的基本知识，它有利于教师在广阔的知识领域激发学生的学习兴趣。教育科学课程含教育基本理论、各科教学法、教学实践等方面的知识与活动，这些是做教师的理论基础与实践基础。学科科学课程含中小学的教学科目，这是教师从事学科教学的必备知识。

教育教学技能含教师需要具备的基本信息技术技能、语言表述技能、教室管理技能、处理偶发事件的技能等。科学技术的发展给现代教育教学增加了难度，教师不仅要学会使用现代技术手段，也要学会灵活处理由于现代技术的发展而带来的文化变革事宜。教师语言、教室文化不仅要服务于学生知识的掌握，也要有助于多元文化的和谐发展。同时，针对复杂的教育教学实际，教师还要具有灵活、准确、及时处理偶发事件的技能，以减少偶发事件可能带来的伤害。

上述知识与技能是一个和谐的整体，教师提高学历的培养目标应当从整体上进行设计，以便教师通过培训能够形成作为教育教学专门人才的基本素养。

### （二）提高学历政策应引导教师走个性化发展的道路

由于教师教育过程存在着学员角色、时间安排、学习内容等方面的冲突，所以，在学历基本达标以后，学历提高培训应当成为教师教育的常规性培训，常规性培训并不是硬性规定教师必须参加某一层次的提高学历培训，而是要在客观上为教师提供自主参加提高学历培训的条件。这种条件主要应通过独立的师范院校和综合性大学中师范学院或师范教育专业的常规性教育教学活动来完成。国家可以通过政策引导教师的学历提高进程。例如，对年轻教师在一定期限内参加培训的时数做出规定，对教师素质提高提出目标要求等，中小学教师可以根据国家政策及个人的实际状况，自主选择参加学历培训的时间、内容及层次，走个性化提高学历的道路。

为方便中小学教师的学历提高，在学生的入学条件，考试科目，评估手段等方面都要从中小学教师的实际出发制定相应的政策。中小学教师报考提高学历的学校和专业，不应受到年龄、职务（称）、婚姻状况等条件的限制，但要有一定年限的教育教学实践经验。提高学历的入学考试科目不要过多，难度不要过大。学习过程中的考评要有利于促进教师教育研究能力和教学实践能力的提高。对研究生层次的学历提高培训，要求要相对严格，机制要相对灵活，可以实行学分制或弹性学制。在作业、讨论、出勤、毕业论文等方面要有严格的管理制度，以保证教学质量。

总之，教师教育发展趋势是个性化学历教育，教师应当有按需参加培训的自主权，教师教育政策要为教师参加培训提供指导和方便。

［原文载于《中小学教师培训》2003 年第 5 期，12-13 页］（杨颖秀）

# 第三章

教育政策聚焦

# 思考1 教 育 公 平

## 基础教育生均预算内公用经费支出的
## 基尼系数考查 (2005)

基础教育生均预算内公用经费支出的基尼系数表明，我国基础教育尚处于非均衡的发展状态，主要表现为：教育公用经费支出呈现强势、较强势、较弱势和弱势四个阶梯形分层，两极相差悬殊；农村义务教育的发展仍面临较大的困难；普通高中教育孕育着不平衡危机。因此，要构建基础教育均衡发展的政策框架，关注教育投入的收益与效益，明确制定政府拨款标准，大力支持弱势群体，以促进基础教育的均衡发展。

### 一、求解基尼系数的指标选择

基尼系数（也称基尼集中比率）是用来描述财产、收入、人口、种族、犯罪、教育等社会状况集中程度的量。它的值在 0 到 1 之间。0 表示无集中，完全均等，1 表示最大集中程度。一般认为，0.4 为集中程度的警戒线，如果某一社会状况的基尼系数超过 0.4，则表明集中程度已经很高，即达到了非均衡状态。基础教育的发展状态也可用基尼系数衡量。[①]我国有学者提出通过建立"义务教育均衡系数"来判定教育发展的状态。[②]以基尼系数衡量基础教育的发展状态可以从多方面入手，例如教师、校舍、设施等教育资源的集中程度或教育经费的集中程度，等等。本文以教育生均预算内公用经费支出的集中程度作为研究指标——主要依据是教育部、国家统计局、财政部颁发的《全国教育经费执行情况统计公告》（以下简称《公告》）。《公告》公布了 31 个省（市）自治区（不包括台湾地

---

① William N Dunn. Public policy analysis：an introduction [M]. New Jersey：Prentice Hall，1994：365-367.

② 袁振国. 建立教育均衡系数切实推进教育均衡发展 [J]. 人民教育，2003，(6)：11-13.

区、香港特别行政区、澳门特别行政区）的教育经费执行情况。其中，各级教育生均预算内公用经费支出最能反映基础教育的发展情况。首先，全国教育经费情况、预算内教育经费占财政支出比例情况、国家财政性教育经费占国内生产总值比例情况，均为国家宏观的教育经费分配与支出情况，只有"三个增长"是微观的教育经费支出情况。其次，在"三个增长"中，中央和地方各级政府预算内教育拨款的增长可以作为其他"两个增长"的前提，即预算内教育拨款的增长只能反映教育拨款占财政拨款的比例以及教育拨款的绝对值——教育经费是否真的增长，能否满足教育发展的需要，还要看各级教育生均预算内教育事业费支出增长情况和各级教育生均预算内公用经费支出增长情况。再次，由于各级教育生均预算内教育事业费支出主要包括人员经费和公用经费两部分，人员经费（教职工工资和福利费、离休退休人员费用、助学金）又是依国家政策拨付的固定的经费支出，所以公用经费（公务费、设备购置费、房屋修建费、业务费和其他费用，其中，公务费又包括办公费、教学费、图书费、取暖费、差旅费等）就成了衡量教育经费多少的重要指标，它直接关系着学校教育教学工作能否正常运转和每个学生能否真正享受到必需的物质性教育教学条件的问题。因此，教育生均预算内公用经费支出的集中程度可以作为衡量基础教育均衡发展状态的指标。

## 二、基础教育发展的现状

本文计算 2000—2003 年普通小学、普通初中、普通高中教育生均预算内公用经费支出的基尼系数。基尼系数的计算公式为：$GI = [(\sum X_i Y_i + 1) - (\sum X_i + 1 Y_i)] / \sum X_i Y_i + 1$

$X_i$ ＝某领域（如省）数据的累积百分比；

$Y_i$ ＝人口数或某种活动的累积百分比（如教育生均预算内公用经费支出）。

现以 2003 年普通高中教育生均预算内公用经费支出基尼系数计算过程为例说明。

（1）以国家公布的 2003 年普通高中教育生均预算内公用经费支出 264.83 元为基数，划分 31 个省（市）自治区普通高中教育生均预算内经费支出的范围，并选择 264.83 元以下为一个等级，264.83 元以上每增加 264.83 元为一个等级，直至增加到普通高中教育生均预算内公用经费支出的 5 倍以上或涵盖其最大值。

（2）根据国家公布的2003年各级教育生均预算内公用经费增长情况，统计上述每个等级中的省（市）自治区数及其教育生均预算内公用经费支出数。

（3）计算省（市）自治区及其教育生均预算内公用经费支出在不同等级中所占的比例。

（4）计算省（市）自治区及其教育生均预算内公用经费支出在不同等级中的累积比例。

（5）计算 $X_iY_{i+1}$，$X_{i+1}Y_i$，$\sum X_iY_{i+1}$，$\sum X_{i+1}Y_i$。

（6）将 $\sum X_iY_{i+1}$，$\sum X_{i+1}Y_i$ 的计算结果代入基尼系数计算公式，得出结果。（见表3-1）

表3-1 2003年31个省（市）自治区普通高中教育生均预算内公用经费支出基尼系数（以264.83为基数）

| 省（市）自治区教育生均预算内公用经费支出范围（单位：元） | 省（市）自治区 | 教育生均预算内公用经费支出 | 比例 | | 累积比例 | | $X_iY_{i+1}$ | $X_{i+1}Y_i$ |
|---|---|---|---|---|---|---|---|---|
| | | | 省（市）自治区 | 教育生均预算内公用经费支出 | 省（市）自治区（$Y_i$） | 教育生均预算内公用经费支出（$X_i$） | | |
| 1324.15 及以上 | 2 | 3664.77 | 0.0645 | 0.3253 | 0.0645 | 0.3253 | 0.0210 | 0.0210 |
| 1059.32～1324.14 | 0 | 0 | 0 | 0 | 0.0645 | 0.3253 | 0.0420 | 0.0320 |
| 794.49～1059.31 | 2 | 1922.51 | 0.0645 | 0.1706 | 0.1290 | 0.4959 | 0.0960 | 0.0778 |
| 529.66～794.48 | 2 | 1204.71 | 0.0645 | 0.1069 | 0.1935 | 0.6028 | 0.1944 | 0.1398 |
| 264.83～529.65 | 4 | 1345.99 | 0.1290 | 0.1195 | 0.3225 | 0.7223 | 0.7223 | 0.3225 |
| 264.83 以下 | 21 | 3129.51 | 0.6774 | 0.2777 | 1.000 | 1.000 | | |
| 总计 | 31 | 11267.49 | 1.000 | 1.000 | | | $\sum=$ 1.0757 | $\sum=$ 0.5931 |

$GI=[(\sum X_iY_{i+1})-(\sum X_{i+1}Y_i)]/\sum X_iY_{i+1}$

　　$=[1.0757-0.5931]/1.0757$

　　$=0.4826/1.0757$

　　$=0.4486$

　　$\approx 0.449$

同理，可得 2000—2003 年普通小学、普通初中、普通高中的所有教育生均预算内公用经费支出基尼系数。（见表 3 - 2）。

表 3 - 2　2000—2003 年 31 个省（市）自治区各级教育生均预算内公用
经费支出基尼系数（以国家公布的教育生均预算内公用经费支出为基数）

|  | 2000 年 | 2001 年 | 2002 年 | 2003 年 |
|---|---|---|---|---|
| 普通小学 | 0.338 | 0.419 | 0.418 | 0.445 |
| 普通初中 | 0.382 | 0.410 | 0.394 | 0.401 |
| 普通高中 | 0.428 | 0.445 | 0.431 | 0.449 |

从表 3 - 2 可以看出，普通小学教育生均预算内公用经费支出的基尼系数 2001 年至 2003 年均在警戒线以上；普通初中教育生均预算内公用经费支出的基尼系数 4 年中在警戒线上下摆动；普通高中教育生均预算内公用经费支出的基尼系数一直在警戒线以上。这表明，我国基础教育的发展处于非均衡状态。

从表 3 - 1 可以看出，国家公布的普通高中教育生均预算内公用经费支出为 264.83 元，而 31 个省（市）自治区公布的教育生均预算内公用经费支出的总数为 11267.49 元，那么，31 个省（市）自治区教育生均预算内公用经费支出的平均数应为 363.47 元。这表明，国家与各省（市）自治区对教育生均预算内公用经费支出的统计依据是不同的。如果以 363.47 元为基数划分 31 个省（市）自治区普通高中教育生均预算内公用经费支出范围，基尼系数则为 0.550（见表 3 - 3）。之所以会有如此结果，是因为平均数提高后，教育生均预算内公用经费支出两极分化的情况表现得更为明显。

表 3-3　2003 年 31 个省（市）自治区普通高中教育生均

预算内公用经费支出基尼系数（以 363.47 为基数）

| 省（市）自治区教育生均预算内公用经费支出范围（单位：元） | 省（市）自治区 | 教育生均预算内公用经费支出 | 比例 | | 累积比例 | | $X_iY_{i+1}$ | $X_{i+1}Y_i$ |
|---|---|---|---|---|---|---|---|---|
| | | | 省（市）自治区 | 教育生均预算内公用经费支出 | 省（市）自治区（$Y_i$） | 教育生均预算内公用经费支出（$X_i$） | | |
| 1817.35 及以上 | 1 | 1895.41 | 0.0323 | 0.1682 | 0.0323 | 0.1682 | 0.0109 | 0.0105 |
| 1453.88～1817.34 | 1 | 1769.36 | 0.0323 | 0.1570 | 0.0646 | 0.3252 | 0.0210 | 0.0210 |
| 1090.41～1453.87 | 0 | 0 | 0 | 0 | 0.0646 | 0.3252 | 0.0420 | 0.0320 |
| 726.94～1090.40 | 2 | 1922.51 | 0.0645 | 0.1706 | 0.1291 | 0.4958 | 0.1120 | 0.0826 |
| 363.47～726.93 | 3 | 1622.39 | 0.0968 | 0.1440 | 0.2259 | 0.6398 | 0.6398 | 0.2259 |
| 363.47 以下 | 24 | 4057.82 | 0.7742 | 0.3601 | 1.000 | 1.000 | | |
| 总计 | 31 | 11267.49 | 1.000 | 1.000 | | | $\Sigma=$ 0.8257 | $\Sigma=$ 0.3720 |

$GI = \left[\left(\sum X_iY_{i+1}\right) - \left(\sum X_{i+1}Y_i\right)\right]/\sum X_iY_{i+1}$

$\quad = [0.8257 - 0.3720]/0.8257$

$\quad = 0.4537/0.8257$

$\quad = 0.5495$

$\quad \approx 0.550$

同理，可得 2000—2003 年普通小学、普通初中、普通高中的所有教育生均预算内公用经费支出的基尼系数。（见表 3-4）

表 3-4　2000—2003 年 31 个省（市）自治区各级教育生均预算内公用经费

支出基尼系数（以地方公布的教育生均预算内公用经费支出总数的平均数为基数）

| | 2000 年 | 2001 年 | 2002 年 | 2003 年 |
|---|---|---|---|---|
| 普通小学 | 0.528 | 0.610 | 0.548 | 0.563 |
| 普通初中 | 0.528 | 0.583 | 0.545 | 0.544 |
| 普通高中 | 0.515 | 0.521 | 0.537 | 0.550 |

表 3-4 再一次证明了我国基础教育的非均衡发展状态。

### （一）教育生均预算内公用经费支出呈阶梯形分层

从 2000—2003 年 31 个省（市）自治区公布的教育生均预算内公用经费支出数字来看，在教育技术上明显地表现出四个层次的阶梯形分层，即强势、较强势、较弱势和弱势。强势地区以北京、上海为典型；较强势地区以天津、浙江、广东、西藏为典型；较弱势地区以内蒙古、辽宁、吉林、黑龙江、福建、海南、云南、青海、宁夏、新疆为典型；河北、陕西、江苏、安徽、江西、山东、河南、湖北、湖南、广西、重庆、四川、贵州、陕西、甘肃为弱势地区。强势地区的教育生均预算内公用经费支出一直保持最高值，高出平均数 4 倍以上，较大程度地超过较强势地区，远远超过较弱势和弱势地区。较强势地区的教育生均预算内公用经费支出与强势地区有一定的距离，特别是在初中阶段比较明显。较弱势地区的教育生均预算内公用经费支出略高于平均数，但与强势和较强势地区相比相差很远。弱势地区的教育生均预算内公用经费支出在平均数以下，并且很低。这种阶梯形分层状况，各省（市）自治区在不同的教育阶段和年份略有出入，但出入不大。

### （二）教育生均预算内公用经费支出相差悬殊

从 31 个省（市）自治区公布的数字来看，各级教育生均预算内公用经费支出的最大值与最小值相差极其悬殊，强势地区的教育生均预算内公用经费支出是弱势地区的几十倍，受教育条件明显不平等，少数地区拥有较多的教育公用经费资源，多数地区拥有较少的教育经费资源。（见表 3-5）

表 3-5　2000—2003 年 31 个省（市）自治区各级教育生均

预算内公用经费支出比较（单位：元）

| | 普通小学 | | | | 普通初中 | | | | 普通高中 | | | |
|---|---|---|---|---|---|---|---|---|---|---|---|---|
| | 最大值 | 最小值 | 差 | 倍数 | 最大值 | 最小值 | 差 | 倍数 | 最大值 | 最小值 | 差 | 倍数 |
| 2000 年 | 448.20 | 8.77 | 439.43 | 50.11 | 754.12 | 21.80 | 732.32 | 33.59 | 1208.99 | 40.92 | 1168.07 | 28.55 |
| 2001 年 | 699.56 | 10.54 | 689.02 | 65.63 | 871.95 | 25.08 | 846.87 | 33.77 | 1476.75 | 43.96 | 1432.79 | 32.59 |
| 2002 年 | 927.22 | 17.95 | 909.27 | 50.66 | 1133.87 | 41.26 | 1092.61 | 26.52 | 1602.94 | 35.14 | 1567.80 | 44.62 |
| 2003 年 | 1229.15 | 20.73 | 1208.42 | 58.29 | 1510.72 | 41.44 | 1469.28 | 35.46 | 1895.41 | 62.18 | 1833.23 | 29.48 |

从各省（市）自治区及其教育生均预算内公用经费支出的累积百分比来看（以国家公布的数字为基数），普通小学：2000年占9.7％的强势地区（北京、上海、西藏）拥有49％的教育生均预算内公用经费，48％的弱势地区仅拥有11％的教育生均预算内公用经费；2001年6.5％的强势地区（北京、上海）拥有47％的教育生均预算内公用经费，52％的弱势地区仅拥有14％的教育生均预算内公用经费；2002年6.5％的强势地区（北京、上海）拥有45％的教育生均预算内公用经费，55％的弱势地区仅拥有16％的教育生均预算内公用经费；2003年6.5％的强势地区（北京、上海）拥有44％的教育生均预算内公用经费，58％的弱势地区仅拥有19％的教育生均预算内公用经费。普通初中：2000年13％的强势地区（北京、上海、天津、西藏）拥有56％的教育生均预算内公用经费，52％的弱势地区仅拥有15％的教育生均预算内公用经费；2001年9.7％的强势地区（北京、上海、天津）拥有47％的教育生均预算内公用经费，58％的弱势地区仅拥有20％的教育生均预算内公用经费；2002年6.5％的强势地区（北京、上海）拥有39％的教育生均预算内公用经费，52％的弱势地区仅拥有17％的教育生均预算内公用经费；2003年6.5％的强势地区（北京、上海）拥有40％的教育生均预算内公用经费，52％的弱势地区仅拥有17％的教育生均预算内公用经费。普通高中：2000年6.5％的强势地区（北京、上海）拥有28％的教育生均预算内公用经费，65％的弱势地区仅拥有26％的教育生均预算内公用经费；2001年6.5％的强势地区（北京、上海）拥有30％的教育生均预算内公用经费，68％的弱势地区仅拥有28％的教育生均预算内公用经费；2002年6.5％的强势地区（北京、上海）拥有32％的教育生均预算内公用经费，65％的弱势地区仅拥有25％的教育生均预算内公用经费；2003年6.5％的强势地区（北京、上海）拥有33％的教育生均预算内公用经费，68％的弱势地区仅拥有28％的教育生均预算内公用经费。

### （三）农村义务教育的发展仍面临较大的困难

从普通小学、普通初中的教育生均预算内公用经费支出的基尼系数和累积百分比分布来看，教育经费的较高集中度反映了农村义务教育发展所面临的困难。一方面，普通小学和普通初中教育生均预算内公用经费支出的最大值与最小值相差较大，强势地区与较强势地区间的差距也较大，这表明九年义务教育在低水平的教育投入上发展，存在着区域间发展的不平衡性；另一方面，农村学校教育主要是九年义务教育，从近几年农村教育生均预算内公用经费支出的绝对值与城市相比存在的较大差距来看，区域间的不平衡主要反映着城乡间义务教育的不均衡性。（见图 3-1、图 3-2）

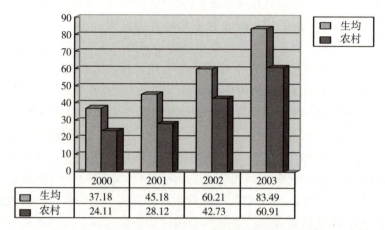

| | 2000 | 2001 | 2002 | 2003 |
|---|---|---|---|---|
| 生均 | 37.18 | 45.18 | 60.21 | 83.49 |
| 农村 | 24.11 | 28.12 | 42.73 | 60.91 |

图 3-1　2000—2003 年农村普通小学教育生均
预算内公用经费支出增长（元）

### （四）普通高中教育孕育着不平衡危机

从现已公布的数字来看，高中阶段教育生均预算内公用经费支出百分比呈下降趋势（普通高中 2000—2003 年教育生均预算内公用经费支出百分比分别为-6.7、12.2、-2.6、14.3，2003 年略有回升），但基尼系数却呈上升趋势。这表明，普通高中的教育生均预算内公用经费支出不断减少，集中程度不断提高。但是，由于普通高中阶段的教育属于非义务教育的性质，普通高中的不均衡发展状况并未引起人们的充分注意。值得注意的是，高中阶段教育在基础教育与高等教育中起着承上启下的作用，它直接影响着义务教育和高等教育的发展。2003 年，我国初中毕业生升学率仅为 59.6%，还有 2/5 的适龄人口不能接受高中阶段的教育。从目前的分布来看，普通高中主要集中于县级以上城镇，也就是说，城市普通高中教育也处于不均衡发展状态。

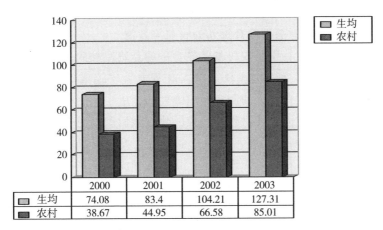

図 3 - 2　2000—2003 年农村普通初中教育生均
预算内公用经费支出增长

## 三、基础教育均衡发展的政策建议

### （一）构建基础教育均衡发展的政策框架

构建教育政策框架是制定教育政策的前提。教育问题从最一般意义
上，可以分为过失性教育问题和结构性教育问题。[①] 过失性教育问题是由
于偏离正常规范的过错或失误行为导致的教育现象。这类问题因为与大多
数人的正常活动格格不入，所以很容易被识别。结构性教育问题是由于教
育自身结构不合理所导致的教育现象。这类问题因为潜在性较强，层次性
较深，所以不易被及时发现，危害也较大。基础教育非均衡发展问题是结
构性教育问题。首先，从教育经费投入结构来看，基础教育缴费上学，高
等教育免费上学的状况经历了很长时间，它导致大中小学教育生均预算内
公用经费支出比例严重失调。其次，从办学主体结构来看，农村的基础教
育一直由社区来办，很多地方靠农民的积极性和自觉性办学，这使得城乡
之间的基础教育差异无法避免。再次，从教育管理体制结构来看，基础教
育属地方管理，区域经济实力的差异必然影响到基础教育整体发展的差
异。最后，从基础教育政策结构来看，重点校政策、教师编制政策等，在
客观上不同程度地导致了城乡之间、校际之间的差距。

---

① 　谢明. 公共政策导论［M］. 北京：中国人民大学出版社，2002：109-110.

### （二）关注政府对基础教育投入的收益与效益

对于基础教育，特别是农村基础教育中的经费短缺问题，国家已经采取了相应的政策，然而，这些教育投入政策能否收到成效却需要再做论证。一方面，要对教育政策的制定做前瞻性的分析，预测教育政策未来的收益与效益；另一方面，要对教育政策的执行做回溯性的分析，评价政策结果的收益与效益。[①] 收益是可以量化的，教育投入可以通过比较不同投入方案的结果，计算相应的货币成本，从而选择成本小或收益大的政策方案。效益是难以量化的绩效估计，但可以通过教育投入的效益反映一定的问题。最能检验教育投入效益的标准是公平标准，这一标准要求基础教育的投入政策关注三个问题：其一，最需要投入的人群是否得到了与他们的人数呈比例的服务；其二，教育费用支付能力最低的人是否承担着超出他们承担能力的教育成本；其三，最大的受益者是谁，是否是没有支付成本的人。

### （三）明确教育生均预算内公用经费支出的拨款标准

目前，由于没有明确规定政府与学生在教育生均预算内公用经费支出上的分配比例，所以如果政府财力不足，就可能导致以提高学生学杂费而提高教育生均预算内公用经费支出标准的做法。这样，不仅会加重家长的经济负担，也无法保证教育基本费用的稳定性。为此，应当明确政府对教育生均预算内公用经费的拨款标准，并侧重对弱势群体的支持，及早调整基础教育的非均衡发展状况。

[原文载于《教育研究》2005 年第 9 期，53-58 页]（杨颖秀）

---

[①]　William N Dunn. Public Policy Analysis：An Introduction ［M］. New Jersey：Prentice Hall，1994：76-78.

# 高中阶段教育公平的缺失及策略思考（2007）

教育的不均衡表现于区域间的不均衡、校际间的不均衡和教育结构的不均衡。高中阶段教育在义务教育和高等教育阶段起着承上启下的作用，但高中阶段教育的公平准则未能较好地体现，在整体上影响了教育的均衡发展。高中阶段教育由于诸多问题的存在，正成为影响教育结构均衡的"瓶颈"。

## 一、高中阶段教育显失公平的现实问题

自 20 世纪 80 年代以来，我国将小学和初中阶段教育纳入义务教育范畴，1986 年和 2006 年先后制定和修改了《中华人民共和国义务教育法》，以国家法律的形式保障义务教育的运行。同样，在高等教育制度的设计上，1980 年和 1996 年先后颁发了《中华人民共和国学位条例》和《中华人民共和国高等教育法》，2004 年又对《中华人民共和国学位条例》进行了修订，据此，依法规范高等教育也成为既定的事实。但至今为止，还没有一部行政法规以上的教育法来规范高中阶段教育，致使高中阶段教育成为教育体系中的"瓶颈"，在入学制度、收费制度、学校数量与规模等方面表现出较大的缺失。

在入学制度方面，由于择生现象的存在，学生难以得到公正的入学机会。一直以来，考试模式占据着高中入学制度的主要位置，在以分数作为衡量学生入学的唯一标准的尺度下，入学制度存在着极大的片面性。此外，推荐（保送）模式、指标生模式、特招生模式等都存在着这样或那样的问题。例如，推荐（保送）模式在选拔标准上不明确，以分取人的现象仍与之伴随。指标生模式通过将招生指标按照不同比例分配给普通初中进行招生的做法，在一定程度上能够保证每所初中的学生按既定比例进入重点高中学习，从而在就学机会上对教学质量相对滞后的学生有所补偿。但实践中出现的"倒择校"现象已经表明了这种模式在受教育机会的公平性上存在着新的欠缺。特招生模式是对在文艺或体育等方面有特长的学生实

行加分录取甚至免试录取的鼓励性入学制度。但操作中的弄虚作假、权钱交易依然时有发生，致使特招生模式背离了它的初衷。入学模式的种种弊端使高中阶段教育在起点上就受到机会是否公平的挑战，成为束缚一部分人进入高中学习的桎梏。

在收费制度方面，尽管国家的"三限"政策对高中收费行为做了明确约束，但变异性的收费行为仍然屡禁不止。其一，收费标准不确定，试图以市场机制调节收费行为。有的学校将高中阶段教育视为卖方市场，认为只要有人愿意出高价购买受教育机会，就应当理直气壮地接受。其二，以实验为借口，通过办实验班、特长班等手段向学生高收费。这些名目繁多的高收费行为，不仅排除了无力高付费的学生进入条件较好的高中进行学习的机会，也使一部分家长身不由己地陷入择校之列，在他们节衣缩食送子女进入条件较好的高中进行学习的同时，也增加了他们的心理负担和经济压力。

在学校的数量与规模方面，高中的数量有限，部分高中积聚优质教育资源成为超大规模的高收费学校。2005 年，全国高中阶段教育（包括普通高中、职业高中、普通中等专业学校、技工学校、成人高中、成人中等专业学校）共有学校 31532 所，招生 1533.39 万人，在校学生 4030.95 万人，高中阶段毛入学率 52.7%[①]。全国普通高中 16092 所，招生 877.73 万人，在校生 2409.09 万人，普通高中阶段毛入学率 31.50%。[②] 数字表明，高中阶段教育资源极其短缺，特别是普通高中教育资源短缺。加之历史形成的重点高中与非重点高中的校际差距，普通高中优质教育资源更成为制约高中阶段学生入学的"瓶颈"。在此情况下，一部分积聚了优质教育资源的高中更有条件以各种借口实行高价招生，使家长的教育投入与所得利益并不对称。这些学校逐渐成为超大规模学校，再度拉大了校际间的差距。

## 二、高中阶段教育公平的认识误区

教育均衡发展是促进教育公平正义的基本标志，新修订的《义务教育法》将促进义务教育均衡发展和促进学校均衡发展赋予了法律效力[③]，并将均衡配置本行政区域内学校师资力量作为县级人民政府教育行政部门必

---

① 参见教育部 2005 年全国教育事业发展统计公报。
② 参见教育部 2005 年全国教育事业发展统计公报。
③ 参见《中华人民共和国义务教育法》第六条、第二十二条。

须履行的义务①。据此，有人将高中阶段教育的公平缺失问题解释为：目前讲的教育公平是指义务教育的公平，并认为义务教育阶段实行的是公平优先兼顾效率的原则，而非义务教育阶段实行的是效率优先兼顾公平的原则。这种认识再次掩盖了高中阶段高收费行为的错误，加重了高中教育的"瓶颈"现象，促生了现代国民教育体系的整体失衡。因为这种认识存在三个主要误区：

一是忽视了高中教育的公益性，在空间上将高中阶段教育与教育整体割裂。系统理论早已揭示，在不能保证每一阶段教育公平的情况下，教育整体也必然失去公平。因此，教育均衡发展决不仅仅是义务教育的发展目标，也应当和必然是非义务教育的发展目标。《义务教育法》的法律规范虽然仅适用于义务教育阶段法律关系主体，但其倡导的基本法理和张扬的基本精神是具有普适性的。忽略这一点，断章取义误释法的基本理论和精神不是科学的态度。高中阶段教育目前虽然不属于义务教育，但教育的公益性不能仅限于义务教育。

二是忽视了教育发展的动态性，在时间上割裂了教育在不同发展阶段的战略重点与教育可持续发展之间的关系，将阶段性的战略重点视为教育发展的最终结果，进而导致只知一点不及其余的片面主张。20世纪80年代以来，我国一直将"两基"作为教育的重中之重，这是受我国教育发展的实际水平和经济实力影响的基本国策，在一定的历史阶段具有重点突破的必要性。但这一国策并不排斥其他阶段教育在坚持公平正义原则基础上的协调发展。如果在集中解决某一重点问题的时候，忽视了解决这一问题的根本目的，从而导致新的更严重的问题产生，那么就失去了解决重点问题的原生意义，教育的可持续发展就会受到顾此失彼行为的恶性影响而成为一句空话。

三是忽视了教育公平与效率的相互依存性，机械地将两者对立，使教育行为限于僵化的思维束缚之中。公平反映的是影响人的积极性的决策行为是否公正的社会属性，它是一个质的概念；效率反映的是物的运行结果或人的努力程度及其能力大小的客观情况，它是一个量的概念。公平的对立面是偏倚而不是效率。公平与效率会相互影响，却并不互相排斥。但由于我国历史上忽视了分配领域的效率问题，将平均分配与公平分配相混淆，因而，党的十三大明确提出在促进效率提高的前提下体现社会公平的

①　参见《中华人民共和国义务教育法》第三十二条第二款。

按劳分配政策。党的十四大进一步提出在分配制度上，兼顾效率与公平。党的十五大把按劳分配和按生产要素分配结合起来，坚持效率优先、兼顾公平。党的十六大再次肯定效率优先、兼顾公平的分配制度，但倡导初次分配注重效率，再分配注重公平。而党的十六届五中全会通过的《关于制定国民经济和社会发展第十一个五年规划的建议》，在分配制度上则强调在经济发展的基础上，更加注重社会公平。党的十六届六中全会通过的《关于构建社会主义和谐社会若干重大问题的决定》再次强调建立在经济发展的基础上，更加注重社会公平的分配制度。从十三大以来党在分配制度上的发展轨迹来看，国家在讲公平与效率的关系时从来没有忽视它们存在的特定环境和前提条件，也从来没有将两者互相对立。但在教育领域讲公平与效率时，却有人忽视了分配政策存在的前提，曲解了公平与效率之间的关系，出现了追逐局部利益而舍弃人民群众整体利益，从而影响教育形象的现象。

## 三、完善高中阶段教育的基本策略

高中阶段教育是教育体系中的一部分，在义务教育与非义务教育阶段起着承上启下的作用。但至今为止我国对高中阶段教育的关注程度与其在教育结构体系中的重要位置相比还不协调。为此，我们应从构建现代教育制度体系入手发展高中阶段教育，提高高中阶段教育改革决策的科学性与改革措施的协调性。

### （一）改革高中招生制度，提供平等入学机会

解决民生问题是党和政府当前工作的重点，受教育机会均等是民生问题的基本内容。要解决高中阶段教育的"瓶颈"现象，首先要改革高中招生制度，为受教育者提供平等的入学机会。以往以分数为唯一标准的高中入学制度已经显示出评价标准的欠缺，由此引发的指标生模式、特招生模式、推荐（保送）模式等也由于操作程序上的不规范而反映出一定的弊端。2006年，一些地方出现了将综合评价模式纳入高中招生录取的做法，对每一个学生全面发展的状况进行评价，评出初中毕业生综合素质等级，并以此作为高中招生录取的参照依据。应当说，这种做法其主导思想是正确的。从国外的做法来看，将平时表现和毕业考试相结合是许多国家习惯采用的升学依据。但综合素质评价要求教师有很强的责任心，对学生诚信品质的要求特别严格。因此，这种入学制度的建立不仅需要一个艰苦的过

程，也需要有配套的管理制度和措施，例如科学的考评制度、严格的档案制度、规范的民主参与制度等。美国对于一名有特长而将要获得著名大学录取资格的学生，极其重视任课教师对其成绩是否真实的专业性评定。在遇到争议时，教师协会、学校董事会、校长、学区教育局长、学生家长等多方面均可以在权力范围内坚持自己的意见，最终做出公正的裁决，使学生、学校、教师多方面的利益都能得到保证①。

### （二）建立高中学生资助制度，对能力缺失者实施补偿

罗尔斯认为，"正义的主要问题是社会的基本结构，或更准确地说，是社会主要制度分配基本权利和义务，决定由社会合作产生的利益之划分的方式""一个社会体系的正义，本质上依赖于如何分配基本的权利义务，依赖于在社会不同阶层中存在着的经济机会和社会条件"②。根据罗尔斯的观点，维持正义的制度建设主题就是权利和义务的有效分配。而从高中阶段教育的实际情况来看，与义务教育和高等教育相比，尚缺乏对贫困学生的资助制度，使这些学生无法享受到应当属于他们的受资助的权利，进而由经济机会的缺失而导致受教育机会的缺失，或者由于经济机会的缺失而导致比其他受教育者承受更大的负担和压力。这种状况既是有违公平的，也是有违正义的。

对高中学生的资助制度与高等教育不同的是应当采用奖学金和助学金的形式而不适合于采用贷款的形式。因为如果采用贷款的形式，有两个问题难于解决：一是高中学生如果毕业后继续升入大学深造，仍无力偿还贷款，在大学期间还会继续增加贷款数额，大学毕业后也很难在短时期内偿还清楚，这对高中学生来说会造成很大的心理压力和经济负担。二是高中学生在毕业之前绝大多数尚不满 18 周岁，他们不具有完全民事行为能力，以贷款的形式进行资助是不合适的。因此，以奖学金和助学金的形式对高中学生进行资助实际上体现的是注重差异的原则，这不仅能促进受教育机会的平等，也会在一定程度上阻止一部分高中的高收费行为。

---

① Theodore J Kowalski. Case studies on educational administration [M]. Pearson Education，2005：87-92.

② 约翰·罗尔斯. 正义论 [M]. 何怀宏，何包钢，廖申白，译. 北京：中国社会科学出版社，2003：741.

### （三）厘清学校权力范围，发挥政府办学职能

从上述列举的高中"瓶颈"现象可以得知，高中学校发展速度与规模的失衡已经导致高中阶段教育的自身失衡和教育结构的整体失衡。一部分超大规模的高中聚积了人、财、物多方面的优质资源，导致校际间的不均衡，而高中整体发展的较慢速度又与高等教育、义务教育的发展不相协调，导致教育结构的失衡。导致高中阶段教育失衡的原因很多，但学校权力范围界限不清、政府办学职能发挥不力是不可忽视的重要原因。公立学校是受国家委托的办学主体，在一定条件下具有代表国家行使一定行政职权的能力。但受法律规范不完善的影响，学校权力泛化的现象时有发生。有的学校不顾国家政策规定，以各种借口向学生高收费，这不仅使高中阶段教育出现经济上的分层现象，也使部分学生在权力优势的庇护下享受到教育上的特权。对于这个问题，政府必须发挥好办学职能，承担起执政为民的责任。这种责任至少表现在两个方面：一是政府要明确规定办学经费标准，向公立学校按时提供充足的经费；二是政府机构及其领导者不能无视或特许部分学校的收费行为，因为政府的权力是人民赋予的，它来自人民，也应当公平地归还于人民，任何一个领导人都没有权力将人民赋予的权力私有化、特殊化。如果政府能坚持公平的价值准则，秉公执法，承担起办学责任，那么高中阶段教育的"瓶颈"将会打破，教育结构的失衡也必定会得到好转。

[原文载于《教育理论与实践》2007 年第 21 期，22-24 页]（杨颖秀）

# 热象中的冷思考

## ——"教育券"政策建构中需要关注的四个问题（2003）

目前，我国已有部分地区实行了"教育券"政策。"教育券"政策是美国经济学家、诺贝尔奖获得者米尔顿·弗里德曼"教育凭证"思想的具体操作形式。从政策学意义和"教育凭证"思想的发展过程以及我国的教育实际来看，要建构比较科学的"教育券"政策应该关注四个问题。

### 一、"教育券"政策产生的原因

教育政策产生的重要条件在于存在教育问题。要制定"教育券"政策，首先需要分析是否存在需要制定"教育券"政策的教育问题。教育问题是指实际状态与期望状态之间的差距。这种差距往往通过教育系统与社会其他系统的不和谐以及教育系统内部各子系统的不和谐状态反映出来。当教育的实际状态与期望状态之间的差距极其明显时，人们就会对教育表现出极为明显的焦虑、不安、怨恨等情绪，这些状况表明教育问题已经发生了。然而，受各种因素特别是人自身因素的影响，教育问题的发生有时也会出现一定的滞后状态，甚至隐藏相当长的时期，但这不等于没有教育问题。为解决教育问题，有关部门有时需要采取相应的政策措施。如果"教育券"政策能够解决相关的教育问题，则表明"教育券"政策具备了存在的基础性和必要性。因此，"教育券"政策的实行应该是为了解决已经存在的通过"教育券"政策能够解决的问题。

### 二、"教育券"政策形成的条件

实行"教育券"政策是为了解决教育问题，但并非有了客观存在的教育问题就必定能形成"教育券"的政策，因为以政策形式反映的问题往往受很多因素的影响。

第一，政策制定者的主观认定。主观认定是人们对客观情况的觉察和认识，它受人们价值观的影响；客观条件有时能够被人们认定为问题，有时却不能。不同的价值观使人们从不同的侧面去思考问题，同样的客观状态，不同的人会做出不同的认定。同时，不同的解决问题的措施和办法也会影响人们对客观状况的认定。只有当教育问题被决策者认为有责任、有必要解决，并需要制定具体行动方案或准则时，才能成为制定教育政策的原因。正因为制定教育政策时需要教育决策者的主观认定，所以，有些应当通过制定政策来解决的教育问题也可能会受到教育决策者的影响；同理，已经制定的政策也可能会出现失误或偏差，从而引起新的实际状况与期望之间的差距。

第二，教育问题具有普遍性。客观存在的问题如果涉及的人数较多、范围较广就容易被认定为社会政策问题或教育政策问题。相反，如果只在个别人或少数人身上发生，则不易引起人们的重视，当然也就很难被认定为问题。

第三，教育问题的系统性强。任何一个社会问题或教育问题都不是孤立存在的，一个问题可能与几个问题有关，也可能引起其他若干问题。如果某个教育问题涉及的问题比较多，就可能被认定为教育政策问题。

第四，教育问题的强度大。有的教育问题不经常发生，或涉及的范围不是很广，但一旦发生，就可能变得很严重，并引起人们的高度重视和思考。这样的教育问题容易被认定为教育政策问题。另外，同一个教育问题在不同的地方或不同的时期受政治、经济、科技、文化、人口、地理等因素的影响，也可能通过不同的教育政策来解决。

由上述分析可知，如果存在的教育问题已经具备了被认定为应该制定相应教育政策的条件，那么就可能形成一项教育政策，而具体形成什么样的政策，还需进一步分析。如果"教育券"政策能够解决已经存在的、需要通过教育政策解决的问题，那么就可能被确定下来。从国内外已经实行的"教育券"政策来看，其在许多方面都对教育产生了影响。但从目前我国教育的实际情况来看，我们更期待"教育券"政策能在促进教育均衡发展方面发挥更大、更好的作用。

## 三、"教育券"政策制定的原则

第一，"教育券"政策需要平衡教育与市场的关系。教育是培养人的公益事业。政府一方面要保证其专业性、价值性，避免失误，另一方面又允许公民通过市场机制共同参与教育管理。在家长和社会共同参与管理、选择教育的时候，他们难免因专业知识不足、局部需要等原因出现认识上的偏差。因此，"教育券"政策的制定既要依靠市场机制激活教育，强化竞争，提高效率，又要注意体现教育的价值，保证教育质量。事实上，政策是竞争环境中的理性选择。在有两个或两个以上的参与者彼此存在利害关系时，其中每个人的选择都会对他人的决定产生影响，最终的结果依赖于所有参与者的选择，孤立的选择是不存在的。每个参与者都不仅要考虑自己的需要和能力，而且要对他人的预期行为做出判断，然后调整自己的行为。"教育券"政策需要综合处理市场、教育和政府之间的关系，这正是制定它的基础。

第二，"教育券"政策要有利于区域教育的整体发展。我国地区间的差异较大，制定"教育券"政策需要从区域内的实际情况出发。好政策是一个相对的概念，一项政策，在甲区域有效，在乙区域未必有效。因而，不同的地区应选择不同的政策，选择同一政策的不同地区，对政策应做出相应的调整。实际上，对政策的制定、选择或调整就是要有力度地解决问题。所以，"教育券"政策要促进教育均衡发展，在不同的区域有时可能会倾向于不同的利益群体。在经济条件比较薄弱的农村，则应向贫困家庭倾斜。要做到这一点，政府部门是要付出代价的。利用"教育券"政策发展农村教育可能会提高资金的使用率，但却不能奢望以此降低政府对教育投入的力度。从美国"教育凭证"制度的后继制度——"特许学校"制度的实施来看，它虽然在一定程度上实现了民主、竞争、质量、权利等价值理念，但经费问题仍然是最难解决的；解决不了经费问题，学校还是难以生存。

第三，"教育券"政策要在动态中完善。一项好的政策不仅会受到区域条件的限制，而且会受到时间条件的限制。由于政策的制定往往会建立在对一定价值取舍的基础之上，所以政策的制定不应仅是指"制定"这一个环节，而应当是指发现问题→形成政策→实施评估政策的全过程。在这一过程中，可以发现政策存在的问题，特别是作为一项新政策的"教育券"政策，是建立在对国外同一政策借鉴基础上的，难免有脱离我国实际情况的弊端，因此要特别关注政策实施的反馈信息，以及时调整和修正政策。

## 四、"教育券"政策实施的要求

第一，要进行"心理解冻"。"教育券"政策的实行在我国是一个新生事物，尚处于尝试之中，许多人还不了解它的真正意义，因此政府要与社会、家长、学校沟通，使他们能够真正了解实行"教育券"政策的原因、意义及对未来教育事业的影响。试行单位要特别引导家长正确使用"教育券",为子女负责任地选择学校。对于家长来说,实行"教育券"政策的重要意义在于赋予了他们公正地代理学生行使选择教育的权利,它需要家长有较好的教育素质,否则"教育券"政策将流于形式。

第二,要做好组织建设工作。实行"教育券"政策是一个从上到下、从下到上的系统工程,必须保证有实施政策的组织机构,包括教育行政部门、学校等都要各尽其责。教育行政部门的主要责任在于制定公正可行的"教育券"政策,按时提供"教育券",并严格审核实行"教育券"政策的学校标准。学校的主要责任在于为学生和家长提供高质量的教育,防止片面追求效率和功利,避免短期行为。

第三,要做好政策实施的监督工作。政策监督的主体、监督的手段是多方面的。"教育券"政策可以分别由政府、社会、家长等主体进行监督,通过评估等手段检验政策实施的效果。评估要尊重事实标准和价值标准,并分辨影响政策实施的复杂因素,对实施结果做出客观公正的评价。

第四,要提升"教育券"政策的伦理价值。公共管理的伦理价值主要反映在制度伦理和公共管理者的道德伦理两个方面。通过"教育券"政策实现的公共管理要达到促进基础教育均衡发展的目的,一是要保证政策本身的公平绩效,二是要保证政策制定者具有责任意识,三是要保证政策执行者遵守道德规范。政策本身的公平绩效是制度伦理的反映,政策一经制定,就形成了一种制度,政策的公平与否反映制度的伦理价值,这种价值能进一步影响到政策的绩效。

如前所述,制定"教育券"政策并不能推卸政府在发展教育中的责任,它只是将政府的一部分责任委托给了其他公共管理主体。因此,政府部门需要在平衡利益群体的关系中重新定位,并承担起新的责任。政策的执行也要求各主体有自觉的道德行为规范,以避免教育资源的流失。

[原文载于《中小学管理》2003 年第 6 期,14-16 页](杨颖秀)

# 基础教育均衡发展的政策视点 （2002）

基础教育的均衡发展也就是基础教育的平衡发展。平衡是一个相对的概念，是在实现平衡的动态过程中表现出的事物数量或质量的相抵，或事物运动状态的相对静止。因此，基础教育的均衡发展不仅表现于反映其数量特征的结构、布局的平衡，也表现于反映其质量特征的绩效、结果的平衡，还表现于反映其运动状态特征的速度和规模的平衡。显然，我国基础教育的发展无论从数量还是质量或是运动状态来看，都表现出了失衡的危机，这种危机在区域间、校际间均有表现。为此，反思已有政策偏差，建立新的政策体系，是促进基础教育均衡发展的权宜之计。

## 一、基础教育均衡发展的政策错位

基础教育均衡发展的政策错位危机主要表现于资源配置政策的错位危机、成本核算政策的错位危机和绩效评估政策的错位危机。

### （一）资源配置政策的错位危机

教育资源包括人、财、物、时间、空间、信息等诸多方面。以政策为导向的教育资源配置已经影响和正在影响着基础教育的均衡发展。从宏观层面来看，国家对沿海地区的发展政策，使这部分地区获得了比西部和农村地区更优越的资源，教育也从中受益。特别是资金和教师的流动保证了沿海地区最重要的教育资源。从中观层面来看，1985 年《中共中央关于教育体制改革的决定》提出基础教育实行地方负责、分级管理的政策后，受经济因素的影响，农村许多地方将基础教育的管理权限层层下放，进一步拉大了城市与农村在教育资源配置上的距离，使本来就以农民投入为主的基础教育更加重了负担。从微观层面来看，"重点校""示范校""改制校"政策导致了城市中小学资源配置的落差。

### （二）成本核算政策的错位危机

按照国际惯例，教育的总投入包括政府、家庭、社区和其他相关机构向教育投入的总和。具体包括劳务投入、实物投入、土地投入以及现金投入（包括聘请家庭教师的投入）。在这些投入中，社区的投入愈大，地区的差别就会愈大，家庭投入愈多，受教育者的负担就愈重。从我国农村地区来看，以社区为主体的投入一直是基础教育发展的主要经费来源。因而，城乡基础教育的不均衡发展愈演愈烈。由于投入不足，学校向家庭收取的费用名目繁多。一所比较贫穷的农村地区的初中，几年前一个学期的收费竟然包括杂费、教育基金、办公费、课桌椅费、教辅及体育用品和图书费、水电费、晚自习费、风扇费、民办教师费、转学费、超员费、辅导材料费、练习册费、住宿费、厨师费、班会费、体检费、保安费、电影费、存车费、教科书费（下学期）、退休教师费、辅导费23项之多。另外，农村贫困地区学生家务负担较重，致使教育机会成本相对提高。资料显示，农村社区与家庭对教育的投入远远超出它们的实际承受能力。

### （三）绩效评估政策的错位危机

农村基础教育主要是九年义务教育。长期以来，农村义务教育的办学条件标准低于城市，对义务教育的评估要求也低于城市。对于这些做法，从积极意义来说是基于农村经济现状的实事求是的态度。从消极意义来说，降低对农村义务教育的要求，就等于鼓励拉大农村与城市基础教育之间的差距。同时，由于我国对义务教育的评估验收制度并不与教育成本相对应，因此无法检验教育投入数量与质量之间的关系，也无法保证现有义务教育办学条件标准一定能满足义务教育评估验收的要求。绩效评估政策的错位，强化了基础教育的不平衡发展。

## 二、基础教育均衡发展的政策建构

建构基础教育均衡发展的政策体系，实现基础教育均衡发展的战略目标是当前亟待解决的社会问题。基础教育均衡发展的政策建构应当包括三个层面。

### （一）确立制定基础教育均衡发展政策的指导思想

发展基础教育，特别是实施义务教育，从其实质而言是对受教育权利的普遍授予。受教育权的平等性要求受教育机会及其结果的均等与公正。我国已经形成的基础教育的不平衡发展状况明显地反映了经济发达地区、优质学校、强势群体与经济不发达地区、薄弱学校、弱势群体在受教育资源方面表现出的不平等性。1997 年，世界银行发展报告指出：每一个政府的核心使命包括五项基本的责任（World Bank，1997，p. 42）：（1）确定法律基础；（2）保持一个未被破坏的政策环境；（3）投资于基本的社会服务和社会基础设施；（4）保护弱势群体；（5）保护环境。由此可见，国家有责任以政策机制保证基础教育的均衡发展，并为此付出代价。事实证明，国家政策在基础教育不均衡发展中已经在一定历史时期、一定程度上起到了重要的调控作用。同样道理，国家政策必定有能力也有义务为促进基础教育均衡发展重新发挥调控作用。当前，应当抓住西部开发的契机，坚持基础教育的均衡发展的战略思想，为了弱势群体的利益，为了教育的民主化进程，国家所有公共政策的制定都不能忽视教育作为一种公共事业的公平与公正。

### （二）完善基础教育均衡发展的基本政策

基础教育均衡发展的基本政策是指起主导和保证作用的根本性政策。从公共政策学的角度来看，这样的政策应反映在宪法和宪法性法律之中，反映在国家纲领性文件之中。目前，在我国已有的六部教育法律之中，《教育法》《义务教育法》属于宪法性法律。它们对受教育权利、受教育机会的平等性问题做出了基本的规定，对弱势群体也提出了相应的保护措施。但力度还不够，还没有从根本上解决问题。例如，《教育法》关于集资办学的规定（第五十九条），意在提供多渠道解决农村义务教育经费问题，但事实上可以集资的法律关系主体的权利能力与行为能力并不统一。需要集资的地方往往是经济比较困难、基础教育比较薄弱的地方。这样的地方越是通过集资的办法补充教育经费就越会导致基础教育的不平衡发展。因此，对有关的教育法律应当依据法律程序进行必要的修改。要重点调整国家财政分配政策，通过转移支付、提高教育税率和教育经费投入比例等途径加大对农村基础教育的投入，为基础教育的均衡发展提供政策保证。农村义务教育应当先于城市实行完全免费制度，降低家庭投入成本。鼓励其他社会力量投入，但不依赖于社会力量投入。

当然，在依法促进基础教育均衡发展的过程中，会遇到许多困难。它需要基本政策从宏观的角度调整教育系统的结构、布局、规模、速度等，并要对政策实施中的问题反馈追踪，尽快提高基础教育素质，平衡优质教育资源。

### （三）制定基础教育均衡发展的具体政策

基础教育均衡发展的基本政策制定之后，要进一步制定具体政策以保证基本政策的落实，其中最重要的是义务教育政策。

首先，应当修改义务教育基本建设投入政策。从义务教育的投入政策来看，国家只侧重于教育事业费的投入，基本建设费用完全靠地方自筹。城市部分学校可以借助于优越的区域环境和已有的质量基础来筹措这部分费用，而农村学校则要依赖于乡村筹措。从实际情况来看，这一政策难以保证农村义务教育的基本建设。基础教育的均衡发展，应从农村校舍建设入手，先解决最基本的物质需要，然后向内涵发展的方向发展。

其次，应当修改农村义务教育办学条件标准政策。农村义务教育办学条件标准从经费投入、师资要求、校舍建设、图书仪器配备等多方面都远远低于城市标准。原国家教委在 1994 年颁发的《普及义务教育评估验收暂行办法》和 1998 年印发的《关于贫困地区普及初等义务教育评估验收工作的意见》，均将只能普及初等义务教育县的村办小学的办学条件定在"班班有教室，校校无危房，学生人人有课桌凳，教师教学有教具和必备的资料"的标准上，这与我国 20 世纪 80 年代初期普及初等教育的办学条件相比没有任何提高。甚至时至今日，仍有许多初等学校解决不了这种非常之低的义务教育办学条件，调查表明，一些学生仍需搬着板凳上学。为此，国家应当通过政策杠杆提高农村义务教育的办学条件标准，以法律的形式责成各级政府尽快解决这一问题。

第三，应当建立科学的义务教育督导评估政策。2002 年 5 月 16 日，国务院办公厅发出《关于完善农村义务教育管理体制的通知》，要求各级人民政府教育督导机构要把督导农村义务教育作为工作重点。这一决策是符合我国国情的。同时，督导评估应侧重于监督地方政府在保证农村义务教育办学条件方面的行为，主要包括经费投入、校舍建设、教学仪器设备和图书仪器资料购置、教师工资发放等方面的行为。教育督导要坚持标准化，引入 ISO 质量检测制度，保证农村基础教育发展的数量与质量，尽快实现弱势群体教育的跨越式发展。

［原文载于《教学与管理》2002 年第 22 期，3-4 页］（杨颖秀）

# 思考2　随迁子女的学校教育

## 从"两为主"到"两纳入"
### ——进城务工人员随迁子女义务教育政策的新突破（2017）

进城务工人员随迁子女（以下简称"随迁子女"）接受义务教育政策历经了20年的变迁，从依靠户籍所在地政府及学校对进城务工人员子女实施义务教育到依靠输入地政府及学校对其实施义务教育，再到将其义务教育纳入输入地各级政府教育发展规划和财政保障范畴，政策运行轨迹正在呈现新的突破。

### 一、政策制定理念的突破

自20世纪90年代开始，随迁子女迅速涌入城市特别是经济发达城市，随之出现了城市义务教育容量与随迁子女就学诉求之间的供需矛盾。为此，国家不断发布政策，努力为随迁子女在输入地接受义务教育寻找出路。在经历了2001年"以流入地区政府管理为主，以全日制公办中小学为主"（简称"两为主"）的政策之后[1]，2014年，国家又在政策上提出"将农民工随迁子女义务教育纳入各级政府教育发展规划和财政保障范畴"（简称"两纳入"）[2]。2015年，这一政策得到进一步强化，教育部公开表示要将常住人口纳入区域教育发展规划，将随迁子女教育纳入财政保障范围[3]。

"保障农民工随迁子女平等接受教育的权利"是"两纳入"政策的制

---

① 国务院关于基础教育改革与发展的决定［EB/OL］.（2001-05-29）. http：//www. moe. edu. cn/publicfiles/business/htmlfiles/moe/moe_16/200105/132. html.

② 国家新型城镇化规划（2014—2020年）［EB/OL］.（2014-03-17）. http：//www. gov. cn/gongbao/content/2014/content_2644805. htm.

③ 中国拟将农民工随迁子女"全纳入"城镇义务教育［EB/OL］.（2015-02-28）. http：//www. chinanews. com/gn/2015/02-28/7087944. shtml.

定理念。2015年，《国务院关于进一步做好为农民工服务工作的意见》（以下简称《为农民工服务工作的意见》）要求在"保障农民工随迁子女平等接受教育的权利"的前提下，"输入地政府要将符合规定条件的农民工随迁子女教育纳入教育发展规划"。显然，保障随迁子女平等的受教育权是制定"两纳入"政策的重要理念和终极目的。受教育权是发展权的基础，也是发展权的集中表现。而发展权是人的绝对权利，也是人的基本权利。人是生而自由的，享受不到受教育权或者享受不到平等的受教育权，发展的权利就无从谈起，那么人的自由平等也将是一句空话。在历史上，许多统治者都是通过限制或剥夺一定群体的受教育权来限制这一群体的发展进而达到维护其政权统治目的的，英国教育史上的"双轨制"是最典型的代表。同样道理，如果随迁子女不能在城市享受到平等的受教育权，那么他们的发展权也就无从保障。

随迁子女接受义务教育的政策，从"两为主"到"两纳入"，我们可以清楚地看到政府承担随迁子女义务教育的责任不断凸显。从20世纪90年代将随迁子女在城市接受义务教育视为其家长单方面的义务，进而对其在城市接受义务教育以缴纳借读费等形式进行有条件准入，到21世纪初期"以流入地区政府管理为主，以全日制公办中小学为主"，再到2014年提出"将农民工随迁子女义务教育纳入各级政府教育发展规划和财政保障范畴"，政府责任的动态归位充分反映了随迁子女义务教育政策在制定理念上的转变过程，这种转变为随迁子女可行能力的提升提供了更大的空间。正如森指出："可行能力方法的关注焦点不在于一个人事实上最后做什么，而在于他实际能够做什么，而无论他是否选择使用该机会。"[①]

## 二、政策制定依据的突破

一项政策的制定从问题识别到效果预测再到回溯分析，是一个动态的系统工程，需要有意识地运用相关理论，遵循相应的规律。"两纳入"政策以"嵌入式"的思维系统思考和解决随迁子女在输入地接受义务教育的问题，体现了这一政策新的生长点。

第一，在管理体制上体现政府责任的整体性。我国义务教育"实行国务院领导，省、自治区、直辖市人民政府统筹规划实施，县级人民政府为主管理的体制""县级以上人民政府教育行政部门具体负责义务教育实施

---

① 阿马蒂亚·森. 正义的理念 [M]. 王磊，李航，译. 北京：中国人民大学出版社，2012：217.

工作；县级以上人民政府其他有关部门在各自的职责范围内负责义务教育实施工作①"。这种管理体制本身要求各级政府、各职能部门共同履行职责，任何一级政府和任何一个职能部门都必须发挥其在基础教育管理中的作用。"两纳入"政策再一次强调了随迁子女义务教育是各级政府及其职能部门的责任，要求将其全面纳入教育发展规划和财政保障范畴，排除了"两为主"政策在解决随迁子女义务教育问题上表现出的局限性，使随迁子女可以和城市户籍子女一样共同享受各级政府及其职能部门的关心和爱护。

政府责任在管理体制上的整体性还体现在对"流入地"与"输入地"称谓的转换上。《为农民工服务工作的意见》改变了"两为主"及其以前政策中关于"流入地"的称谓，将其称为"输入地"。二者虽一字之差，却反映了政府对随迁子女身份以及自身责任的不同认识。因为，如果将随迁子女视为在"流入地"生活，那么就可能将随迁子女视为政府实施教育的负担。相反，如果将随迁子女视为在"输入地"生活，那么政府就可能将随迁子女视为政府实施教育的资源。"两纳入"政策要求将随迁子女和城市户籍子女置于相同的系统中统一管理，这绝不仅是组织形式上的重新组合，也不是受教育者数量上的机械叠加，更不是教育规模上的简单扩大，而是以政府为主体的教育管理系统在保障随迁子女受教育权的过程中表现出的组织能力。

第二，在管理过程上体现教育发展的动态性。教育发展规划是教育工作全面、长远的计划，制定规划的目的在于将教育的各种要素纳入管理系统，使教育工作目的明确、有序进行。制定规划也是教育工作的开端，是对教育实施动态管理的必然要求，管理过程理论对此已有充分的论证，为教育规划的制定提供了重要的理论基础②。随着我国教育管理科学化进程的加快，教育的规划性越来越强。各级政府既是教育规划的制定者，也是教育规划的实施者。《国家新型城镇化规划（2014—2020年）》（以下简称《新型城镇化规划》）要求将随迁子女义务教育纳入各级政府教育发展规划，就是要求将随迁子女义务教育规划的制定和实施有机地统一起来，从教育的起始阶段就保障随迁子女平等接受义务教育的权利，保障他们在受教育起点上的公平。

---

① 国务院关于基础教育改革与发展的决定 [EB/OL]. (2001-05-29). http：//www. moe. edu. cn/publicfiles/business/htmlfiles/moe/moe_16/200105/132. html.

② 郭咸纲. 西方管理思想史 [M]. 北京：世界图书出版公司，2010：322-323.

受多种因素的影响，我国教育管理的计划性在历史上成效并不显著。然而，教育具有的周期长、见效慢、不可逆转等方面的特殊性，要求教育管理必须具有计划性，没有计划或计划不科学都可能给教育工作带来重大损失。"两纳入"政策强调教育规划的重要性，遵循管理过程的规律性，采取动态的管理方式解决随迁子女义务教育问题，反映了我国教育管理水平和教育政策水平的整体提升。

第三，在管理要素上体现教育条件的关联性。将随迁子女义务教育纳入各级政府的教育发展规划只是政府履行责任的必要条件，将随迁子女义务教育纳入各级政府财政保障范畴才是政府履行责任的充分条件。多年来，随迁子女大量涌入城市，对政府构成较大的教育压力。这就要求政府能够在坚持正确教育理念的前提下，选择解决随迁子女义务教育问题的突破口，进而保障人、财、物、时间、空间和信息等教育管理要素之间的协调互补与相互统一。

财政支出影响社会需求，随迁子女义务教育的财政支出影响其政策转向。1996 年，国家教育委员会颁发《城镇流动人口中适龄儿童、少年就学办法（试行）》，对随迁子女接受义务教育采取的是以户籍所在地为主、以在流入地全日制中小学借读为主的原则，并允许随迁子女就读的流入地学校或教学班、组，可以向其父母或其他监护人收取一定的费用。显然，当时随迁子女接受义务教育并没有纳入输入地政府的义务范畴，财政保障不足成为影响随迁子女在输入地接受义务教育的瓶颈。2001 年，虽然国家提出"两为主"政策，但仍未体现财政保障的优越性，随迁子女在城市接受义务教育仍然受到"两为主"及客观上相对存在的"两为辅"的政策限制。而"两纳入"政策要求将随迁子女义务教育纳入各级政府的财政保障范畴，则从管理要素上抓住了解决问题的关键，对发挥其他要素的作用具有积极影响。

## 三、政策措施的突破

制定政策的目的在于有效实施，这就要求政策具有可操作性。《新型城镇化规划》和《为农民工服务工作的意见》均在政策的可操作性上有了新的突破。第一，要求建立健全全国中小学生学籍信息管理系统，为学生学籍转接提供便捷服务。学籍是登记学生信息的册子，也是由此延伸出的作为某校学生资格的认证。然而，学籍曾经是一些地方限制随迁子女在当地接受义务教育的条件。根据《义务教育法》的规定，义务教育采取就地、就近免试入学的制度，对于随迁子女而言，可以在户籍所在地入学并接受义务教育，也可以在父母或其他法定监护人非户籍工作地或居住地入学并接受义务教育。如果随迁子女在户籍所在地入学后再到父母或其他法定监护人非户籍工作地或居住地接受义务教育，就会给输入地学校增加学籍管理等方面的负担。因此，一些学校则以学籍管理不便为由，对随迁子女进行入学限制。针对学籍管理中的各种问题，2013年教育部印发《中小学生学籍管理办法》，要求以学生居民身份证号为基础建立学生学籍号，从幼儿园入园或小学入学初次采集学籍信息后开始使用，基础教育、高等教育、职业教育和成人教育有机衔接、终身不变。由此可见，相关政策措施不仅为随迁子女在输入地就学简化了学籍管理程序，也为随迁子女在输入地平等接受义务教育提供了条件。因此，学校对随迁子女的学籍管理应充分利用现代管理手段，与教育部的相关政策尽快衔接。

第二，要求输入地政府合理规划学校布局，科学核定公办学校教师编制，加大公办学校教育经费投入，保障随迁子女平等接受义务教育的权利。学校、教师和经费是保障随迁子女在城市接受义务教育的三个重要条件，这些条件有助于解决随迁子女在城市有学上和上好学的问题。随迁子女与其父母多集中居住于城乡接合部，根据实际情况合理规划学校布局尤为重要。同时，还需要有符合编制标准的教师和足额拨付的经费来保障学校工作的正常运转，保障教育教学工作有质量地进行。所以，合理规划学校布局、科学核定公办学校教师编制、加大公办学校教育经费投入都为解决随迁子女有学上和上好学的问题提供了基本的保障措施。

第三，要求公办义务教育学校普遍对随迁子女开放，与城镇户籍学生混合编班、统一管理。这是在新的教育理念下有效实施"两纳入"政策的有力举措。在此之前，由于受政策制定理念、财政保障范畴等因素的影响，随迁子女在城市接受义务教育存在着一定的隔离现象，包括随迁子女和城市户籍子女分校就读、分班就读等。这种现象事实上是一种文化和制度上的隔离，对随迁子女融入城市社会极为不利。而"混合编班，统一管理"则打破了以往存在的隔离现象，在保障措施上已经将随迁子女与城市户籍子女同等对待，使他们能够感受到与城市户籍子女拥有的平等身份和受教育权利。

第四，要求积极创造条件着力满足随迁子女接受普惠性学前教育的需求。进城务工人员涌入城市不仅要通过就业获得生活资金，也要在城市获得生活居所，更要让他们的子女享受到和城市户籍子女同样的教育。而让其子女在城市接受平等的教育应当说是他们最具长远利益的重要追求。根据终身教育的规律，随迁子女要得到身心健康发展不仅需要接受九年义务教育，也需要接受非义务教育阶段的学前教育。而"基本普及学前教育"正是《国家中长期教育改革和发展规划纲要（2010—2020年）》提出的重要战略。《国务院关于当前发展学前教育的若干意见》还要求在发展学前教育过程中，"必须坚持公益性和普惠性"。坚持学前教育的公益性要求输入地政府将随迁子女纳入学前教育发展规划，平等分配社会公共资源，使随迁子女公平享受社会公共利益。坚持学前教育的普惠性要求输入地政府全面惠及随迁子女的学前教育需求，使随迁子女最大限度地分享输入地政府学前教育的优惠政策。

第五，要求完善和落实符合条件的随迁子女接受义务教育后在输入地参加中考和高考的政策。非义务教育不仅包括学前教育还包括高中阶段教育和高等学校教育。和普及学前教育一样，"加快普及高中阶段教育"也是国家教育发展的重要战略之一，随迁子女能否在输入地与城市户籍子女一样接受高中阶段教育以及高中毕业后能否在当地报考高等学校，也关乎随迁子女的受教育权能否得到平等保障的问题。2012年，国务院办公厅转发教育部等部门《关于做好进城务工人员随迁子女接受义务教育后在当地参加升学考试工作的意见》，要求以有利于保障进城务工人员随迁子女公平受教育权利和升学机会为原则，积极稳妥地推进随迁子女义务教育后在输入地的升学考试工作，"两纳入"政策又进一步强调完善和落实随迁子女义务教育后在输入地参加中考和高考的措施，这就使随迁子女在输入地接受义务教育后有了可持续的发展空间，可以根据其教育需求继续完成学业并不断提升自己。

## 四、有效实施政策的建议

纵观随迁子女教育政策体系，其充分体现了"渐进式"政策制定模式的特点。这种政策制定模式虽有助于防止因政策的大起大伏对其实施带来风险，但也容易因其已有的惯性导致对政策变革的阻碍。因此，为提高"两纳入"政策实施的有效性，还需要在微观、中观和宏观不同层面妥善处理各种关系。

第一，正确认识户籍、身份、职业之间的关系，避免由此导致对随迁子女平等受教育权的侵犯。户籍是户籍管理机关以户为单位登记本地区内居民而形成的册子，也是由此延伸出的本地居民的身份。随迁子女的户籍受其父母的户籍所在地、婚姻地、工作地等条件的制约。绝大多数的随迁子女父母作为一个特殊群体因生活需要到输入地发生职业转换，这种转换在当下还无法使其户籍随之改变，那么随迁子女也无法在输入地获得当地户籍。然而，随迁子女没有输入地户籍并不能作为限制其在输入地接受义务教育的前提。《中华人民共和国义务教育法》（以下简称《义务教育法》）第十二条虽然规定了"地方各级人民政府应当保障适龄儿童、少年在户籍所在地学校就近入学"，但也同时规定"父母或者其他法定监护人在非户籍所在地工作或者居住的适龄儿童、少年，在其父母或者其他法定监护人工作或者居住地接受义务教育的，当地人民政府应当为其提供平等接受义务教育的条件"。因此，地方政府和学校应当避免以户籍为条件对随迁子女进行入学、编班等方面的限制，否则不仅违反《义务教育法》的上述规定，也违反《中华人民共和国教育法》中关于"公民不分民族、种族、性别、职业、财产状况、宗教信仰等，依法享有平等的受教育机会"的规定，进而涉及对其父母或者其他法定监护人的职业歧视以及对随迁子女本人的身份歧视。

第二，宏观规划教育财政保障范畴，减轻随迁子女集中地的教育压力。经费是影响教育发展的重要因素，随迁子女在输入地就学对政府构成的压力不乏经费导致的压力。因此，初期的随迁子女入学政策是将城市户籍子女和随迁子女分开管理的，由此也带来了文化的贫困和权利的不平等。此后，政府不断调整政策，努力排除各种不利因素的困扰，但目前在一定的区域内仍然存在教育经费投入的困境。对义务教育而言，教育经费投入主要来自地方政府，中央财政对贫困地区实行必要的转移支付。然而，随迁子女义务教育压力较大的地方是经济发达的省市，对于这类地区，中央财政应做出必要的支持。2008—2014 年，中央财政累计投入资金 340.51 亿元（2014 年达 99.62 亿元）支持接受随迁子女较多的省份[①]。在未来的一段时期内，国家仍可根据随迁子女的统计数据和发展动态，有的放矢地对接受随迁子女较多的省份在学校总量增加、教师编制扩大等方面给予必要的支持，确保随迁子女的教育需求与教育供给达成一致。

第三，在大教育观中理解"两纳入"政策措施，保障随迁子女教育环境的和谐稳定。"两纳入"政策是在社会大系统中审视如何解决随迁子女

---

① 中国拟将农民工随迁子女"全纳入"城镇义务教育 ［EB/OL］. （2015-02-28）. http：//www. chinanews. com/gn/2015/02－28/7087944. shtml.

义务教育问题的有效思考，其中的政策措施也是立足于大教育观的正确选择。但教育理念付诸教育管理实践是需要时间的，对教育政策措施的落实是需要进行更多思考的。如，对"混合编班，统一管理"措施的落实，就会面临城市户籍子女及其家长与随迁子女及其家长在文化上的冲突以及由此带来的心理压力。因此，解决随迁子女义务教育问题需要与解决其学前阶段教育、高中阶段教育以及高等阶段教育问题相结合，从教育制度上对随迁子女教育问题做出整体规划和设计，保障随迁子女在教育起点上就融入输入地教育制度体系和社会保障体系，给予随迁子女及其家长公平的社会地位，为提高随迁子女的综合素质营建公平的教育环境。

［原文载于《教育科学研究》2017 年第 6 期，21-25 页］（杨颖秀）

# 随迁子女异地升学政策的冲突与建议（2013）

进城务工人员随迁子女的受教育问题一直以来受到社会的普遍关注，国家先后发布过一列政策对这一问题进行引导和规范。随着进城务工人员及其随迁子女的日益增多，对这一问题的解决不断增加难度。对此，新的教育政策体系正在期待形成。但政策的制定并不等于问题的解决。从目前已经发布的政策来看，在政策制定前提与政策价值选择之间还存在一定的冲突，影响教育政策的质量，需要尽早完善。

## 一、异地升学政策的现实冲突

在进城务工人员随迁子女接受义务教育问题得到初步解决之后，其义务教育后的升学问题又日渐凸显，其中包括接受高中阶段教育的升学问题和接受高等教育的升学问题。2012 年，国务院办公厅转发教育部等部门《关于做好进城务工人员随迁子女接受义务教育后在当地参加升学考试工作的意见》（国办发〔2012〕46 号），要求"保障进城务工人员随迁子女受教育权利、促进教育公平"。中国共产党第十八次全国代表大会报告也明确提出"积极推动农民工子女平等接受教育，让每个孩子都能成为有用之才"的民生建设计划。从党和国家对这一问题的明确态度来看，解决随迁子女升学问题已经成为国家重要的政策意志，保障其受教育权也成为根本的价值追求。但是，从我国目前随迁子女的分布状况来看，经济发达城市与其他城市的在学人数极不平衡。因此，解决这一问题，国家授权"各省、自治区、直辖市人民政府根据城市功能定位、产业结构布局和城市资源承载能力，根据进城务工人员在当地的合法稳定职业、合法稳定住所（含租赁）和按照国家规定参加社会保险年限，以及随迁子女在当地连续就学年限等情况，确定随迁子女在当地参加升学考试的具体条件，制定具体办法"。同时提出，"对符合在当地参加升学考试条件的随迁子女净流入数量较大的省份，教育部、发展改革委采取适当增加高校招生计划等措施，保障当地高考录取比例不因符合条件的随迁子女参加当地高考而受到影响。"然而，这样的政策制定前提却使政策实施陷入两难境地。

第一，从政策来看，随迁子女能否被允许在异地升学的前提条件之一是城市功能定位、产业结构布局和城市资源承载能力，而不是宪法赋予他们的受教育权利。这样的政策制定前提隐含的是，随迁子女的异地升学需求首先要服从于流入地的功能定位，如果流入地功能定位排斥进城务工人员，那么他们的子女也就不会在流入地得到与流入地子女平等的受教育机会。其次，要服从于流入地的产业结构布局，如果流入地的产业结构布局并不亟须进城务工人员，那么其随迁子女也就没有可能在流入地接受教育。最后要服从于流入地的资源承载能力，如果资源不足，那么优先满足升学需求的应当是流入地居民子女。这样的政策制定前提不难使我们意识到，在进城务工人员子女和流入地居民子女之间，在受教育机会分配和受教育权利的享有上仍然存在着明显的排他性和排序性，即政策认为城市功能定位和产业结构布局与进城务工人员的知识能力素养不相匹配的时候，那么其随迁子女的升学问题是被排斥的，而当城市资源承载能力有限的时候，随迁子女的升学问题是被排在流入地居民子女之后的。由此可知，随迁子女异地升学政策的制定前提是与政策的价值选择相悖的。

第二，随迁子女能否被允许在异地升学的另一个前提条件是其家长在当地的合法稳定职业、合法稳定住所（含租赁）和按照国家规定参加社会保险的年限，而不是随迁子女在当地升学的受教育需求。因为政策并未明确"稳定的职业、稳定的住所、社会保险的年限"究竟限制在多长时间之内，也未明确这三者之间存在什么关系，取其几者才可以使随迁子女得到在流入地升学的机会。更未明确的是，如果进城务工人员因某些情况暂时或永远失去了职业，那么将如何对待他们的子女在当地的升学问题。可实际中，由于进城务工人员多半从事的是简单劳动或繁重劳动，因此他们的职业流动性是其进城务工的重要特征，并且在特殊情况下，也可能由于他们的超负荷工作而导致失去工作能力，但他们的子女却仍然需要在当地继续学业。因此，如果异地升学政策不妥善处理这些关系，那么则有可能发生由于受进城务工人员的职业背景影响，使其随迁子女的受教育权受到侵犯。这是一个值得慎重对待的问题。

第三，根据异地升学政策设计，如果符合条件的随迁子女在当地升学考试的净流入数量较大，那么教育部、发展改革委则将采取适当增加高校招生计划等措施，保障当地高考录取比例不因符合条件的随迁子女参加当地高考而受到影响，这样的前提假设显然是一种对随迁子女与流入地居民子女的利益分离。随迁子女被视为流入地的另外群体，他们在异地升学则被视为是对流入地居民子女的利益分割。因此，无论流入地居民子女成绩如何，其高考录取比例都是只升不降的。然而，随迁子女由于受客观存在的受教育条件、家长文化素养、家庭经济状况等条件的限制，他们的学习成绩在总体上往往低于流入地居民子女的平均水平。那么，仅仅依据随迁子女的流入量来增加当地考生的高校招生计划，并保证当地考生的高考录取比例的政策措施，显然是不合适的。这样的政策措施，不仅在将随迁子女和流入地子女相分离的价值取向上存在偏颇，在对流入地居民子女的高校招生计划的调整原则上也是不妥的。

## 二、异地升学政策陷入冲突的原因

异地升学政策之所以陷入冲突，原因是多方面的。

第一，迫于压力的政策制定背景使政策内容相对保守。政策是政府用来实施管理，意欲解决问题的重要手段之一，是政府选择做与选择不做的事情①。异地升学政策的发布一方面受制于众多进城务工人员子女在流入地升学的迫切需求带来的压力，另一方面受制于教育决策部门对解决这一问题所做的政策选择的担忧。这两个方面的压力使这一政策的制定显得相对保守。不可否认，要解决随迁子女在流入地升学问题，需要在教育资源配置上重新做出调整，这是一个宏观上的对复杂的战略选择，涉及较多的利益群体。这种情况也必然使教育政策制定者做出更为慎重的思考，增添一定的压力，甚至使其陷于相对被动的状态，表现出相对迟缓的政策决策行动。而恰恰是这种受制于压力而表现出的被动与迟缓的状态，可能使亟须解决的问题被决策者不自觉地列入不决策问题②。因而，政策的被动发布或匆忙发布必然使政策措施陷于不利。

第二，主体分离的政策设计使政策利益重心偏离。异地升学政策一方面注意到了保障随迁子女受教育权利的价值选择，另一方面又将随迁子女的受教育权利与流入地居民子女的受教育权利相分离。这样的政策设计事实上还限于将随迁子女和流入地居民子女分离于不同的受教育群体，分离的标准仍在于城市和农村的二元制度对立。似乎在城市功能定位的情况下、在产业结构布局改变的情况下、在城市资源承载能力有限的情况下，

---

① 托马斯 R 戴伊. 理解公共政策 [M]. 谢明，译. 北京：中国人民大学出版社，2011：1.
② 小约瑟夫·斯图尔特，戴维 M 赫奇，詹姆斯 P 莱斯特. 公共政策导论 [M]. 韩红，译. 北京：中国人民大学出版社，2011：19.

首先应当满足的是流入地居民子女的受教育权，其次才是随迁子女的受教育权。这显然不是在践行公平公正的教育理念。因为这样的政策设计焦点已经偏离政策设计的利益重心，将物质条件的归属作为决定受教育权的标准，而物质条件的归属又决定于城乡二元居民结构。政策设计表明，流入地居民子女应当优先拥有城市的物质资源，随之也就必然拥有优先的受教育权，随迁子女只能位于其次。这样的价值定位显然是将社会成员以其居住身份及其居住某地次序的不同而将其分成等级的，这是不符合宪法对公民身份的规定的，也是不符合公民享有平等的受教育权的公平准则的。因为无论是进城务工人员随迁子女还是流入地居民子女，都是升学政策的平等主体。而现实状况却使我们清楚地看到，升学政策的制定还未能从政策制定的价值取向出发认识政策的基本功能，使政策偏离了利益公平配置的轨道①。

第三，政策制定能力的限制使政策的表面合理掩盖了实质的不合理。就政策制定者的主观能力而言，政策制定能力包括政策制定者对政策问题的识别能力、对政策问题的处理能力、对政策资源的运筹能力、对政策措施的设计能力等。政策制定能力强，可以将教育政策问题及时转化成教育政策，避免问题的蔓延和激化，可以将有限的教育资源充分利用，及时为教育政策决策服务。反之，教育政策的制定也可能片面地理解和静止地看待教育资源的供给量和有效性，将政策的制定依赖于资源的提供，导致问题愈发严重。在异地升学政策的制定中，政策要求"各省、自治区、直辖市有关随迁子女升学考试的方案原则上应于 2012 年年底前出台"，但对人口流入集中的地区则只要求"进一步摸清底数，掌握非本地户籍人口变动和随迁子女就学等情况，抓紧建立健全进城务工人员管理制度，制定出台有关随迁子女升学考试的方案"。这样的政策措施表面看来是在关注"因地制宜"的政策制定准则，但实际上等于在回避或推迟解决人口流入集中地区的随迁子女升学考试问题。而恰恰是这些地区，随迁子女升学考试的问题最为严重、亟须解决。但从资源拥有和配置来看，人口流入集中的地区是经济发达地区，人口流入不集中的地区是经济欠发达或不发达地区。那么发达地区比欠发达或不发达地区在经济上应当更具备解决随迁子女升学问题的条件，但政策却允许这样的地区推迟解决问题。如果从利益分配

① 小约瑟夫·斯图尔特，戴维 M 赫奇，詹姆斯 P 莱斯特. 公共政策导论 [M]. 韩红，译. 北京：中国人民大学出版社，2011：73.

来说，经济欠发达或不发达地区在升学指标上与经济发达地区相比，更不具有优势，但这些地区却不顾及随迁子女对流入地居民子女的利益分担，对解决这一问题不仅有积极的态度，而且有得力的措施。相比之下不难看出，人口流入集中的地区对随迁子女升学问题的解决是存在滞后性的。因此，随迁子女升学政策是否合理不能简单地看其表面的语言表述，还要看其实质上对问题解决的真正态度。更进一步讲，看似合理的政策的表述并不一定合法，合法的政策需要经过立法程序的认证[①]，需要符合法的基本精神。

## 三、化解异地升学政策冲突的依据

十八大报告将政治体制改革作为我国全面改革的重要内容，要求逐步建立以权利公平、机会公平、规则公平为主要内容的社会保障体系，保障人民平等发展的权利。这是制定随迁子女异地升学政策的基本依据，是符合宪法的。公平与权利是不可分割的统一体，没有公平就没有权利，要保障权利就必须公平。解决随迁子女异地升学问题就是要保障他们的受教育权在任何情况下都不被侵犯，保障他们在教育的任何阶段都能享受到公平的受教育机会。这是他们作为中国公民的应有权利，是作为教育主体的发展权利。而异地升学政策的制定就是要为保障他们作为公民的权利、作为受教育者的权利提供公平的运行规则。由于随迁子女具有与流入地子女平等的受教育权，那么这种权利的享有就不能因其父母职业的不同而有所不同，不能因其在居住地身份的不同而有所不同，不能因城市定位的不同而有所不同，不能因产业结构布局的不同而有所不同。进城务工人员及其子女也是通过人民代表大会制度行使国家权力的成员之一，国家的权力也来源于他们的委托和赋予。因此，保障他们享有平等的受教育权是教育政策制定的基本原则。

然而，在教育政策制定过程中由于制定者对影响政策制定的政治因素、经济因素、文化因素、人口因素等诸多因素的处理能力有限，因此很容易出现政策措施偏离政策价值的现象。对此，有人会将其归因于政策制定精英模式的弊端，但事实并非如此。政策制定的精英模式并不意味着政策措施一定会与政策价值偏离。决定政策措施是否偏离政策价值的不是政

---

①　弗朗西斯 C 福勒. 教育政策学导论［M］. 许庆豫，译. 袁振国，审校. 南京：凤凰出版传媒集团江苏教育出版社，2007：181.

策制定模式本身而是政策制定者的素质。任何一种政策制定模式都有其优势的一面和劣势的一面。如果教育政策制定者能够拥有政策决策的科学素养，掌握科学的政策制定技术，那么精英式的政策制定模式同样可以取得令人满意的政策效果①。20世纪50年代，美国最高法院对"隔离但平等"的司法解释的否定，就是政策制定精英模式的最好体现，它使黑人学生与白人学生在法律上保证拥有平等的受教育权②，这对我们今天制定教育政策仍不乏借鉴意义。当然，在社会发展越来越趋于民主的状态下，我们更希望有多方利益主体共同参与的教育政策制定过程，更希望网络化政策制定模式的运行③，以便保证教育政策决策的科学性、民主性④、合理性和有效性。

需要澄清的是，在对待教育公平的问题上，一种具有倾向性的观点是将导致教育不公平的原因归咎于当下的制度设计。但不尽然的是，如果我们取消了一种制度，还会有另一种制度的存在，因为制度是社会运行的机制。因此，要解决随迁子女异地升学问题，重要的不在于有没有制度，而在于以什么理念和标准设计制度，在于如何理解人的行为与社会制度之间的关系⑤。当我们不能理解随迁子女为什么要在流入地滞留的时候，我们就很难为他们设计公平的有利于他们生存和发展的制度。所以，异地升学政策的制定需要站在随迁子女的角度，站在他们拥有的公民权、受教育权的角度，理解他们的行动，理解他们的困境，理解他们对现代都市文化的渴望，理解他们追求平等的权利意识和期待发展得更好的内心世界。也就是说，要坚持教育公平正义的理念，就要尊重随迁子女的选择，承认这样的事实，为尽快达到不同群体的多元融合创造更好的条件。

## 四、完善异地升学政策的建议

从目前的异地升学政策来看，要解决随迁子女异地升学问题不是一项政策就能完成的，而是需要建设一个完整的政策体系，包括为实现政策目标而设计的各种改革性措施。

第一，提高异地升学政策的质量。政策质量是指政策在相对时间内实

---

① 托马斯 R 戴伊. 理解公共政策 [M]. 谢明，译. 北京：中国人民大学出版社，2011：33.
② 托马斯 R 戴伊. 理解公共政策 [M]. 谢明，译. 北京：中国人民大学出版社，2011：208.
③ 李允杰，丘昌泰. 政策执行与评估 [M]. 北京：北京大学出版社，2008：87.
④ 杨颖秀. 教育决策的科学化民主化研究 [M]. 长春：东北师范大学出版社，2001：27-34.
⑤ 阿马蒂亚·森. 正义的理念 [M]. 北京：中国人民大学出版社，2012：61.

施的有效性。有效性高的政策必然是良性政策。要提高异地升学政策的质量就要提高其实施的有效性，使其成为能够解决异地升学问题的良性政策。为达到此目的，一方面可以通过制定补充性政策、辅助性政策，解决现有政策的冲突和不足；另一方面可以对授权地方制定的后续性政策实行监督，保证政策措施不偏离政策价值。要做好这些工作，首先要确立制定异地升学政策的理念，要以求真和求善的政治素养使政策的制定在起点上就不偏离政策的价值取向，进而保证政策的实现力度①。其次，要在动态系统的视野中认识异地升学政策要解决的问题，使政策的制定与实施具有更广阔的空间。再次，要掌握政策的制定技术，保证政策的制定程序，在民主科学的基础上制定具有效力的政策。最后，要追踪政策的实施效果，根据反馈信息及时修改这一政策。而目前发布的异地升学政策由于受到各种压力的影响，也由于对异地升学问题认识滞后和政策制定能力的限制，这一政策还存在这样或那样的问题，这会影响到教育政策的实施效果，需要尽快改进和完善。

第二，逐步健全中高考招生机制。解决随迁子女异地升学问题，在接受高中阶段教育的升学问题和高等教育的升学问题上所要选择的解决问题方式是不同的。从高校招生而言，我国目前还是由国家统一制定招生计划，统一分配指标到各省、自治区、直辖市，考生只能在一定的范围内通过竞争获得升入大学的机会。所以，政策制定者难免担心净流入量大的省份在指标分配上可能出现的问题，特别是担心随迁子女对流入地子女升学指标的分担问题。同时也担心如果允许随迁子女在流入地参加高考，则可能会强化"高考移民"问题。但要解决这一问题，真正的办法不是要按考生增加比例增加流入量大的省份的高校招生指标，而应当是按考生的实力使其自主争取升学的机会。这就需要营建一种机制使考生无论在哪里居住，都可以通过自己的努力和自身的素质考入其理想的大学。这样的做法其实是世界高等教育招生制度的惯例，但我国目前还没有真正实行，这难免使政策制定者在异地升学政策的制定上增添一份忧虑。除高等教育外，目前的高中阶段教育也是在当地教育行政部门的管理下，按计划指标招生。其中的问题在于部分优质高中不断扩大规模，教育行政部门也不断为其增加招生指标，由此加剧了高中阶段教育发展的不平衡性。但由于高中

---

① 张国辉，张澍军. 试论我国公务员"政治发展素养"培育［J］. 东北师大学报（哲学社会科学版），2012（3）：13.

阶段教育仍属于基础教育，所以，缩小差距，促进高中阶段教育多样化发展，为受教育者未来发展奠定基础是高中阶段教育的重要使命。因此，教育行政主管部门需要适当控制高中学校规模，按照国家规定的学校建设标准做好学校布局，促进校际均衡，为随迁子女就近入学提供方便，为普及高中阶段教育奠定基础。

第三，主动保护随迁子女异地升学的权利。随迁子女异地升学的权利是他们受教育权的一部分，这一权利是需要受到法律保护的，是具有生命力的。[①] 这种保护有主动的，也有被动的。当立法者或执法者根据法理制定法律或根据法律规定，有意识、有计划、有措施地保障随迁子女的受教育权在任何时候、任何情况下都不受到侵犯时，这种保护则是主动的。而当立法者或执法者不能履行义务，使随迁子女的受教育权受到侵犯，而权利主体（包括进城务工人员及其随迁子女）依法主张权利的时候，对于立法者或执法者来说，这种保护则变成了被动的。在随迁子女异地升学问题上，如果相关的政策或法律不能保护其享有与流入地居民子女平等的升学权利时，则可能发生进城务工人员或随迁子女主张权利的状况。因此，异地升学政策的制定需要在依法保障随迁子女受教育权的视野下，以积极主动的保护意识和举措，保障其受教育权能在流入地得到充分的体现，避免产生被动保护的不利后果。

［原文载于《东北师大学报（哲学社会科学版）》2013 年第 2 期，131-135 页]

（杨颖秀）

---

① 曾茂林，何宏俭. 论教育理论生命力及其结构样态 [J]. 东北师大学报（哲学社会科学版），2011 (1)：161.

# 新生代进城务工农民子女的教育政策需求
# 及政策制定方式的转变（2013）

　　新生代进城务工农民在城市生活的"三重大事"之一是使其子女在城市享受优质教育，故当前教育政策的立足点要从保障新生代进城务工农民子女"有学上"向"上好学"转移。"采取有针对性的措施，着力解决新生代进城务工农民问题"是2010年中央1号文件提出的重要战略，这一战略的提出意味着进城务工农民子女教育政策的关注点正在向新生代进城务工农民子女转移。新生代进城务工农民系指：出生于20世纪80年代以后，年龄在16岁以上，在异地以非农就业为主的农业户籍人口。① 他们对教育的需求更强烈、要求更高，教育政策的制定无法回避这一问题。

## 一、新生代进城务工农民子女的教育政策需求

　　进城务工农民随迁子女在城市由无学可上到有学可上，历经20余年。目前，这一问题已由父辈转到子辈。与父辈相比，新生代进城务工农民子女在受教育程度、城市生活期待、职业选择观念等方面都表现出了不同的特点，他们来到城市不再想离开城市，就业、住房、子女受教育成为他们在城市生活的"三重大事"，教育政策应当解决和能够解决的是他们子女的受教育问题。继《中国进城务工农民问题研究总报告》之后，全国总工会《关于新生代进城务工农民问题的研究报告》揭示了进城务工农民及其子女教育的新问题。这一报告测算，根据2009年国家统计局公布的数据，全国农民工总量为2.3亿人；外出打工人员1.5亿，其中，16～30岁的占61.6％。新生代进城务工农民数量在8900万左右，如果将8445万就地转移农民工中的新生代群体考虑进来，现阶段新生代农民工在农民工中占到60％，大约1个亿，② 其子女在城市接受教育必将进入教育政策视域。

---

① 全国总工会. 关于新生代进城务工农民问题的研究报告［EB/OL］. http：//news. sohu. com/20100621/n272942936. shtml.

② 全国总工会. 关于新生代进城务工农民问题的研究报告［EB/OL］. http：//news. sohu. com/20100621/n272942936. shtml.

对于自 20 世纪 90 年代以来发生的进城务工农民子女就学问题，国家先后颁布了一系列重要文件，以发展性政策轨迹明示对这一问题的态度。这些政策主要表现出四次转折。一是 2001 年《国务院关于基础教育改革与发展的决定》提出的"两为主"政策，使进城务工农民随迁子女就学问题出现转机，缓解了进城务工农民随迁子女在流入地接受义务教育的难题。二是 2006 年《国务院关于解决进城务工农民问题的若干意见》，进一步从权利保障的角度认识进城务工农民随迁子女受教育问题。三是 2006 年新修订的《中华人民共和国义务教育法》，使进城务工农民随迁子女在流入地接受义务教育有了法律依据。四是 2010 年中央 1 号文件提出的"着力解决新生代进城务工农民问题"，将进城务工农民子女教育问题的重心向新生代进城务工农民子女转移。

新生代进城务工农民子女教育问题是一个无法回避、正在疾进的问题。然而，教育政策对这一问题的关注程度、关注焦点和处理方式，与实际存在的新生代进城务工农民子女对教育政策的急切需求相比，仍然显示出一定的滞后性。自 2001 年提出"两为主"政策到 2006 年依法保障这一政策的实施经历了 6 年的时间，加之政策的制定、宣传和理解周期，真正落实这一政策则有更长的延迟。而这样长的一段时间，已经相当于一代人接受小学教育的学制周期。政策可以滞后，但人的发展不能停滞。新生代进城务工农民子女接受优质教育必将成为教育政策需面对的紧迫问题。

## 二、新生代进城务工农民子女的教育政策焦点

新生代进城务工农民子女教育问题来势之猛、速度之快是始料不及的，这种情况向教育提出了挑战，给教育带来了压力。因为仅就新生代进城务工农民在城市定居的态度而言，教育要解决的不仅是其子女在城市接受义务教育的问题，还要解决其子女义务教育后在城市接受高中阶段教育和高等教育的问题。所以，教育政策的关注点应从让新生代进城务工农民子女"有学上"向"上好学"转移。对此，有许多理论和实践研究都给予支持。比较有代表性的帕累托最优原理要求利益最大化，排斥因决策行为或决策方式的偏倚导致资源的积聚现象。西方发达国家对移民子女义务教育问题的解决也为我们解决新生代进城务工农民子女教育问题提供了范例。美国面对移民与当地居民之间的文化冲突，以"把来自不同国家的人融于一体"为宗旨，对移民子女按照学区划分，在义务教育阶段与当地居

民子女享受相同条件的免费教育。① 教育要解决的问题不是为移民子女单独设立学校提供条件，而是如何使移民子女更快适应学区内学校的生活和地域文化，包括为语言有障碍的学生单独开设课程，使其减少学习障碍；将学校教育与家庭教育协调统一等。这也是解决移民子女教育问题的发展趋势，这样的做法在起点上已经超越中国对进城务工农民子女在城市接受教育问题的解决和研究。当然，西方发达国家的经济基础、发展速度、受教育人口也与中国的情况大相径庭，要解决中国新生代进城务工农民子女在城市接受教育的问题，还需要从中国的实际情况出发，认识中国自己的问题。

尽管中国新生代进城务工农民子女教育问题有自己的特殊性，但这并不排除中外类似问题的共性所在，这种共性就在于教育政策的制定要为有权享受教育的人都公平地享受受教育的权利。如前所述，美国为什么要以"把来自不同国家的人融于一体"为宗旨，对移民子女在义务教育阶段与当地居民子女享受相同条件的免费教育？其重要依据在于移民子女与学区内当地居民子女具有平等的受教育权，特别是在义务教育阶段，政府实施义务教育是在履行面向学区内所有适龄儿童及少年的义务，这种义务的履行没有对教育对象的选择余地。因此，对于接受新生代进城务工农民子女在城市就学的前提是，是否居住在某一学区内，因为公立学校的建设是以学区内居民的多少为前提的，一定的居民数量决定一定的学校数量和规模。因此，"两为主"政策对保障新生代进城务工农民子女"有学上"起到了重要的作用。

然而，"两为主"政策在实施中距离解决"上好学"的问题还有较大的距离。因为就目前各地在解决进城务工农民子女就学问题上的做法来看，经济欠发达城市多好于经济发达城市，这类城市能够以地方政策保障进城务工农民子女在公立学校接受义务教育，但经济发达城市还不能完全做到这一点。尽管如此，一个不可回避的事实是，单独为进城务工农民子女开设的公办学校和民办学校自然而然地将城市儿童与进城务工农民子女实行隔离。进城务工农民子女多随其父母居住在房租比较廉价的城乡接合部，他们所能上的学校要么是设施标准和教学质量都较低的学校，要么是设施较好但教学质量较低的学校。很多城市是将闲置的薄弱校用来解决进城务工农民子女就学问题的，这或许是现阶段解决进城务工农民子女就学

---

① 托马斯 R 戴伊. 理解公共政策 [M]. 北京：中国人民大学出版社，2011：180.

问题的无奈之举，但恰恰是这种选择却又蕴含着更多的新问题，包括文化融合问题以及教育分层问题等。因此，没有解决新生代进城务工农民子女教育问题的高位视野，对这一问题的解决则将在被动的状态下，不断带来新问题。

## 三、新生代进城务工农民子女的教育政策风险

无论是将新生代进城务工农民子女教育政策定位在"有学上"，还是定位在"上好学"上，都是有风险的，但一项好的政策应当是风险较小的。"有学上"的政策风险在于知识的贫乏给新生代进城务工农民子女带来的文化贫困和由此加剧的社会分层。虽然目前还没有关于公共教育经费的增加能提高学生学习成绩的有力证明，[1] 但学生的家庭背景和其同学的家庭背景能影响学生学习成绩的结论却在科尔曼报告中得到阐述。[2] 而从新生代进城务工农民子女目前的处境来看，他们的家长基本上是知识贫乏、劳动能力较低的一代，他们对其子女的教育能力不言而喻，这也正是他们坚持留在城市的重要原因之一。他们想通过在城市生活使其子女接受良好的教育，拥有美好的未来。可事实上，由于新生代进城务工农民子女仍然处于城市的边缘地带，一方面得不到较为优质的教育资源，另一方面又与同样背景的同学相融共处，所以，他们的知识拥有与技能提升都不能有力地帮助他们实现其理想愿望。这种情况久而久之带给他们的只能是学习兴趣的丧失和学习习惯的倦怠。调查显示，多数教师并不认为进城务工农民子女在智力上有什么欠缺，而在学习兴趣和学习习惯上却远不及学区内的城市儿童，其中的原因之一不排除他们的家长无力辅导和无心辅导的环境影响。许多进城务工农民为了收入而拼搏，他们将子女送到学校似乎就完成了任务，学校召开家长会他们很少顾及，孩子在校的表现他们漠不关心，家长与学校的关系及其对子女的教育责任他们不想顾及。

在缺少同情心和责任感的环境之中，部分新生代进城务工农民子女多了一些冷漠和疏远，少了一些上进心和憧憬未来的奋斗精神。因此，他们无法取得与城市其他儿童相同的学业成绩，甚至达不到他们的平均水平。这种状况又不断恶性循环，最终可能发生的是"贫困文化"在新生代进城务工农民子女身上的孕育生成，而"贫困文化"又给他们带来新的知识贫

---

[1] 托马斯 R 戴伊. 理解公共政策 [M]. 北京：中国人民大学出版社，2011：117.

[2] 谢明. 公共政策导论 [M]. 北京：中国人民大学出版社，2002：7.

穷和由此导致的经济贫穷。这种贫穷会使社会分层更加明显，给社会福利政策增加新的负担，这也是教育政策在解决新生代进城务工农民子女就学问题上所要付出的代价。因此，在教育政策起点较低的情况下，如果不能对政策运行过程及时调整，必然会在政策实施结果上承担更大的风险。当然，一项教育政策的制定是受很多条件制约的。在国家财力有限、教育发展速度相对迟缓的状态下，根据具体情况处理重要的社会问题也是有限度的。所以，教育政策先解决进城务工农民子女"有学上"的问题，也是在一定时期内、一定条件下的一种选择。

从教育公平的角度出发，为更有效地保障每一个人的受教育权，在进城务工农民子女教育问题一直延续的情况下，教育政策还需要做另外的选择，那就是要使新生代进城务工农民子女从"有学上"到"上好学"，使他们与城市其他儿童一样，在同样的学区、同样的学校享受同样的教育。但这样的政策会给流入地学校增加很大的负担，校舍、教师、经费等都不是在短时间内能够解决的。教育政策可能会因为一视同仁的选择而承担新的风险，诸如更多的进城务工农民及其子女的涌入，流入地政府需要提供更多的教育支出，城市学生、家长可能承受更大的心理压力等。一边是面对文化融合的呼吁，一边是面对就读学校的隔离，教育政策再像以往一样单独为新生代进城务工农民子女设置学校无利于问题的解决。教育政策再也不能、无法漠视对教育机会平等的价值追求，这种价值追求需要对各种风险做系统分析。

## 四、新生代进城务工农民子女教育政策制定方式的转变

要保证新生代进城务工农民子女的受教育权，需要转变教育政策制定方式，从而制定更为有效的教育政策。

### （一）转变政策制定的思维方式

以往解决进城务工农民子女教育问题是将其与城市其他居民子女作为两个政策对象群体区别对待的，在政策制定的起点上做严格的二元主体划分。这种划分在思维上来源于三个方面的干扰。一是户籍制度的干扰，认为进城务工农民子女没有城市户口，是非城市居民，不能与城市其他居民子女享受同样条件的教育。二是学籍制度的干扰，认为进城务工农民子女没有城市学校学籍，是非在校学生，不能无条件进入城市学校学习。三是投入制度的干扰，认为进城务工农民子女在城市没有教育经费，是非本地

人口，如果在城市学校就读需要单独缴费。这一系列对进城务工农民子女与城市居民子女教育问题的不同认识，都为制定进城务工农民子女教育政策做严格的界限划分，形成了以"随迁"为符号的二元思维定式，以及由此带来的孤立解决进城务工农民子女教育问题的政策模式。因此，在此方面政策形成的初期是对进城务工农民子女在城市就学实行限制的。1996年，国家教委发布《城镇流动人口中适龄儿童、少年就学办法（试行）》，第十二条规定："经流入地教育行政部门批准，城镇全日制中小学校，应利用现有校舍，聘请离退休教师或其他具备教师资格的人员，举办招收城镇流动人口适龄儿童、少年的附属教学班、组。"第十五条中规定："城镇流动人口中适龄儿童、少年在流入地接受教育，流入地学校或教学班、组，可以向其父母或其他监护人收取一定的费用。"此后，不仅专门为进城务工农民子女准备的低收费、高收费、公办、民办、条件好、条件差等各种形式的学校应运而生，对进城务工农民子女教育问题的解决也进入了与城市儿童、少年相区别的二元境地。

从国家发布政策的宗旨来看，是"为了使城镇流动人口中适龄儿童、少年依法接受规定年限的义务教育"。但从规范之间的相互关系来看，却将以进城务工农民子女为主体的城镇流动人口中适龄儿童和少年与其流入地城市其他人口中适龄儿童和少年截然分开，最终导致教育对象的二元分离，直至衍生出越来越多的社会问题。从根本上来讲，户籍制度、学籍制度、经费投入制度，都没有理由成为限定进城务工农民子女在城市就学的条件。因此，在未来的教育政策制定中，如果对新生代进城务工农民子女教育问题还坚持停留在以隔离城市居民与非城市居民为基础的二元思维模式中，新生代进城务工农民子女的教育问题则难以解决。在此前提下，与之相关的文化融合、知识积累、能力提升、心理健康等问题的解决也都将成为泡影。所以，打破以"随迁"为符号的二元思维定式，寻找构建新生代进城务工农民子女接受义务教育和非义务教育的政策突破点，是保障他们的受教育权、提升其综合素质的政策所需。

### （二）转变对问题的识别方式

对问题的识别是将问题转化为政策的前提，但如果不能及时、正确、全面地识别问题，则可能带来教育决策的失误。因此，政策问题识别方式的转变，一是要求政策制定者能及时发现问题，避免问题积重难返；二是要求政策制定者能善于识别问题表象和真问题，避免以问题表象代替真问题；三是需要政策制定者在面对众多问题时能正确理解问题之间的相互关系，以宏观视野着手解决亟须解决的问题。在对新生代进城务工农民子女教育问题的识别上，20世纪80年代发生的问题，直至20世纪90年代中期以后才以政策的形式进行规范。但由于对导致这一问题的深层次原因分析尚不充分，对这一问题的解决缺少宏观上二元经济调控的支持，缺少教育经费支出机制的横向调解，所以，解决问题的政策措施在一定的范围内也颇显乏力。

对教育问题的识别只是解决问题的前提，并不是解决问题的保障。要妥善解决教育问题还需要采取恰当的政策措施。新生代进城务工农民子女就学问题，不是一个可以自消自灭的问题，依据"破窗理论"，不能等其严重了才来解决。[1] 现在，国家已经认识到这个问题的重要性，并将这一问题的解决提上日程。因而教育政策的制定需要尽快转变以往存在的对问题识别的滞后现象，分析其存在的原因，采取切实可行的有效措施，为解决问题提供指导和支持。当下对新生代进城务工农民子女教育问题的解决在政策的形成上还存在一定的阻力，相关的教育政策目标过于笼统，投入主体的责任划分比较模糊。这在客观上降低了解决这一问题的标准，影响了一定主体对责任的承担，这种状况当然也就无法从根本上为新生代进城务工农民子女提供平等接受优质教育的机会，无法达到解决这一问题的目的。

### （三）转变政策的构建方式

教育政策的制定有积极的，也有消极的。积极的教育政策在于发挥其引导性功能，在动态的、系统的时空中构建教育政策，解决教育问题。动态反映的是时间流程，任何教育问题都处在发展过程之中，教育政策需要根据其发展变化的态势不断调整，循序渐进解决教育问题。缺少动态的政策制定依据，将使教育政策限于静止状态，无法根据客观环境的变化及时调整政策，最终将导致政策的失效。系统反应的是空间状态，任何教育问题都要在社会系统中受到其他因素的影响，教育政策需要对这些影响因素做综合分析，使政策的实施具有可持续性。缺少系统的政策制定依据，将使教育政策限于孤立的状态，无法分析教育问题与其他问题的关系，不能据此找到更好的解决问题的方法。为此，新生代进城务工农民子女教育政

---

[1] 托马斯 R 戴伊. 理解公共政策 [M]. 北京：中国人民大学出版社，2011：62.

策的制定需要置于教育内部组织系统和教育外部社会系统之中分析其利弊，对新生代进城务工农民子女的认识，不仅要看到他们的特殊性，也要看到他们的普遍性，要化解孤立对待和解决这一问题的做法，将他们与城市其他儿童视为同一整体，以更有效的方式解决他们的教育问题。

国办发［2012］46 号文件发布之后，各地在对待这一问题上的做法不尽相同，主要可以分为五种情况。一是部分省、自治区至今尚未出台进城务工人员随迁子女异地升学政策，未能落实"各省、自治区、直辖市有关随迁子女升学考试的方案原则上应于 2012 年年底前出台"的政策要求；二是部分省、直辖市采取过渡性政策或将随迁子女异地升学问题推迟到 2014 年以后解决，这样的地区主要是随迁子女较多的经济发达地区；三是部分省、直辖市允许随迁子女在当地报考，但除要有连续高中阶段学习经历及学籍外，还要对随迁子女的父母有一定条件的限制；四是部分省、直辖市先对报考职业类学校的随迁子女放开条件，然后逐步向普通类中、高等学校放开；五是自 2013 年开始解决随迁子女异地升学问题，仅要求报考高等学校的学生具有连续三年高中阶段的学籍。由此看来，解决随迁子女异地升学问题仍是一项较艰巨的任务，还需要在政策制定方式的转变上做出更大的努力。

［原文载于《教育研究》2013 年第 1 期，53-57 页］（杨颖秀）

# 农民工子女就学政策的十年演进及重大转变（2007）

　　20世纪90年代以后，流动人口出现了由单身流动到夫妻流动再到举家迁徙的新特点，农民工子女就学问题随着进城务工农民数量的增多而逐渐凸显。为解决这一问题，国家在十年之中颁发了一系列政策，为解决农民工子女就学问题起到了重要的引领作用。政策的演进不仅使我们在客观上认识到了我国亟须解决的户籍制度、职业制度等问题，也使我们体察了政府在解决农民工子女就学问题上的责任意识和保障农民工子女受教育权上的坚定态度。无论是对进城务工农民身份的确认还是对其子女受教育权的保障，均是宪政精神的要求和体现。然而，在进城务工农民子女就学政策表现出重大转变的同时，仍然不能忽视我们正面临的实际困难，因此，解决农民工子女就学问题还需付出更多的努力。

## 一、农民工子女就学政策的十年演进

　　农民工子女就学政策的演进可以分为三个阶段。

　　第一阶段，1996—2000年，农民工子女的就学政策与流动儿童、少年的就学政策合为一体。1996年，国家教委发布《城镇流动人口中适龄儿童、少年就学办法（试行）》，1998年，国家教委、公安部联合发布《流动儿童少年就学暂行办法》。这两个文件的宗旨均在于规约义务教育阶段儿童少年的入学行为，强调保证义务教育的实施，但在称谓上将农民工子女称为流动儿童少年，即将农民工与流动人口混为一体，未能专门关注农民工子女在接受教育方面的特殊性。同时，对流动人口子女接受教育要求以户籍所在地为主，如果在流入地接受教育，须缴纳借读费用，并允许为城镇流动人口中适龄儿童、少年举办学校或教学班，但不得以营利为目的，不得乱收费、乱摊派。

　　第二阶段，2001—2002年，"两为主"政策使包括农民工子女在内的流动人口子女接受义务教育出现重要转机。2001年，国务院发布《关于基础教育改革与发展的决定》，虽然对农民工子女仍采用"流动人口子女"

的称谓，但对流动人口子女（包括农民工子女）受教育权的规约却发生了重要的变化，提出"要重视解决流动人口子女接受义务教育问题，以流入地区政府管理为主，以全日制公办中小学为主，采取多种形式，依法保障流动人口子女接受义务教育的权利"。这一政策被简称为"两为主"政策，它表明了国家对流动人口子女（包括农民工子女）接受义务教育的态度。自此，流动儿童少年（包括农民工子女）接受义务教育从依靠户籍所在地政府及学校转向依靠人口流入地政府及学校。

第三阶段，2003—2007年，正式使用"农民工子女"的称谓，将保证农民工子女的受教育权提到重要议程。2003年，国务院办公厅先后发布《关于做好农民进城务工就业管理和服务工作的通知》和转发教育部等部门《关于进一步做好进城务工就业农民子女义务教育工作的意见》，要求保障农民工子女接受义务教育的权利，要求流入地政府采取多种形式，接收农民工子女在当地的全日制公办中小学入学，在入学条件等方面与当地学生一视同仁，不得违反国家规定乱收费，对家庭经济困难的学生要酌情减免费用。同时要求，进城务工就业农民流入地政府负责进城务工就业农民子女接受义务教育工作，以全日制公办中小学为主，充分发挥全日制公办中小学的接收主渠道作用。2005年，中共中央、国务院发布《关于推进社会主义新农村建设的若干意见》，再次要求认真解决农民工子女上学问题。2006年，国务院发布《关于解决农民工问题的若干意见》，指出子女上学是维护农民工权益需要解决的突出问题之一。同年，《中共中央关于构建社会主义和谐社会若干重大问题的决定》将"保障农民工子女接受义务教育"作为坚持教育优先发展，促进教育公平的重要举措。新修订的《中华人民共和国义务教育法》也规定："父母或者其他监护人在非户籍所在地工作或者居住的适龄儿童、少年，在其父母或者其他法定监护人工作或者居住地接受义务教育的，当地人民政府应当为其提供平等接受义务教育的条件。"

## 二、农民工子女就学政策的重大转变及其宪政基础

### （一）从受户籍制度的约束向对职业身份的重新认识转变

户籍制度一直是影响城乡均衡发展的重要制度之一。由于户籍制度的存在，人口被划分成城市人口和农村人口，人口的流动和待遇保障也受到户籍制度的限制。有了户籍制度，不仅在历史上对毕业生就业实行过哪儿去哪儿回的分配政策，而且在改革开放20年后的20世纪末期，仍然对随

父母流动的儿童少年在就学上实施在户籍所在地入学的制度。这一制度不仅形成了城市人与农村人的界线，也加剧了城乡二元经济结构的分化。因为难以跨越的城乡鸿沟以及狭隘的教育理念使农民子女失去学习的兴趣和信心，有的早期辍学，有的荒废学习时光，只有少部分农民子女迫于跳出农门的压力而拼搏于各级各类考场之中。因而，以户籍划分居住地、就业地和就学地的历史在客观上侵犯了一部分人的受教育权及其相关利益。

然而，追求平等、享受幸福是人的生存本能，也是社会发展的内在动力。在改革开放的进程中，城市与乡村之间的明显差距已经震撼了农民的心灵，他们由单身流动到举家搬迁，愈来愈多的农民流向城市寻找工作，愈来愈多的农民工子女流向城市寻求就学的机会。对此，从国家最早发布的政策性文件《城镇流动人口中适龄儿童、少年就学办法（试行）》和《流动儿童少年就学暂行办法》来看，对农民工子女就学问题的严重性有所认识，但认识的基点仅限于以国家权力保证义务教育的实施，因为到1998年年底，全国普及九年义务教育的人口覆盖率仅达到73％。[1] 因此，依据《中华人民共和国义务教育法》及其《实施细则》，国家要求流动儿童和少年在户籍所在地接受义务教育。但这种解决问题的路径并没有收到预先设计的效果，相反，大量的农民工及其子女在各大城市中形成了特殊的群体和特殊的文化，创建了特殊的学校。这种状况迫使管理者重新认识农民的流动行为，重新思考农民工子女受教育权的保障。

理性的反思告诫人们，以户籍所在地为前提规约农民监护其子女接受义务教育与农民进城务工而无法在户籍所在地实施监护行为之间的冲突，是难以消解的事实。这种冲突从更深刻的意义来讲，是户籍制度与职业身份及职业选择权利的冲突。"职业是个人在社会中所从事的作为主要生活来源的工作。"[2] 据此，为了生活，一个人可以在同一个地方选择相同或不同的职业，也可以在不同的地方选择相同或不同的职业。以职业身份关注农民工是宪法对公民平等地位给予确认的体现。宪法规定："中华人民共和国公民在法律面前一律平等。"农民是公民的职业身份，不是社会身份、政治身份和法律身份。农民作为一种职业不是因为在农村的户籍而强加给一定的人的固定性工作，而是社会分工提供给一定的人的选择性工作，即农民并不是一个人的终身职业，农村户籍也不应是束缚农民选择职业的羁

---

① 参见全国教育事业统计公报，1998。

② 中国社会科学院语言研究所词典编辑室. 现代汉语词典 ［M］. 北京：商务印书馆，2002：1616.

绊。因此，依据宪法关于"中华人民共和国公民的人身自由不受侵犯"的规定，作为公民的农民也有选择职业的自由。据此，农民对职业的重新选择和流动带来对子女监护地的变换也是必然的事实。这一事实在2001年国务院发布的《关于基础教育改革与发展的决定》中得到了重新认识，"两为主"政策使农民工子女就学问题出现了新的转机。但在选择职业的过程中，农民职业身份的变化并不与他们监护子女的义务相抵触。所以，将农民工子女限制在户籍所在地接受义务教育是不妥当的，而以流入地政府和全日制公办中小学为主解决农民工子女就学问题，是符合宪法精神的。

### （二）从强调家长的监护义务向凸显政府的教育责任转变

在《中华人民共和国义务教育法》修订之前，义务教育的强制性更多地体现于强制适龄儿童少年的家长对义务的履行上，而对实施义务教育的主体——政府应当履行的义务及应当承担的责任并未予以充分的重视，即使在1996年国家教委发布的《城镇流动人口中适龄儿童、少年就学办法（试行）》中，仍然强调"城镇流动人口中适龄儿童、少年的家长或其他监护人，必须保证其适龄子女或其他被监护人接受规定年限的义务教育"，而并未在强调家长或其他监护人的义务的同时明确规定政府应保证义务教育实施的责任，对于流入地人民政府和常住户籍所在地人民政府谁是保证流动儿童少年接受义务教育的主体也未能在法律上加以明确，甚至在文件中还放松了流动儿童少年接受义务教育学校的办学条件标准，允许对流动儿童少年接受义务教育举办简易学校、允许适当减少课程门类。从这些规定来看，教育法律关系主体的权利与义务并不对应，对于家长比较多地强调义务，对于政府则比较多地强调权力。

然而，党的十五大、十六大均将转变政府职能作为实现政治民主制度的重要内容，政府部门自身也将依法行政、执政为民、建设法治政府作为自己的行动纲领。在这一进程中，政府对农民工子女就学问题的政策发生了重要变化。国务院不仅在《关于基础教育改革与发展的决定》中提出了"两为主"政策，而且在转发教育部等部门的《关于进一步做好进城务工就业农民子女义务教育工作的意见》中再次重申，进城务工就业农民流入地政府负责进城务工就业农民子女接受义务教育工作，以全日制公办中小学为主，充分发挥全日制公办中小学的接收主渠道作用。这种转变绝不是政策的简单重复，而是在一个新的起点上表明了政府对农民工子女就学制度的新设计，这种制度设计不仅明确地反映了政府在实施义务教育中的主体地位，也反映了政府主动承担教育责任的勇气和信心，这无疑为保证农民工子女享受优质教育，促进身心健康发展提供了重要的条件保障。

凸显政府的教育责任是促进社会和谐发展，建设法治政府的重要内容，"依法治国，建设社会主义法治国家"也是宪法的基本准则。宪法规定："中华人民共和国的一切权力属于人民。"要保证人民的权利就要建设法治政府，划清政府的权力与义务界限，使政府在行使权力的同时履行相应的义务。对于农民工子女接受教育，政府也需要履行为他们提供学校及其他办学条件的义务。

### （三）从规约受教育义务的履行向依法保障受教育权的转变

实施义务教育是中国作为人口大国必须做的事，但接受义务教育既是受教育者的义务也是受教育者的权利，而农民工子女就学政策在演进的初期却对受教育者的权利有所忽视。是规约受教育义务的履行还是提供受教育权的保障，两种不同的教育法律观念会导致不同的法律后果。如果仅仅将接受教育视为义务，那么农民工子女中的适龄儿童和少年就必须无条件地入学读书，无论是在户籍所在地还是在流入地，无论是免费的还是缴费的，无论是就读于标准化的学校还是到简易学校，农民工子女似乎没有选择的权利。如果将接受教育视为权利，那么农民工子女无论在流入地还是在户籍地，都应当享有与城市儿童、少年同等的就学机会，同样的就学条件，城市儿童、少年能够得到的，农民工子女也应当能够得到。

从权利的角度认识农民工子女的受教育问题在国务院发布的《关于解决农民工问题的若干意见》中得到了体现，认为子女上学是维护农民工权益需要解决的突出问题之一。在此之后，新修订的《中华人民共和国义务教育法》也在立法宗旨中明确规定，实施义务教育首先是"为了保障适龄儿童、少年接受义务教育的权利"。还规定，当地人民政府应当为随父母或者其他监护人在非户籍所在地工作或居住的适龄儿童、少年提供平等接受义务教育的条件，并且规定，国务院和县级以上地方人民政府应当合理配置教育资源，促进义务教育均衡发展，促进学校均衡发展，均衡安排义务教育经费。这些规定，为解决农民工子女在流入地就学提供了重要的权利保障依据。此后，教育部与公安部协商同意，于2007年4月30日废止《国家教育委员会、公安部关于流动儿童少年就学暂行办法》（教基[1998] 2号），避免了不适应管理要求或者与法律规定不一致的规章性文件继续影响农民工子女就学的情况，对依法保障农民工子女的受教育权起到了重要的作用。

保障农民工子女的受教育权是国家尊重和保证人权的基础。根据世界人权宣言和宪法的规定，农民工子女的受教育权受国家法律保护，不因其父母或者其他监护人的迁徙而受到限制。而农民工子女就学政策在初始阶段规定收取借读费等管理手段却在客观上对农民工子女所应当享有的平等的受教育权构成了一定的限制，通过办简易学校、减少课程门类等对农民工子女实施义务教育的手段也在客观上限制了农民工子女平等的受教育机会和平等的受教育条件。但这种状况很快得到了扭转。2001 年之后，《关于基础教育改革与发展的决定》等一系列文件均将保障农民工子女的受教育权作为重要的原则，并以相应的制度保障农民工子女就学问题。应当说，这种转变是突破性的，使农民工子女受到了社会的重视和尊重，体现了世界人权宣言所倡导的人人生而自由，在尊严和权利上一律平等的人权理念。

## 三、农民工子女就学政策的现实问题及其改进建议

农民工子女就学政策伴随着农民工子女就学问题的不断显露而逐渐明晰，表现出了国家解决这一问题的责任意识和坚定的信心。然而，在事实面前仍需秉持科学的态度对政策实施的有效性进行必要的审视，其中有三个问题是需要反思的。

第一，对农民工及其子女的称谓是否合适。对于"农民工"的称谓以字解意是指进城务工的农民，但问题在于农民做了工人为什么还要被称为农民工？我国宪法对职业群体的称谓有工人、农民、知识分子、国家工作人员和其他劳动者，没有特指的农民工。那么，我们将进城务工的农民称为"农民工"是否合适是值得反思的。尽管农民进城务工是我国特定时期的一种特定现象，但只要城乡发展不均衡，农民就会大量流向城市寻找工作，并尽力在城市长期居住。既然如此，进城务工农民选择了什么职业就是什么职业身份，选择了务工就是工人，选择了教书就是教师，选择了政府公务就是公务员。那么，我们是否要永远称他们为农民工、农民教师、农民公务员，而对他们的子女则永远称为农民工子女、农民教师子女、农民公务员子女，等等？反思这一问题的意义在于避免由于职业划分的误区给进城务工农民的子女带来文化的负面影响以及受教育权的侵犯。已有研究表明，在流入地就学的进城务工农民的子女存在着一定的封闭性，他们

喜欢交往的群体仍然是进城务工农民的子女。这种情况除文化观念、经济条件、居住环境等因素的影响之外，不排除由于称谓的不准确而在客观上导致的对他们自尊心的挫伤和由此带来的自然集聚倾向。在进城务工农民及其子女的数量日益增加的情况下，我们不能不警惕这种集聚可能带来的与流入地其他学生相比在学习成绩及其身心发展上可能产生的巨大差异。

对于上述问题，发达国家流动人口子女的就学政策，可以为我们处理同样的问题提供借鉴。例如，美国人或是在美国长期合法居住的外国人的工作流动和家庭住址的变换是很正常的，他们的子女也可以随之到居住地学区接受完全免费的义务教育。这种情况表明，美国对适龄儿童少年接受义务教育并不因其父母或其他法定监护人的职业流动而受到限制，他们的受教育权得到了应有的保障，他们家长的职业选择权也受到了必要的保护。

第二，政府是否有能力实施"两为主"政策。以流入地区政府管理为主，以全日制公办中小学为主解决进城务工农民子女的入学问题，是农民工子女就学政策演进过程中的重要转折点。但这一政策在实施过程中也面临着难以解决的困难。据《中国农民工调研报告》显示，我国外出农民工数量为 1.2 亿人左右，随他们进城的学龄子女数也逐年增加。加之大多数农民工集中在经济比较发达的大中城市，这些城市随农民工进城的子女数会相继增多。但由于学校发展和城市规划之间的冲突，要在短期内全部决农民工子女在城市就学问题是比较困难的。这就使政府的"两为主"政策呈现出政府承担责任的权利能力与承担责任的行为能力之间的冲突，致使政策难以落实。

在动机与结果不能统一的两难境遇中，如何解决进城务工农民子女接受义务教育的问题，有三个途径是值得思考的。其一，发挥现有公办中小学的作用，尽最大可能接收进城务工农民子女入学读书。其二，修缮现有闲置校舍，降低建校成本，扩大接收学龄儿童的就学能力。其三，城市发展规划、教育发展规划应当将进城务工农民子女接受教育的需求纳入其中，形成可持续发展战略，发挥政府在宏观决策中的作用。

第三，学校能否代替家长履行监护责任。为解决进城务工农民子女的就学问题，保障他们的受教育权，不仅政府颁发了一系列政策，学校也采取了一定的行动，甚至出现了专门的寄宿制学校。那么，送其子女入住宿制学校的家长，能否将监护人的身份及监护义务也随之委托给学校？根据《民法通则》第十六条的规定，未成年人的父母是未成年人的监护人。如果未成年人的父母已经死亡或者没有监护能力的，由具有监护能力的其他法定监护人监护。而《民法通则》规定的其他法定监护人并不在法律意义上包括未成年人就读的学校。即使是"父母因外出务工或者其他原因不能履行对未成年人监护职责的"，根据《中华人民共和国未成年人保护法》第十六条的规定，也"应当依法委托有监护能力的其他成年人代为监护"。因此，学校包括寄宿制学校，不能成为进城务工农民子女的法定监护人，也不能代替他们履行对其子女的监护责任。强调这一点不仅是要依法保障进城务工农民子女的人身权，更重要的是要依法保障他们的受教育权。因为，如果进城务工农民片面地认为将未成年子女送入学校就可以解脱其监护人的身份，那么就可能由此推卸其所有的监护责任，也就可能因父母监护及教育责任的缺失而导致其子女情感的缺失、学习兴趣的缺失甚至辍学。对此，进城务工农民应当与政府及学校共同承担起教育、保护其未成年子女的责任，使国家的政策能够全方位地实施，提高政策的实效性。

［原文载于《东北师大学报（哲学社会科学版）》2007 年第 6 期，147-151 页］

（杨颖秀）

# 思考 3　学校安全及收费

## 结构性教育问题的危机与解除危机的教育政策重构
### ——学校安全问题屡禁不止的政策分析（2006）

　　教育政策的问题构建错误是其低效的重要原因。要提高教育政策的效益，不能依赖于政策的数量，而要依赖于正确地构建教育政策问题，这是制定正确的教育政策的前提。

### 一、紧急通报能否解决问题

　　2005 年 10 月 25 日晚上 8 时许，四川省巴中市通江县广纳镇小学四至六年级寄宿制学生晚自习结束后，在下楼梯时发生拥挤踩踏事故，造成 8 名学生死亡，45 名学生受伤。

　　2005 年 10 月 16 日上午 9 时 30 分，新疆生产建设兵团农一师第二中学附属小学学生在下楼参加升国旗时，发生拥挤踩踏事故，造成 1 名学生死亡，12 名学生受伤。

　　2005 年 10 月 7 日凌晨 5 时 50 分，重庆市奉节县一无牌无证客货两用车在私自运送 27 名学生返校途中发生重大交通事故，车辆翻坠于 40 米下的高坡，造成奉节县吐祥中学、龙泉中学共 5 名学生死亡，3 名重伤。

　　针对上述学生安全事故，教育部办公厅发布紧急通报，要求各地教育行政部门和中小学校要从上述事故中充分汲取教训，做到警钟长鸣、常抓不懈，狠抓学校安全管理和学生安全教育工作，严防楼梯间拥挤踩踏等安全事故的再次发生。然而，紧急通报是否能解决此类安全问题，还是让我们看看通报的表述吧。通报指出："近两年，针对一些地方中小学安全事故多发特点，教育部先后多次召开会议，下发通知，要求各地切实加强学校安全管理工作，加强学生安全教育，防止各类安全事故的发生。其中，特别针对预防楼梯间拥挤踩踏事故、学生交通事故专门下发通知，提出了具体细致的要求。尽管三令五申，反复强调，但还是有个别地方、个别中小学对此麻痹大意，置若罔闻，致使最近一段时间连续发生此类事故。"很清楚，在国家"三令五申"之下，问题并未得到解决。为什么会有如此低效的政策？为什么通报中的问题如此难以解决？对此我们不能不反思教育政策在构建过程中对教育问题认定的准确性，这是教育政策构建的前提。

## 二、教育问题的构建错误危机

教育问题可以分为过失性教育问题及结构性教育问题。过失性教育问题是由于疏忽而产生的偏离正常教育规范的现象。结构性教育问题是指由于社会的政治、经济及教育自身的构造不合理而产生的偏离教育规范的现象。过失性教育问题因为与大多数人的正常生活格格不入，所以很容易被识别。而结构性教育问题则因为潜在性较强，层次性较深，而不宜被及时发现。对于学校发生的重大安全事故，试图以"紧急通报""紧急通知"等政策进行制止之所以不能收到预想的效果，其重要原因就在于在很多情况下是将结构性教育问题认定为过失性教育问题，从而导致教育政策的问题构建错误。这种错误致使问题无法解决，并再度发生新的危机。例如，对于学生踩踏事故的发生，我们常常认为是因为麻痹大意造成的，但这只是原因之一，是一种以过失性行为表现出的表层原因。在过失性原因的背后，我们不能不正视由于结构性问题导致的事故的深层次原因。诸如不能不正视校舍的结构设计不合理的原因，如教学楼的楼梯是否过窄；不能不正视教师与学生的比例结构不合理导致的原因，如班额是否过大；不能不正视学校布局结构不合理的原因，如小学生是否需要住宿；不能不正视经济结构不合理的原因，如经费是否充分，是否能保证学生正常的教育教学活动，等等。如果将结构性教育问题认定为过失性教育问题就会导致教育政策的问题构建错误，从而忽视了对引发安全事故潜在危机的重视和制止。因此，虽然制止学校安全事故的政策不断发布，但其解决的往往不是问题的本身，而是问题的表现形式和状态，这是一种问题构建上的错误。导致教育问题构建错误的主要原因有：

### （一）在解决结构不良问题中的错误

如前所述，学校安全政策多数是指向于事故发生后的近因性政策，而引发事故的原因却存在时间较长，积淀了不同利益相关者的各种冲突和博弈，冲突和博弈会同时增加教育问题的复杂性，成为结构不良问题。结构不良问题的重要标志是无序与不理性。一方面，利益冲突使教育决策者难以达成一致，教育决策方案无法具有可排列的顺序；另一方面，利益博弈使教育决策者更多地进行自我利益的"理性"选择，各自的自我利益选择最后导致的是整体上的不理性，不理性使结果无法预测。例如，教育决策者对学校安全问题的价值判断，有的从学生安全角度思考问题，有的从经济利益角度思考问题，有的从工作业绩角度思考问题等。不同的价值判断会带来不同的目标冲突和不同的决策方案选择，不同的方案选择又必然带来不同的风险。

### （二）在使用低效性技术中的错误

教育政策之所以容易出现问题构建错误，除难以解决结构不良问题之外，在政策制定技术上也存在一定的阻滞作用。首先，不能排除近因效应的负面影响。心理学研究认为，在两种或两种以上意义不同的刺激物依次出现的场合，印象形成的决定因素是后出现的刺激物。据此，教育政策制定者之所以经常在发生恶性事件后出台"紧急通知"等教育政策，不能忽视他们更多地受到恶性事件后果的近期心理因素影响的原因。政策制定者在近期事故的表面状态影响下，往往更多地担心事故影响的扩大化以及结果的严重化。因此，为更快地处理事故，则可能不顾产生事故的深层原因，从而导致问题构建错误。结果，表面的问题处理了，根本的问题却被掩盖了。

其次，不能忽视教育政策语言的"阿伦森效应"。心理学家阿伦森（Aronson）经实验认为：多数人都喜欢那些对自己表示赞赏的态度，而反感贬低的态度。人们在接受评价的心理过程中，对一直赞扬、先赞扬后贬低、一直否定、先贬低后赞扬四种评价方式，最反感的是先赞扬后贬低。而缺乏对教育过程前期关注的教育政策，等于使政策执行者处于被赞扬的相对状态。但突然出了问题，他们则将面对"严禁""追究""处理"等一系列否定性语言及法律性措施的惩罚。所以，政策执行者的逆反心理会使其无法接受这种事实，在行为上必然采取规避性抵御。最大的消极性反应就是置政策于不顾，产生"上有政策、下有对策"的变通。

第三，不能回避对教育政策认知不协调的心理压力。心理学家费斯廷格认为，每个人都在努力使自己的内心世界不发生矛盾，同样也努力使自己的知识和信念与自己的行为之间不产生冲突，但事实上做不到。认知不协调的存在会使人产生情绪波动和心理不适，从而产生实现协调的动机需要。在这种动机的作用下，人们会努力避免不协调恶化，试图减少不协调因素继续扩大。对教育政策的认知不协调在政策制定者和政策执行者身上均会有所表现。对政策制定者来说，具有负面影响的重大教育事件与其政策心理期望之间会形成强烈的反差，并形成巨大的心理压力。心理压力则会成为政策制定者平衡这种压力的新的防护性动机，动机又会激励政策制定者去寻求避免决策后悔的心理反应和行为结果，如回避或掩饰先期决策失误等。对政策执行者来说，近因性教育政策的强大压力与其先期的松散行为会形成激烈的冲突，他们会寻找各种理由为其背离政策规范的行为进行辩护，极力推卸各种责任，如为不负责任的行为寻找借口、将责任转嫁等。无论是政策制定者的认知不协调还是政策执行者的认知不协调，最终都会降低教育政策的实效。

## 三、解除危机的教育政策重构

制定教育政策的目的在于实施，要提高实施的效益就要强化教育政策的科学性。

### （一）关注以问题为中心的教育政策分析过程

教育政策的有效性要以正确的教育分析为基础，而科学的教育政策分析是以问题构建为中心的。认定教育问题一般依赖于四个方面的条件。一是依赖于教育问题的客观存在性。没有客观存在的问题状况，则没有问题。二是依赖于教育问题的普遍存在性。如果客观存在的状况涉及的人数较多、发生的频率较高、影响的范围较广，则可能被认定为教育问题。三是依赖于教育问题的强度。有的教育现象虽然涉及的人数不多、发生的频率不高，但影响力很大，也可能被认定为教育问题。四是依赖于对教育问题的主观认定。对客观存在问题的认定虽然不能靠人的主观想象，但如果没有人的察觉和认识，客观存在的问题也无法被认定为教育问题。人的察觉和认识又要受到人的价值观、思维方式、思维品质等因素的影响。由于认定教育问题要受人的主观因素的影响，因此，在认定过程中可能出现问题构建错误。这种错误一般表现于三种情况：一是排斥了一个正确问题（即当无效假设为真时却拒绝它）；二是接受了一个错误问题（即当无效假设为假时却接受它）；三是解决了一个错误问题。① 第三种错误是教育问题构建中最容易发生的，也是最危险的。

在教育政策的制定过程中，并不是所有的教育问题都会转化为教育政策问题，进而被制定出相应的政策。只有具有转化为教育政策问题的必要性与可能性的教育问题才能被转化为教育政策问题，并依此形成教育政策。教育政策分析的过程是政策分析方法和政策信息的转换过程。如运用预测、监测、评价、建议等方法，得到教育政策前景、行动、结果、绩效等信息。而无论是分析方法的使用还是政策信息的获得，如果没有对教育问题的准确构建都是不可能的。因而，以问题为中心的教育政策分析，其实质是要掌握准确构建问题的元方法。学生安全政策之所以出现问题构建错误，很多情况下是因为忽视了对教育问题的前瞻性构建，不去预测和制定以预防、鼓励、促进为主的积极性教育政策，而当问题严重的时候又急于出台消极性教育政策。结果可能出现将结构性教育问题认定为过失性教育问题，或将教育问题认定为方法问题等问题构建错误，最终使教育问题愈来愈复杂，成为结构不良问题而增加问题解决的难度。为此，教育政策分析要时时关注随时出现的教育问题，而不要等到问题深重与冲突激化后再来制定紧急性或消极性教育政策。

### （二）提高教育政策制定者的素质

教育政策问题构建是教育政策制定者对客观存在的教育问题的主观认识过程，没有良好的素质则可能导致问题构建错误。教育政策制定者的基本素质应当包括理论素养、方法掌握、实践经验三个方面。

第一，教育政策分析需要教育政策制定者具有较高的理论素养，他们的价值观、理论基础都会影响到对教育问题的分析。例如，权力专制的价值观可能导致对民主权利的忽视，从而使对权利的侵犯积怨深重。教育政策制定理论上依据绝对理性、追求完美可能导致对问题构建的不可能，从而影响教育政策的效益。

第二，要科学制定教育政策，政策制定者就要掌握有效分析教育政策的方法，避免使用低效性教育政策制定技术，保证准确或比较准确地构建教育政策问题。

---

① 威廉 N 邓恩. 公共政策分析导论（第二版）[M]. 北京：中国人民大学出版社，2002：152.

第三，即使理论和方法素养都能具备，也还需要教育政策制定者的实践过程。在教育过程中，突发性的教育问题需要及时采取措施。那么，教育政策制定者的直觉、洞察力、创造力就非常重要。事实证明，直觉和洞察力对创造力具有重要的影响作用，而直觉和洞察力又离不开经验的积累。所以，教育政策制定者需要有教育实践基础，仅有理论容易导致政策制定的空中楼阁。

［原文载于《教育理论与实践》2006 年第 1 期，27-29 页］（杨颖秀）

# 中小学乱收费屡禁不止的政策视界（2004）

中小学乱收费长期未能解决的原因很多，其中政策性质不良是不可忽视的重要原因之一。它的主要症结在于政策缺乏科学性、民主性、合法性，政策制定技术不规范、目标不明确、周期较短等。要解决这些问题，提高政策的有效性，应在政策系统中审视中小学收费政策和制止乱收费政策，关注政策的制定和实施过程，特别是要关注政策的起始环节，明确政策目标，及时修正政策，并要强化政策监督机制。

## 一、对中小学乱收费的界定

中小学乱收费是与中小学合理收费相对而言的行为。要制止乱收费，首先要明确现行教育活动应当允许收取哪些合理费用，除此之外的收费，则应视为乱收费。根据《中华人民共和国教育法》和《中华人民共和国义务教育法》的规定，中小学分为义务教育阶段和非义务教育阶段，义务教育阶段允许收取杂费，非义务教育阶段允许收取学费。杂费与学费均不包括书费。那么，在中小学阶段国家允许向学生收取的费用就有杂费和书费或学费和书费两部分。而基础教育实行地方负责、分级管理、以县为主的体制，所以部分地区教育行政部门还可根据授权会同财务部门、物价部门等根据当地实际情况制定地方性政策，允许中小学收取一定的其他费用，如班费、班级活动费、毕业班级补课费等。这样一来，中小学收费就包括国家政策允许的收费和地方政策允许的收费两个层面。然而，政策允许的收费未必一定是合理、合法的正常收费，同时也不排除在政策允许的范围之外，仍然存在的收费行为。所以，中小学乱收费应当指由于政策不良导致的中小学不合理收费，以及有关部门及学校在权力错位、缺位的情况下自行决定收取费用的行为。这种收费行为之所以被视为乱收费，是由于收费项目的增多和收费数量的增多而导致的收费性质的变化。

## 二、中小学收费政策和制止中小学乱收费政策的性质不良问题

政策性质是指政策本身及其实施效果优良与否的特性。无论是中小学

收费政策还是制止中小学乱收费政策，其性质不良都可能导致乱收费行为。而现有一些中小学收费政策和制止中小学乱收费政策的性质不良主要表现在以下几个方面：

### （一）部分政策制定缺乏科学性，收费无标准

就目前的情况看，国家允许中小学收费的范围已经清楚，包括学费、杂费、书费，但国家并未明确学杂费的收费标准（2001 年农村试行"一费制"的贫困地区除外），而是授权地方政府根据当地的实际情况制定。这种状况，一方面反映了国家未能科学地确定学生的基本培养成本和学费占学生在校培养成本的合理比例，另一方面反映了收费政策还缺乏动态的管理，对收费过程缺乏跟踪，对收费政策的变动也未能及时予以指导。所以，在地方有权制定收费标准的情况下，无论学杂费的增长幅度如何，也无论学费与杂费的比例结构如何，都具有地方范围内的合法性。学生及家长在无力摆脱这种束缚与困境的情况下，只能在舆论上表示对收费的强烈不满，究其根源，这种不满是由收费的非科学性带来的。

### （二）部分政策制定缺乏民主性，"内输入"特点明显

由于政策的制定是政府的权力，所以中小学收费政策的制定往往表现于政府的单方面行为。但收费活动是政府及学校与学生及家长双向作用的结果，政府及学校的收费行为需要得到学生及家长的认可和支持。因此政府及学校应当尊重学生及家长的知情权，为学生及家长监督收费政策的制定及实施提供条件。而在教育过程中，一些教育行政部门及学校是松散的结合体，多半处于"有组织的无政府"状态，它们在政策制定过程中常常表现出"内输入"的特点，缺乏与学生及家长的互动。在收费政策上，学生及家长只能了解政策的结果，并要无条件缴费，他们无法得知政策制定的依据，也无法对收费实行拒绝。这种单方面决定收费项目与数量的政策制定过程，为强化乱收费行为提供了条件。

### （三）部分政策制定缺乏合法性，权力错位严重

在国家政策体系中，下位政策的制定要依据上位政策，不与上位政策相冲突。政策制定主体要根据国家授权或委托，行使制定政策的权力，没有行政授权或委托，制定政策的行为和所制定的政策是无效的。但有的地方行政部门和学校违背基本原则和程序制定政策，从而使中小学乱收费成

为可能。

### （四）部分政策制定缺乏技术规范，语言结构不清，语义表述不当

政策具有导向性与灵活性等特征，政策制定技术的缺失不仅会使政策无法实施，甚至会事与愿违。首先，语言结构不清可能为乱收费提供空间。例如，《义务教育学校收费管理暂行办法》（1996 年 12 月 16 日国家教委、国家计委、财政部印发）第四条规定："杂费应根据学生在校学习期间必需开支的公用经费中公务费、业务费的一定比例确定。费额要小，要有最高限额。"第六条规定："义务教育阶段的杂费标准的调整方案，由省级教育、物价、财政部门按照第五条规定的程序，根据本行政区域内的物价上涨水平和居民收入平均增长水平提出，报省级人民政府批准后执行。"此文件的颁发目的在于规范义务教育阶段学校的收费行为，"防止教育乱收费现象"。然而，由于在第六条中提出了"杂费标准的调整"问题，因而文件颁发后许多省市开始上调义务教育收费标准，而不顾文件中关于"费额要小，要有最高限额"的规定。此例说明，文件在语言表述的结构上前后已经构成矛盾，前者目的在于限定义务教育收费标准，后者却导致提高收费标准的结果。其次，语义表述不清也可能为乱收费提供空间。例如，《中国教育改革和发展纲要》在办学体制改革方面提出了"民办公助""公办民助"的导向性政策，但并未具体明确表述其中的含义，这为不同的政策客体提供了理解这一政策的不同导向。在此之后，虽然办学体制改革出现了勃勃生机，但借办学体制改革高额收取学费的行为也同时出现，"民办公助""公办民助"政策的"正外部性"与"负外部性"并存。

### （五）部分政策目标不明确，缺乏适当周期

政策要相对稳定，以保证政策目标的达成度。对政策周期问题中外学者均做过研究，如国外学者克拉克（Christopher M. Clarke）认为中国领导人的政策框架时间是不断变小的。[①] 我国学者胡鞍钢认为，受我国目前尚处于社会主义初级阶段，体制制度不完善，以及地域辽阔，各地区差异大，发展不平衡等条件的影响，一项政策并非完全按照制定——执行——

---

① Christopher M Clarke. China's transition to the post-Deng era [M] // The Joint Economic Committee, Congress of the United States. China's economic dilemmas in the 1990s: the problems of reforms, modernization, and interdependence. Joint Committee Print. April, 1990: 1-13.

评估——监控——终结的程序进行，而是表现为传达期、贯彻期和变通期。这是中国政策周期表现出的一个显著特点。[①] 政策周期较短，致使政策目标达成率较低的现象在制止中小学乱收费问题上亦有表现。1991 年至 2001 年，国务院及其教育行政部门等机构为治理中小学乱收费问题先后发布了《〈关于坚决制止中小学乱收费的规定〉的通知》（1991 年 5 月 31 日国家教委印发）、《关于坚决纠正中小学乱收费的通知》（1993 年 8 月 25 日国家教委印发）等十几个文件。从这些文件来看，数量之多，前所未有，应当说国家对这一问题是重视的。但从对乱收费问题的治理情况来看，应当说政策是低效的，中小学乱收费问题仍然屡禁不止。因为政策制定后，政策客体未能做好"心理解冻"，未能经过了解政策、理解政策、接受政策、评估政策、监督政策实施等一系列过程，政策实施没有充分的条件保证。同时，不断印发文件会导致政策强度淡化，政策客体不会去选择刺激强度较弱的政策，直至政策成为一纸空文。

### 三、中小学收费政策和制止中小学乱收费政策的有效性分析及形成策略

中小学收费政策和制止中小学乱收费政策性质不良导致实施低效。为解决此问题，应提高政策的有效性，形成切实可行的政策体系。

#### （一）立足于审视复杂政策系统

政策是在市场失灵的情况下，国家实行利益再分配的宏观调控手段。要提高中小学收费政策和制止中小学乱收费政策的有效性，也就是要调节中小学生、家长、学校、政府等不同政策主客体之间的权益关系，以保证学生的受教育权，保证学校的正常运转，保证国家教育目的的实现。这些主客体及其权益是一个相互制约的系统。所以，将中小学收费政策和制止乱收费政策放在复杂的系统中进行审视是极其重要的。根据系统性原理，整体性、开放性是制止中小学乱收费行为，形成相关政策必须借鉴的。从政策的整体性来看，收费政策、制止乱收费政策只是国家体制改革政策、教育体制改革政策等政策系统中的一部分。要制止中小学乱收费行为，一方面可以提高收费政策和制止乱收费政策本身的有效性；另一方面可以提高国家宏观政策的有效性，进而为制止乱收费行为提供有效的政策环境。

---

① 胡鞍钢. 中国政策周期与经济周期 [J]. 中国社会科学季刊（香港），1994（8）：90.

就前者而言，如果收费政策科学、严谨、公正，就可能避免乱收费行为发生，当然也就不需要不断出台制止乱收费政策。由于我国区域间、校际间发展极不平衡，差异比较显著，因此中小学收费政策要兼顾城市和农村、东部和西部、强校和弱校等不同情况，确定科学合理的收费标准。然而无论是收费政策还是制止乱收费政策，仅仅是我国教育财政政策体系中的一部分，如果只从这些政策本身出发进行调控还不足以构成解决乱收费问题的充分条件，它要求提高国家宏观政策的有效性，也就是要从政策系统的开放性原理出发，为制止乱收费行为提供政策环境。国家要解决中小学乱收费问题，提高宏观政策的有效性，可以采取两条不同的路径。一是放开教育资源市场，为更多主体创办优质学校提供条件，这是解决城市中小学乱收费行为的重要策略。因为从城市中小学乱收费情况来看，主要受优质教育资源匮乏的影响，部分学校垄断教育市场，使高收费、乱收费成为可能。但在开放市场的过程中，难免有"经济人"[①] 范式导致的不同办学主体的寻租行为，包括个人办学主体和地方政府办学主体，他们在办学过程中都可能利用自己的一切资源，尽可能地去获取自身利益的最大化。这种"经济人"行为，会给教育带来"负外部性"。为此，国家政策应加强宏观调控，立足于掌握办学原则、办学标准和办学方向，规范办学行为，但不限制办学市场。国家政策要尽可能地创造一种条件，鼓励优质教育资源能在竞争中取胜，从而为学生及家长提供更多的可供选择的学校，使乱收费失去其存在的土壤。二是履行政府职责，为贫困地区提供较好的教育条件，这是解决农村中小学乱收费行为的重要策略。因为从农村中小学乱收费情况来看，主要是基本办学条件不足，"三保"难以兑现。所以政府在整体策略上，可以用政策调控城市办学行为，用较大的财政力度支持农村中小学的发展，城乡政策结合，达到治标治本的效果。

### （二）关注政策制定与执行过程

政策的有效性表现于政策的全过程，它包括政策的制定、执行、评估、监控、终结等基本环节，根据"蝴蝶效应"理论，[②] 政策从制定的初始环节就蕴含着它将要引发的终结性影响作用，任何初始状态的微小变化，都可能对未来政策执行过程产生重要的影响。这种影响作用有时是显

---

①　陈振明. 政策科学：公共政策分析导论［M］. 北京：中国人民大学出版社，2003：93.

②　冯之浚. 软科学纲要［M］. 北京：生活·读书·新知三联书店，2003：43.

性的，有时是隐性的，有时是静态的，有时是动态的。但政策主体必须关注政策制定的每一个环节，特别是在我国政策周期较短、"内输入"特点明显的情况下，一项政策本身就可能具有很多缺失，再加之政策的灵活性等特点，一项政策执行后，不同的政策客体都会从各自的利益出发，变通政策。所以，政策主体应有意识地、自觉地、慎重地关注政策过程，避免随意性。

为保证政策良好的系统效应，从政策制定开始就应遵循民主程序，使政策合法化。坚持民主程序，重要的是要从实际中寻找政策问题及解决问题的措施，严格按照公平、公正、公开的原则提高政策的价值，增加政策的透明度，进而保证政策的执行效果。政策的合法化是坚持民主程序的重要手段。政策的合法化不等于政策的法律化。根据国内外学者对政策合法化的认识，政策合法化是所有为维护政治秩序而制定的政策所必须经历的有目的、有程序的活动，这种活动要依照法定权限来进行。政策的法律化则是要将经实践检验为正确的政策，通过立法程序将其中的部分或全部内容转化为法律，使之具有法律效力，保证其可以通过法律的手段加以实施。

执行是政策过程的核心阶段。政策执行通常被认为有自上而下和自下而上两条路径。自上而下的路径假定政策是由集权的、层级的行政组织策划或制定的，下级在上级的指挥下执行政策。这种理论强调中央政府、决策官员在政策执行中的核心作用，忽视基层人员的作用，忽视政策制定者和政策执行者的系统影响作用，它容易导致中央与地方的脱节，政策制定者和政策执行者的脱节，政策行为与政策结果的脱节。自下而上的路径认为有效的政策执行有赖于多元组织的执行机构，中央政策决策者应给予基层官员或地方执行机构自由裁量权，使其能适应复杂的政策环境。这种理论强调政策执行机关的互惠与基层的裁量权，重视相互间的沟通，但较多地重视了边界而忽视了中心。[①] 事实上，无论是政策制定者还是政策执行者，都需要在政策过程中相互结合，相互支持，相互沟通，任何只强调某一方面作用的行为都会影响到政策的效果，因为政策制定与执行是政策过程的统一体，只注意政策的制定而不注意政策的执行会导致政策与现实的分离，只注意政策的执行而不注意政策的制定会导致政策"属地性"的极端化，从而强化"上有政策，下有对策"的行为。

### （三）将政策目标与政策反馈、政策回溯分析、政策监督融于一体

政策执行之后会有反馈信息，它是反映政策性质优良程度的基本标

---

① 郭巍青，卢坤建. 现代公共政策分析［M］. 广州：中山大学出版社，2000：106.

志。通常情况下，政策的制定要经过问题界定、确认目的、确定备选方案、方案比较、抉择方案、试验方案、实施方案、结果评估等过程。但对于教育决策者来说，许多情况下受政策决策时间、决策投入等条件的限制，很难践行政策决策的全过程，即可能采取应急性的政策决策措施。而政策的制定与执行又是复杂的人、财、物、时间、空间、信息等方面相互作用的系统工程，政策决策的短期行为可能导致对政策潜在的、突发的后果的忽视，从而导致政策目标偏离。关注政策反馈信息可以从中发现问题，对政策目标起点进行反思，纠正目标失误，也可以在目标正确的情况下及时调整政策过程。显然，政策目标是制定政策、执行政策、评价政策、修正政策的核心因素。那么，如何确定政策目标才可能收到较好的政策效果？有限理性、渐进理性等政策制定模式是可供借鉴的。有限理性是与绝对理性相对而言的。绝对理性是建立在"经济人"假设基础上的理想化的目标选择模式，它要求穷尽一切方案，从中选择最优解。但受人的知识、能力、价值观、环境等因素的不确定性的影响，最优解在实践中是无法寻觅的。有限理性是西蒙倡导的决策标准，它要求避开绝对理性的不可能性，追求满意解，使决策方案简化，使目标实现成为可能。[①] 要追求满意解也可以采取林布隆提出的对旧政策不断补充和修正的渐进主义模式，根据不断变化的情况，对以往的政策方案进行局部的、小范围的调试，克服以往政策的缺陷，使新旧政策保持连续性和稳定性。[②] 采用渐进的政策决策模式，风险较小，比较适用于不允许失败的培养人的教育事业。从政策目标的确定到政策反馈及回溯分析，并非每个政策决策者的自觉行为，这就可能使不良政策在惯性的驱使下不断执行下去，从而使教育付出更多的代价。因此，加强政策制定与实施的监督机制，是克服我国政策过程缺失、提高政策有效性的重要环节。要制止中小学乱收费行为，保证相关政策的有效性，政策监督主体是多方面的，有学生、家长、教师、社会、权力机关、政府机关等多元组织和个体。国家可以通过提供听证、公示等有效机制支持监督系统的工作。

［原文载于《教育理论与实践》2004 年第 15 期，13-16 页］（杨颖秀）

---

① 冯之浚. 软科学纲要［M］. 北京：生活·读书·新知三联书店，2003：59-61.

② 谢明. 公共政策导论［M］. 北京：中国人民大学出版社，2002：76-78.

# 第四章

## 教育法治的理想与现实

# 思考1 教育问题的法理依据

## 法治视角下的教育管理行为审视（2016）

教育法治是法治进程中的重要内容，也是教育管理的必然路径。教育管理如果没有法治的伴随，就可能带来无序与无常、侵权与失衡。然而，我国的教育管理理论与实践并未能在与世界管理理论和实践发展同步的状态下体现法治社会的基本样态。在理论上，教育管理研究曾经与教育研究混于一体；在实践上，教育管理行为一度被视为教育管理者的个体行为。以教育管理理论等同于教育理论和以教育管理行为等同于教育管理者个体行为的双重误区，影响了我国教育管理理论和教育管理实践的发展。教育管理理论之所以与教育理论混于一体，一方面是受苏联教育学体系的影响一直将教育管理理论置于教育理论之中的结果，另一方面是对发达国家的科学管理理论还缺乏恰切思索使然。这使得我国对教育管理活动科学性的认识还未能从与教育活动的异质中区分开来，对教育管理的研究还缺乏科学、民主和法治的视点。教育管理行为之所以被认为是教育管理者的个体行为，主要原因在于教育管理者忽略了他们行使的权力不是来源于其个体，而是来源于其相对人。教育管理者对权力来源的认识偏差不仅强化了他们经验试误和权力私有的常态性，而且忽略了教育管理行为的前瞻性、教育管理职能的服务性以及教育管理相对人利益分配的公平性。因此，在法治视角下审视教育管理行为必然成为现代学校制度发展的迫切要求。要审视教育管理行为，在特定的转型时期和教育法治的起步阶段，特别需要关注那些形式合理而实质不合理的行为。因为这类行为不仅不符合法本身的严肃性对法实施的严谨性的期许，也不符合法治对权力进行监督并对责任实施追究的本意，更不符合新常态理念下权利本位的法治精神。如果不对这类行为进行辨识，则容易模糊人们的教育法治视线，并为"人治"代替"法治"的教育管理行为增添催化剂。

## 一、教育管理行为的不良掩饰

教育法在运行中形式合理而实质不合理的现象是存在的，这类现象使教育管理者对其行为产生模糊认识，看似合理的教育管理行为却可能掩盖着事实上的不合理甚至不合法的真实动机。

### （一）程序合理的掩饰

程序合理的掩饰是指在具有法律效力的程序运行中，形式上的合理掩盖实质上的不合理而导致不公平的现象。法律程序是教育法运行的必要条件，但不是充分条件，程序上的合理并不意味着教育立法和教育法适用的必然合理。在此情况下，就可能发生程序合理掩盖事实不合理的现象。这种现象在教育管理活动中，既有主观上导致的，也有客观上导致的。主观上的不公平是立法者的有意作为或不作为所致，客观上的不公平是立法者的无意作为或不作为所致。美国历史上"隔离但平等"原则对黑人子女在就学问题上的歧视，就反映了主观上导致的形式合理对实质不合理的掩饰。在"隔离但平等"原则下，黑人子女和白人子女必须分校就学，因为立法者认为黑人子女和白人子女享受的是同等条件下的学校教育。但这一原则却导致黑人子女无法就读于离家最近的学校，上学成为家长和孩子的负担。直至 1954 年"布朗诉托皮卡教育局案"中的原告得以胜诉才结束了美国历史上黑人子女与白人子女分校就读的历史。[①] 很明显，按照"隔离但平等"的原则，黑人子女在达到入学年龄的时候，可以进入专门为他们准备的学校就读并完成学业，这在程序上似乎是平等的，但黑人子女由于不能享受离家最近的教育，事实上与白人子女相比在受教育权、发展权和受保护权的享有上却是不平等的。而这种不平等恰恰是立法者主观设定的"隔离但平等"原则导致的结果。"刘燕文诉北京大学拒绝颁发博士学位案"在北京大学学位评定委员会对刘燕文的博士学位论文的表决中，暴露了我国学位法的适用在客观上存在的形式合理而实质不合理的问题。北京大学学位评定委员会在充分听取无线电系分会主席对刘燕文有关论文评议、答辩等情况的介绍说明后，经过询问、阅读论文、评议等程序，根据

---

① 布朗诉托皮卡教育局案 [EB/OL]. (2015-06-10) http：//baike. baidu. com/link? url=iVT-6H2pT_X1H0XX8jwGFRcKSM_C1neu-9v0Dzk6eGogEkmOHjp_cMPh7Coh0HByYoyVqQ0x9FZdzR2LfnYGy_.

法律、法规之规定，采取完全无记名投票方式予以表决，根据投票表决结果，其中 7 票反对、3 票弃权、6 票赞成做出不予批准授予刘燕文博士学位的决定，程序合法。① 因为《中华人民共和国学位条例》第十条第二款规定："学位评定委员会负责对学位论文答辩委员会报请授予硕士学位或博士学位的决议，作出是否批准的决定。决定以不记名投票方式，经全体成员过半数通过。"然而，本案例中因对刘燕文博士学位论文的表决有3 票弃权，所以同意授予学位和不同意授予学位的委员均不过半数，那么究竟是做出批准授予刘燕文博士学位的决定还是做出不批准授予刘燕文博士学位的决定，无从得知，但最终北京大学学位评定委员会做出了对刘燕文不批准授予博士学位的决定。这个案例十分典型，北京大学学位评定委员会在是否授予刘燕文博士学位的程序上是无可挑剔的，但因法律规定的不确定性，在客观上却为刘燕文获得博士学位增添了诸多疑虑，程序掩饰下的形式合理导致了实质上的不合理。但这种不合理不是立法者有意所为，而是因其法律意识薄弱、立法技术欠缺等原因，为事实上的不平等带来了空间。

### （二）民主形式的掩饰

参与民主管理和民主监督是教育法赋予学校教职工的权利，但这项权利在学校管理实践中却往往流于形式，其中"征求意见""民意测验"多半成为最常用的形式。但自上而下的精英决策模式主导着学校重大事项的抉择，学校领导者事先设计的想要做或不想要做的事情已经成为"征求意见""民意测验"的先期结果，"征求意见""民意测验"无非是预设结果的形式过程。在这种流于形式的过程中，教职工不仅会怀疑他们表达意见或建议的行为到底有没有价值，也会意识到权利正在成为形式合理掩饰下的民主程序的牺牲品。显然，形式上的民主并不符合民主的本意。在教职工参与民主管理和民主监督的问题上，《国家中长期教育改革和发展规划纲要（2010—2020 年）》已经提出"依法办学、自主管理、民主监督、社会参与"的建设现代学校制度的基本模式，但形式上的民主却无法为实现这一目的提供保障。

"顺民意""得民心"是国家践行民主法治理念的必然选择，这无法用

---

① 刘燕文诉北京大学拒绝颁发博士学位行政诉讼案 ［EB/OL］. （2010-08-23）. http：// www. sxjblaw. com/Article/2010/20100823092036. html.

"征求意见""民意测验"等形式上的民主完全替代或充分表达。民主的本意在于使权利在平等的前提下得以享受，权利主体的美好愿望在权利的保障下得以实现。这就需要形式上的民主和实质上的民主达成统一，需要以尊重权利达到尊重权利主体的目的，需要在公平的制度和科学的程序下保障权利的有效运行。"征求意见""民意测验"等民主形式本来是一种自下而上地反映民意的良好方式，但如果领导者早已将个人意志置于其上，那么"征求意见""民意测验"等民主形式就只能成为形式合理对民主本意的不良掩饰，而这种掩饰是浪费资源的，是受制于领导者无视法律的主观动因的。因此，要提高教育管理的法治水平，首先要提高领导者科学管理学校的基本素养，做到真正尊重学校教职工的民主权利，而不是流于形式。

在是否真正体现民主管理的问题上，阿吉里斯通过行为模型 A（软）的基本假设和行为模型 B 的基本假设对其进行了比较，为学校领导者实行真正意义上的民主管理提供了借鉴。例如，对教师"关于参与"的做法，两种模型的表现是不同的。行为模型 A（软）的表现是：管理者乐于解释其决定，并且愿意讨论教师对其所订计划的反对意见。在日常工作问题上，鼓励教师参与计划和决策。行为模型 B 的表现是：管理者允许并鼓励教师不但参与日常工作的决定，而且参与重要的决定。事实上，对学校而言，决定愈重要，管理者就愈要努力去发掘全体教职工的智慧。[①] 很明显，行为模型 A（软）是从管理者的权力角度使教职工被动参与决策的，而行为模型 B 则是从教职工的权利角度为教职工主动参与决策提供服务的。这两种行为模型虽然都让教职工参与学校决策，却表现出了形式上的参与和实质上的参与或被动的参与和主动的参与的本质区别。

### （三）权利冲突的掩饰

是否保障教职工的权利是鉴别学校管理者是否实行民主管理的重要标准。但权利是归属于不同主体的，在权利界限未被清晰界定的情况下，就可能引发权利之间的冲突，[②] 那么对某一主体权利的保障就可能引发对另一主体权利的侵犯。所以，权利保障的行为也可能掩饰权利侵犯的事实。

2005 年，全国首例"教案官司案"集中地反映了学校管理的行政权

---

① 罗伯特 G 欧文斯. 教育组织行为学 [M]. 孙绵涛，等译. 武汉：华中师范大学出版社，1987：62.

② 梁迎修. 权利冲突的司法化解 [J]. 法学研究，2014，36（2）：61-72.

利（力）与教师教学的学术权利之间的冲突问题。"教案官司案"的原告在向学校讨要其 44 本教案的过程中，受到了来自学校对其知识产权的无视和侵犯。原告曾以被告侵犯其教案所有权为由将学校告上法庭，但在司法过程中一直败诉。此后，原告又以被告侵犯其著作权为由将学校告上法庭，直至胜诉。[①] 显然，在教案的归属上存在着学校的所有权与教师的著作权之间的权利冲突，那么法官在审理此案的过程中就面临着对不同权利主体的权益衡量问题。原告最终胜诉的事实表明，法官是以教师的著作权优于学校的所有权为原则结束此案的。但如果适得其反，就会导致所有权优于著作权的不公平现象。

导致权利冲突的原因主要有立法者的有限理性、社会的变动性以及法律语言的模糊性等。[②] 立法者的有限理性可能导致权利界限的模糊，使法在运行过程中发生权利与权利的碰撞。社会的变动性可能对已经划分的权利界限带来新的挑战，需要尽快对法做出修订，当立法速度滞后于社会的变动对权利界限的挑战时，权利冲突就可能发生。法律语言的模糊性一方面可能对权利界限表述不清，为法的运行带来边缘地带，另一方面可能对执法者带来裁量的不确定性，进而导致权利的冲突。

## 二、教育管理行为不良掩饰的缘由

形式合理掩饰下的实质不合理的教育管理行为并不是空穴来风，而是教育管理者是否了解教育法、是否领悟教育法准则、是否彰显教育法精神的行为体现。具体而言，教育管理行为的不良掩饰缘于以下几个方面的诱因。

### （一）教育法意识的缺失

教育执法与守法的前提是了解教育法，具有教育法意识，这是教育法治进程中最基本的也是不容忽视的问题。因为在很多情况下，教育法还未能被教育管理者所了解，教育法所调整的权利与义务关系还未能被教育管理者所熟知，以往存在的视教育法为"软法"等错误认识导致教育法在法律体系中的地位和价值还未能得到社会相关领域甚至是教育自身的有效认同。20 世纪 90 年代曾经出现的"齐玉苓受教育权被侵犯案"，是依据最

---

① 48 岁重庆女教师打赢全国首例"教案官司"［EB/OL］.（2006-01-25）. http：//learning. sohu. com/20060126/n241598709. shtml.

② 梁迎修. 权利冲突的司法化解［J］. 法学研究，2014，36（2）：61-72.

高人民法院对山东省高级人民法院下发的"以侵犯姓名权的手段，侵犯公民依据宪法规定所享有的受教育的基本权利，应承担相应的民事责任"的批复而结案的。① 毋庸置疑，批复依据宪法做出的裁决超前性地体现了"宪法的生命在于实施，宪法的权威也在于实施"的法治理念。但与此同时，一个不能令人忽略的事实也摆在我们面前，即案发当时《中华人民共和国教育法》已经施行，而此案的审理却未能使教育法在司法程序中得以适用，这足以反映出教育法还未被司法界和教育界所了解和认识的客观事实。教育法意识的缺失不仅影响了依据宪法制定的教育法的适用，也影响了宪法的生命和权威在教育法实施中的价值。

### （二）教育法准则的忽略

教育法准则是教育法律关系主体应当共同遵守的基本原则，遵守准则就可以减少或避免逾越教育法界限的行为发生，保障教育法的有序运行。对教育法准则的忽略主要表现于对权利优先于权力的忽略和对以程序保障权利的忽略。权利优先是教育执法的重要准则之一。权利优先是与权力至上、追求行政效率的观念和做法相抗衡的，它是建设法治国家和依法治教的必然要求。权利之所以优先于权力是因为权力来源于权利。但在教育管理实践中权利和权力的关系往往被忽略，以追求行政效率为目的的权力先于权利，权力大于权利的行为时有发生。而教育法律关系的特殊性则为这种行为的发生提供了客观环境。教育法律关系不仅包括平等主体间的民事法律关系，也包括不平等主体间的行政法律关系。而教育行政主体和教育行政相对人之间的权利和义务关系则是不平等主体间的隶属型关系，这种关系为教育行政主体单方面决定教育管理行为提供了条件。尽管在法律上以救济制度平衡这种不平等性，但在教育法律监督不力和教育法律救济机制不完善的前提下，权力的膨胀便容易带来对权利的侵犯。这种侵犯还可能因为即时性地解决行政效率问题而在客观上强化教育行政主体的权力意识和权力欲望，这样就会进一步导致权力优于权利，权力侵犯权利，最终权力异化权利等不良境况的发生。因此，教育管理应当强化权利意识，妥善处理权力与权利的关系，特别是在教育行政法律关系中更应当坚守权利优先的准则。

---

① 最高人民法院关于以侵犯姓名权的手段侵犯宪法保护的公民受教育的基本权利是否应承担民事责任的批复 [EB/OL]. http：//laws. 66law. cn/law－37331. aspx.

以程序保证权利是教育执法的另一重要准则。我们在剖析以形式上的程序合理掩饰实质上的事实不合理的时候，并不排斥坚持法律程序的教育执法行为，然而在程序上不断出现的瑕疵却暴露了这一准则的失守。"田永诉北京科技大学拒绝颁发毕业证、学位证行政诉讼案"最终被告之所以败诉，除了其依据内部文件扩大了认定"考试作弊"的范围以及对被处理者即原告做出的处理违背上位法的规定之外，还因未能向原告及时宣布及送达对原告做出的处理决定，使原告失去了行使对其处理决定进行申辩的机会而违反法律程序。① 这种做法不仅在程序上侵犯了原告获得救济的权利，而且在实质上涉及原告的受教育权是否能够得到保障。事实证明，有效的法律程序是保障教育法运行的重要前提，教育执法主体包括教育管理者在程序法运行上的侵权行为同实体法运行上的侵权行为一样，都是不可忽略的侵权行为。而无视教育法律程序的现象正在反映着教育执法主体包括教育管理者的法律意识盲区，对此不可掉以轻心。

### （三）教育法精神的淡化

了解教育法和理解法律准则仅仅是教育法有效运行的必要条件，却无法保障教育法在运行过程中能够彰显法的精神。因为无论是大陆法系还是英美法系，都无法保障法的巨细无遗，也无法排除法律程序的机械运行可能给法的精神带来的冲击，更无法排除司法者对法律理解上的分歧。帕尔默谋杀继承的判例充分表达了司法过程中法与法的精神在法律运行中的摩擦。但在"任何人不能从其自身过错中受益"的古老法律原则支撑下，审理此案的法官以5∶2的结果判决帕尔默因杀死被继承人而丧失继承权。② 这起判例的理论性争议实际上是对法律本意是文本字词的含义还是立法意图的含义的理解，也就是对法与法的精神的理解。在一定情况下，坚持法的文本含义仅能表达法的形式合理性，而坚持法的精神才能表达法的实质合理性。法官的最终意见是选择了后者，表达了立法的本意在于坚持法的精神的严肃态度。教育法的运行同样存在对法的形式合理性还是实质合理性的理解问题，特别是在教育法尚不完善的前提下，其运行更须以坚持法的精神为出发点，保障教育法律关系主体的合法权益，任何忽视或淡漠教育法精神的做法都是不符合教育法本意的。

---

① 最高人民法院关于以侵犯姓名权的手段侵犯宪法保护的公民受教育的基本权利是否应承担民事责任的批复 [EB/OL]. http：//laws. 66law. cn/law－37331. aspx.

② 桑本谦. 法律解释的困境 [J]. 法学研究，2004，26（5）：3-13.

### 三、教育管理走向法治的行为路径

以权力保障权利是教育管理法治化需要坚持的基本准则，而完善教育立法，规范教育管理行为以及监督教育管理权力的有效运行则是教育管理法治化的行为选择。

#### （一）完善教育立法

中华人民共和国成立后，教育立法经历了从缓慢立法到迅速立法的动态过程，目前教育管理的迫切需求在于完善教育立法。1949 年至 1979 年是教育缓慢立法阶段。所谓的缓慢，主要表现于缓慢的立法速度和滞后的立法理念及立法技术。这段时期，教育管理所依据的主要是中共中央、国务院、教育部等部门发布的各种教育文件。这些文件按照现行《中华人民共和国立法法》对法律体系的规定，有的可以称其为行政法规，有的可以称其为教育规章，但更多的却只能称其为法规性文件或规章性文件或除此之外的其他政策性文件。其中，比较系统地规范教育的文件应当包括 20 世纪 50 年代初期教育部颁发的《小学暂行规程》《中学暂行规程》《高等学校暂行规程》和 20 世纪 60 年代初期中共中央印发的《全日制小学暂行工作条例（草案）》《全日制中学暂行工作条例（草案）》《高等学校暂行工作条例（草案）》。这六个文件比较系统地对小学、中学、大学的教育工作做出了相应的规定，也呈现了我国教育立法的时代背景对立法理念及立法内容的影响作用。这六个文件尽管在发文机关、规范内容、规范体系等方面还不能被视为真正意义上的教育法，但在特定的历史时期还是在一定程度上起到了规范教育发展的作用。1980 年，我国颁布第一部教育法律《中华人民共和国学位条例》。这部法律尽管在法的名称、法的体系和法的制定技术等方面还存在这样或那样的问题，但它的诞生毕竟开创了我国教育立法的新篇章，使我国尽快进入迅速立法阶段。1980 年至 2002 年，除《中华人民共和国学位条例》之外，我国还先后制定了《中华人民共和国义务教育法》《中华人民共和国教育法》《中华人民共和国教师法》《中华人民共和国职业教育法》《中华人民共和国高等教育法》《中华人民共和国民办教育促进法》六部教育法律。此外，多部教育行政法规、教育规章也相继问世，其他法律法规中关于教育的规范也不断呈现。教育法很快形成了纵横交错、相对完整的体系。但由于立法速度的加快，子法和母法之间在制定顺序、内容体系等方面也发生了碰撞。然而教育法体系的建立毕竟为加速教育法治进程提供了必要的依据和保障。

尽管教育法的体系已经形成，但初期所立教育法的种种欠缺还是在教育法的实施中逐渐显露。这种欠缺既表现于已有教育法不能适应客观环境的变化对其提出的新要求，也表现于教育法本身在立法理念、立法技术等方面存在的实际问题。在立法理念上，对权利与义务关系的理解还比较滞后。在立法技术上，还存在着教育法体例不完整、权责不对应、语义不清晰、操作不顺畅等现象。因此，在迅速立法之后完善教育立法则成为教育法治的迫切需求。教育法的完善一是应动态整理已有的教育法，废除失去实效性的教育法。二是应及时修正教育法，使之与上位法和平行法之间不相冲突。三是应尽快修订教育法，使之更加符合法的规范要求。对于教育法的完善，我国已有较好的先期经验，如《中华人民共和国义务教育法》在 2006 年得以修订，修订后的《义务教育法》坚持权利优先的理念，将实施义务教育首先视为政府的义务，并将义务教育的强制性不仅体现在强制适龄儿童及少年按时入学上，更体现在强制政府为适龄儿童及少年提供优质的入学条件上。2015 年，《中华人民共和国义务教育法》得以修正，对教科书价格的确定原则和权力主体做出新的规定。但目前其他几部教育法律的修订仍处于滞后状态，这将影响依法治教的进程，需要尽快走出困境。

**（二）依法保障受教育者的权利**

联合国《儿童权利公约》第六条规定，缔约国应确保儿童的生命权、生存权和发展权。这三项权利是人的基本权利，也是受教育者的基本权利，而依法治教则是保障这三项权利的重要机制。

从保障受教育者的生命权和生存权而言，学校的物质环境建设首先起着重要的作用。诸如学校的校园校舍是否安全，学校的教育生活设施是否安全，学校的信息网络是否安全等，都直接影响着受教育者的生命权和生存权。其次，教育管理者的行为起着重要的作用。受教育者与教育管理者在教育过程中虽然处于平等的地位，但在教育行政法律关系中却存在着不平等性。特别是中小学阶段的受教育者还处于未成年阶段，与教育管理者相比在生理上也处于弱势地位。所以教育管理者对受教育者实施什么样的教育管理行为，直接关系着受教育者的身心健康。例如违反程序法对受教育者实施各种处分的教育管理行为，违反实体法对受教育者实施体罚或变相体罚的教育管理行为等，都可能对受教育者的生命安全带来隐患，一些学生因不满学校的不公平处分或侮辱人格的做法而铤而走险的极端行为是教育管理过程中不容忽视的。

保障受教育者生命权和生存权是保障受教育者发展权的基础，没有前者也就没有后者。教育管理在保障受教育者的生命权和生存权的基础上，更重要的是保障受教育者的发展权，为受教育者提供公平的接受教育和促进发展的机会。基于此，教育管理一方面要践行现有教育法对权利保障的规约，另一方面要以遵循法的精神的态度使教育法合理运行。要遵守教育法、体现法的精神，就要防止将公平与效率相对立而导致的侵权现象。公平与效率从来不是对立的双方，二者虽相互影响，却并不相互排斥。公平反映的是影响人的积极性的决策行为是否公正的社会属性，它是一个质的概念。效率反映的是物的运行结果或人的努力程度及其能力大小的客观情况，它是一个量的概念。[①] 教育管理不能以追求行政效率为目的影响权利的保障。

### （三）依法调试权利主体间的关系

调试权利主体间的关系在于化解权利与权力的冲突以及权利与权利的冲突，避免侵权行为的发生。

学术权利和行政权力的冲突正在成为建设现代学校制度的关注点。事实上，学术权利与行政权力因法律关系主体的不同，在客观上并不具有必然的冲突性，学术权利并不排斥行政权力，行政权力也并不一定侵犯学术权利。但由于教育管理者与教育者以及受教育者之间在法律地位上的隶属性，往往发生行政权力主体泛化权力界限导致对学术权利主体的侵权现象。这种侵犯不仅存在于管理部门与学校之间，也存在于学校内部的教育管理者和教师以及学生之间。无论是前者还是后者，都将因法律关系主体的权利受到侵犯而极大地挫伤他们从事教育工作的积极性，直至影响培养人的质量。建设现代学校制度是化解行政权力与学术权利冲突的重要机制，这一机制的底线是法对权利主体的规定性，这不仅包括行政部门将权利归位，使学校独立行使自主管理的权利，也包括学校将权利归位，使教师及学生独立行使学术自由的权利。当然，这一机制的运行还要靠民主监督制度发挥作用，以程序上和实质上的民主制度的有机结合保障学校、教

---

① 杨颖秀. 高中阶段教育公平的缺失及策略思考 [J]. 教育理论与实践，2007, 27 (11)：
22-24.

师及学生权利的享有。但需要强调的是，学术权利的归位不能简单地理解成去行政级别，而重要的是要依法保障行政权力与学术权利的相对独立和相互支持。同时，遵循比例原则对调整教育行政法律关系也是非常重要的。这一原则包括适当性原则，即行政主体采取的措施必须有助于达成目的；必要性原则，即在一切适当的手段中必须选择对当事人侵害最小的那一个；狭义比例原则，即行政机关对公民个人利益的干预，不得超过实现行政目的所追求的公共利益。①

　　不仅在隶属型的法律关系中容易导致权利与权力的冲突，在平权型的法律关系中也存在权利与权力的冲突。权利冲突不仅受制于法所规约的权利与义务的关系，也受制于权利主体的权利膨胀欲望。但划清权利界限、认识权利位阶是化解权利冲突的重要基础。划清权利界限主要可以通过严谨立法和及时修法来实现，每制定一项教育法律规范都应在教育法及国家法律系统中审视其科学性，避免教育法律规范与其他法律规范发生冲突。一旦教育法与社会环境的要求发生冲突，就应及时并适当地修改教育法，使其能适时发挥作用。划清权利界限是避免权利冲突的重要前提，但由于权利体系的复杂性，还需要在权利位阶框架下化解冲突。例如，宪法中的基本权利高于其他普通权利，以公共利益为取向的基本权利高于以个人利益为取向的个人权利，生命权优于身体权和健康权，身体权和健康权优于财产权等。教育过程中，受教育权是宪法规定的基本权利，保障受教育权则可以避免许多侵权行为的发生。但依据权利位阶对权利进行的排序并不能穷尽所有的权利，并且排序仍然具有相对性。② 因此，在难以使用权利位阶的时候，还是要坚持法的精神。

［原文载于《社会科学战线》2016 年第 2 期，234-240 页］（杨颖秀）

---

① 梁迎修. 权利冲突的司法化解 [J]. 法学研究，2014，36（2）：61-72.
② 梁迎修. 权利冲突的司法化解 [J]. 法学研究，2014，36（2）：61-72.

# 进城务工农民子女受教育权保障的政府责任（2008）

保障进城务工农民子女的受教育权是政府应当承担的责任。从现存问题来说，在对进城务工农民子女的身份确认、实施监护、就近入学等方面，以情感替代责任的偏向模糊了政府的责任范围。对此，需要依据法理进行剖析，以使政府能够发挥其责任主体的应有作用。

## 一、以身份合法化保障进城务工农民子女受教育权的政府责任

对进城务工农民及其子女的准确称谓是一个影响到他们的身份、地位、权利的关键问题。我国宪法对职业群体的称谓有工人、农民、知识分子、国家工作人员和其他劳动者，没有特指意义上的"农民工"。那么，将进城务工的农民称为"农民工"是否合适是值得深思的。从实际考证，我国城乡之间的均衡发展还需要一个相当长的过程，因此而产生的农民由农村向城市的流动也将会持续相当长的时间。既然如此，我们就需要思考：对于已经在城里找到工作，并且长期居住在城里或将要永远留下来的曾经做过农民的人，是否对其还要或永远附有"农民"二字的称谓？例如，如果他们谋求到了教师职业是否要称其为"农民教师"？如果他们谋求到了公务员职业是否要称其为"农民公务员"？明确这一问题的目的，不仅仅在于明确进城务工农民的职业身份，更重要的意义在于明确他们子女的身份，以避免由于其"农民工"父母职业身份的不恰当称谓给他们带来负面影响，甚至侵犯其受教育权。

身份权是一项抽象的权利，表现为各个不同的具体身份权。[①] 一个人的职业身份是身份权的具体化，也是宪法赋予他的依法享有一定权利或承担一定义务的资格，其客体是与职业身份相对应的利益。如果不能正确地确认一个人的职业身份，也就无法保障其与职业身份相对应的权利。对于进城务工农民来说，如果不能将他们置于其所从事的职业身份之中，也就

---

① 魏振瀛. 民法 [M]. 北京：北京大学出版社，2000：665.

无法赋予他们与其职业身份相对应的权利。从国办发〔2003〕1号《关于做好农民进城务工就业管理和服务工作的通知》和〔2004〕92号《关于进一步做好改善农民进城就业环境工作的通知》两个文件的规定来看，进城务工农民在城市就业期间因职业的变更而应享受的权利主要包括选择职业工种的权利、按时足额获取工资报酬的权利、签订劳动合同享受劳动保障的权利、对认为侵犯其权利的行为申诉或申请仲裁的权利、参加工会组织的权利、享受工伤保险的权利、接受培训的权利、其子女平等接受义务教育的权利。这些权利对于他们的子女来说，最重要的是保障他们平等接受义务教育的权利。但这一权利的保障是以保障进城务工农民享有宪法赋予的职业权利为前提的，如果进城务工农民的职业权利得不到保障，那么，他们子女的受教育权利也必然得不到保障。已有研究表明，在流入地就学的进城务工农民的子女存在着一定的封闭性和集聚性，他们喜欢交往的群体仍然是进城务工农民的子女。这种情况除文化观念、经济条件、居住环境等因素的影响之外，不排除由于称谓的不准确而在客观上导致其自尊心受到的伤害和由此带来的集聚倾向。在进城务工农民及其子女数量日益增加的情况下，我们不能不警惕这种集聚可能带来的与流入地其他学生相比在学习成绩及其他素质发展上产生的巨大差异。因此，政府有责任尽快赋予农民工及其子女以准确的身份地位，进而保障他们的各项权益。

## 二、以监护合法化保障进城务工农民子女受教育权的政府责任

进城务工农民虽然分为举家搬迁和只身前往两部分群体，但他们对其未成年子女的监护义务并不因为他们工作的流动而发生变更或消失。而目前留在户籍所在地的农民子女，从其受监护的情况可以分为三部分：一部分是完全脱离监护的，另一部分是被父母的委托监护人监护的，还有一部分是被单亲监护的。对这些未成年人来说，无论是脱离监护还是被父母委托的监护人监护，都有必要依法审视其被监护权利是否得到了保障，监护人的义务是否正在履行。

首先，进城务工农民必须依法履行监护义务。设计监护制度主要是为了保护无民事行为能力人和限制民事行为能力人的合法权益，但同时监护制度也有保护社会秩序和防止无民事行为能力人、限制民事行为能力人给他人造成损害的意义。根据《民法通则》第十六条的规定，未成年人的父母是未成年人的监护人。如果未成年人的父母已经死亡或者没有监护能力的，由具有监护能力的其他法定监护人监护。其他法定监护人按递进关系

可以分为两部分：一部分是经未成年人的父母的所在单位或者未成年人住所地的居民委员会、村民委员会同意的有监护能力的未成年人的祖父母、外祖父母，兄、姐，关系密切的其他亲属、朋友愿意承担监护责任的人；另一部分是没有以上规定的监护人的，由未成年人的父母的所在单位或者未成年人住所地的居民委员会、村民委员会或者民政部门担任监护人。根据这些规定，有监护能力的父母是其未成年子女的当然法定监护人，应当履行监护义务，父母死亡或者没有监护能力的由其他法定监护人履行对其未成年子女的监护义务。对进城务工农民来说，在其没有死亡或者没有失去监护能力之前，如果使其未成年子女脱离监护，则没有依法履行监护义务。

其次，进城务工农民实行委托监护是有条件的。《中华人民共和国未成年人保护法》第十六条规定："父母因外出务工或者其他原因不能履行对未成年人监护职责的，应当依法委托有监护能力的其他成年人代为监护。"对此必须强调两点：一是父母作为监护主体，其委托监护的作为是其应当履行的义务。因为父母作为未成年子女的法定监护人，必须履行监护的义务，如果因某种原因不能履行监护义务时，应当依法委托有监护能力的其他成年人代为监护，以避免未成年子女的权利因失去监护而受到侵犯。二是父母要做出委托监护行为是有前提条件的，即必须是在因某种原因包括外出务工的原因不能履行其对未成年子女的监护职责时才能实行委托监护。在此必须指出的是：外出务工的农民在对其未成年子女依法委托其他有监护能力的成年人代为监护时，无法将法定监护人的身份同时委托。因此，实行委托监护不仅是有条件的，委托监护的权利义务范围也是有限度的。进城务工农民不能因其对未成年子女实行了委托监护就放弃了对未成年子女的监护人身份和必要的监护义务。

最后，进城务工农民必须承担必要的监护责任。《民法通则》第十八条第三款中规定："监护人不履行监护职责或者侵害被监护人的合法权益的，应当承担责任。"第一百三十三条第一款规定："无民事行为能力人、限制民事行为能力人造成他人损害的，由监护人承担民事责任。"因此，监护责任不能因委托他人履行监护职责而免除，但另有约定的除外。对于进城务工农民来说，如果因外出务工原因不能履行监护职责而依法委托他人代为监护的，在被委托人没有过错的情况下仍然需要代其被监护人依法承担必要的民事责任。但如果与委托监护人有约定需要委托监护人承担一定的监护责任的情况除外。这些规定表明，进城务工农民对子女的监护责任与其委托监护人的责任是不一致的，负有监护职责的进城务工农民，不仅不能将监护人的身份转让给委托监护人，也不能将监护人应当履行的监护义务与必须承担的监护责任一道无条件地推卸给委托监护人。

重视进城务工农民对其未成年子女的监护义务是十分重要的。2005年全国1‰人口抽样调查主要数据显示，我国0～14岁的人口为26478万人，占总人口的20.27％，而留在户籍所在地的儿童在全体儿童中所占的比例大约为8.05％。① 依此推算，全国留在户籍所在地的儿童数量为2131.47万人，其中农村的占86.5％，② 近1840万人。仅就这1840万人而言，大多数处于无监护、委托监护或不完全监护之中。那么，他们的人身权、受教育权以及其他权利能否得到保障已经成为必须正视的事实。《民法通则》第十八条规定："监护人应当履行监护职责，保护被监护人的人身、财产及其他合法权益。"根据这一规定，被监护人的合法权益应当包括受教育权。在当前情况下，无论是进城务工农民自身监护义务的履行还是委托监护义务的实施，都在一定程度上存在着缺陷。一部分进城务工农民将未成年子女留在家中独自生活，成为"留守儿童"，他们不仅在生活上无人照料，很多也因此辍学。即使是实行委托监护，由于监护义务的不完全性以及监护义务与监护责任的不对等性，受委托的监护人也会因为责任的缺失而导致对义务的亵渎。更值得注意的是，尽管《中华人民共和国未成年人保护法》规定"父母因外出务工或者其他原因不能履行对未成年人监护职责的，应当依法委托有监护能力的其他成年人代为监护"，但在实际中，对于受委托的主体仍然缺乏严格的法律控制。例如，进城务工农民的未成年子女进入住宿制学校就读，能否认为学校就是他们的委托监护人？根据《民法通则》的规定，进城务工农民并未对其未成年子女失去监护能力，不可能实施其他法定监护人制度，即使实施，由于农民在其原居住地的工作单位不是学校，也不可能以学校作为监护人。因而，进城务工农民对未成年子女适用委托监护制度时只能适用《中华人民共和国未成年人保护法》规定的"因外出务工或者其他原因不能履行对未成年人监护职责的""委托有监护能力的其他成年人代为监护"，这当然也不可能把学校作为监护人。所以，寄宿制学校在法律上不可能成为进城务工农民未成年子女的法定监护人，只能依法对其履行教育、保护和管理的义务。因

---

① 段成荣，周福林. 我国留守儿童状况研究 [J]. 中国人口研究，2005 (1)：29-36.

② 段成荣，周福林. 我国留守儿童状况研究 [J]. 中国人口研究，2005 (1)：29-36.

此，政府创办寄宿制学校，其责任是有限度的，不能以代替进城务工农民对其未成年子女实施监护义务为目的，进城务工农民也不可能将监护人的身份和义务及责任推卸给学校。强调这一点是要纠正以强化创办寄宿制学校而淡化进城务工农民对其未成年子女履行监护及教育义务的倾向，进而保障其子女的受教育权，使其形成完整和谐的人格特征。

## 三、以"两为主"政策合法化保障农民工子女受教育权的政府责任

以流入地区政府管理为主，以全日制公办中小学为主解决进城务工农民子女的入学问题，是农民工子女就学政策演进过程中的重要转折点。《义务教育法》修订之后，这一政策已经被赋予法律效力。《义务教育法》第十二条第二款规定："父母或者其他法定监护人在非户籍所在地工作或者居住的适龄儿童、少年，在其父母或者其他法定监护人工作或者居住地接受义务教育的，当地人民政府应当为其提供平等接受义务教育的条件。具体办法由省、自治区、直辖市规定。"以法律的形式允许适龄儿童、少年，在其父母或者其他法定监护人工作或者居住地接受义务教育，表明已经赋予适龄儿童、少年享有在非户籍所在地接受义务教育的权利，这种权利与政府为其提供平等接受义务教育的义务相对应。那么，政府如何保障适龄儿童、少年的这种受教育权，履行为其提供平等接受义务教育条件的义务？在短期内解决这一问题并不容易。事实表明，"两为主"政策在实施过程中正面临着难以解决的困难。据《中国农民工调研报告》显示，我国外出农民工数量为 1.2 亿人左右，[1] 随他们进城的学龄子女数虽然没有准确的报道，但根据最近 5 年来全国农民工数量每年增加 600～800 万人的趋势，城市中学龄儿童的数量会持续增加。又由于大多数农民工集中在经济比较发达的大中城市，这些城市需要增加的学校数量则更多。而事实上，城市学校发展规划相对缓慢，与学校需求速度构成冲突，要在短期内解决这一问题具有较大的难度。这就使政府的"两为主"政策呈现出政府办学的权利能力与承担责任的行为能力之间不能对应，致使政策难以落实。

在动机与结果不能统一的两难境遇中，如何解决进城务工农民子女接

---

[1] 中国农民工问题研究总报告起草组. 中国农民工问题研究总报告. http：//info. feno. cn/2006/1108/c000000826. shtml.

受义务教育的问题，有三条途径是值得思考的：第一，发挥现有公办中小学的作用，在原有城市学龄儿童数逐渐减少的情况下，尽最大可能接收进城务工农民子女入学读书。第二，修缮现有闲置校舍，降低建校成本，扩大接收进城务工农民子女就学的能力。第三，城市发展规划、教育发展规划应当将进城务工农民子女接受教育的需求纳入其中，形成可持续发展战略，发挥政府在宏观决策中的作用。

［原文载于《教育理论与实践》2008 年第 13 期，21-23 页］（杨颖秀）

# 农民子女受教育权利与义务失衡的法理分析（2006）

权利与义务是法律关系存在的基础。对法律关系的主体来说，有义务必有权利，反之亦然。权利与义务相互联系与制约的关系带来了二者的数量对等性、功能互补性。但在价值选择上，更注重权利的主导性。当权利与义务失衡的时候，法律关系主体的权益必然会受到侵犯。在现实中，农民子女的受教育权利与其义务相比，存在着很多不对等性。这种不对等性不仅侵犯了他们的受教育权，也使农村教育的发展受到了制约。

## 一、教育发展策略中的权利与义务失衡

教育发展需要具体的策略。长期以来，我国农村教育与城市教育在发展速度上存在着明显的差异，它导致了农村教育发展的迟缓和滞后。农村教育主要是义务教育，对此国家采取的是分步实施策略。1986 年，国务院办公厅转发国家教育委员会、国家计划委员会、财政部、劳动人事部《关于实施〈义务教育法〉若干问题的意见》。文件将全国划分为经济文化比较发达地区、中等发达地区和不发达地区，并提出分别于 1990 年、1995 年、2000 年实现九年制义务教育的战略措施。1994 年，国务院又在《中国教育改革和发展纲要实施意见》中提出了"分区规划、分类指导、分步实施"的原则，允许全国不同地区在教育发展目标和速度方面有所差异。该意见将农村划分为约占总人口 40％左右的经济发展程度较高的地区、40％左右的中等发展程度的地区、15％左右的经济发展程度较低的地区和 5％左右的特别贫困地区，并对不同地区依次提出了 1997 年基本普及九年义务教育、2000 年基本普及九年义务教育、2000 年重点普及五～六年小学教育和普及三～四年小学教育的策略。

分步实施策略，一方面体现了国家对基本国情的正视，另一方面也暴露了国家对分步实施结果预测的缺失。出现科学预测行为缺失的原因，在于没有充分思考分步实施策略影响了对受教育者基本权利的保障。《世界人权宣言》第二十六条第二项认为："教育的目的在于充分发展人的个性

并加强对人权和基本自由的尊重。"联合国《儿童权利公约》第六条指出："每个儿童均有固有的生命权，每个缔约国均应最大限度地确保儿童的存活与发展。"显然，儿童的生命权是其享有自由和发展权利的基础。我国是《儿童权利公约》缔约国之一，对儿童实施教育是国家应当履行的义务，是保证儿童生存和发展的必然选择。而要实现这一目的，就"应保护儿童免遭有损儿童福利的任何方面的一切其他形式的剥削之害"（《儿童权利公约》第三十六条），即儿童权利的享有，没有农村和城市的区别，不受财产、出生地及身份的限制。而义务教育分步实施的策略，忽视了这一策略本身对平等发展儿童个性可能带来的负面影响；同时，缺乏有效的辅助性策略和抗风险机制，难以保障儿童基本权利的实现。

## 二、教育机会选择中的权利与义务失衡

教育公平首先是机会的公平，要求每个人享有平等的受教育机会，要求允许受教育者在公平的条件下接受教育。而受我国农村与城市地域划分、户籍管理等制度的限制，农村的孩子很难进城学习，即使是进了城也会受到各种政策的限制，而难以与城市儿童有平等的受教育条件。国家对农民工子女进城就学问题的规范，开始是在1996年颁发的《城镇流动人口中适龄儿童、少年就学办法（试行）》（以下简称《就学办法》）中体现的。其中的部分条款，明显地反映了包括农民工子女在内的城镇流动人口子女与流入地的城市居民子女在教育机会上的不平等性。如第六条规定："城镇流动人口中适龄儿童、少年凡户籍所在地有监护条件的，必须在户籍所在地接受义务教育；户籍所在地没有监护条件的，流动期间在流入地接受义务教育。"第十五条规定："城镇流动人口中适龄儿童、少年在流入地接受教育，流入地学校或教学班、组，可以向其父母或其他监护人收取一定的费用。收费标准由学校或办学者根据教育培养成本提出方案，报请市、区教育行政部门和物价管理部门批准后执行。"这两条规定，限定了农民工子女就学的两个基本条件：户籍与缴费。之所以对流动人口子女在这两个条件上进行限制，主要是为了强迫流动人口子女履行接受义务教育的义务，而不是为了创造条件保证他们接受义务教育的权利。这一点在《就学办法》第一条的立法宗旨中做了明确的表述：为了使城镇流动人口中适龄儿童、少年依法接受规定年限的义务教育，根据《中华人民共和国义务教育法》及其《实施细则》的规定，结合城镇流动人口的实际情况，制定本办法。这样的初衷必然带来权利与义务的失衡。因此，农民子

女不仅在农村无法享受到与城市居民子女平等的受教育机会，即使进了城，他们也仍然被拒之于优质教育之外。他们在履行接受义务教育的义务上，是无条件的；而在享受义务教育的权利上，却是有条件的。这种情况直至 2003 年发布《国务院办公厅关于做好农民进城务工就业管理和服务工作的通知》，才有了转机。这一文件明确要求，保障农民工子女接受义务教育的权利，要求流入地政府采取多种形式，接收农民工子女在当地全日制公办中小学入学。在入学条件等方面，农民工子女与当地学生一视同仁。学校不得违反国家规定乱收费，对家庭经济困难的学生，要酌情减免费用。

### 三、教育资源配置中的权利与义务失衡

追求教育公平，不仅要追求受教育起点的公平，而且要追求教育资源配置过程的公平。这是保证农民子女享受优质教育、实现受教育权利的具体体现。然而，与世界多数国家的做法不同，我国在教育资源配置上，不是向农村倾斜，而是向城市倾斜。

对于这一点，我们可用两点理由辨明。

首先，农村是家长文化水平较低、家庭经济比较拮据的孩子相对集中的地域，根据美国社会学家科尔曼的报告，要使这种背景中的儿童获得与环境背景较好的儿童同样的发展，就应当给予他们更多的关注，更好地对他们实施体现差异的教育，以便实现实质上的教育公平。但我国对待农村儿童的教育，却常常采用降低资源配置标准的做法，放任差距的扩大，致使最需要接受优质教育的农民子女，得到的只是较差的教育资源，如农村学校的教师编制标准、城镇流动人口子女的教学条件和授课要求等都比城市学校低。《就学办法》第十二、十三条就明确规定："经流入地教育行政部门批准，城镇全日制中小学校，应利用现有校舍，聘请离退休教师或其他具备教师资格的人员，举办招收城镇流动人口适龄儿童少年的附属教学班、组。教学班、组（或附属教学班、组），可采取晚班、星期日班、寒暑假班等多种形式；小学可只开设语文、数学等课程（文件要求至少应达到扫盲标准），初中也可适当减少授课门类。"

其次，农民的付出并未得到与之相应的回报。作为公共事业，教育在国家管理中主要是靠纳税人的税款维持其发展的。每个纳税人在纳税的同时，均应享受到公平的教育。1984 年，根据《国务院关于筹措农村学校办学经费的通知》，乡人民政府开始征收教育事业费附加。1986 年开始在全国范围内征收教育费附加，农民除缴纳产品税、增值税、营业税外，还

需缴纳附加率为 1％ 的教育费，1990 年附加率改为 2％，2005 年改为 3％；而农民子女却无法得到与之对应的教育资源。他们一直被视为教育的边缘体，他们对社会所做的贡献，并未得到应有的重视和回报。在强调法的权利价值的今天，他们成了弱者，未能得到属于他们自己的切身利益。

## 四、教育评价标准中的权利与义务失衡

长期以来，农村义务教育的办学条件标准低于城市，国家对农村义务教育的评估要求也低于城市。从逆向来看，降低对农村义务教育的要求，等于鼓励拉大农村与城市教育之间的差距，这是以牺牲农民受教育的权利为代价的。从受教育权对人们的效力范围来看，受教育权主体具有排除他人的侵害、可以要求他人作为或不作为的资格。其他一切主体，包括国家、社会组织、家庭及个人，都有不能妨碍受教育权主体享有受教育权利的义务。受教育权的义务主体，必须无条件地保证受教育权主体依法享有受教育的资格，不得侵犯法律规定的受教育权主体的任何权益。因而，国家应调整对农村义务教育的评估要求，保障农村受教育主体的权利。

目前，国家已经发出《关于推进社会主义新农村建设的若干意见》等文件，要求各级政府以强烈的政治责任感，认真扎实地解决农民子女的上学问题。但是，农民子女受教育的问题，还将受历史条件及运作惯性等方面的限制，在一定时期内，还会面临各种困扰。对此，我们需要本着积极的态度，采取措施切实保障农民子女的受教育权。

[原文载于《中小学管理》2006 年第 8 期，7-9 页]（杨颖秀）

# 从教育权与受教育权看师生关系（2004）

学生是具有超越性的受教育者，学生所占有的知识也可能超越教师，但这两种情况不能作为认识师生关系的充分必要条件。教师与学生之间应当是人与人之间的相互尊重的关系。受教育权是学生的绝对权利，无论是对知识的占有量能够超越教师的学生，还是对知识欠缺、超越能力有限的学生来说，教师都应当给予尊重。"吾爱吾师，吾更爱真理"的观点与行为，并不影响师生之间的相互尊重。

## 一、问题的提出

师生关系问题历来是教育理论研究关注的焦点问题。历史上，以"师道尊严"为核心的师生关系信条受到了愈来愈多的批判，但对其批判的理论基础至今未能得以深刻的剖析。进入 20 世纪 80 年代中期以来，有人认为，学生在知识占有方面出现了重要的变化。学生通过大众传媒，可以更多地获取教师在课内外未传授的知识，教师传播给学生的信息量在学生可接收的信息总量中所占比重逐渐减少，教师在知识传授方面已很难再享有垄断地位。学生通过大众传媒可以更多地获取教师本人尚未占有的知识，教师在不少知识方面，往往不是先学于学生，而是同学于学生，乃至后学于学生。这种教师与学生在知识占有量上的变化和知识占有关系上的逆转，使得教师与学生在教育者与受教育者关系上发生了变化，因而，不应当只要求学生尊重教师，教师也应当尊重学生。

对于这样一个确认师生关系的路径，存在两点质疑：其一，教师对学生的尊重，是以尊重学生的人权为本，还是以尊重学生的知识占有量为本？如果以知识的占有量为本，那么对于那些知识的占有量少于教师的学生来说，教师是否需要尊重他们？对于那些知识相当贫乏的学生来说，教师是否需要尊重他们？其二，教师对学生的尊重，是以尊重学生作为活生生的人的发展权利为本，还是以尊重学生作为发展前提的超越性为本？如果以学生作为发展前提的超越性为本，那么教师是否要等待学生超越心态及其行为的出现？在此之前，教师是否可以不尊重学生？对于这样两点质疑，我有如下思考。

## 二、教师与学生的关系是人与人的关系、教育权与受教育权的关系

首先，教师与学生的关系不是高位与低位、权威与平庸框架下的等级关系，而是真正意义上的人与人的关系。这种真正的人与人的关系，就是相互之间的尊重与被尊重的关系。尊重蕴含着尊重自己和尊重别人，被尊重蕴含着在尊重别人的同时也得到别人的尊重。尊重是一种社会公德，不需要怀疑它的存在性，不需要证明它的存在条件。任何人只要是生活在这个世界上，都应当在尊重与被尊重的环境中得到情感上的体验。教师对学生的尊重与学生对教师的尊重同样是相互尊重，他们虽然"闻道有先后""术业有专攻"，但作为一个人，都需要得到对方的尊重，这是作为人的基本权利。《世界人权宣言》第一条规定："人人生而自由，在尊严和权利上一律平等。他们富有理性和良心，并应以兄弟关系的精神相对待。"第二十六条规定："教育的目的在于充分发展人的个性并加强对人权和基本自由的尊重。"很明显，根据《世界人权宣言》的规定，无论是作为人的学生，还是作为人的教师，被尊重的权利是由于其生命的存在而存在的。教师作为教育者在其职业范畴内，更应从教育目的出发，充分发展学生的个性，并加强对学生的人权和基本自由的尊重，没有任何可能在选择一定条件的情况下寻找尊重或不尊重学生的理由。如果以学生是否在知识上超越教师为前提，以学生是否有超越精神为条件，那么教师对学生的尊重就不可能是对学生作为人的基本权利的尊重，而是对附属于学生的知识的多少或具有某种精神的尊重。这种具有前提条件的尊重必然导致师生关系的淡化、平庸，甚至对立。

在与学生相互尊重的过程中，教师要克服的是"师道尊严"观念的束缚。因为这种观念是建立在"经师"基础之上的一种等级观念，它将教师视为"传道""授业""解惑"的"权威"，认为教师"闻道"先于学生，"术业"专于学生，"地位"高于学生，"尊严"盛于学生，所以学生尊重教师天经地义。很明显，在这种观念的束缚下，教师要求学生对其表现的尊重是以教师所拥有知识的多少和掌握知识的先后为标准的。在此影响下，教师的注意力会更集中于对知识的占有，常常沉浸于"一桶水"与"一碗水"的关系，并会以拥有"一桶水"作为要求学生对其尊重的资本而清高自负，凌驾于学生之上。其实，教师的价值和作用远远不止"传

道""授业"和"解惑",比"传道""授业""解惑"更重要的价值和作用在于对学生的积极培养和塑造,在于为学生充分提供发展的条件,创造发展的契机。这需要教师发挥潜能、张扬个性、展示创造精神。如果教师仅仅注重于知识掌握的多少,而不注意自身修养,不注意学生作为受教育者的权利与感受,那么教师的知识就有可能成为束缚学生的羁绊,教师的创造性也会在以拥有知识多少的自我得意过程中泯灭,教师自身也会因此失去光泽。

其次,教师与学生的关系不仅仅是教育者与受教育者的关系,更重要的是教育权与受教育权的关系。学生的受教育权是一项绝对权利,它要求教师尊重学生,履行义务,依法保证学生享有受教育的资格。

受教育权在我国宪法中作为一项公民的基本权利做出了规定,在国际法中也做出了规定。我国宪法第四十六条第一款规定:"中华人民共和国公民有受教育的权利和义务。"《儿童权利公约》规定:"缔约国确认儿童有受教育的权利。"《儿童权利宣言》第一条规定:"儿童拥有本宣言列举的一切权利。所有儿童,没有任何例外,不能因自己或家族的种族、肤色、性别、语言、宗教、政治或其他理念、国籍、出身、财富或其他身份的不同而有所差别。一律享有本宣言所揭示的一切权利。"《世界人权宣言》第二条规定:"人人有资格享有本宣言所言的一切权利和自由,不分种族、肤色、性别、语言、宗教、政治或其他见解、国籍或社会出身、财产、出生或其他身份等任何区别。"从我国《宪法》《儿童权利公约》《儿童权利宣言》《世界人权宣言》对受教育权的揭示来看,受教育权首先是人的应有权利,其次是法定权利。就应有权利而言,国际社会普遍将受教育权作为一项人权,人权是权利的一般形式,是人的应有权利。人的自身的生存和发展,使得自有人类社会以来,就客观地存在着教育的权利与义务的关系。这种权利不因人自己或家族的种族、肤色、性别、语言、宗教、政治或其他见解、国籍、出身、财富、出生或其他身份的不同而有所差别。这种权利需要以法律的形式确定下来,用法律保证人已经具有和应当具有的受教育权利,即使人应有的受教育权赋予法律效力,成为法定权利,使作为人的应有权利与人的法定权利在受教育权上达到统一。

## 三、受教育权的发展

学生的受教育权在教育法治实践中经历和将要经历一个不断发展和完善的过程。现代社会,受教育权愈来愈多地被人们认识到了它在人的发展中的作用，认识到了它应当属于人本身应有的基本权利之一的重要意义。依法规定和保证受教育权已经成为国际社会普遍关注的问题，并表现出向追求学习权发展、向保障弱势群体受教育权发展的态势。

学习权是基于现代社会对受教育权的新认识而对受教育权的一种新的表述，其意义在于最大限度地保证受教育权主体的利益。影响受教育权向学习权发展的原因主要有四点：

第一，从权力与权利的关系来看，权力与权利是相互关联的，权力的设定和运行会直接或间接地限制或剥夺权利，这就可能导致滥用权力，直至侵犯权利。教育权主体与受教育权主体在教育法律关系中通常不是同一主体，并且国家教育权、教师教育权对学生来说表现为权力，学生的受教育权表现为权利。所以，学生的受教育权就可能受到不应有的限制。

第二，从权利的分类来看，依据权利主体依法实现其意志和利益的方式进行划分，可以将权利划分为行动权利与接受权利。"行动权使主体有资格做某事或以某种方式采取行动，接受权使主体有资格接受某事物或以某种方式对待。"[1] 依据这种划分，教育权与受教育权则有时候会表现于行动权与接受权的关系。这种关系则会掩盖受教育权主体在接受教育上的主动性及自我教育的权利，甚至会掩盖受教育权主体在促进教育权与受教育权运行中由法定权利向实际权利的转化作用，从而使教育活动陷入教育与被教育的权利误区，导致灌输式的教育行为，遏制学生的主体精神。进一步说，受教育主体对于受教育权的行使，既可以表现出积极的行为，也可以表现出消极的行为。当受教育主体主动行使权利接受教育的时候，其受教育权就成为积极的接受权。在此情况下，受教育权主体接受教育的资格，允许其以积极的方式使受教育主体的接受权转化为行动权，使受教育权这种法定权利转化为实际权力，即使受教育成为现实。反之，当受教育主体被动行使权利接受教育的时候，其受教育权就成为消极的接受权。在此情况下，尽管受教育权主体有资格接受教育，但其消极的接受方式却不能使受教育主体的接受权转化为行动权，也不能使受教育权这种法定权利转化为实际权利，即不能使受教育成为现实。所以，教育权主体不能将教育权与受教育权视为主动与被动的关系，从而掩盖教师作为教育权主体尊重作为受教育权主体（学生）的必然性。

第三，面对现代社会科学与技术的革命对传统教育体系的挑战，联合

---

① 公丕祥. 法理学 [M]. 上海：复旦大学出版社，2002：207.

国教科文组织提出要采取"一种辩证的探讨方式，它一方面要对现行的教育体系加以改进；另一方面，在这些现有的体系之外，还要提出可供选择的其他途径。所以这种立场显然既不同于仍被现有教育结构所束缚的那些人的老办法，也不同于梦想教育结构发生巨变而毫不考虑其现实与可能，因而使自己限于未知之境的那些人的做法"①"国际教育委员会特别强调两个基本观念：终身教育和学习化的社会"。② 教育目的、终身教育、学习化社会的新理念使我们有理由认为学习已经是与受教育联系在一起的充分发展人的个性的权利。

第四，从人对学习的内在需求来看，学习型组织理论认为，"每一个人都是天生的学习者"，③ 因为"真正的学习涉及人之所以为人此一意义的核心"。④ 显然，学习是每一个人内心深处的渴望，也是实现这种渴望的权利。所以，如果从学习权的角度来理解和对待受教育权则更能保证学生的受教育权利的实现。

受教育权对于每个人来说应当是平等的，具体反映在受教育机会的平等、受教育过程的平等和受教育结果的平等。然而，受教育权利的平等性在实现过程中，却常常遇到障碍，特别是对于那些由于经济、社会、文化、生理和心理等原因处于不利地位的弱势群体来说，更需要特殊的援助与保障。对此，国际 21 世纪教育委员会向联合国教科文组织提交的报告中指出："一般来说，机会均等原则对所有致力于逐步确立终身教育各个方面的人来说是一项主要标准。这一原则符合民主的要求，因此它正式体现在灵活的教育方法中是正确的。通过这些方法，可以说社会从一开始就担保在每个人的一生中为其提供均等的就学和随后培训的机会，不管他受教育的道路是多么迂回曲折。"⑤ 联合国教科文组织还指出："同公平合理完全相反，那些最没有社会地位的人们往往享受不到普遍受教育的权利——在这方面现在文明过早地引以为荣了。在一个贫穷的社会里，他们是

---

① 联合国教科文组织国际教育发展委员会. 学会生存：教育世界的今天和明天 [M]. 北京：教育科学出版社，1996：15-16.

② 联合国教科文组织国际教育发展委员会. 学会生存：教育世界的今天和明天 [M]. 北京：教育科学出版社，1996：15-16.

③ 彼得·圣吉. 第五项修炼：学习型组织的艺术与实务 [M]. 郭进隆，译. 上海：上海三联书店，1998：4.

④ 彼得·圣吉. 第五项修炼：学习型组织的艺术与实务 [M]. 郭进隆，译. 上海：上海三联书店，1998：14.

⑤ 联合国教科文组织国际 21 世纪教育委员会. 教育：财富蕴藏其中 [M]. 联合国教科文组织中部中文科，译. 教育科学出版社，1996：91-92.

首先被剥夺权利的人；而在一个富裕的社会里，他们是唯一被剥夺权利的人。"①"不管教育有无力量减少它自己领域内个人之间和团体之间这种不平等的现象，但是，如果要在这方面取得进步，它就必须事先采取一种坚定的政策，纠正教育资源和力量上分配不公平的状况。"②"如果社会的不平等阻碍着明天社会的前进，教育策略就必须做出坚定的努力，更广泛地传播学习的方式与方法③。"在这方面，我国已经做出了法律规定，以依法保障弱势群体的受教育权：

第一，保障女子的受教育权。《教育法》第九条规定："中华人民共和国公民有受教育的权利和义务。公民不分民族、种族、性别、职业、财产状况、宗教信仰等，依法享有平等的受教育机会。"第三十六条规定："受教育者在入学、升学、就业等方面依法享有平等权利。""学校和有关行政部门应当按照国家有关规定，保障女子在入学、升学、就业、授予学位、派出留学等方面享有同男子平等的权利。"在保障公民受教育权平等的情况下，《教育法》特别规定学校和有关行政部门应当保障女子享有与男子平等的受教育权利，这是与我国宪法和《妇女权益保障法》确立的基本原则相符合的，它有利于防止性别歧视，实现受教育者在受教育机会和受教育成就上的平等。

第二，保障家庭经济困难儿童、少年、青年的受教育权。《教育法》第三十七条规定："国家、社会对符合入学条件，家庭经济困难儿童、少年、青年，提供各种形式的资助。"由于我国区域经济发展的不平衡，家庭经济困难学生的入学受到了影响，特别是在非义务教育阶段，缴费上学制度给学生增加了经济负担。对此，国家以奖学金、贷学金、助学金、勤工助学基金、减免学杂费等资助方式保障家庭经济困难的儿童、少年、青年的受教育权。

第三，保障残疾人的受教育权。《教育法》第三十八条规定："国家、社会、学校及其他教育机构应当根据残疾人身心特性和需要实施教育，并为其提供帮助和便利。"残疾人是有特殊困难的社会群体，为保障残疾人

---

① 联合国教科文组织国际 21 世纪教育委员会. 教育：财富蕴藏其中 [M]. 联合国教科文组织中部中文科，译. 教育科学出版社，1996：101.

② 联合国教科文组织国际 21 世纪教育委员会. 教育：财富蕴藏其中 [M]. 联合国教科文组织中部中文科，译. 教育科学出版社，1996：102.

③ 联合国教科文组织国际 21 世纪教育委员会. 教育：财富蕴藏其中 [M]. 联合国教科文组织中部中文科，译. 教育科学出版社，1996：131.

的受教育权利，国家颁发了《义务教育法》《残疾人保障法》《义务教育法实施细则》《残疾人教育条例》《关于发展特殊教育的若干意见》《关于做好中等专业学校招收残疾青年考生工作的通知》《关于开展残疾儿童少年随班就读工作试行办法》等法律法规，依法保障残疾人的受教育权利。

第四，保障违法犯罪行为的未成年人的受教育权。《教育法》第三十九条规定："国家、社会、家庭、学校及其他教育机构应当为有违法犯罪行为的未成年人接受教育创造条件。"为保障有违法犯罪行为的未成年人的受教育权，我国已经颁发《中华人民共和国未成年人保护法》《中华人民共和国监狱法》等法律法规，对违法犯罪的未成年人实行教育、感化和挽救的原则，除进行思想品行和行为矫治外，还进行文化教育、劳动技术教育和职业教育，以保障违法犯罪未成年人的受教育权以及促进他们的改过自新和健康成长。其中学校及其他教育机构、司法机关、政府、家庭和社会，都有义务依法保障违法犯罪的未成年人的受教育权。

第五，保障流动人口子女的受教育权。流动人口子女受教育权的保障是我国改革开放过程中出现的新情况、新问题。由于以往我国基础教育实行的是依户籍就地就近入学的制度，但在市场经济条件下流动人口的子女在入学受教育方面出现了困难。因此，原国家教委和公安部于1998年联合下发了《流动儿童少年就学暂行办法》，为保障流动人口子女受教育权提供了法律依据，并为保障《义务教育法》的实施和提高全民素质提供了条件。

综上所述，我们所应确立的新的师生观，不是以教师与学生占有知识多少的相对关系为前提的，也不是以学生是否具有超越性和是否可能成为教育者为条件的。教师对学生的尊重应当是对学生作为人的受教育权的尊重，这是学生的绝对权利，无论是教师还是其他主体，都应依法保证学生的受教育权。对于知识欠缺、超越能力有限的弱势群体，教师更应给予尊重。同时，我们强调教师对学生的尊重，决不排除学生也应当尊重教师。教师作为教育者，同样有被尊重的权利。如果我们不从理论实质上认识教师与学生之间的关系，那么，体罚学生、限制学生的发展、束缚学生的积极性、遏制学生创造力等现象将永无止境。

[原文载于《中国教育学刊》2004年第1期，21-24页]（杨颖秀）

# 依法治教中的几个法理问题（2000）

依法治国是我国的战略决策之一，依法治教是依法治国的根基。我国已有的教育法为依法治教提供了法律依据，同时在对教育法律关系主体能力的认识上，在对教育法律关系内容的理解上，在对教育法与教育政策关系的处理等方面还存在着一定的误区。对此，我们有必要从法理上进行分析。

## 一、学校法人的权利能力与行为能力需要统一

权利能力与行为能力是自然人与法人参加民事法律关系活动的必要前提。权利能力是指人身和财产方面能够享受权利和负担义务的资格；行为能力是指通过自己的行为，取得民事权利和承担民事义务，从而使法律关系发生变更和消灭的资格。法人与自然人虽有民事权利能力，但在行为能力上却表现出与自然人所不同的特殊性：法人的行为能力与其权利能力同时产生，法人行为能力的范围与其权利能力的范围相一致。也就是说，法人符合设立目的、任务的法律行为受到国家保护；法人违反法律、命令或章程的行为不受国家保护。依据教育法的规定，"学校及其他教育机构具备法人条件，自批准设立或登记注册之日起取得法人资格。"[①] 由此可知，学校在取得法人资格的同时也取得了权利能力与行为能力。

由于学校法人在行为能力与权利能力上表现出的特殊性要求学校法人与学校审批主体应当注意两个方面的问题。其一，学校在取得法人资格后应当依据法律规定行使其权利，履行其义务。在此前提下，学校法人依据法律规定有效实施教育教学活动，自主管理学校的行为理应受到国家的制裁。其二，对学校的审批应当严格坚持设立学校的法律条件，即"有组织机构和章程；有合格的教师；有符合规定标准的教学场所及设施、设备

---

① 参见《中华人民共和国教育法》第三十一条第一款。

等；有必备的办学资金和稳定的经费来源"。① 这些条件是学校法人成立的基础，也是学校法人有效行使权利、履行义务的前提。

值得注意的是：学校法人在办学主体上存在着国家办学与社会力量办学两种情况，他们在人力、物力与财力上分别依附于国家财政性投入与非财政性投入两个方面。为了确保依靠国家财政性投入的学校法人能够以其行为能力取得法律关系主体的资格，一方面，国家应当充分、科学、合理地向学校投入人力、物力、财力，避免学校受其限制而引发的不法行为；另一方面，作为学校，无论是国家办学还是社会力量办学，都应当在取得法人资格后保证权利能力与行为能力的协调统一，进而以其合法行为促进教育法律关系的发生、变更和消灭。

## 二、教育法律关系主体的权利与义务应当对应

教育法律关系中的权利是指教育法律关系的主体应当享有的权益，教育法律关系中的义务是指教育法律关系的主体应当履行的职责。教育法律关系中的权利与义务无论是同时存在于同一教育法律关系主体身上，还是分别存在于不同的教育法律关系主体身上，都表现出不可分割的统一性。这一基本法理是教育法能够得以实施的核心依据，教育法不可以片面地强调某一方面而忽视另一方面，也不可以对不同的教育法律关系主体选择某一个方面而舍弃另一个方面。

从我国的教育法来看，教育法律关系主体的权利与义务不相对应的情况依然可见。例如，《中华人民共和国高等教育法》规定："国家举办的高等学校实行中国共产党高等学校基层委员会领导下的校长负责制。中国共产党高等学校基层委员会按照中国共产党章程和有关规定，统一领导学校工作，支持校长独立负责地行使职权，其领导职责主要是：执行中国共产党的路线、方针、政策，坚持社会主义办学方向，领导学校的思想政治工作和德育工作，讨论决定学校内部组织机构的设置和内部组织机构负责人的人选，讨论决定学校改革、发展和基本管理制度等重大事项，保证以培养人才为中心的各项任务的完成。"② 还规定："高等学校的校长全面负责本学校的教学、科学研究和其他行政管理工作，行使下列职权：（一）拟订发展规划，制定具体规章制度和年度工作计划并组织实施；（二）组织

---

① 参见《中华人民共和国教育法》第二十六条。
② 参见《中华人民共和国高等教育法》第三十九条第一款。

教学活动、科学研究和思想品德教育；（三）拟订内部组织机构的设置方案，推荐副校长人选，任免内部组织机构的负责人；（四）聘任与解聘教师以及内部其他工作人员，对学生进行学籍管理并实施奖励或者处分；（五）拟订和执行年度经费预算方案，保护和管理校产，维护学校的合法权益；（六）章程规定的其他职权。"① 上述法律规定中的文字表述忽视了中国共产党高等学校基层委员会与高等学校的校长作为教育法律关系的主体在权利与义务关系上的对立统一性。法律中对中国共产党高等学校基层委员会选择了"职责"二字，而对高等学校的校长则选择了"职权"二字。事实上，中国共产党高等学校基层委员会和高等学校的校长作为教育法律关系的主体，对学校的管理行为既是在行使国家赋予他们的权利，又是在履行国家对他们规定的义务。两者的权利与义务既是同一的，也是统一的。即高等学校的校长行使职权的行为也是在履行义务；高等学校党的基层组织履行义务的行为也是在行使上级赋予的职权。因此，高等学校党的基层组织的职责与高等学校校长的职权并无法律上的逻辑对应关系。那么在法律的文字表述上就没有必要对高等学校党的基层组织选择"职责"，而对高等学校的校长则选择"职权"，反之亦然。

《中华人民共和国高等教育法》对高等学校党的基层组织职责的规定与高等学校校长职权的规定在文字表述上忽视教育法律关系主体在权利与义务上的对立统一性，违背了基本的法理。这样会模糊教育法律关系主体的权利与义务，甚至影响教育法的实施。

### 三、教育法有别于教育政策

教育政策是教育立法的依据，教育法是法律化了的教育政策。两者虽然相互联系，但在制定机关、实施方式、表现形式、稳定程度等方面却表现出不同之处。如果混淆教育法与教育政策的区别就很容易出现以教育政策代替教育法的现象。教育法与教育政策的混淆突出地表现于两个方面：一方面在表现形式上表现出教育法律语言与教育政策语言的混淆；另一方面在制定机关上表现出教育立法机关与教育政策制定机关的混淆。从语言的表述来看，教育法律语言应当是严谨的、具体的、界限清楚的；教育政策语言可以是灵活的、原则的、概括的。因为教育法注重对行为结果的处理，严格限定如果发生了什么，将怎样处理；而教育政策则注重对行为的

---

① 参见《中华人民共和国高等教育法》第四十一条第一款。

导向，试图引导一定行为的发生，不去严格限定行为结果的程度。所以，教育法律语言应当尽量避免使用"积极""努力""逐步"等描述性的、模糊性的政策语言。《中华人民共和国教育法》对教育投入的规定采用了"逐步提高"四个字，同时授权国务院规定具体的比例和实施步骤。[①] 但由于国务院的下位法规未能及时制定，教育经费"逐步提高"的法律性义务也就在客观上转变成了政策性措施。此类问题导致了教育法实施中的违法现象，削弱了教育法的效力。从制定机关来看，教育政策可以由党的机关和行政机关分别制定，也可以由二者联合制定。这样一来，当教育政策的制定机关与教育法的制定机关联合发文的时候，就难以清楚地辨析所发文件属于教育政策的范畴还是属于教育法的范畴。如果认为文件具有法律效力，行文语言有时又很模糊；如果认为文件不具有法律效力，其中的发文机关又具有相应的立法权限。这种矛盾的状况难免限制有关规定的落实。

忽视教育法与教育政策的区别主要根源在于人们法律意识的薄弱。受历史上以政策代替法律的做法的影响，在人们的观念中残留着教育政策大于教育法律的片面认识。因而，当教育法已经修订了教育政策后，人们仍习惯于依据已有教育政策而不顾教育法的规定。例如，尽管《中华人民共和国教育法》已经规定了"各级人民政府的教育经费支出，按照事权和财权相统一的原则，在财政预算中单独列项"，[②] 但在《中华人民共和国教育法》实施四年后，这一规定仍然未能落实。

充分认识教育法与教育政策的区别并不能削弱教育政策在教育管理中的作用。由于政策具有导向性、灵活性、宽泛性等特点，会与依法管理教育起到互补的作用。教育实践中，希望去做但又不具备充分的条件保证立即实现的一些事情可以通过教育政策给予先期的调整，以便在条件成熟之后再赋予教育法律效力。我国对教育管理体制的确定，办学体制的确定等都经历了这样一个过程，这是我国教育法制建设中的一条成功经验。

［原文载于《社会科学战线》2000 年第 6 期，265-267 页］（杨颖秀）

---

[①] 参见《中华人民共和国教育法》第五十四条、第五十五条第二款。

[②] 参见《中华人民共和国教育法》第五十五条第一款。

# 思考 2　教育立法的核心问题

## 《中华人民共和国学位条例》的主要问题
## 及修改建议（2012）

　　建立学位制度是高等教育与国际社会接轨的必然选择。1980 年，新中国第一部教育法律《中华人民共和国学位条例》（以下简称《学位条例》）颁布，自 1981 年 1 月 1 日起施行。但由于当时的教育法律体系正处于初建时期，立法理念还未能在法律中充分体现，权力与权利、权利与义务、权利与责任的关系并不清晰，立法技术尚不成熟，应急立法特点明显，因此，《学位条例》的可操作性较弱，实体性规范和程序性规范都存在明显不当，即使是 1981 年 5 月 20 日国务院批准实施的《中华人民共和国学位条例暂行实施办法》也未能对其做出应有的完善。由于以《学位条例》为核心的学位法存在诸多不足，涉及学位法关系的法律纠纷不断出现，修订《学位条例》的任务迫在眉睫。

### 一、《学位条例》的主要问题

#### （一）权力界限问题

　　《学位条例》是我国现行学位法的主体。按照《学位条例》的规定，我国实行的是国家学位制度。一定的高等教育机构须经国家授权方可获得一定的学位授予资格。在学位制度建设初期，这种制度在坚持统一管理、保障学位授权与学位授予质量等方面起到了重要的作用。但以国家学位为主线的统一学位标准和相对集中的管理权力，也强化了国家管理机构对学位授权的行政审批职能，弱化了高等教育机构的学术自决权利和自主办学的民主权利，致使其办学的积极性难以发挥，人才培养的差异性和多样性需求难以满足。同时，国家行政权力的强化也蔓延到学位授予单位行政权力的泛化，这些单位的内部学位标准参差不齐，学位申请人的应有权利得不到保障，人才流失和"人才"冒进现象并存。具体而言，主要表现在以下几个方面。

首先，在国家对学位管理的行政权力行使上，虽然在改革过程中权力重心不断下移，已经呈现出中央、省、高等教育机构三级管理的趋势，但由于学位管理权力划分中的界限不清、职能不清、程序不清等问题，在学位授权管理实践中的行政权力强化现象仍表现明显。西北政法大学申博案就反映了管理权力运行中的人治色彩，由于省级学位管理部门未能恰当行使国家赋予的学位管理权力，致使西北政法大学的学术权利受到冲击，申博案也成为高校通过法律手段维护自身权益的经典案例。①

其次，在高等教育机构对学位授予权力的行使上，由于对权力的滥用，部分学位申请人的权利也难以保障。在刘燕文案中，当司法介入之后，人们的注意力较多地集中于行政司法是否应当介入学位授予单位的学术权利问题，而对学位授予过程中的权力运行程序及学位授予单位应当履行的义务却关注极少。但一个不可回避的事实却恰恰发生在学位授予单位的权力运行之中，发生在学位授予单位与学位申请人之间的权力与权利的冲突上。也就是说，这一案件反映的决不仅仅是司法部门与学位授予单位之间涉及的行政权力与学术权利的关系问题，更涉及学位授予单位与学位申请人之间的行政权力与学术权利的关系问题。案件中，学位授予单位的学位评定委员会扩大《学位条例》规定的"负责对学位论文答辩委员会报请授予硕士学位或博士学位的决议，做出是否批准的决定"的权力范围，从而使刘燕文未能在"经全体成员过半数通过"的规定下获得博士学位，也未能获得毕业证书。

还有，尽管《学位条例》规定了学士、硕士、博士学位标准，但许多学位授予单位又在此基础上从论文发表数量、论文发表级别、在校修业年限等方面形成具有一定附加条件的学位标准。通过审视这些附加条件不难发现，学位授予单位与国家学位管理机构以及学位申请人之间的学术权利与行政权力界限还并不清楚。其一表现于：在国家学位管理机构与学位授予单位之间，由于国家对学位标准的规定过于粗犷，所以学位授予单位自觉细化学位标准以便操作。这种实践行动反映的是学术权利对行政权力的挑战，表明国家学位已经不能完全满足学位授予单位培养人才的需求，这些单位试图通过主张权利完善国家学位制度。其二表现于：学位授予单位

① 湛中乐. 我们为什么要关注申博案 [N]. 中国教育报，2009，8（20）：B3.

在挑战国家学位管理机构的行政权力确立学位标准的过程中，也存在着功利色彩。为达到追求排名等与学位标准相去甚远的目的，学位授予单位对学位申请人在发表论文数量及级别等方面提出要求，这在一定程度上也反映了具有学位授予权的高等教育机构的行政权力对学位申请人的学术权利的限制。因此，无论前一种情况还是后一种情况，都反映着行政权力与学术权利之间的界线问题，如若不能厘清学位授予单位与国家学位管理机构以及学位申请人之间存在的权力与权利关系，那么权力对权利的侵犯则将永远成为不争的事实。对此，《国家中长期教育改革和发展规划纲要（2010—2020年）》已经明确指出："明确政府管理权限和责任，明确各级各类学校办学权利和责任。"[①] "克服行政化倾向，取消实际存在的行政级别和行政化管理模式。"[②] 但实际中，权力界限不清的问题仍然困扰着学位授予单位的权力运行。

### （二）法律责任问题

《学位条例》的颁布处于教育立法的起步阶段，一方面是迫于应急立法的压力，另一方面是限于立法技术的缺失，两方面的困境使学位法规范存在明显的结构失衡现象。法律规范在结构上应由假定、处理、制裁三个部分组成，而《学位条例》除第十七条规定对学位获得的舞弊作伪行为给予制裁、第十八条对不能保证所授学位的学术水平的学位授予单位可以停止或撤销其授予学位的资格外，其他义务性规范都没有对不履行义务的行为主体应当承担法律责任的规定，在其他法律中也难以找到与之对应的规范，这等于学位法规范在结构上已经由于缺乏制裁性规范而失衡。这是一种权利与义务不对应、权力与责任不对应的立法现象，这种现象极易导致越权、超权或空权现象的发生，进而侵犯权利主体的利益。例如，《学位条例》在对各级学位标准做出规定的情况下，并未授权具有学位授予权的高等教育机构可以制定或在什么条件下制定内部学位标准。因此，在缺乏制裁性规范的情况下，具有学位授予权的高等教育机构则很容易产生超权现象。即使《中华人民共和国高等教育法》赋予高等教育机构具有"自主开展科学研究"的权利（第三十五条），但也不等于具有学位授予权的高

---

① 《教育规划纲要》工作小组办公室. 教育规划纲要学习辅导百问 [M]. 北京：教育科学出版社，2010：38.

② 《教育规划纲要》工作小组办公室. 教育规划纲要学习辅导百问 [M]. 北京：教育科学出版社，2010：38.

等教育机构可以扩大学术权利范围，以行政权力代替学术权利，或模糊二者的界限，进而对学位申请人的权利构成侵犯。如果这样，具有学位授予权的高等教育机构的立法行为也必将失去效力。

在强调保障学位申请人权利的同时，一个不容忽视的问题也必须面对，即近年来，学位申请人违背学术道德规范或侵权违法的行为也不断出现，而强调保障学位申请人的权利并不意味着姑息违背学术道德规范或侵权违法行为的发生，强调权利保障不等于纵容权利的泛滥。但目前对这类现象的处理还存在较大的争议空间，亟须学位法的修改对此做出完善。也就是说，学位法在保障学位申请人的权利和要求其履行义务之间必须做出平衡，任何权力的滥用和权利的泛化都可能导致权利的侵犯和义务的失范。因此，权力与权利的界限是必须明确的。

### （三）救济制度问题

救济权是指由于他人侵害原权利（又称第一权利）而发生的法律权利。① 为保证这种权利，特定机关须通过一定的程序和途径对受到侵害的主体的利益进行恢复和补救，即形成法律救济制度。因此，法律救济首先需要程序上的保障，无程序则无权利。其次需要实体性权利的保障，无权利则无义务。但以《学位条例》为核心的学位法，无论在程序上还是在实体上，都未对学位申请人的权利损害做出恢复和补救的法律规定，致使权利主体在其利益受到损害或认为其利益受到损害时，只能走法律诉讼途径寻求救济。即便在《学位条例》其后颁布的《中华人民共和国教育法》规定了受教育者拥有"在学业成绩和品行上获得公正评价，完成规定的学业后获得相应的学业证书、学位证书"的权利（第四十二条第三项）和"对学校给予的处分不服向有关部门提出申诉，对学校、教师侵犯其人身权、财产权等合法权益，提出申诉或者依法提起诉讼"的权利（第四十二条第四项），但并未对申诉程序及受理申诉的机关做出明确规定。因此，学位申请人在权利受到侵犯或认为其权利受到侵犯时，由于受理申诉的主体具有不确定性，因而导致申诉难度的增加。田永案中的被告方以不履行告知义务而败诉则不仅反映了《学位条例》在救济制度上的法律程序缺失，也反映了学位授予单位对学位授予标准的可商榷性，刘燕文案同样反映了这

---

① 中国大百科全书总编辑委员会《法学》编辑委员会. 中国大百科全书《法学》[M]. 北京：中国大百科全书出版社，1984：485.

一问题。

### （四）学位类型问题

1992 年，我国在原有科学学位制度的基础上，开始开设专业学位作为我国学位制度的补充。国务院学位委员会相继批准设置了法律硕士专业学位、公共管理硕士专业学位、工商管理硕士专业学位、教育硕士专业学位、医学专业学位（硕士、博士）、建筑学专业学位（学士、硕士）、工程硕士专业学位、农业推广硕士专业学位、兽医专业学位（硕士、博士）等。目前，硕士层次专业学位已有金融硕士、应用统计硕士等 39 种，博士层次专业学位有教育博士、工程博士、兽医博士、临床医学博士和口腔医学博士 5 种，学士层次专业学位有建筑学学士 1 种。专业学位与科学学位的区别主要在于，科学学位按学科门类授予，专业学位按职业类型授予。1996 年，国务院学位委员会发布《专业学位设置审批暂行办法》，第二条规定："专业学位作为具有职业背景的一种学位，为培养特定职业高层次专门人才而设置。"专业学位的开设，拓宽了我国的学位类型，为培养特定职业的高层次人才奠定了重要的基础。但专业学位的发展并未能在学位法中得以及时体现，学位法也未曾规定我国所设置的学位类型。那么，专业学位是否具有法律效力则成为需要做出回答的问题。

## 二、《学位条例》的立法羁束

### （一）立法理念的羁束

学位制度是我国的教育基本制度之一，是恢复高考后以法律的形式建立的第一个高等教育制度。但学位立法的宗旨是什么在《学位条例》中并未呈现，制定学位法的理念是什么在《学位条例》中也难以体会。立法理念是立法过程中需要秉持的基本精神，是立法者价值观的集中体现。立法理念要解决的是法律的应然状态，任何法律如果缺少应有的立法理念则难以起到治国为民的作用。但在我国教育立法初期，并不清楚教育立法的理念是什么，在疲于追求立法数量的进程中，难免使越来越多的教育法与其所应当追求的基本精神构成冲突。纵观初期的教育立法行动，明显地倾向于将其作为行政管理的权力手段而并未成为服务于民的制度资源。因此，所立教育法与真正意义上的教育法必然相去甚远，存留种种缺憾。

之所以认为教育立法理念是法律的应然状态，是因为立法理念来源于人类社会客观存在的人与人之间的平等准则。这一准则是由于人的生命的存在而存在的，并不具有任何附加物，每一个人都拥有与其他的人平等生存与发展的权利，而任何法都是建立在这一准则基础之上的行为规则。①所以，公平正义才是法所要坚持的基本精神，体现这种精神的法就应当充分反映每一个人都拥有的平等权利。由此可见，教育立法必须以人为本，在权利平等的基础上确立相应的法律规范。但在教育法体系形成的初期，立法理念的缺失，致使学位法出现了权利的倾斜，学位申请人的应有权利得不到法律保障，各级行政主体与学位授予单位之间的权利关系难以平衡，诸如对学位评定委员会组成人员的来源、数量、职责等方面的规定还比较模糊，对学位申请人是否做出和如何做出授予学位的决定还存在法律空隙，此类问题使学位法在实施中因无法保障法律关系主体的权利而受到相应的质疑。

### （二）立法技术的羁束

教育立法理念的缺失必然带来教育立法技术上的困扰，这种困扰多以权利与义务、权力与责任的失衡而显露端倪。如前所述，由于学位评定委员会扩大《学位条例》规定的权力范围，使刘燕文未能获得博士学位和毕业证书。但事实上，《学位条例》并未规定学位评定委员会在行使"对学位论文答辩委员会报请授予硕士学位或博士学位的决议，做出是否批准的决定"时应当出席的人数，对"决定以不记名投票方式，经全体成员过半数通过"的规定，也未明确"全体成员"是指学位评定委员会的全体成员，还是学位评定委员会出席审查决议人员的全体成员。并且，由于"对学位论文答辩委员会报请授予硕士学位或博士学位的决议，做出是否批准的决定"中"是否"二字的存在，则难以确定"决定以不记名投票方式，经全体成员过半数通过"的决定是"是"还是"否"。随即，《学位条例》对未获批准的学位申请人是否可以在有条件的情况下再次申请获得学位也未做出任何规定，即未能穷尽学位申请人应当或不应当获得学位的条件（《学位条例暂行实施办法》仅对硕士学位论文和博士学位论文答辩不合格可以再次答辩的条件做出了规定）。因而，当刘燕文诉诸法律而败诉后，则等于失去了因此可以获得学位的机会。

但值得注意的是，刘燕文案表面看来是由于立法技术的不严谨而导致的刘燕文败诉，但从其实质而言，不能排除学位立法理念的缺失带来的立

---

① 卢梭. 社会契约论（修订第三版）[M]. 北京：商务印书馆，2003：40.

法技术的困扰。因为学位立法从开始就缺乏对学位申请人权利保护的立法理念，所以在立法技术上也难以本着权利与义务相对应的基本法理对法律规范精雕细刻，致使在学位申请人的学术权利与学位授予单位的行政权力发生碰撞时而显得软弱无力。因此，教育立法理念与教育立法技术是相辅相成的，理念引领技术，技术保证理念。如果学位立法忽视理念，那么立法技术也难以发挥应有的作用。

## 三、修改《学位条例》的建议

学位法建设是一个系统工程，《学位条例》是学位法体系中的主体部分。要完成修订《学位条例》的任务首先要坚持以人为本的立法理念，在此基础上应整合《学位条例》与《学位条例暂行实施办法》，制定《中华人民共和国学位法》（以下简称《学位法》）。《学位法》在体例上应分为总则、分则、罚则、附则四个部分。总则应明确立法依据、立法宗旨、适用范围、学位制度、学位类型、权利主体、基本原则等。分则应包括学位标准、管理机构及职责、学位授予单位及职责、学位申请主体及申请程序、对学位申请的考察、学位评议及授予、学位监督及救济等。罚则应对学位申请、考察、授予过程中不同法律关系主体的违法行为给予责任规定，对伪造制作学位证书行为给予责任规定。附则应对相关问题做出补充性规定。具体而言，完善《学位法》应从以下几个方面入手。

### （一）厘清法律关系

厘清法律关系是保障主体权利的前提。《学位法》需要调整的法律关系主体包括：学位申请人、学位申请人的导师、学位授予单位、各级学位管理机构、司法部门、相关的社会组织及个人。在坚持权利优先原则的前提下，《学位法》要厘清权利与义务的关系、权力与责任的关系，以防止任何形式的"权力爆炸"和"权利爆炸"现象。[①]

首先，需要厘清学位授权机构与学位授予单位的权利义务关系。1985年以后，经国务院决定下放权限，原《学位条例》规定的各级学位授予的资格"由国务院授权"，变为"由国务院学位委员会授权"。根据《立法法》关于职权法定的原则要求，这等于已经确立了国务院学位委员会作为国家最高学位行政管理部门的法律地位。在确立国务院学位委员会法律地

---

① 薛军. 权利的道德基础与现代权利理论的困境 [J]. 法学研究，2009（4）：188.

位的基础上，自1991年起，先后有30个省、自治区、直辖市建立了省级学位委员会及其工作机制，在国务院学位委员会委托的范围内对本省本地区普通高校新增学士学位授予单位、新增硕士点进行审批。在权力重心下移的过程中，不仅学位管理权力的范围得到了调整，学位授权管理方式也发生了变化，由原来的行政审批向行政许可方式转变。当然，这种转变与《行政复议法》《行政诉讼法》《行政许可法》的颁发不无关系，这些法律从不同侧面对《学位条例》的有效运行起到了重要的作用。

学位授权主体权力重心和授权方式的变化，引发了对学位制度应是国家学位还是学校学位关于学位性质的思考。但通常所说的国家学位或学校学位，从国外来看，是因为学位授予权和学位立法的来源不同而构成的，并不是因为学位本身的性质差异。学位授权是指政府授予培养单位和学科点有权从事教育和颁发学位的活动。在学位授予权的来源上有两种情况：一种是在政府向院校颁发办学许可证的同时就让渡学位授予权，另一种是院校须单独向政府申请学位授予权。在美国、德国等国家，只有政府允许使用"大学"（university）或"学院"（college）名称的机构才有资格授予学士以上学位。俄罗斯的大学办学资格和学位授予资格相分离，院校须单独向政府申请学位授予权。而院校获得的学位授予权在范围上又有两种情况：一种是在获得学位授予权资格时就获得涵盖所有学术领域的学位授予权，另一种是在获得学位授予资格时仅获得某个特定领域的学位授予权。院校究竟是能同时获得涵盖所有学术领域的学位授予权还是仅能获得特定领域的学位授权主要依赖于对院校教育质量的评价。[①] 在学位立法的来源上，以英、美为代表的普通法系国家，判例法在法律体系中占主导地位，制定法则居于次要或补充地位。因此，没有统一的学位立法，而是由各个学校根据自己的情况制定学位规则。以法、德为代表的大陆法系国家，制定法在法律体系中占主导地位。两国不仅都有国家层次的学位立法，而且有学校层次的立法，学校的立法行为属于行政立法行为，国家立法与学校立法相互结合。

以上情况表明，学位立法与国家立法制度息息相关，不能以有没有国家学位立法来决定学位性质，还要看学位授予权的来源。我们通常所说的国家学位或学校学位并非一个严谨的概念。从学位授予权的来源上看，无论是我国通常所说的国家学位还是学校学位，学位授予活动都是具有法律

---

① 韩映. 世界主要发达国家学位授权制度研究 [J]. 高等教育研究，2009 (8)：80-81.

依据与效力的一种国家授权活动。但在学位授予权的来源上，有的与学校法律地位的取得同步，有的则要单独向政府申请学位授予资格。从这一意义上讲，学位应当是国家学位，但由于授予权的转移，才有了不同学校的不同学位标准，有了我们对"国家学位"和"学校学位"的不同理解。由此可见，学位制度一直具有国家性质，并且在学位授权的转移过程中存在权力关系的处理问题，一方面是国家对学位权的控制，另一方面是国家对授权转移的边界划分。国家虽然拥有学位授权，但却不能完全代替学位授予单位对学位制度的运行。这就需要国家对学位授权妥善管理，既要保障学位授权转移中和转移后的质量，又要保障学位授予单位在学位制度运行中的积极性。为了保障质量需要引入学位授权与授予的评价机制并制定学位标准，为了调动学位授予单位的积极性，需要转变学位授权方式。

我国目前实行的学位制度，已经由《中华人民共和国教育法》赋予法律效力。中华人民共和国高等教育的历史较短，近 30 年发展虽然迅速，但质量难以保证，伦理水准难以提升。所以，《学位法》仍然需要坚持国家学位制度，其目的在于保障高等教育培养人才的质量，特别是博士学位必须坚持国务院学位管理部门授权，并需坚持在具有较高研究能力的学校及学科设博士学位点。硕士学位和学士学位授权可由省级学位管理部门承担。但在学位授权方式上，可以选择行政许可，经申请、评议、审核、批准等程序，授权符合国家不同层次学位标准的高等教育机构获得不同层次的学位授予权。通过行政许可方式，分级管理不同层次的学位授予权，突出对高等教育机构学术行为能力的审核，弱化国家学位以审批为标志的行政授权行为，淡化高等教育机构由此产生的行政权力色彩。也就是说，高等教育机构的权限也是有限的，在通过行政许可途径获得学位授予权后，一方面要靠其自律保证学位质量，另一方面要通过国家制定学位标准，引入社会评估与监督以及人才市场的反馈信息等对高等教育机构形成监督。然而，需要强调的是学位授权方式的改变不等于学位性质的改变，即高等教育机构具有学位授予权不等于改变国家学位的性质。

其次，需要厘清学位授予单位与学位申请人的权利义务关系。学位授予单位获得学位授予权之后，要依据《学位法》的相关规定，通过一定的程序，对学位申请人能否获得学位的资格进行审核、表决，做出是否授予学位的决定。其中包括答辩委员会和学位评定委员会对学位申请人学位论文写作及答辩的表决。这样就有学位答辩委员会和学位评定委员会的权责划分问题，以及对学位申请人的权利保障问题。学位授予审核是一种对学位申请人的学术评定行为，要求有很高的学术水准。这样的行为应当建立在学位论文答辩委员会对学位申请人的学位论文及其答辩状况的审核和表决上，因为学位论文答辩委员会的组成人员是由学位申请人所从事的专业领域的权威人士组成的，他们应当有能力审查学位申请人的学术水平是否具有获得学位的资格。所以，学位评定委员会应当尊重学位论文答辩委员会的学术裁决权，而重点审核学位授予的基本程序，进而做出是否授予学位的决定。这样就要求《学位法》的建设在学位申请、审核、救济等方面都做出明确的实体性和程序性规定，使学位授予审核工作有法可依，减少人为因素的干扰，对权利受到侵害的学位申请人能够实施救济，对不具备条件的学位申请人授予继续学习以致完成学业的机会，对在学位申请过程中违反学术道德规范者给予相应的制裁。

最后，需要厘清学位申请人与导师的权利义务关系。导师与学位申请人是学位法律关系中的主体，厘清二者的权利与义务关系，直接影响学位申请人的培养质量。学位申请人的权利包括：受教育权、知情权、知识产权、诉权等。导师的权利包括：指导学生权、公正评价权、参与管理权、知情权、学术自由权、获得待遇权、诉权等。学位申请人与其导师之间的权利与义务关系主要在于指导与被指导、评价与被评价的关系。为保障学位申请人的权利，导师有及时恰当指导和客观公正评价学位申请人的义务，也有要求学位申请人接受并尊重其指导和评价，按时完成学习任务的权利。反之，学位申请人有要求导师对其及时恰当指导和客观公正评价的权利，也有接受并尊重其导师的指导和评价，按时完成学习任务的义务。需要言明的是，在导师与学位申请人之间的指导与被指导的权利义务关系中，如果导师正确履行了指导的义务，包括对学位申请人告知其不得违反学术道德规范的义务，那么学位申请人如果违反学术道德规范则应责任自负。因为按照现行教育制度，学位申请人属于成年人，他们有独立承担民事责任和刑事责任的能力，导师不应当对其指导的学位申请人的学位论文舞弊等违反学术道德规范的行为承担连带责任。但对学位申请人与其导师共同署名发表的学术研究成果则应视具体情况而定。为保障学位申请人及其导师的权利，学位授予单位有为学位申请人及其导师提供学生培养经费和设施等物质资源、提供评价制度保障、提供参加学术交流活动的机会、按时发放工资报酬、设立"申诉委员会"等机构及时处理学位申请人及其导师的申诉的义务。

### （二）制定学位标准

根据国家学位授权机构与学位授予单位权利义务的关系，以及国家学位类型的现实状况，《学位法》对学位标准的制定应坚持统一性与灵活性相结合的原则，由国家制定基本学位标准，并授权具有学位授予权的高等教育机构根据其培养目标，制定符合其实际又不违背国家基本学位标准的内部学位标准。学位标准的制定，应考查学位申请人的思想政治素养、学术水平、专业技术水平、学分标准及学业成绩、从事科学研究的能力、论文撰写及答辩等情况。同时，《学位法》应当分析科学学位与职业学位标准的异同，对职业学位标准做出恰当的规定。

从世界范围来看，不同的国家有不同的制定标准的准则。美国学位标准的主要特征在于研究生教育阶段体现出学术性和专业性（或职业性）的明显分化。学术导向型的硕士或博士学位在课程设置上主要是以培养学生的科学研究能力，提高其学术水平为目标，一般在修完规定课程和学分的前提下必须提交学位论文，并进行答辩。为保证质量，学位授予具有一定的淘汰率。职业学位反映的是高层次的职业水准。英国各层次学位标准对学位获得者知识和能力的要求更加具体，要求学位申请人要具有高等教育和社会最为关心的能力素养，能满足社会实践对人才培养的要求，但并不降低职业学校的学位标准。

### （三）处理好学位法与其他相关法的关系

《学位法》是教育法体系中的重要组成部分，在《学位法》的制定过程中需要处理好与其他法的关系。

第一，要处理好《学位法》与《教育法》的关系。《教育法》是《学位法》的立法依据，《学位法》是对《教育法》规定的基本制度之一——学位制度进行设计的单项法，《学位法》的制定不能与《教育法》的基本原则相违背。《教育法》对教育法律关系主体的权利与义务的规定适用于《学位法》关系主体，《学位法》不必重复立法。但对学位法关系中的特殊情况，则需要制定特殊的规范对法律关系主体的权利义务关系进行调整。在立法技术上，可以采取补充式的规范，也可以采取排除式的规范。

第二，要处理好《学位法》与《高等教育法》的关系。《学位法》与《高等教育法》虽然在法律地位上是平等的，但《学位法》与《高等教育法》所调整的法律关系内容存在包含关系和交叉关系。《学位法》调整的是高等教育制度中的学位制度，需要与之区别的是高等教育中的学历制度。与世界其他国家相比，学位制度与学历制度并存是我国高等教育中的特殊情况。这种情况的存在主要有两点原因：一是我国先有学历制度，后有学位制度；二是并非所有高等教育机构都具有学位授予资格。这就需要明确，学位制度与学历制度的区别是什么？学位制度建设强调的重点是什么？但从现行教育法来看，只有学位标准，并没有学历标准，具有学位授予权的高等教育机构一般都通过课程方案、培养目标的形式确定培养人的标准，而这种标准也往往与学位标准相类似，唯一比较明显的区别就是在学术水平的体现上，有的学校对博士研究生和硕士研究生或单独对博士研究生加入公开发表一定数量及质量的论文的要求。这从侧面表明，对学位标准的制定更需侧重考核学位申请人的学术研究水平。因此，在学位制度与学历制度并存的情况下，制定《学位法》应在学位标准上进行更多的思考。

第三，要处理好《学位法》与《教师法》的关系。《学位法》与《教师法》的关系比较集中地反映在《学位法》对学位申请人导师的权利与义务的规定与《教师法》对教师的权利与义务的规定的关系上。应当说，《教师法》对教师权利与义务的规定对所有教师，包括学位申请人的导师，具有普适性。但学位申请人的导师又是教师中的少部分群体，具有工作的特殊性。所以，《学位法》对学位申请人导师的权利与义务的规定，可以在遵循《教师法》对教师权利与义务规定的基础上，对学位申请人的导师具有特殊性的权利与义务做出规定。

第四，要处理好《学位法》与《学位条例》及《学位条例暂行实施办法》的关系。已有的《学位条例》及《学位条例暂行实施办法》并未囊括学位法所能调整的法律关系，新制定的《学位法》应在妥善处理与其他相关法的基础上，整合《学位条例》与《学位条例暂行实施办法》，制定《中华人民共和国学位法》。

[原文载于《中国教育法制评论》2012年第10辑，59-72页]（杨颖秀）

# 学位法需要厘清的几个基本关系（2011）

2011年1月1日是中华人民共和国第一部教育法律《中华人民共和国学位条例》（以下简称《学位条例》）施行30周年纪念日。《学位条例》的颁布，不仅开创了我国教育法律体系建设的新篇章，也为我国学位制度的建立和学位法体系的形成奠定了重要的基础。《学位条例》颁布后，1981年5月由国务院批准颁布《中华人民共和国学位条例暂行实施办法》。此后，自1995年9月1日起施行的《中华人民共和国教育法》（以下简称《教育法》）以国家基本法律的形式将学位制度确立为教育基本制度。1999年1月1日起施行的《中华人民共和国高等教育法》第二十二条也明确规定："国家实行学位制度。学位分为学士、硕士和博士。""公民通过接受高等教育或者自学，其学业水平达到国家规定的学位标准，可以向学位授予单位申请授予相应的学位。"从教育基本法到教育单项法再到教育法规的相关规定，共同构成了我国学位法的体系，并决定着我国学位制度的运行轨迹。

然而，任何一种制度设计都不会从一开始就尽善尽美，我国的学位制度也不例外。在学位法实施过程中，诸多案例已经反映了学位法存在的问题。其中，田永诉北京科技大学拒绝发毕业证、学位证行政诉讼案（以下简称"田永案"），刘燕文诉北京大学学位评定委员会要求颁发博士学位证书案（以下简称"刘燕文案"），西北政法大学申博提起行政复议案（以下简称"西北政法大学案"），引起教育法学界的广泛关注和讨论。这些案例集中反映了学位法律关系主体之间的权利与义务的冲突，主要表现于受教育者和教育者之间权利与权力的冲突、权利与义务的冲突，教育行政主体权力与责任的冲突，教育机构与上级行政部门之间权力与权力的冲突，以及受教育者之间权利与权利的冲突等。而存在于教育者、受教育者、管理者之间的冲突又不仅表现于实体法的权利义务关系上，还表现于程序法的权利义务关系上。因此，要完善学位制度，根本的是要厘清学位法律关系主体之间的权利与权力、权利与义务、权力与责任、权力与权力、权利与权利之间的关系。

## 一、权利与权力的关系

对于权利内涵的认识与对法律内涵的认识相辅相成。有学者总结了权利概念的历史："十二世纪出现了世俗个人主义和权利概念的萌芽。十四世纪出现了对拉丁文的主观意义和客观意义的双重理解。四个世纪之后，康德的哲学理论为上述理解提供了完美的说明。当世俗个人主义和自由意志主义成为权利概念的理论基础的时候，也就是现代权利概念诞生的时候。"[①] 基于此，现代社会将权利理解为法律赋予主体的能力或者是意志的支配力[②]（也有人将权利的本质界定为利益），它来源于主观意义上的自由，而将这种自由跻身国家的时候，一种具有调节人与人之间关系的边界及自由空间的规则便产生了，而这一规则就是法。这样一来，法律关系主体的权利边界和自由空间的表达就成为一个非常关键的问题，而这种表达需要通过专门的组织、专门的途径、专门的方式得以完成和运行。因此，对于法的制定、解释、执行、监督等一系列与法、与权利息息相关的权力便应运而生，并可能在权力边界模糊的时候由于滥用权力而对权利构成威胁。所以，学位法的制定首先要明确权力来源于权利，反之，权力又对权利保障发挥必要的作用，如果没有对学位申请人的权利保障，法律对学位申请人的约束也就失去了意义。

但是，我国学位法的运行在很多环节上已经表现出权利与权力的冲突。例如，由于在学位法中未能清楚地规范学位申请人在申请学位过程中能否获得学位的正当程序，也未能清楚地规范学位授予单位在授予学位方面的权力范围，因而出现了学位授予单位在行使权力的时候主观无限扩大权力的倾向，致使学位申请人在"完成规定的学业后获得相应的学业证书、学位证书"的权利无法得到保障，田永案、刘燕文案都明显地反映了学位法在这一问题上的瑕疵，加之学位监督制度的缺失，则验证了孟德斯鸠关于"一切有权力的人都容易滥用权力"[③] 的警世名言。

## 二、权利与义务的关系

权利与义务是法律规范的主要内容，没有对权利与义务的规定，也就

---

① 方新军. 权利概念的历史 [J]. 法学研究，2007（4）：69.
② 方新军. 权利概念的历史 [J]. 法学研究，2007（4）：95.
③ 孟德斯鸠. 论法的精神 [M]. 申林，译. 北京：北京出版社，2007：67.

没有法的存在。而当谈及法律关系主体权利的时候，从来没有离开过义务，二者在结构上具有对应性，在功能上具有互补性，在价值上具有主从性。结构上的对应性是指法在对社会关系的调节过程中，当一定的法律关系主体享有一定权利的时候，就要求其他法律关系主体履行保证其享有一定权利的义务。功能上的互补性是指权利与义务各以对方的存在作为自己存在的前提，二者相互依存，共同调整社会关系及其秩序，权利要体现法律的价值与目的，义务则为实现法律的价值及目的提供保障。价值上的主从性是指权利与义务谁占主导地位的问题。如前所述，权利本位是现代社会对法的认识，权利和义务的关系是目的和手段的关系，[①] 没有无义务的权利，也没有无权利的义务。

正确认识学位法的权利与义务关系有助于科学设定学位法的权利义务范围，保证二者的协调与均衡，促使学位法成为良法。

但是，现有的学位法体系毫无疑问存在着权利与义务的失衡现象。例如，由于学位法缺乏程序上的权利与义务规范的对应性，田永在受到学校处分后始终未被告知，直至毕业。不仅如此，也正是因为学位法中相关权利与义务规范的不对应性和不明确性，刘燕文一案一直成为完善学位法的关注焦点。究竟学位评定委员会在学位评定与授予的过程中享有哪些权利，履行哪些义务，仍期待澄清。权利与义务关系是否平衡不仅影响学位法的科学性，也影响学位法规范的权力与责任、权力与权力、权利与权利之间的关系是否平衡。

## 三、权力与责任的关系

在学位制度中，国务院学位委员会或授权机构对学位授予单位的资格审批、学位授予单位对学位申请人资格的审定、学位评定委员会对学士学位获得者名单的审查通过和对学位论文答辩委员会报请授予硕士学位或博士学位的决议做出是否批准的决定等行为，均属于行使行政权力的行为，这种行政权力或由行政机关直接行使，或由授权机构代为行使，因此，这些行为是否正确，切实关系到行政相对人的权利能否得到保障的问题。而为保证行政权力的正确行使，就需要对其进行必要的限制，这种限制可以来自法律对权力的限定，可以来自权力与责任的制衡，也可以来自对权力的监督，还可以来自对权利的救济。其中，权力与责任的制衡是保障权力

---

① 李步云. 权利与义务的辩证统一 [J]. 广东社会科学，2003（4）：124-126.

运行的关键。这是因为权力与责任来自同一法律关系主体的权利义务关系，而当权利成为调节人与人之间关系的边界及自由空间的规则，即表现为法的时候，就有了制定法、解释法、执行法、监督法等一系列的权力主体。这样，权力就构成一种强制力，对权利主体的利益分配产生影响，或者保护权利主体的利益，或者侵犯权利主体的利益。对于这样的权力空间按照孟德斯鸠的观点，不能使其没有边界，否则将导致"有权力的人会无休止地使用权力，直到有界限的地方为止"。[①] 责任从广义上来说与义务同义，从狭义上来说是指因违法行为或因其他法律规定的事实的出现，一定主体应当承担的不利后果。[②] 显然，权力与责任的关系也是权利与义务的关系，两者相互制约，不可分割。因此，法律的制定明确权力主体的权力边界与应当承担的法律责任是同等重要的。而现行的学位法不仅在权力的界限上比较模糊，在责任的规定上更是空白。这就构成了学位法中权利与义务关系的不对等性、不平衡性，使学位法在运行过程中表现出了明显的向权力主体倾斜的现象，学位申请人的权利则难以保证。

学位法除应当清楚规定权力边界和对应的责任之外，还应当明确规定学位申请人的救济制度，如可通过申诉、复议、诉讼等途径保护一定权利主体的利益。因为权力和责任主要解决的是权力主体的权利义务关系问题，仅此则对于学位申请人与被申请人之间的权利义务关系还难以厘定。当权力主体对学位申请人的相应权利构成侵犯的时候，除可通过追究责任对权力主体履行义务不当的行为进行惩罚之外，还需要对学位申请人被侵犯的权利实施补救，对其受到的损失实施补偿。因此，对于学位申请人来说，学位法的救济性规范也是必要的，这样的规范可以减少或降低学位申请人的权利损失，并且可以对权力主体的行为构成前置性监督。

## 四、权力与权力的关系

学位法的制定与实施除需要厘清权力与责任的关系外，还需要厘清权力与权力的关系。因为无论是国务院学位委员会或授权机构对学位授予单位的资格审批，还是学位授予单位对学位申请人资格的审定，或是学位评定委员会对学士学位获得者名单的审查通过和对学位论文答辩委员会报请授予硕士学位或博士学位的决议做出是否批准的决定等行为，都存在着权

---

① 孟德斯鸠.论法的精神［M］.申林，译.北京：北京出版社，2007：67-68.
② 公丕祥.法理学［M］.上海：复旦大学出版社，2002：464.

力与权力的纵向关系。这种关系如若不能厘定，也会导致越权、空权、超权等现象的发生，进而对行政相对人的权力和权利构成侵犯。越权表现于在纵向上越过上级权力主体行使不属于自身的权力而作为，空权表现于放弃应当行使的权力而不作为，超权表现于超过权力界限、扩大权力范围而作为。应作为的不作为，不应作为的作为，均属于不履行义务的行为，无论哪种情况的发生都会导致权利与义务的失调，进而降低法律的权威性和实效性。西北政法大学案在一定程度上表现出了权力与权力之间的失衡现象，因此引起人们的普遍关注与思考。目前，我国学位授予单位的资格审批权力正在出现下移的趋势，在此过程中，如何平衡统得过"死"与放得过"滥"的关系，如何确认学位授予单位自主权与行政许可权的关系，是保证学位制度健康发展的关键。

平衡学位法中权力与权力的关系仍然需要从划清权力界限、实行责任制度、实施法律监督和救济制度等途径加以解决，但同时权力主体法律伦理意识的提升也是不可忽视的问题。任何制度的建立，包括学位制度的建立，都是复杂的社会活动，无论是大陆法系抑或是英美法系，都无法以巨细无遗的法律规范或判例填平法律制度建设中应有的权利与义务的恒定关系，任何疑难案件在规则与事实之间的摩擦地带[①]，案例指导制度"例以辅律"[②]的价值选择都足以说明这一问题。在此情况下，权力主体的法律伦理意识则在学位法的运行中起着举足轻重的作用。这种作用主要体现于学位法的权力主体履行义务的自律举止和对学位法精神实质的理解上。

## 五、权利与权利的关系

学位法不仅要厘定权力与权力的关系，而且要厘定权利与权利的关系。权利与权利的关系主要表现于不同处境下的学位申请人在学位申请过程中能否得到平等的待遇上。包括通过全日制高校学习、自主学习、网络学习等不同路径的学位申请人应当获得平等的申请资格，也包括申请科学学位和专业学位的申请人应当获得平等的待遇等方面。实践中，专业学位制度对学位申请人的待遇不尽合理，存在着"单证"与"双证"的差异，而这种待遇上的差异不是以《学位条例》中规定的申请学位的学术条件为依据，而是以学位申请人选择哪种学习路径为依据。例如，免费师范生本

---

① 桑本谦. 法律解释的困境 [J]. 法学研究，2004（5）：7.
② 胡云腾，于同志. 案例指导制度若干重大疑难争议问题研究 [J]. 法学研究，2008（6）：3.

科毕业再读教育专业硕士则可以得"双证",而通过考试在职攻读教育专业硕士学位的研究生则只能得"单证"。但两种路径的学习者在学分的获得、课程的学习、毕业论文的写作等方面并没有高与低的不同要求。这样,"单证"与"双证"的不同待遇就导致了对学位申请人的不同利益分配,使相同权利之间表现出不平等性。

学位法体系的形成是一个动态的渐进过程,为平衡权利与权利的关系,学位法的完善应始终坚持法的基本精神,平等对待每一个法律关系主体,关注学位申请人的切身利益。在这一过程中,坚持法治的理念是防止权利失衡的基本准则,掌握立法的技术是保证权利平等的重要手段,二者不可或缺。实践中之所以出现学位申请人之间的权利失衡现象,仍不能排除对法的精神理解的偏颇,也不能排除对学位法体系整体性认识的欠缺。而无论是前者还是后者,都可能影响一定的学位申请人的利益,影响学位法的有效运行,这类问题亟待解决。

## 六、结论

学位法体系建设的 30 年历程成绩与问题并存。其问题主要在于未能厘清法律关系主体之间的权利和义务关系,缺乏权利本位的法治精神。所以,要完善学位法,就要明确法律关系主体的权利和义务,而权利和义务表现在不同的法律关系主体身上又形成了权利与权力、权力与责任、权力与权力、权利与权利等不同的关系状况,这些关系在学位法的运行中均需要给予平衡。这种平衡既要防止权力爆炸,也要防止权利爆炸,其目的在于保证权利主体的切身利益,建设一个科学的学位法体系。

[原文载于《研究生教育研究》2011 年第 1 期,30-33 页](杨颖秀)

# 对修订与实施《中华人民共和国义务教育法》的思考与建议（2006）

在《中华人民共和国义务教育法》（以下简称《义务教育法》）实施20年之际，2006年1月4日，国务院常务会议讨论并原则通过《中华人民共和国义务教育法（修订草案）》（以下简称《修订草案》）。2006年2月25日，国务院提请全国人大常委会审议《修订草案》，但目前尚未获得通过。这种情况一方面反映了我国教育立法的严肃性，另一方面也表明了《修订草案》的成绩与问题并存，需要再做完善。

## 一、《义务教育法》修订中的主要成绩

### （一）政府的义务得到了较为充分的体现

实施义务教育具有双重的强制性：一方面要强制适龄儿童和少年按时入学，接受一定年限的义务教育；另一方面要强制政府为适龄儿童和少年提供一定条件的义务教育。由于义务教育制度的确立是国家行使权力的结果，因此义务教育的强制性，首先应当是对政府实施义务教育行为的强制。对于这一点，《义务教育法》并未做出充分规定，致使在义务教育实施中出现了校舍不能及时修缮、教师工资不能足额发放、教育经费严重短缺等问题。这在一定程度上侵犯了适龄儿童和少年接受义务教育的权利。对此，《修订草案》对县级以上各级政府在免收学杂费、明确办学条件等方面应当承担的义务做出了强制性的规定，为尽快实现九年义务教育的目标提供了法律依据和保证，表现出了政府与受教育者在义务与权利方面的对等性。

### （二）再次确认了教育公平的基本原则

义务教育是具有全局性、基础性的国民教育。接受义务教育不仅是每一位适龄儿童及少年不可推卸的义务，也是法律赋予他们的不可被剥夺的权利。权利的平等性要求适龄儿童及少年能够享受到公平的教育。但长期以来，由于义务教育实施条件的限制，受教育者权益的公平保护无法严格

实施。城乡之间、区域之间、校际之间的差异，使受教育群体之间的权利保障呈现出明显的不平衡性。针对这一问题，《修订草案》规范了农民工子女就学、农村学校和城市薄弱学校建设、身心发展有缺陷的未成年人接受义务教育的权利保障等焦点问题，并给出了可操作性的措施，这为进一步保证每位受教育者的公平受教育权利奠定了基础。

### （三）课程管理成为义务教育的重要内容

在规范办学物质条件的基础上，如何实施义务教育主要反映在常规性的教育教学活动中。课程管理是贯串教育教学活动的主线，是反映教育方针、教育理念的经常性的教育活动。但已有的《义务教育法》对这一问题并未给予充分的重视，致使义务教育的常规性活动陷入了法律的盲区。已往课程管理问题的解决，往往依赖于灵活性较大的政策，因而经常出现"头痛医头""脚痛医脚"的局面。《修订草案》对义务教育学校的课程设置、教科书管理等问题都做出了较为详尽的规定。这对制止有关的不法行为，促进义务教育步入正轨，并保证教育教学活动的正常开展，具有重要的作用。

### （四）义务教育主体的法律责任趋于明晰

法律责任的广义解释，等同于法律义务；狭义解释，是指针对违法行为或因其他法律规定事实的出现而使违法主体应当承担的不利后果。无论是广义还是狭义的解释，法律责任都具有明确的义务性和强制性。如果不依法明确法律关系主体的责任，那么法律对不履行义务主体的行为就无法进行约束；同时，法律对一定主体侵犯其他法律关系主体权利的行为，也无法纠正，更谈不上对权利主体受损害的补偿。《修订草案》在这方面有所突破。它对政府、义务教育主管部门、学校、家长或其他监护人等义务教育主体不履行法律义务的行为，做出了追究相应法律责任的规定。

## 二、《修订草案》中存在的主要问题

《修订草案》虽然在义务教育制度的建设上实现了以上突破，但其中的问题仍值得我们关注。

### （一）免费对象的疏漏和免费进程的延缓

在各种媒体的报道中，我们可以见到大家对《修订草案》中有关义务教育阶段中小学生全部免除学杂费的问题十分关注。但是，从近期发布的《国务院关于深化农村义务教育经费保障机制改革的通知》和《中共中央国务院关于推进社会主义新农村建设的若干意见》等重要文件来看，义务教育阶段全部免除学杂费的对象，还仅限于农村接受义务教育的中小学生；免除学杂费的进程，还需要从西部农村到中部及东部农村，并于2006、2007 年两年内逐步完成。由此可知，《修订草案》在免费问题上，是针对农村适龄儿童和少年而采取逐步实施的策略。鉴于接受义务教育是每一位适龄儿童和少年的权利，我们有理由认为，政府在履行义务过程中，无论对城市还是农村，对强者还是弱者做出取舍，都是不符合公平原则的。

### （二）规范的内容层次不当

针对性强是这次《修订草案》的特点之一。《修订草案》对教育实践中存在的乱收费、义务教育阶段办学体制改革等热点问题均做出了相应的规定。这一方面反映了政府依法管理义务教育的态度，另一方面也引发我们新的思考：《义务教育法》规范的内容体系，究竟应当包括哪些？《修订草案》是要查漏补缺、重复政策性规定，还是要坚持从义务教育制度体系建设入手，进行系统规范？实践中暴露出的问题，是不是都要在《义务教育法》中体现出来？如果是这样，那么在立法速度永远滞后于实践的情况下，《义务教育法》将如何面对实践中不断出现的新问题？《修订草案》将如何体现法律的稳定性？

### （三）与教育法律体系建设的技术程序不相协调

根据立法计划，我国近期拟推进的教育法体系建设包括：修改《中华人民共和国教育法》（以下简称《教育法》）《义务教育法》《中华人民共和国教师法》《中华人民共和国高等教育法》《中华人民共和国学校法》。在将要修改的 5 部教育法中，《教育法》是《义务教育法》的上位法，是制定《义务教育法》的依据。因此，《教育法》的修改，必然影响到《义务教育法》的修改。但目前《义务教育法》的修改，在时间上走在了《教育法》修改的前面。这对处理诸如教育方针、教育基本原则等问题都增加了立法技术上的困难。

## 三、对《义务教育法》修订的建议

根据上述分析，《义务教育法》的修订应当注意以下问题：

### （一）从教育法律体系建设入手，增强立法的科学性

首先，《义务教育法》的修订要依据《中华人民共和国宪法》（以下简称《宪法》）和《教育法》进行。《宪法》是一切法的法源，《教育法》是教育的总法，其他单项法的制定与修改都应当遵循《宪法》和《教育法》的基本精神。对一些原则性问题，在《教育法》尚未做出修改之前，在《义务教育法》修改中要持谨慎的态度。对无法形成定论的问题，在《义务教育法》的修改中，也不必急于求成或面面俱到。如果《教育法》能够先于《义务教育法》修订，那么《义务教育法》中有关教育方针、教育基本原则等方面的条款，则可以简约表述或者省略。其次，《义务教育法》的修订要充分发挥下位法的作用。除《宪法》外，根据《中华人民共和国立法法》的规定，教育法的体系包括法律、行政法规、地方性法规、自治条例和单行条例以及规章制度等。在《义务教育法》的修订中对相关问题可做出授权性规范，以发挥不同层次立法部门的作用，减轻国家最高权力机关的立法负担，使义务教育制度尽快完善。

### （二）坚持实施义务教育制度的基本原则，解决重点问题

在准确定位的基础上，《义务教育法》的修订可以详略得当，有所立，有所不立。

义务教育是我国《教育法》确定的教育基本制度之一，也是《世界人权宣言》赋予每一个人的基本权利。《世界人权宣言》第二十六条第一项中规定："人人都有受教育的权利，教育应当免费，至少在初级和基本阶段应如此。初级教育应属义务性质。"由此可以推论，义务教育的基本原则应为强制、免费和公平，这是实施义务教育制度的精髓，《义务教育法》的修订应当在这方面有所突破。在解决强制、免费与公平的问题上，日本采取的是统一校舍标准、教师定期流动的做法，是值得我们借鉴的。美国倡导的为儿童提供离家最近的成功教育的公平教育理念，也是值得我们参考的。而目前我国《义务教育法》的修订，在一定程度上还存在着顾此失彼的问题。

要坚持义务教育制度强制、免费和公平的原则，就要保障任何一个儿童受教育的权利。因此，在实施义务教育主体的行为选择上，可以根据不同地域、不同群体的具体情况有所侧重地采取措施，缩小彼此之间在教育条件上的差距。每一个儿童，在接受免费义务教育的起点上都必须是平等

的，不能将接受义务教育的经济负担有所选择地转嫁给学生家长。如果说已往在我国实施义务教育的初级阶段，我们受各种条件的限制，还未能对这一问题有清醒认识的话，那么在现阶段，我们则完全没有理由再漠视这一问题。无论是城市还是农村，无论是东部还是西部，义务教育均应坚持强制、免费和公平的原则。

在基本原则确立之后，《义务教育法》应当侧重的是：保证义务教育制度实施的基本规范，主要是指教育教学活动有序运行的基本规范；在立法技术上，则要根据法律规范的基本结构，从条件、规定、后果 3 个方面入手，使权利、义务、责任相互统一。

## 四、对学校实施《义务教育法》的建议

学校是实施义务教育的法律关系主体。在明确政府责任的基础上，义务教育的基本原则能否实现，集中体现在学校的教育教学活动之中。为此，实施义务教育的学校，应当注意以下问题：

### （一）依法履行《义务教育法》规定的法律义务

学校作为独立的法律关系主体，与学生和政府之间均存在着权利与义务的关系。按照法律规定，实施义务教育的学校，有权组织义务教育过程中的各项教育教学活动；有权依法招收学生，对其进行学籍管理、实施奖励或者处分、颁发毕业证书或者结业证书；有权管理、使用本校的设施和经费等。同时，《修订草案》也特别强调了学校在实施义务教育过程中的义务，主要包括：遵循国家的法律和教育方针，对适龄儿童和少年开展思想道德教育、法制教育、心理健康教育，促使儿童、少年养成良好的行为习惯；提高教育教学质量；平等对待学生；建立、健全安全制度，加强安全管理等。这些义务应当说是实施义务教育过程中的常规性问题，也是直接关系到学生切身利益和国家未来发展的重要问题。学校有义务遵循《义务教育法》的规定，重点做好这几个方面的工作。

### （二）依据法的精神实施《义务教育法》

法律不可能巨细无遗，《义务教育法》的修订，也不会在较短的时间内尽善尽美。对于《义务教育法》不能做出明确规定的事项，学校在执行的过程中应当秉承法的精神行事。只要是符合法的基本精神的事情，学校均应依法做出行为选择，而不能只从法律文本表面去理解法的精神和规

范。例如:《修订草案》对于办重点校、重点班的问题,做出了禁止性规定,但除此之外仍然会有冠以其他名称、不符合义务教育法基本精神的学校行为存在。对此,学校应该本着法的基本精神行事,规范自身的行为。

### (三) 为完善《义务教育法》,创造性地有所为

法律应当是公平的尺子,但在立法技术不够完善、法律规范不够严谨的情况下,学校如何执行和遵守法律,在很大程度上影响着法律实施的效果。学校作为义务教育法律关系的主体,会在权利和义务的交互作用中认识和评价《义务教育法》,并在此基础上做出行为选择。因此,学校法律意识的高低影响着学校的作为与不作为。法律意识强的学校,就会创造性地履行职责,并以其行为的正确性完善《义务教育法》。所以,学校教育工作者应当不断学习法律知识,理解实施义务教育的真正意义,并以关注每一个学生切身利益的实际行动,为真正实现九年义务教育的目标做出贡献。

[原文载于《中小学管理》2006 年第 6 期,4-6 页](杨颖秀)

# 高等教育基本制度的法律视点（2003）

高等教育的发展首先是高等教育基本制度的发展。根据《中华人民共和国高等教育法》（以下称《高等教育法》）的规定，高等教育基本制度包括学历教育制度、自学考试制度、学位制度和继续教育制度。学历教育以受教育程度是否达到专科、本科或研究生毕业、结业或肄业程度为标准与非学历教育相对应，以受教育者是否在校学习接受学校教育为标准与自学考试制度相对应，以获得的学业证书是否反映学术水平为标准与学位制度相对应。但是，学历教育制度、自学考试制度、学位制度在运行中的法律冲突却正在影响着高等教育的发展和学习型社会的创建。

## 一、高等教育基本制度的法律冲突

### （一）学业证书制度的法律冲突

根据法律规定，国家实行学业证书制度，其中含学历证书制度和学位证书制度。法律同时规定学位证书和学历证书的申请途径可以是多方面的，可以通过学校教育获得，也可以通过自学考试获得。但无论通过什么途径，申请者的受教育程度、学术水平、研究能力等条件必须是符合法律规定标准的。其法律依据为《中华人民共和国学位条例》（以下称《学位条例》）规定的，高等学校和科学研究机构的研究生，或具有研究生毕业同等学力的人员，通过学位课程考试和论文答辩，成绩合格，其学术水平和研究能力达到法律要求的，可以获得相应的学位证书，以及《高等教育法》第二十一条规定的"国家实行高等教育自学考试制度，经考试合格的，发给相应的学历证书或者其他学业证书"。

然而，在法律明确规定受教育途径多元化的情况下，我国仍然存在着受教育过程与其结果之间的冲突状况，使学业证书的获得没有规范化的法律制度作为保证。自1981年《学位条例》施行以后，我国已发展学术学位和专业学位两种并行的学位制度，但无论哪一系列的学位制度，都存在着只得学位不得学历的情况。在学术学位制度中，同等学力申请硕士学位者只得学位不得学历。在专业学位制度中，申请学士、硕士或博士学位者同样存在着只得学位不得学历的情况。这两种情况的存在主要受《学位条例》《国务院学位委员会关于进一步做好在职人员以研究生毕业同等学力申请硕士学位工作若干问题的通知》，以及国务院学位委员会先后审议通过的关于设置和试办工商管理硕士、建筑学学士及硕士、法律硕士、教育硕士、工程硕士、临床医学硕士及博士、公共管理硕士、兽医硕士及博士等专业学位的法律性文件的影响。

法律规定，同等学力人员申请学位必须通过相应程度的学位课程考试。专业学位的获得则不仅要通过国家的入学考试，还要具备一定的实践基础，并要保证一定年限的在校学习时间，通过学位课程考试。很明显，同等学力人员申请学术学位和专业人员申请专业学位，在受教育程度和学业标准上并不能低于相同层次通过国家统考接受学校教育后申请学位的人员。但同等学力人员和专业学位人员却在具备法律要求的条件后只能获得学位证书，不能获得学历证书。

### （二）基本制度结构的法律冲突

高等教育基本制度结构的法律冲突在此是指学历教育制度、自学考试制度、学位制度在本科层次和研究生层次上的运行存在冲突，以至无法保证终身教育制度在研究生层次有序发展的状况。《中华人民共和国高等教育自学考试暂行条例》第二十六条规定，符合相应学位条件的高等教育自学考试本科毕业人员，由有学位授予权的主考学校依照《学位条例》的规定，授予相应的学位，即通过自学考试获得学历证书和学位证书的制度在本科层次已经运作。但高等教育自学考试制度并未在研究生层次发挥其应有的法律效用。绝大多数有学历与学位授予权的高等学校，受行政控制因素的影响，还无权在研究生层次对自学考试者发放学历证书和授予学位，高等教育基本制度在法律规范上还未能形成有序可循的整体，高层次高等教育制度的发展还比较薄弱，各级制度之间的衔接尤为滞后。这种状况的延续将有碍于学习型社会的创建。从学习型组织理论的产生来看，知识经济的时代环境与学历教育的普及程度是其产生和发展的重要背景。20世纪80年代，世界发达国家在解决了高等教育大众化的基础上才提出了由学历社会向学习型社会过渡的终身教育策略。因而，发展高等教育、完善高等教育基本制度，是创建学习型社会的重要基础。

## 二、对高等教育基本制度冲突的法理分析

高等教育基本制度的冲突，最重要的是教育法律关系主体的权责冲突。首先，无论是学位制度还是学历制度，其学业证书的发放都是一种授权制度，被授权主体的管理职权与其职责应当对应。根据《学位条例》第八条的规定，学士学位，由国务院授权的高等学校授予；硕士学位、博士学位，由国务院授权的高等学校和科学研究机构授予。又根据《高等教育法》第二条的规定，接受高等学历教育的学生，由所在高等学校或者经批准承担研究生教育任务的科学研究机构根据其修业年限、学业成绩等，按照国家有关规定，发给相应的学历证书或者其他学业证书。据此，国务院授权的高等学校和科学研究机构是被授权的学位证书授予主体，同时高等学校或者经批准承担研究生教育任务的科学研究机构也是被授权的学历证书颁发主体。作为被授权的高等学校和科学研究机构，对符合条件者授予学位证书和颁发学历证书的行为是依法接受政府授权的行政行为。国家授予高等学校和科学研究机构此两项权力则表明二者可以代表国家行使这两项职权。加之前文所述，国家实行高等教育自学考试制度，经考试合格的，发给相应的学历证书或者其他学业证书（包括学位证书）。因此，高等学校和科学研究机构在代表国家行使授予学位证书和颁发学历证书职权时，并不需要考证学业证书申请者的受教育途径，只需严格掌握申请者是否达到了相应层次的学业标准和学术标准，对标准的掌握是高等学校和科学研究机构的法律职责，二者对权力不可以放弃，对职责不可以推卸。

其次，高等学校和科学研究机构必须依法行使行政授权。尽管高等学校和科学研究机构通过国家授权使之权力范围得以扩大，但权力范围的扩大并不等于权力能得以有效发挥，也不等于被授权主体的任何具体行为都具有合法性，即高等学校和科学研究机构只能在法律规定的范围内行使职权，不可以随意扩大或缩小其职权范围。影响权力范围扩大或缩小的原因很多。从授权主体来看，一方面为减轻日益繁重的行政负担，提高行政效率，行政主体可能会愈来愈多地授权高等学校和科学研究机构一定的自主权，而被授权的主体则可能由于权力的增多导致滥用职权；另一方面为调整学校、政府、市场三者之间的关系，行政主体也可能通过法律控制学校和科学研究机构的权力范围，学校和科学研究机构则可能陷入自主权误区，不能有效发挥其作用。从被授权主体来看，尽管所授权力具有法定性，但由于被授权主体与授权主体在利益目标上的偏差，也可能导致高等

学校和科学研究机构主观上做出扩大或缩小职权的行为。正如公共选择理论所分析的："一个理性人必然受到对其行动有影响的刺激机制的支配。无论他自己的个人欲望是什么，如果某种活动将带来惩罚，他必然会取消这种活动；如果能带来较大的利益，将会吸引他趋向于这种活动。"① 实践中，为追逐经济利益而降低标准授予学位或发给学历证书的行为是与国家注重公共利益，保证质量标准的目标相抵触的，在此情况下，被授权主体则可能违背原则滥用职权，导致教育的负外部性。

再次，权力的扩大或缩小存在于法律程序的缺失之中。"把程序制度化，就是法律"② 是美国程序法学派的观点。高等教育制度实施中的某些混乱，在很多情况下是因为操作程序的不规范而导致的。操作程序的不规范有时表现于政府与教育机构之间，有时表现于教育机构与受教育者之间。例如，《高等教育法》第二十一条的规定表明，高等教育自学考试制度不仅适用于专科、本科教育，同样适用于研究生教育。又根据《学位条例》第八条和《高等教育法》第二十条的规定，国家授权的高等学校和科学研究机构都有权取得发放高等教育学历或授予学位的资格。但由于行政部门对自学考试制度管理程序的滞后控制，目前我国许多有学位授予权的高等教育机构还无法取得授予自学考试者研究生层次学位的资格，无权对其发放高等教育学历，管理程序的滞后性，阻碍了法律的实施，束缚了高等学校的自主权，浪费了教育资源，限制了自学考试制度和高等教育的发展。又如，高等学校对受教育者的管理在程序上应当是合法的，这种合法性直接影响到教育者与受教育者之间的权利义务关系能否得到保证，影响到受教育者的切身利益，甚至包括宪法规定的受教育权的享有非任何"先斩后奏""只斩不奏"的做法都可能带来管理程序上的混乱。

最后，行政主体权力的整体化是亟待解决的问题。高等教育制度的发展依附于行政主体权力的有效发挥和妥善操作。"行政权是国家权力的组成部分，它具有整体性、主权性、政治性"③，并以行政职权的具体运作而呈现可操作性。行政职权是行政主体因法定地位获得的使被管理者服从其意志的能力，行政职权具有单方性和纵向性，其单方性和纵向性使得行政主体之间的横向沟通受到限制，并影响到高等教育制度的整体实施。从我

---

① 欧文 E 休斯. 公共管理导论 [M]. 彭和平，周明德，金竹青，等译. 北京：中国人民大学出版社，2001：12-13.
② 信春鹰. 美国的程序法学派 [J]. 法学研究，1987 (6)：89.
③ 教育部高等教育司. 行政法与行政诉讼法 [M]. 北京：高等教育出版社，1999：101.

国行政体制来看，学历教育由国务院教育行政部门和其授权的高等学校和科学研究机构管理，学位教育由国务院学位管理部门和其授权的高等学校和科学研究机构管理。这种状况可能导致学历教育与学位教育在横向上的协调统一。

### 三、发展高等教育的法律制度归位

如前所述，高等学校拥有行政法律关系主体地位，可以依据国家授权行使学位证书与学历证书的授予与发放权力，但由于高等教育基本制度的法律缺失，高等学校和科学研究机构的自主权尚未归位，受教育者的基本权利也无法保障。对此，高等教育法律制度的建设应着重解决以下问题。

第一，调整教育法律制度过度问题，避免侵权行为的发生。教育法律制度是国家外部制度的典型表现，对于维护和形成社会秩序具有重要的作用。教育法律制度过度在高等教育基本制度方面表现于行政部门与高等教育机构之间的权利义务冲突。以学位制度和学历制度而论，高等教育机构能否对受教育者授予学位和颁发学历证书，主要取决于高等教育机构是否有权和受教育者是否符合教育法规定的标准。但同等学力学术学位制度及专业学位制度与学历制度相冲突的问题则可能导致对高等教育机构和受教育者的侵权。接受同等学力和专业学位教育的人员一般为在职人员，他们在受教育的过程中需要付出极多的精力与财力，对此他们也需要得到应有的回报，否则对他们是不公平的。同理，高等教育机构在实施了教育法律义务之后，若不能对自己的行为行使权力也是对其不公正的。要调整高等教育法律制度，就要使行政部门和高等教育机构都能依法享受权利，履行职责。为此，法律的制定必须明确法律关系主体间的界限，明确权利义务关系。既要保证国家法律体系的完整，又要避免法律的过多限制，既要使国家能依法调控高等教育，又要使更多的人参与高等教育管理，形成公平竞争与平等回报的法律机制。

第二，修正教育法律制度不足问题，避免越权行为的发生。行政管理的单方意志性、强制性等特点，一方面可以提高管理效率，另一方面也可以僵化法律制度建设，放松对官僚制度的权力约束，使行政管理主体随意扩大职权范围，给国家宏观政策和法律的实施增加难度和复杂性。在高等教育基本制度中，不同层次的学位制度、学历制度不相协调的现象不乏政府部门扩大职权范围，束缚高等教育在研究生层次发展的原因。新公共管理理论的首要教义在于"放手给专业管理，让高层管理者对结果的达成担负责任"①，治理理论强调"将公共事务的管理权限和责任从传统的'政府'垄断中解放出来，形成一种社会各单元（政府、市民社会组织、企业和个人）共治的局面"②。鉴于此，要促进高等教育的发展，政府的重要职责在于打破集权式管理，授权高等教育机构实施专业化管理，对管理的绩效通过高等教育机构之间的质量竞争和社会公共组织的参与管理达到提高、监督和治理的目的。政府的主要精力应放在制定宏观政策上，包括法规的制定。政府要从过重的决策负担中解脱出来，使授权成为行政活动的程序和方式，而不再是传统意义上的恩赐行为。

第三，完善教育法律程序，建立权力横向沟通制度。高等教育基本制度的实施，不仅要解决侵权和越权的问题，还要解决权力重叠和权力空缺的问题。因为横向结构是容易变化的，它会带来行政权力的变动，所以特别需要建立横向权力沟通机制，以避免权力的重叠和空缺。另外，行政权力又是性质和功能完全不同的抽象行政权力和具体行政权力的构成整体，抽象行政权力是行政体系中法律制度化的权力，具体行政权力是行政体系中存在于法律制度化的框架下的由个人或个性化的机构或部门所执掌，和用来处理一切具体事务的权力。具体行政权力作用的发挥如果和抽象行政权力的目标相一致，会起到为行政相对人服务的作用；具体行政权力作用的发挥如果和抽象行政权力的目标不一致，则可能侵犯行政相对人的利益，或使具体行政权力成为权力执掌者谋取私利的工具。由于这样一些原因，通过完善教育法律程序来保证权力的横向沟通就特别重要。横向的程序性沟通不仅可以发现权力存在的重叠和空缺，也可以强化监督，贫瘠和缩小权力私有化的土壤和空间，并可以达到行政主体权力的整体化，收到高等教育管理的系统效应。

［原文载于《中国教育法制评论》2003 年第 2 辑，225-231 页］（杨颖秀）

---

① 张康之，李传军，张璋. 公共行政学 [M]. 北京：经济科学出版社，2002：346.
② 张康之，李传军，张璋. 公共行政学 [M]. 北京：经济科学出版社，2002：347.

# 《民办教育促进法》能否促进
# 民办中小学的发展（2005）

基础教育特别是义务教育主要由政府来办，同时鼓励国家机构以外的社会组织或者个人利用非国家财政性经费依法举办学校，是我国发展基础教育的基本原则。2002年12月28日，第九届全国人民代表大会常务委员会第三十一次会议通过《中华人民共和国民办教育促进法》（以下简称《民办教育促进法》），自2003年9月1日起施行。2004年2月25日国务院第41次常务会议又通过了《中华人民共和国民办教育促进法实施条例》，自2004年4月1日起施行。应当说，民办中小学的发展有了法律依据。但民办中小学是否在《民办教育促进法》的支持下得到了真正的发展？

## 一、目前民办中小学发展的阻力分析

从我国目前基础教育办学体制的状况来看，不仅存在着纯粹意义的公办学校与民办学校，也存在着非纯粹意义的"公办"或"民办"学校，它们以"改制学校""名校办分校"等形式使"一校两制"的情况普遍存在。这种非纯粹意义的"公办"或"民办"学校不仅在一定程度上阻碍着民办学校的发展，也在一定程度上加重了基础教育发展的不均衡性，在中小学的发展中出现优质教育资源积聚现象。民办中小学的发展与非纯粹意义的"公办"或"民办"学校的发展相比，其阻力主要有以下两点。

其一，办学基础不同。所谓非纯粹意义的"公办"或"民办"学校，一般都是历史上形成的重点学校，这些学校具有较好的师资，教学条件、地理位置和生源，它们基本上都有几十年的发展史，经过多年的积淀，已在区域内形成了较好的声誉，在学生、家长、教师和校长心中只有重点学校才是信得过的，这种心理效应成为这类学校发展的拓展性原因，致使重点学校的有形资产和无形资产构成凝聚力，为学校的发展再度提供了条件和机遇。

其二，办学政策不同。自1994年全国教育工作会议提出基础教育特别是义务教育主要由政府来办，同时鼓励企事业单位和其他社会力量按照国家法律和政策，采取多种形式办学，有条件的地方也可以采取"民办公助""公办民助"等办学形式的政策之后，由于各地对"民办公助""公办民助"的内涵理解不尽相同，因此普遍出现了公办学校"改制"的状况，"改制"的公办学校一般也就是上文所提到的重点学校，它们在国家已有政策扶持的基础上，又增加了"改制"等政策的扶持。这些学校一方面继续在政府的扶持下，享受国家财政性教育经费，另一方面又可以在"改制"政策的扶持下，利用国家非财政性经费办学政策向学生家长收取较大数额的费用，两个方面的政策支持进一步促进了这类学校的发展。

而纯粹意义的民办学校是从零起步，在经费来源上多数靠收取学生的学费来维持其发展，在学校声誉上它们一无所有。没有有形资产和无形资产的积淀，要取得学生及其家长的信任，是一件艰难的事。因此，民办学校面临的最大问题是生源不足的问题，生源不足的问题也就是经费不足的问题，而经费不足会影响到民办学校的办学能力。

## 二、民办中小学发展的理论阐释

促进民办中小学的发展，不是民办中小学自身发展的需要，而是全面建设小康社会的需要，是基础教育发展的整体需要。

要全面建设小康社会，首先要努力实现的重要指标之一是普及基础教育，因为享受教育，特别是享受基础教育的受教育权是国际社会确认的一项基本人权。《世界人权宣言》第二条规定："人人有资格享有本宣言所在的一切权利和自由，不分种族、肤色、性别、语言、宗教、政治或其他见解、国籍或社会出身、财产、出生或其他身份等任何区别。"第二十六条第一项规定："人人都有受教育的权利，教育应当免费，至少在初级和基本阶段应如此。初级教育应属义务性质。"《儿童权利宣言》第七条规定："儿童有受教育的权利，至少在初等教育阶段应该是免费的、义务的。提供儿童接受教育应该是基于其教养与教育机会均等为原则。社会及政府机关必须努力促进儿童享有这些权利。"

从《世界人权宣言》和《儿童权利宣言》对受教育权的揭示来看，受教育权首先是人的应有权利，其次是法定权利。就应有权利而言，国际社会普遍将受教育权作为一项人权。人权是权利的一般形式，是人的应有权利，它是因为有人的存在的事实而存在的。人自身的生存和发展，使得自有人类社会以来，就客观地存在着受教育权利与义务的关系。这种权利不因人自己或家族的种族、肤色、性别、语言、宗教、政治或其他见解、国籍、出身、财富出生或其他身份的不同而有所差别。这种权利也不会因法律的存在而存在，因法律的消失而消失。但在不同的历史阶段、不同的社会制度中、不同的社会条件下，受教育权并未能全面、真实地作为一种人权与人自己形成一体。因而，需要将受教育权以法律的形式确定下来，用法律保证人已经具有和应当具有的受教育权利，即，使人应有的受教育权赋予法律效力，成为法定权利，使人作为人的应有权利与人的法定权利在受教育权上达到统一。然而人的应有权利与法定权利在受教育权上的统一不仅是认识问题，还需要有机制的充分保证。在我国政府财力有限的情况下，要为儿童提供充分的受教育机会，提供优质的教育资源，就要开发多种渠道，调动更多办学主体的积极性，而发展民办中小学则是保证儿童受教育权的重要途径之一。

发展民办中小学是基础教育整体发展的迫切需要。目前，基础教育的发展已经成为教育发展的瓶颈，历史上国家教育经费投入在高等教育与基础教育中表现出的倒梯形结构，今天正在以家长投入的方式在基础教育与高等教育方面以正梯形结构显现。城镇以上地区的家长要为其子女选择优质学校，一般要投入上万元甚至几万、十几万元以上的费用，这种基础教育的个人高投入现象正掩盖着三方面的问题。

其一，掩盖着学校管理方面的绩效问题。绩效问题是学校管理中的基本问题。家长在基础教育方面的高消费，将教育资金集中投入一部分条件较好的公立中小学，从而使这些学校在近些年内都有条件不断扩大学校规模，提高办学条件，学校建筑、设施等硬件建设的速度之快是历史上任何时期都无法比拟的，但这些学校在发展过程中的绩效问题却始终未能得到充分注意。学者芬维克（Fenwick）和福林（Flynn）从经济（economic）、效率（efficiency）、效果（effectiveness）、公平（equity）"4E"层面进行研究，其结果对考察学校管理的绩效具有重要的参考价值。经济指标一般是指组织投入管理项目中的资源水准，它要求的是以尽可能低的投入或成本，提供与维持既定数量和质量的公共产品或服务，但不关注服务的品质。低投入不一定高效率，也不一定高品质，因而需要有效率和效果指标。效率关心的是投入与产出的比例问题，即组织在既定时间内，预算投入究竟产生了什么结果。效率包括生产效率（productive efficiency）与配置效率（allocative efficiency）。生产效率是指生产或提供服务的平均成本，配置效率是指组织所提供的产品或服务是否能够满足利害关系人的利益偏好。如果资源的配置能够满足大多数人的最大利益，即资源配置所进行的任何改变都不会给任何人带来损失而能增加一些人的福利，这样的一种状态就是经济的有效率状况，即"帕累托最优"（Pareto Optimality）。以效率作为指标只适合于那些可以量化的公共产品或服务，而那些无法量化的公共产品或服务就需要用效果来衡量。效果关心的是情况是否得到改善，通常指公共服务实现标的（targeting）的程度、使用者的满意程度和政策目标的成就程度等。效果可以分为现状的改变程度和行为的改变幅度。公平关心的是接受服务的团体或个人是否都受到公正的待遇，需要特别照顾的弱势群体是否得到更多的服务。

学校管理要为学生提供发展的契机不能不关注经济、效率、效果和公正问题。从经济指标来看，一方面，学校的低投入是有限度的，不能低于学生身心发展对学校物质条件的最基本要求，无论是政府办学，还是民间力量办学，最基本的办学条件标准都是必须提供的前提条件，学校管理对这一指标的追求，无法像某些产品那样，只关心低成本不关心高品质。另一方面，学校的投入又必须有合理的成本标准，进行有计划的预算，对高品质的关心不能无代价地浪费资源。从效率指标来看，以往的学校管理存在着只关注投入，不关注产出的误区，大投入没有与其对应的产出效果的衡量指标。这种投入和产出不对应的状况在生产效率和配置效率方面都存在。在生产效率方面，至今我们还没有一个客观的生均公用经费标准可资借鉴。不同的地区根据其经济发展的实力不同为学校提供不同的生均公用经费，经济发达地区投入较多，经济欠发达或不发达地区投入较少。但不等于较多的投入就一定能收到较好的教育品质，也不等于较低的投入就是合理有效的，更不能保证较低的投入能够收到较好的教育结果。在配置效率方面问题则更多。学校宏观优质资源的配置并不能给每一个学生个体带来最大的利益和充分的资源享受，学生的活动空间仍然受到与学生数量不成比例的较小的教室空间的限制，即未能实现效率上的"帕累托最优"。从效果指标来看，学校管理的经济指标、效率指标的偏误反映着学校管理质量未能得到根本的改善，这影响着学生的满意程度和学校管理政策目标的实现程度。从公平指标来看，以重点中小学为中心的"择校现象"正在影响着受教育权益分配上的公平性，基础教育发展中的差别愈来愈明显，区域间、校际间、群体间和个体间的教育差异，使弱势群体的发展受到较多冲击。

其二，掩盖着权力结构方面的主体中心问题中小学办学主体的单一化是政府管理教育的主体中心主义的集中体现。政府管理主体的中心主义是传统的"官僚制"管理行政模式，这种管理行政模式使政府的公共管理行为无所不在①。由于政府管理的中心主义现象，因而在价值取向上使公共管理的公平与效率的对立成为社会关注的焦点。对此，西方诸多国家开始了"重塑政府""再造公共部门"的"新公共管理"（New Public Management）运动，其目的在于打破行政主体的中心性，使政府公共管理职能政策化，进而将公共管理转移于社会性公共组织、通过市场选择和竞争机制实现社会的目标中心、客体中心、服务中心的现代管理制度。而目前中小学各办学主体的公平竞争和公共选择的政策环境尚未形成，优质教育资源积聚于一部分学校的现象使教育服务市场呈单一中心状态，学生家长花很多的钱还难以充分行使选择学校和参与学校管理的权利。

其三，掩盖着责任承担方面的界限模糊问题。基础教育中的家长高投入现象，就其实质意义而言是加重家长承担基础教育责任的问题。基础教育是国家的公益事业，它的重要作用在于提高国民的整体素质，营建和谐的社会环境，为人们幸福生活和愉快工作创造条件。所以，在《世界人权宣言》和《儿童权利宣言》中都呼吁将初级和基本阶段教育作为免费的义务教育。这不仅意味着受教育权的人权性，也意味着基础教育应当由国家保证其底线的义务性和责任性。基础教育之所以会出现单一中心状态，其重要原因在于优质教育资源的贫乏。现有公办学校无法满足家长为其子女选择学校的要求和对子女入学的最低期盼标准，他们只能以高投入送子女入学接受教育，家长为子女承担基础教育的投入责任似乎成了惯例。这种状况不仅加重了家长的负担，也掩盖了责任主体的责任，同时进一步扩大了教育主体和受教育主体间的差异性。

## 三、民办中小学发展的生长点

实行多中心主体办学、发展民办教育，是缩小教育差异、解决上述基础教育存在问题的重要途径。关于这一点，联合国教科文组织 1972 年已向世界各国发出呼呼，指出："如果我们接受持久的、全面的教育体系这个观念，如果我们接受学习化的社会这个观点，不是把它作为未来的梦想，而是把它作为我们时代的客观事实和社会设想（对于这个事实和设

---

① 张康之. 论政府的非管理化：关于"新公共管理"的趋势预测 [J]. 教学与研究，2000
（7）：31-37.

想，教育家们、教师们、科学家们、政治家们和学者们都正在有意无意地做出贡献），那么我们就必须立即从两个方向争取行动：对现有教育体系进行内部改革和继续改进，寻求革新的形式、各种可供选择的途径和新的资源。"① 《民办教育促进法》的施行，应当说在实现这两个方向上做出了贡献。

其一，依法确立了民办中小学的法律地位。《民办教育促进法》第五条规定："民办学校与公办学校有同等的法律地位，国家保障民办学校的办学自主权。国家保障民办学校举办者、校长、教职工和受教育者的合法权益。"民办中小学与公办中小学有同等的法律地位即是指民办中小学与公办中小学享有同等的权利，以及与公办中小学履行同等的义务。学校的权利与义务在《中华人民共和国教育法》中做了规定，包括按照章程自主管理学校；组织实施教育教学活动；招收学生或者其他受教育者；对受教育者进行学籍管理，实施奖励或者处分；对受教育者颁发相应的学业证书；聘任教师及其他职工，实施奖励或者处分；管理、使用本单位的设施和经费；拒绝任何组织和个人对教育教学活动的非法干涉等权利，以及遵守法律、法规；贯彻国家的教育方针，执行国家教育教学标准，保证教育教学质量，维护受教育者、教师及其他职工的合法权益；以适当方式为受教育者及其监护人了解受教育者的学业成绩及其他有关情况提供便利；遵照国家有关规定收取费用并公开收费项目；依法接受监督等义务。民办中小学与公办中小学法律地位的平等性为民办中小学的发展提供了法律依据和保障，使其与公办中小学站在同一法律地位起点，享有同样的办学自主权，并有条件为保障学校举办者、校长、教职工和受教育者的合法权益承担风险。

其二，依法扶持与奖励民办中小学发展的《中华人民共和国民办教育促进法》（以下简称《民办教育促进法》）第六条规定："国家鼓励捐资办学，国家对为发展民办教育事业做出突出贡献的组织和个人，给予奖励和表彰。"根据此条规定，对创建中小学有突出贡献、在学校管理和教育教学活动中表现突出的管理者和教师则可受到国家的奖励和表彰。此外，《民办教育促进法》还专设"扶持与奖励"一章，规定县级以上各级人民政府通过设立专项资金、采取经费资助、出租转让闲置的国有资产、税收

---

① 联合国教科文组织国际教育发展委员会. 学会生存：教育世界的今天和明天 [M]. 华东师范大学比较教育研究所，译. 北京：教育科学出版社，1996：218.

优惠、金融信贷支持、政府委托承担义务教育任务、公用事业用地及建设优惠和办学结余取得合理回报等途径，扶持与奖励民办教育事业，这些途径均可为民办中小学的发展拓宽渠道，特别是采取经费资助、出租转让闲置的国有资产、政府委托承担义务教育任务等途径则创建了民办中小学与政府之间新的契合模式。民办中小学与政府的契合意义深远。从我国现行民办学校来看，有完全公益性的，也有基本公益性的。如由捐资举办的民办学校，捐资人不要求任何物质利益上的回报，也不对民办学校主张产权，这样的民办学校属于完全公益性的；出资人要求合理回报和投入部分产权，但办学积累属于学校，这样的民办学校属于基本公益性的。[①] 完全公益性的和基本公益性的民办中小学可以享有与公办中小学完全一样或力度较小的优惠待遇，而在民办中小学发展尚存一定困难的时期，政府通过采取经费资助、出租转让闲置的国有资产、委托承担义务教育任务等途径来扶持民办中小学，则不仅可以促进民办中小学的尽快发展，也可以提高已有国有资产的使用效率，还可以使民办中小学在国家发展义务教育的过程中分担一定的社会性义务。

此外，《民办教育促进法》还确认了学校资产与财物管理权，提出了学校与政府的契合模式。这些都是民办中小学发展的生长点，也是政府及社会需要关注的民办中小学发展的基本权益。同时，强调发展民办中小学，并不等于弱化政府办学的主要责任，而是要为创建新的教育体系、挖掘教育资源，保证人们的基本受教育权，尽快实现小康社会的发展目标创造条件。

[原文载于《教育科学研究》2005 年第 8 期，5-8 页]（杨颖秀）

---

① 许安标，刘松山.《中华人民共和国民办教育促进法》释义及实用指南 [M].北京：中国民主法制出版社，2003：46.

# 思考3 教育法治困境

## 博士学位论文评阅与答辩中的
## 权利触及与保障（2019）

保证博士学位论文的质量是保证博士研究生培养质量的重要环节，任何一个博士学位论文答辩申请人都没有理由为自己低质量的论文寻求辩护。然而，受不同因素的影响，博士学位论文评阅与答辩的种种规定却往往偏离对论文质量的真实要求。对此，需要从法律关系的视角对各方主体的权利边界进行辨析，以便在保证博士学位论文质量的同时也保障相关主体的权利，还原博士学位论文质量要求的本意。

### 一、博士学位论文评阅与答辩中的权利触及

博士学位论文评阅与答辩，存在着对主体权利的不当触及，导致权利与义务关系的失衡。

#### （一）论文答辩资格的权利触及

博士学位要由国务院授权的高等学校和科学研究机构（以下简称学位授予单位）授予，在博士学位论文评阅前，学位授予单位要对论文答辩申请人进行资格审核。目前存在的审核条件主要包括是否修满了学分、是否公开发表了学位授予单位规定数量和等级的学术论文、论文复制比是否超过学位授予单位规定的百分比等。而最为困扰博士论文答辩申请人的是发表论文的数量和等级。很多学位授予单位都要求申请人在 CSSCI 检索源刊物上（含扩展版）发表一定数量的论文，并附加一定的条件。例如，有的学位授予单位要求博士生至少在 CSSCI 检索源刊物上发表两篇（其中至少一篇要发表在本学科的专业刊物上）本学科专业的论文，第一作者为本人且第一署名单位为作者培养单位，指导教师原则上应署名，若导师不

同意署名，则在毕业审核时需提供导师同意发表的证明材料，公开发表的论文至少有一篇是学位论文的一部分。而学位授予单位的下属学院有的又在此基础上增加其他条件，如 CSSCI 检索源期刊不包括扩展版，至少有一篇发表在校外期刊等。如此一来，博士学位论文答辩申请人在申请答辩资格时，会受到论文公开发表的时间、发表的内容与博士学位论文内容的关系、导师是否在拟发表的学术论文上署名等多项条件的限制，申请人能否申请到答辩资格，并不完全取决于论文的撰写质量。

**（二）论文评阅标准的权利触及**

论文评阅是申请人能否获得答辩资格的关键环节，学位授予单位对论文评阅均有具体要求。总体而言，主要有三个关键点。一是由谁来评阅，二是按照什么标准评阅，三是对评阅结果如何处理。在由谁来评阅的问题上，学位授予单位的做法比较一致，多聘请校外三名同行专家采取"双盲"的匿名评阅方式，目的在于避免人情关系的干扰。但在按照什么标准评阅和对评阅结果如何处理的问题上，各学位授予单位差异较大。有的单位要求严格，对选题意义、文献综述、理论阐述、观点创新、逻辑结构、研究方法、语言表达、写作规范、工作量等各项指标，均要求达到优秀或良好以上水平方可参加答辩。有的单位要求弹性较大，将评分标准以优秀、良好、一般、不及格进行等级划分，只要评阅及格，根据评阅意见对论文进行适当修改就可以参加答辩。有的单位则弹性较小，不仅将评阅分数划分为 A、B、C、D 四个等级，还对三位评阅专家的评分在附加其他要求的基础上进行组合，只有达到学位授予单位的组合要求才能参加答辩。例如，某学位授予单位在将博士学位论文评阅结果分为 A、B、C、D 四个等级（A：90～100 分，同意本次进行答辩；B：75～89 分，小修后进行答辩；C：60～74 分，大修后进行答辩；D：59 分及以下，不同意本次进行答辩）的基础上，又对"双盲"的三份评阅结果进行五个等级的组合。AAA、AAB、AAC、ABB、BBB：修改后可直接进行博士学位论文答辩；AAD、ABC、ACC、BBC、BCC，且平均分不低于 70 分：由各培养单位学位评定分委员会综合考虑评阅意见、论文水平等情况确定；AAD、ABC、ACC、BBC、BCC，且平均分低于 70 分：博士生本次答辩申请无效；ABD、BBD、CCC：博士生本次答辩申请无效；ACD、ADD、BCD、BDD、CCD、CDD、DDD：博士生本次答辩申请无效。

这种组合使得博士生能否进行论文答辩的界限，实际上并不是评阅分数档次划分中规定的 60 分及以上或以下，而是平均分是否在 70 分及以上或以下。这就给出了一个前后矛盾的评阅标准。实践中，对组合标准的执行又出现了两种情况。一是论文评阅人为了使申请人能够通过论文评阅，即使论文达不到"75 分以上小修后进行论文答辩"的要求，也会出于"博士生已找到工作"等同情心，给出 75 分以上的评阅成绩。二是不论如何规定，评阅人都只根据论文的质量和自身的责任心，按照 A、B、C、D 四个等级给出评阅成绩。但在此情况下，如果三份评阅成绩的平均分低于 70 分，则将导致申请人本次答辩申请无效的结果。因此，同一篇论文，如果被抱有不同出发点的评阅人评阅，其结果会完全不同。前者，虽然以同情心关照了申请人的相关利益，但使其顺利答辩的评阅结果却难以保障申请人对论文进行必要修改的后续行动，进而会降低论文的质量。后者，评阅人以责任心实事求是地给出成绩，并不意味着不同意申请人获得论文答辩的资格，但由于三位评阅人的平均成绩较低，却会带来申请人本次答辩申请无效的结果，甚至无法得到答辩前修改论文的机会。这样，"等级组合＋最低平均分"的评阅标准不仅不能保障学位论文的质量，还会引发对论文答辩申请人显失公平的评阅结果。

### （三）答辩委员会组成的权利触及

学位论文是博士生和导师合作研究的结晶，答辩是检验论文撰写效果的最后环节。答辩的真正意义并不仅限于使博士生通过答辩获得博士学位，还应包括博士生和导师共同了解论文的撰写质量，发现其中的问题和未来的努力方向。这是集中答辩委员会的集体智慧对博士生的培养质量进行检测，对博士生未来的发展进行指导的过程。那么，导师到底应不应该参加博士生的学位论文答辩则不言而喻。但目前国内对导师是否参加答辩主要存在四种做法：一是导师参加答辩委员会并投票表决其指导的博士生是否通过论文答辩，二是导师参加答辩委员会但不投票表决其指导的博士生是否通过论文答辩，三是导师可以听其指导的博士生答辩但不参加答辩委员会，四是导师不参加其指导的博士生答辩。这四种做法的聚焦点是导师在答辩中是否应回避其指导的博士生的答辩及表决。导师的回避可以在投票表决时缓解答辩委员会的为难与尴尬，然而，不允许导师参加答辩的做法却仅仅关注的是答辩的结果而非答辩的全过程。这不仅不能达到通过答辩提高博士生培养质量的目的，也难以保障导师在博士生培养中应当享有的权利。

### （四）学位分委员会对学位申请和授予的权利触及

博士学位论文答辩申请人在通过资格审核后进入答辩环节。根据《中华人民共和国学位条例》第十条的规定，学位论文答辩委员会负责审查博士学位论文、组织答辩，就是否授予博士学位做出决议。决议以不记名投票的方式，经全体成员三分之二以上通过，报学位评定委员会。学位评定委员会负责对学位论文答辩委员会报请授予博士学位的决议，做出是否批准的决定。决定以不记名投票方式，经全体成员过半数通过。又根据《中华人民共和国学位条例暂行实施办法》的规定，学位评定委员会可以按学位的学科门类，设置若干分委员会。分委员会协助学位评定委员会工作。根据这些规定，是否授予博士学位取决于答辩委员会是否通过答辩的决议和学位评定委员会对决议是否批准的决定，学位评定分委员会只能协助学位评定委员会工作，无权对是否授予学位做出决定。然而，学位分委员会对已经通过博士学位论文答辩者做出不授予学位决定的情况在实践中是存在的，致使答辩人的学位申请中断。不仅如此，有的学位分委员会还通过各种形式不允许对论文评阅结果进行复议，使申请人失去救济的权利。与此同时，导师也受到波及。有的学位授予单位对抽检的存在问题的学位论文的指导教师暂停一定年限的招生资格；若论文评阅结果较差，视情况对其指导教师予以通报批评或暂停招生处分；论文复评结果中"D"的数量将作为指导教师及培养单位研究生招生名额分配的重要参考指标。凡此行为，均混淆了不同的责任主体应当承担的责任，进而带来对一定主体权利的侵犯。①

## 二、博士学位论文评阅与答辩中权利触及的诱因及危害

上述在论文评阅与答辩过程中被不当触及的权利主体主要是论文答辩申请人及其导师。应当说，在《中华人民共和国学位条例》等教育法律适用的几十年中，诸如此类的权利受损现象和典型判例不胜枚举，对此做出的分析和批判也层出不穷。但为什么时至今日此类问题仍在蔓延？根本原因应是随意触及权利的不利诱因。

①　杨颖秀. 研究生导师的职责和责任在摩擦地带的法律审视［M］//劳凯声，余雅风. 中国教育法制评论：第13辑. 北京：教育科学出版社，2015：57-65.

### （一）学位授予单位追逐各种评价指标的利益驱动

学位授予单位之所以制定出如前所述的"至少在 CSSCI 检索源刊物上发表两篇专业论文，第一作者为本人且第一署名单位为作者培养单位"等与博士学位论文能否进行答辩不具有真实相关性的资格条件的规定，不争的事实是受专业排名、学科评估等评价指标的负面影响。有的单位甚至将利益驱动下的资格条件规定不断升级。而这种与其他利益捆绑的论文答辩资格要求正在给申请人及其导师带来诸多不利。

对答辩申请人而言，首先，可能延迟其如期毕业的时间。众所周知，公开发表论文不仅需要时间周期，而且并非每个人投出去的稿子都会被接受。这样，申请人一方面要忙于撰写用于公开发表的学术论文，另一方面又要忙于撰写博士学位论文，二者必然发生时间上的冲突，因此，等待论文发表后再毕业的大有人在。其次，影响博士学位论文的撰写质量。很多学位授予单位除规定必须在 CSSCI 期刊发表一定数量的论文外，还规定了最多修业年限，如果超过了规定的修业年限，将被学位授予单位除名。在重重压力之下，为了赶进度，博士学位论文的撰写质量必然受到冲击。最后，为博士学位论文较大的复制比埋下了隐患。按照学位授予单位"公开发表的论文至少有一篇是学位论文的一部分"的规定，博士生在进行学位论文检测时，会提高复制比。这种情况如何处理，有的培养单位并没有做出明确的规定。这就使博士生陷于两难境地，向前一步会出现学位论文复制比较高的结果，后退一步就达不到"公开发表的论文至少有一篇是学位论文的一部分"的要求。在冲突面前，博士生和导师都无能为力。

对指导教师而言，首先，如果在学生抄袭而来的学术论文上署了名，导师的声誉将受损。有的博士生为了发表论文，会违反学术道德进行抄袭，署了名的导师或者不经同意就被博士生署了名的导师必然受到牵连。即使导师对论文进行审阅，也难以目测出抄袭的比例。所以，博士生抄袭可能引发的后果对导师来说难以想象。若导师不同意署名，则按"在毕业审核时需提供导师同意发表的证明材料"，答辩申请人也会面临一定的困难。事实上，导师和博士生都是独立的民事行为主体，导师是否同意在其指导的博士生学术论文上署名，应取决于双方合作的程度和意愿，学位授予单位没有任何理由在想要获取利益的时候将责任强加于导师。其次，要求导师署名的规定可能滋生导师的研究惰性。在规定博士生要发表学术论文才能获得答辩资格的单位，有的还规定博士生发表的论文可以作为导师续聘的部分成果，这就使有些导师削减了研究的士气。

从专业发展角度而言，为一定的权力人垄断招生数量和不公平的专业竞争提供了可能。由于博士生发表学术论文的数量直接影响专业排名，所以，学位授予单位部分握有招生权力的人正在最大限度地违背各种规定，扩充所在专业的招生数量，以达到其强化专业力量的目的。但在招生指标总量不变的情况下，其他专业发展就会由此受到损失。长此以往，在资源配置不公平的情况下，人为导致的"马太效应"不仅使这些利益既得者权力不断膨胀，利益不断集中，还会使育人环境不断受到污染，使部分学科发展处于困境。这种利益驱动正在迅速地稀释着人才培养的质量和学术研究的氛围，长此以往后果不堪设想。

### （二）对博士研究生培养结果的错误假设

上述对申请人的种种规定，其前提假设都是博士生可以按照学位授予单位的各种要求如期毕业，但这种前提假设有失偏颇。就博士生入学制度而言，无论是考试制，还是审核制，都无法对应考者是否有能力如期毕业的综合能力做出全面的、精准的预测。因为入学考试或审核只是对应考者的一个初步考查，入学后，还有许多因素在影响着博士生的学习状态和进程，诸如课程的设置、培养单位的管理纪律、导师的指导水平、博士生的家庭情况以及其自身的能力和自律程度等，最终决定博士生能否如期毕业。正因为如此，博士生的毕业率难以达到100%，对此，世界各国无一例外。如果学位授予单位做出错误的假设，就会无限制地提高博士学位论文申请人的资格标准，在违背教育规律、可能侵犯学生受教育权利的同时还会为学生产生追名逐利的行为留下隐患，与之相伴的还有指导教师的担忧和压力。为了规避学位论文评阅、审定和抽检等种种风险，有的导师要求博士生大量增加论文的字数，试图以量充质。需要指出的是，抽检是监督博士生培养质量的重要环节，可以发现学位论文撰写的相关问题，但如果忽略了抽检时间的滞后性等局限，简单地以检代罚，则可能失去抽检的意义，且因惩罚的责任错位产生新的不利后果。

### （三）对教育法表现形式的误读

教育法具有一般法的普遍规范性、强制性等特点，其规定了相关的民事法律关系和行政法律关系，但在表现形式上，教育法也有着自身的特殊性。从表现形式来看，除宪法中关于教育的法律规范外，教育方面的法律、行政法规、地方性法规、自治条例和单行条例以及规章，还有散见于其他法律法规中的教育法律规范以及规章性教育文件，都属于教育法的范畴。这样复杂的表现形式难免使教育法的制定表现出立法技术上的欠缺，或者为法律意识欠缺的执法者留下误读教育法的空间。例如，由于教育法律规范的分散性，权利、义务及责任有时分散在不同的法律文本或法律规范之中，此外，由于立法体系的不完善，一些义务或责任没有在教育法中确认。这种状况会使有些人误认为教育法是"软法"，由此产生无限扩张或滥用权力，亵渎教育法的普遍规范性和强制性等行为。这不仅是行为人对权利主体的藐视，也是对其自身义务和责任的蔑视。就法律关系而言，无论教育法的表现形式如何，权利与义务、权利与责任永远是对应的。任何只要权利不要义务或只要权利不要责任的行为都是法律所不允许的。正是因为这种对应性，教育法和其他法一样，不可能有"软"与"硬"之分。然而，在理论上仍有"软法亦法"①的说法，而这里所说的"软法"正是指那些《中华人民共和国立法法》确立的法的体系之外的其他具有约束力的规范性文件，甚至包括学校章程等内部文件，正所谓"国有国法""家有家规"。但学校内部的法不能与国家的法相冲突，如果冲突必然失去效力。这里既强调教育法与其他法相比没有"软"与"硬"之分，又不否定教育法的"软法性"，但二者并不矛盾。前者强调的是教育法在规范权利与义务主体行为中的普遍规范性和强制性是其不可忽视的基本特性，后者强调的是教育法表现形式的多样性，但这种多样性并不排斥教育法的普遍规范性和强制性。所以，无论是何种形式的教育法，都需要在其制定与执行中遵循法的精神与准则，随意立法或执法不仅会失去法的严肃性，也会使立法或执法行为失去效力。

## 三、博士学位论文评阅与答辩中权利保障的对策

权利与义务的关系并不复杂，但为什么实践中却屡屡发生对权利的不当触及？这表明保障权利比理解权利与义务的关系更加复杂，难度更大。

### （一）以系统解决问题的方式达到保障权利的目的

问题不是孤立的，一个问题如果不能得到及时解决，还会衍生出更多的问题，因此，有时候同时解决十个相互关联的问题比单独解决一个问题

---

① 罗豪才，周强. 软法研究的多维思考 [J]. 中国法学，2013 (5)：102-111.

更容易。[①] 在博士学位论文评阅与答辩中，竞相提高博士生发表学术论文的数量和期刊层次的做法源于对专业排名的评价导向；"等级组合＋最低平均分"的论文评阅标准源于对论文抽检的顾忌；不允许导师参加答辩委员会或答辩的做法源于对答辩意义的误解；学位分委员会不允许对论文评阅结果进行复议，学位授予单位对抽检的存在问题的学位论文的指导教师暂停招生资格，减少导师及培养单位研究生招生名额等做法，源于对学位授予单位、申请人及导师权利界限的模糊认识。此类形成了一个问题链，导致对主体权利的不当触及。

要妥善解决这些问题，首先要明确博士生的培养目标。博士生的培养是要为各行各业输送复合型的高级人才，保障质量是必然的要求。但质量不是以学位论文的字数来简单衡量的。有价值的博士学位论文不一定长。著名的物理学家霍金的博士学位论文仅有 134 页，但在剑桥大学图书馆是被下载最多的博士学位论文也是最有价值的学位论文之一。[②] 其次，不能与其他功利性指标相捆绑。能撰写出有价值的博士学位论文的人写文章也一定不会逊色，如果博士学位答辩资格受制于专业排名等指标体系，将发表学术论文作为必需的条件，不仅扭曲了学位论文的撰写意义，也难以保障学位论文的质量。最后，要对博士生培养实施全过程管理。抽检的论文都是经答辩委员会、学位评定委员会通过的论文，层层通过为什么还会有《博士硕士学位论文抽检办法》中认定的"存在问题学位论文"？不排除培养环节出现了问题。所以，对博士生培养实施全过程的管理是必要的，这是保障全面质量管理的关键。[③] 而抽检只是培养过程中的一个环节，它应更多地发挥发现问题、诊断问题、解决问题的作用。

### （二）依法审视学位授予主体的权利能力和行为能力

学位授予单位的权利能力是由法律规定的，具有明确的权利范围和界限。前文述及的问题及成因反映了学位授予单位对权利的片面认识，忽视了自身行为的法律约束性。由于学位法体系的构建，学位授予过程已经成为教育法律关系的运行过程，一方扩大权利范围必然对相对方构成侵权。因此，学位授予单位对学位论文答辩申请人及其导师做出相关规定时，需

---

① 邓恩. 公共政策分析导论 [M]. 4 版. 谢明，伏燕，朱雪宁，译. 北京：中国人民大学出版社，2011：53.
② 参见 http://www.zswxy.cn/articles/13321.html.
③ 郭咸纲. 西方管理思想史 [M]. 插图 4 版. 北京：世界图书出版公司，2010：323.

要在法律的视角下审视其有效性，在教育规律的视角下审视其合理性。在学位法对学位授予单位的实体性权利规定不够完善的情况下，应当依据法理理解和确认权利边界，而不是以权力侵犯权利。

为保证学位授予单位权利能力的有效发挥，同时需要审视的是其行为能力。学位授予单位的行为能力在《中华人民共和国学位条例暂行实施办法》中做出了规定，主要体现在对学位评定委员会和学位评定分委员会的行为能力的规定上。根据规定，学位授予单位的学位评定委员会由九至二十五人组成，任期二至三年。成员应当包括学位授予单位主要负责人和教学、研究人员。授予学士学位、硕士学位和博士学位的单位，参加学位评定委员会的教学、研究人员主要应当从本单位副教授、教授或相当职称的专家中遴选。授予博士学位的单位，学位评定委员会中至少应当有半数以上的教授或相当职称的专家。学位评定分委员会由七至十五人组成，任期二至三年。分委员会主席必须由学位评定委员会委员担任。这些规定集中于学位评定委员会和分委员会的人数组成、专业职务结构、任职期限等方面。但对评定委员会和分委员会行为能力的规定是否与法律赋予其的权利能力相对应，还有待进一步思考。例如，副教授在学位评定委员会中的比例决定着学位评定委员会和分委员会的专业能力，如果成员的专业能力较弱，也就是行为能力较弱，将影响着对博士学位论文水平和对答辩决议的专业性诊断。而实际中存在的违反《中华人民共和国学位条例暂行实施办法》的规定，将评定委员会和分委员会的任期定为四年或更长时间的情况，则将导致更多的专业性诊断失误。另外，按照《中华人民共和国学位条例》的规定，学位分委员会应当按学位的学科门类设置，但目前多以学院为单位设置，这难免出现在同一个学院如果有来自不同门类学科的博士学位论文，就会出现外行审定内行的情况。因此，学位授予单位的权利能力如果超出其行为能力范围，也将危及与之对应的主体权利。

### （三）保障学位授予中的责任承担

以《中华人民共和国学位条例》和《中华人民共和国学位条例暂行实施办法》为核心的学位法体系，尽管在权利与义务的对应关系上还有所欠缺，但并不能构成放纵博士学位论文评阅与答辩中侵权行为的理由。根据权利与义务对应、义务与责任对等的基本原理，在教育法的范畴内，均可以找到相应的责任承担机制。《中华人民共和国教育法》规定，学校及其他教育机构有维护受教育者、教师合法权益的义务。侵犯教师、受教育者的合法权益，造成损失、损害的，应当依法承担民事责任。由此可知，博士学位论文答辩申请人及其导师在论文评阅和答辩中的权益应当受到保障，任何人都没有理由做出任何侵犯其权利的行为。

在此前提下，学位授予单位在制定具有规范性作用的内部规定的时候，就应当将保障权利作为指导思想，将权利与义务的平衡关系作为制定相应规范的基本准则，将责任承担与权利救济作为规定的必要组成部分，将责任追究落到实处。对博士学位论文答辩申请人及其导师具有规范性和约束性的学位授予单位内部规定的制定，也同样需要遵循这些基本的立法常识，保证"法"的体系的完整性。为此，遵循立法的基本程序，在民主的路径下保障学位授予单位内部规范的科学性和权威性，对不当触及相关主体权利的内部规定进行及时和必要的修订和清理等，都是减少对权利主体构成伤害的必要行动。规范制定者应增强法律意识和立法技术，坚守立法伦理，不能将学位授予单位的内部规定作为谋取私利的手段。对扩大权力范围的侵权行为亦应形成责任倒逼机制，进而保障规定的公正性和权威性。

当然，国家的学位法体系也尚需完善，通过法律责任的具体化保障法的效力是当务之急。尤其是在"双一流"建设的进程中，要培养更多的优秀人才，必须建设良好的法治环境。

［原文载于《中国教育法制评论》2019 年第 16 辑，16-27 页］（杨颖秀）

# 中小学生校内欺凌的惩戒研究（2017）

中小学生的校内欺凌是世界性的教育难题。学者 Dan Olweus 20 世纪 80 年代末至 90 年代初通过对挪威和瑞典 6～9 年级的男生进行的调查发现，60% 的人曾经是欺侮者，并且欺侮者这一身份与其以后的暴力行为密切相关。[①] 2015 年，美国洛杉矶发生的中国留学生欺凌事件手段之残忍令人发指。此后，大量的学生欺凌现场视频传至网上，引起学术界及司法界对学生欺凌问题的密切关注。然而，我国很多中小学教师或领导者却并不认同学生中存在的欺凌现象，多将欺凌行为与嬉戏打闹混淆或等同。国内外对学生欺凌认识的差距如此之大，迫切要求我们正确理解"学生欺凌"的概念以及完善处理欺凌行为应当采取的措施，进而达到预防学生欺凌行为的目的。

## 一、什么是学生欺凌

"学生欺凌"取自英文的"school bullying"。不同的国家对"欺凌"的含义有着不同的诠释。我国在《现代汉语词典》中将"欺凌"解释为：欺负；凌辱。[②] "bullying"的译音也为欺凌，我国在实践中将"school bullying"称为"校园欺凌"，但认为这不是一个法律术语。[③] 的确，至今我国尚没有涉及学生欺凌的专项法，在现行法中也没有出现"学生欺凌"或"校园欺凌"的法律术语。尽管如此，国务院教育督导委员会办公室于 2016 年发出《关于开展校园欺凌专项治理的通知》（以下简称《专项治理通知》），将"校园欺凌"诠释为"发生在学生之间蓄意或恶意通过肢体、语言及网络等手段，实施欺负、侮辱造成伤害的事件"。这一诠释对欺凌的行为主

---

① Kathleen Conn. 校园欺侮与骚扰：给教育者的法律指导 [M]. 万赟，译. 北京：中国轻工业出版社，2006：1.

② 中国社会科学语言研究所词典编辑室. 现代汉语词典 [M]. 7 版. 北京：商务印书馆，2016：1022.

③ 史卫中. 最高检：校园欺凌和暴力可以分为违规、违法行为和刑事犯罪 [EB/OL]. (2016-12-28) [2017-05-17]. http：//finance. ifeng. com/a/20161228/15108781_0. shtml.

体、行为动机、行为方式、行为性质和行为后果进行了揭示，然而对欺凌方式的列举却存在部分重叠和一定的盲区。例如，将欺凌的方式概括为"肢体、语言及网络"三个方面，则存在语言欺凌与网络语言欺凌的部分重叠。另外，旁观者的行为未被列入欺凌的范畴，这可能成为治理学生欺凌的盲区。

　　国外对学生欺凌的诠释主要有三种方式。其一，通过归类行为方式及其后果对学生欺凌进行界定。例如，美国《新泽西州反欺凌法》规定：欺凌是指通过书面、口头、电子工具，或者是身体动作和姿势，造成对方身体或精神上的伤害，或者财产上的损失，或是使对方陷入人身伤害或者财产损失的恐惧，或者为对方创造了不友好的学习环境，或者实质上影响到学校的教学和管理秩序的行为。[①] 加拿大安大略省教育部制定的《塑造安全学校：预防校园欺凌行动计划》认为：欺凌是一种有害身心健康、动态的互动过程，是重复使用强势力量进行身体的、言语的或者社会侵犯的一种形式。[②] 日本将学生欺凌定义为：在校学生（儿童）受到来自学校一定关系的其他学生（儿童）加诸的心理或物理的行为（包括利用网络进行的行为），并因此感受到不同程度的痛苦。日本对欺凌问题进行了分类，包括被冷漠、取笑、说坏话、威胁、团体或集体无视；被轻度碰撞，或者像开玩笑似的拍打、踢打等；被用力地碰撞、拍打或踢打；东西被拿走；东西被藏起来，被偷，被弄坏，被扔掉；被迫去做讨厌的、羞耻的、危险的事情；被对方在电脑或手机上诽谤、中伤。[③] 其二，通过界定行为性质及其后果对学生欺凌进行诠释。例如，瑞典的《学校法》将学生欺凌定义为：学校的学生经常对其他同学实施排挤、暴力、侮辱、歧视、谐戏、嫌弃、破坏特有物品、诽谤、监禁等致使其身体或精神受到损害的行为。[④] 其三，通过定性行为动机及其后果对学生欺凌进行诠释。例如，英国政府教育与技能部（DFES）将校园欺凌界定为：反复的、有意的或持续的意在导致伤害的行为，但偶发的事件在某些情况下也可被看作欺凌；个人或群体施加的有目的的有害行为；力量的失衡使得被欺凌的个体感觉失去抵

---

[①]　方海涛. 美国校园欺凌的法律规制及对我国的借鉴：以 2010 年《新泽西州反校园欺凌法》为研究视角 [J]. 贵州警官职业学院学报（2）：32-38.

[②]　杨廷乾，接园，高文涛. 加拿大安大略省校园预防欺凌计划研究 [J]. 比较教育研究（4）：62-65，77.

[③]　贺江群，胡中锋. 日本中小学校园欺凌问题研究现状及防治对策 [J]. 中小学教育，2016（4）：64-67.

[④]　陶建国. 瑞典校园欺凌立法及其启示 [J]. 江苏教育研究，2015（12A）：3-6.

抗。同时将网络欺凌（Cyberbullying）定义为：由某个群体或个人利用电子接触的方式，持续针对无力保护自身的受害者实施的攻击性的和有意的行为。①

根据以上诠释可以得知，学生欺凌的行为主体是直接或间接实施欺凌行为的学生，学生欺凌的行为方式有口头的、书面的、电子的和身体的，学生欺凌的行为动机是主观故意或恶意，学生欺凌的行为性质是欺侮，学生欺凌的行为后果是对对方的人身或财产构成伤害或损害，人身伤害应包括身体的和心理的。口头的、书面的、电子的欺凌又可称之为语言欺凌，包括直接的和间接的方式。直接的语言欺凌有讽刺、谩骂、嘲笑等口头的和书面的欺凌，也有发送恶意的电子录像片段、邮件、微信和短信，通过聊天室、博客、电话（通话后沉默或将号码藏匿）等电子的欺凌。间接的欺凌有传播恶意谣言，系统地将某个个体排斥于社会群体之外，对欺凌行为围观等，这种情况也被称之为"关系欺凌"。据此，可将"学生欺凌"定义为"发生在学生之间故意或恶意通过肢体、语言等直接的或间接的手段，实施欺负、侮辱造成人身或财产的伤害或损害的行为过程"。学生欺凌可能发生在校内，也可能发生在校外。学校应当对发生在校内的及与学校教育教学活动相关范围内的欺凌行为进行必要的和及时的处理。

## 二、惩戒的性质及其与体罚的关系

学生欺凌是一种比较普遍的现象，大、中、小学生均存在欺凌行为，但不同年龄阶段的学生发生欺凌行为的频率不同，处理的方式也不同。与大学生相比，中小学生欺凌行为的发生频率更高，对其采取的处理方式也受到其处于未成年期的年龄因素的影响。所以，多数情况下对中小学生欺凌行为采取的处理措施是对违纪行为的惩戒，而不是对犯罪行为的刑事处罚或对尚未构成刑事处罚的治安管理处罚。前者需要学校等教育机构以及教育行政部门依法履行职责，后者则需要公安司法机关依法行使权力。因此，对于中小学校而言，准确掌握惩戒的概念和措施是非常重要的。根据《现代汉语词典》的解释，惩指处罚、警戒，戒指防备、警惕。惩戒是指通过处罚来警戒。② 2016 年，教育部等九部门发布《关于防治中小学生欺凌和暴力的指导意见》（以下简称《指导意见》），要求对实施欺凌的中小

---

① 许明. 英国中小学校园欺凌现象及其解决对策 [J]. 青年研究，2008 (1)：44-49.
② 中国社会科学语言研究所词典编辑室. 现代汉语词典（第 7 版）[M]. 北京：商务印书馆，2016：170.

学生必须依法依规采取适当的矫治措施予以教育惩戒，强化和发挥教育惩戒措施的威慑作用。2017 年，教育部发布修订后的《普通高等学校学生管理规定》（以下简称《管理规定》），第二十条中规定："学校应当开展学生诚信教育，以适当方式记录学生学业、学术、品行等方面的诚信信息，建立对失信行为的约束和惩戒机制。"至此，我国已经明确规定对不遵守学校管理规定的大中小学生应实施必要的惩戒，这和世界许多其他国家对品行不端的学生视具体情况对其实施教育惩戒的做法具有一致性。但一直以来，我国教育理论与实践对教育惩戒的认识还比较模糊。为此，需要回答教育惩戒的性质及其与体罚的关系。

第一，惩戒应是一种教育权利抑或是一种行使教育权的行为方式？虽然我国已经明确了惩戒在教育中的可适用性，但研究中仍有观点认为，教育法中并没有设定"教育惩戒权"，教育惩戒权是依据教育法赋予教师的教育权而行使的一种教育管理权。在"教育惩戒权"法出无源的情况下，可以通过立法明确教师管理权。[①] 然而，根据《指导意见》和《管理规定》的限定，惩戒并不是作为一种直接的教育权利提出的，而是作为一种行使权利的教育威慑措施或机制提出的。因此，我们还要厘清什么是教育权利，教育权利可以通过什么行为方式得以行使。权利是法对法律关系主体能够做出或者不做出一定行为，以及要求他人相应做出或不做出一定行为的许可与保障。行为是法律关系的客体，是法律关系中权利主体间权利和义务指向的对象。作为法律关系客体的行为，包括一定的作为和不作为。[②] 根据法律关系中权利和行为客体的定义可知，教育法律关系主体的权利是通过作为或不作为的行为方式得以行使的，包括做出或不做出一定的行为，以及要求他人做出或不做出一定的行为。根据《中华人民共和国教育法》（以下简称《教育法》）和《中华人民共和国教师法》（以下简称《教师法》）的规定，学校或教师的教育管理权是其教育权利的一部分，同样可以表达为上述行为方式。对学生的欺凌行为实施惩戒，则是作为法律关系主体的学校或教师，通过自身做出或不做出一定的行为，以及要求实施欺凌行为的学生做出或不做出一定的行为，达到行使权利的目的。例如，学校对实施欺凌行为的学生施以警告、记过等处分，是以做出一定行为的

---

① 谭晓玉. 教育惩戒权的法理学思考：兼评《青岛市中小学校管理办法》[J]. 复旦教育论坛，2017（2）：40-45.

② 中国大百科全书总编辑委员会《法学》编辑委员会. 中国大百科全书·法学 [M]. 北京：中国大百科全书出版社，1984：485.

方式行使其教育管理权的表现。学校要求实施欺凌的学生停止欺凌，转学或暂时停学等，则是以要求实施欺凌的学生做出或不做出一定的行为行使其教育管理权的表现。学校教育管理权的恰当行使有助于及时停止欺凌行为，保护被欺凌的学生。显然，惩戒是学校行使教育管理权的行为方式，通过这种方式可以保障教育管理权得以有效运行。因此，惩戒应视为于法有据。

第二，惩戒与体罚是什么关系？体罚是处罚学生的一种教育方式，在我国教育法未对其做出禁止使用的规定之前曾经被使用，在世界其他一些国家至今仍被使用。但《中华人民共和国义务教育法》（以下简称《义务教育法》）第二十九条第二款明确规定："教师应当尊重学生的人格，不得歧视学生，不得对学生实施体罚、变相体罚或者其他侮辱人格尊严的行为，不得侵犯学生合法权益。"《教师法》也规定，教师体罚学生，经教育不改的，由所在学校、其他教育机构或者教育行政部门给予行政处分或者解聘，情节严重，构成犯罪的，依法追究刑事责任。根据这些规定，我国在教育过程中严禁体罚或变相体罚学生。因此，惩戒和体罚在我国从属于性质不同的行为方式范畴。惩戒是法律允许的，是行使教育权或教育管理权的行为方式；体罚是法律禁止的，不属于行使教育权或教育管理权的行为方式。我国之所以禁止教师使用体罚，是因为学生的人格尊严权是其人身权的重要组成部分，尊重学生人格是教师义不容辞的义务。而体罚不仅可能对学生构成身体上的伤害，侵犯其身体权，也可能给学生带来精神或心理上的伤害，侵犯其人格尊严权。因为体罚导致的学生伤害或学生自杀事件已大量存在，对实施体罚的教师应当追究必要的责任。由于我国严禁使用体罚，所以在法律中并没有如何使用体罚的规定。由此可见，惩戒与体罚的边界在我国是不可逾越的，惩戒不等于体罚，体罚不能替代惩戒，二者不可混淆。但世界其他允许使用体罚的国家则在法律中明确规定如何使用体罚，以保证体罚在不使学生受到伤害的前提下达到教育学生的目的。在这样的国家，体罚在一定程度上是惩戒的一种方式。

## 三、中小学生校内欺凌的惩戒措施

总体而言，对中小学生欺凌行为的处理因其年龄和行为后果的严重程度不同可以分为两种情况。

第一，由公安司法机关对因实施欺凌行为构成违法犯罪的学生实行处罚。根据《中华人民共和国刑法》（以下简称《刑法》）的规定，对已满

16 周岁的人犯罪，应当追究其刑事责任。对已满 14 周岁不满 16 周岁的人，犯故意杀人、故意伤害致人重伤或者死亡、强奸、抢劫、贩卖毒品、放火、爆炸、投毒罪的，也应当追究其刑事责任。但已满 14 周岁不满 18 周岁的人犯罪，应当从轻或者减轻处罚。又根据《中华人民共和国治安管理处罚法》（以下简称《治安管理处罚法》）的规定，依据《刑法》尚不够刑事处罚的，由公安机关依照《治安管理处罚法》给予治安管理处罚。已满 14 周岁不满 18 周岁的人违反治安管理的，从轻或者减轻处罚；不满 14 周岁的人违反治安管理的，不予处罚，但是应当责令其监护人严加管教。由此可见，对未成年人实行刑事处罚的年龄边界是 14 周岁或者 16 周岁，实行治安管理处罚的年龄边界是 14 周岁。

第二，由学校等教育机构及政府机构对因实施欺凌行为，但不予刑事处罚、免予刑事处罚、免予治安管理处罚，构成违法违规违纪的学生实行惩戒。根据不同的法律规定，惩戒有不同的措施。其一，根据《中华人民共和国预防未成年人犯罪法》的规定，对有严重不良行为的未成年人，可以送工读学校进行矫治和接受教育。因不满 16 周岁不予刑事处罚的，责令他的父母或者其他监护人严加管教；在必要的时候，也可以由政府依法收容教养。因不满 14 周岁或者情节特别轻微免予处罚的，可以予以训诫。其二，根据《指导意见》的规定，对实施欺凌和暴力的学生，学校和家长要进行严肃的批评教育和警示谈话，对屡教不改、多次实施欺凌和暴力的学生，应登记在案并将其表现记入学生综合素质评价，必要时转入专门学校就读。区别不同情况，责令家长或者监护人严加管教，必要时可由政府收容教养。其三，根据《教育法》的规定，学校及其他教育机构，有对受教育者进行学籍管理，实行奖励或者处分的权利，即学校有权对违纪学生依法给予处分。但根据《义务教育法》的规定，实施义务教育的学校对违反学校管理制度的学生，应当给予批评教育，不得开除。

综上得知，惩戒的措施包括责令父母严加管教、送工读学校、收容教养、训诫、批评教育、警示谈话、登记在案并将其表现记入学生综合素质评价、送专门学校就读、处分等。但处分包括哪些方式，目前并没有统一规定。新修订的《管理规定》授权高等学校对违反法律法规、违反《管理规定》以及学校纪律的学生，应给予批评教育，并可视情节轻重给予警告、严重警告、记过、留校察看、开除学籍的处分。这些处分方式可以为中小学制订校内处分提供参考，但对接受义务教育的学生而言，学校不能使用开除学生的惩戒措施。

虽然我国对中小学生校内欺凌已经有了一些具体的惩戒措施，但与世界许多其他国家相比，这些措施仍然不够完善。面对中小学生欺凌问题，20世纪80年代以来，许多国家历经探索使这一问题得到了有效的控制。例如，韩国2004年制定《校园暴力预防及对策法》，至2016年经过19次修订，学生欺凌的发生率现已控制在1‰左右。在这一法案中，对实施欺凌学生的惩戒措施包括：向受害学生书面道歉；禁止接触、胁迫、报复受害学生或举报学生；让实施欺凌的学生从事校内服务；从事社会服务；接受校内外专家的特别教育；在一定期间内停止到校上课；调换班级；命令转学等。① 美国也有停学、警告、开除等惩戒措施。② 瑞典有警告、在监督下放学后最长留校一小时、暂时调换班级、暂时转学、暂时停学等惩戒措施。③ 根据其他国家对待欺凌学生的惩戒措施，我国可以适当扩大惩戒方式，如向受害学生书面道歉，禁止接触、胁迫、报复受害学生或举报学生，让实施欺凌的学生从事校内服务，放学后留校一定时间等，都具有采用的可行性。但调换班级、暂时转学、暂时停学等惩戒措施因其实施条件比较复杂和严格，目前不适宜在我国采用。

## 四、中小学生校内欺凌的惩戒程序

惩戒的目的在于教育欺凌者，防止欺凌行为的发生。有效的惩戒程序是保障惩戒措施正确实施的前提，是保护受害学生以及惩罚和救济加害学生的必要条件。恰当的惩戒程序一方面有助于公开学校对欺凌行为的严正态度，警示欺凌行为的发生；另一方面可以保障对欺凌者公开、公平、公正地实施惩戒，对有失公允的惩戒措施及时纠正，对将要受到惩戒的权利主体实施必要的救济。因此，有效的惩戒程序是对被欺凌的学生和实施欺凌的学生双重保护的路径，有助于防止欺凌行为的二次伤害和因惩戒欺凌行为导致的法律纠纷。这意味着对实施欺凌行为学生的惩戒并不具有随意性，需要在严格的程序监控下，通过一定的教育主体做出或不做出一定的行为，在保障尽快停止对被欺凌的学生继续伤害的同时，使实施欺凌行为的学生受到必要的和适当的惩戒。也就是说，对加害学生实施惩戒，在程序上也要防止权力的滥用，保障加害学生的权利不被侵犯。恰当的惩戒程序要把握以下三个基本环节。

① 陶建国. 韩国校园暴力立法及对策研究 [J]. 比较教育研究，2015（3）：55-60.
② 陈偲，陆继锋. 美国如何应对校园欺凌 [N]. 学习时报，2015，10（15）：2.
③ 陶建国. 瑞典校园欺凌立法及其启示 [J]. 江苏教育研究，2015（12A）：3-6.

第一，告知将被惩戒的学生。这是指学校在接到欺凌举报或发现欺凌事实的基础上，经过深入调查，确认欺凌行为人和行为结果之间的相关性，根据具有实效性的惩戒规定，将拟实行的惩戒决定告诉将要受到惩戒的欺凌行为人。告知的目的不仅是为了使其知道，还是为了使其对是否接受一定的惩戒有能力做出回应。告知是学校实施惩戒的义务，被告知是受惩戒者的权利。第二，说明惩戒的理由和依据。加害学生能否接受一定的惩戒和惩戒能否恰当地得以实施，取决于惩戒的理由和依据是否适当。学校不仅要使受惩戒者知道将要受到惩戒，还要使其知道为什么要受到惩戒和根据什么受到惩戒。欺凌事实的发生及其危害结果的存在是被惩戒的直接原因，选择惩戒措施的依据是欺凌后果的严重程度及与之对应的惩戒措施的递进性规定。欺凌的危害后果越重，受到的惩戒则越重。第三，听取被惩戒学生的陈述和申辩。对加害学生告知惩戒原因及依据后，应允许其对是否接受这样的惩戒进行表达，如果对惩戒持有异议，应听取其对不同意见的说明和质疑。陈述和申辩有助于使加害方和受害方都以看得见的方式面对正义的呈现，即看得见的正义。在此基础上，学校可以进一步决定是否或如何对实施欺凌行为的学生进行惩戒。

根据惩戒程序的需要，学校对欺凌学生实施惩戒应有特定的组织和具有实效性的惩戒措施作为惩戒运行的必要保障。盲目的或随意的惩戒不但不能起到防控欺凌行为发生的作用，还可能产生新的问题。

［原文载于《中国教育法制评论》2017 年第 15 辑，38-47 页］（杨颖秀）

# 研究生导师的职责和责任在
# 摩擦地带的法律审视（2015）

研究生导师的职责和责任的摩擦地带是指对研究生导师职责和责任的法律审视存在分歧的范畴。这种分歧涉及"形式合理"还是"实质合理"的问题。关注摩擦地带的导师职责和责任对提高研究生的培养质量，保障教育法律关系主体依法享有权利并履行义务具有重要的意义。《教育部关于进一步加强和改进研究生思想政治教育的若干意见》（教思政〔2010〕11号）指出："教书和育人是导师的两大基本职责。"与之相关，《学位论文作假行为处理办法》（中华人民共和国教育部令第34号）也针对导师在学位论文指导中的职责问题做出规定。相关文件的规定，既肯定了导师在研究生教育中的作用，也明确了导师在研究生教育中的职责和责任。然而，实践中对导师的职责与责任的理解还比较模糊，甚至存在义务主体的置换、责任主体的错位现象，对此需要遵循法律的规约进行必要的审视。

## 一、导师职责与责任的区别

相关文件对导师在研究生教育中的作用同时选用了"职责"与"责任"。那么，"职责"和"责任"究竟有什么区别呢？对研究生导师而言，职责是指其工作应做的事，责任则是指其因履行工作职责不到位（失职）导致不利后果而应承担的责任。① 也就是说，对研究生进行教育是导师工作的分内之事，但如果导师在履行研究生教育职责过程中，出现失职行为，产生不利后果时，则应承担相应的责任，包括承担法律上的行政责任、民事责任甚至刑事责任。显然，研究生导师的工作职责与法律责任既息息相关又不能混于一谈。

强调导师职责与责任的区别，不在于淡化导师的职责或忽略导师因失职而应承担的责任，而在于明确导师应当做什么，不应当做什么，应当做

---

① 中国社会科学院语言研究所词典编辑室编. 现代汉语词典（2002年增补本）[M]. 北京：商务印书馆，2002：1616.

的没做会有什么后果，不应当做的做了又会有什么后果。在法律意义上，导师的职责是导师的第一义务，是必须做的，当导师未能履行职责时，就要承担第二义务，即承担相应的责任。相应的责任是对导师履行职责结果的程度性负评价，责任越重说明导师履行职责越差。如果将导师的职责和责任相混淆，则无法对导师履行职责的行为做出恰当的评价，这既可能泛化导师的责任，以责任替代职责，也可能模糊导师的职责，对导师不履行职责的行为淡化责任的承担。无论是前者还是后者，对研究生教育工作都有不同程度的负面影响。前者可能影响导师工作的积极性，限制导师在研究生教育中释放正能量；后者可能放纵导师的失职行为，影响研究生的培养质量。

准确把握导师的职责和责任有助于保障导师的权利，并避免导师与研究生等义务主体的义务错位或置换。权利与义务的对应性在导师身上，一方面可以表现为导师以不同的行为行使权利或履行义务；另一方面可以表现为导师的一种行为，如教育教学行为，既是行使权利又是履行义务。在后一种情况下，导师的教育教学权利不仅可以对应其自身做好教育教学工作的义务，还可以对应其研究生接受导师教育教学指导的义务。那么，由于导师不履行教育教学义务而导致的不利后果就要由导师自身承担责任，而由于研究生不履行接受导师教育教学指导的义务而导致的不利后果，就应由研究生来承担相应的责任。所以，清晰界定导师的职责与责任，就是要划清权利与义务主体及与之相应的权利与义务界限，保障各主体权利的行使，监督各主体义务的履行。

## 二、导师职责的摩擦地带

尽管强调导师职责与责任的区别，但实践中仍然存在着对摩擦地带导师职责与责任区分的困境，致使失范行为不断发生，违背法的精神的现象时而显现。导师职责的摩擦地带主要表现于导师职责在情与法、理与法以及法与法的精神范畴的摩擦。

### （一）情与法的摩擦

这里所说的"情"是指情感，具有肯定或否定的两极性。在教育法的适用过程中，由于各种原因也会引发教育法律关系主体产生肯定或否定的心理倾向性，使教育法的适用在情与法之间产生摩擦。同一个事件，适用教育法的主体不同，情感影响因素不同，处理的结果也会有所不同。一是教育法的恰当适用，会产生积极的效果；二是教育法的不当适用，会产生消极的效果。这时情与法的摩擦就会因积极与消极的碰撞而明显地表现出来，并对一定的法律关系主体产生肯定或否定的心理倾向性。例如，在以"对人不对事"的原则处理问题时，最容易因为人情关系的存在而导致对一定主体的失职行为或违法行为实施放纵，进而影响教育法的严肃性与震慑性。

导师在教育教学过程中也会因为错综复杂的人情关系而导致一定失职行为的发生。这样的行为表现于对研究生学习过程的指导因"情"之所在而放松要求，对其不履行学习义务的行为视而不见。这样的情况表面看来是导师有"情"的表现，但就实质而言是导师无情的失职现象。但这种失职行为不像导师未履行论文指导和审查把关等职责，致使其指导的学位论文存在作假情形那样显而易见，所以在所谓"情"的掩盖下的行为则不会被及时认识和纠正。《高等学校教师职业道德规范》中要求高等学校教师要"教书育人""严慈相济"，《中华人民共和国高等教育法》中规定："高等学校的教师、管理人员和教学辅助人员及其他专业技术人员，应当以教学和培养人才为中心做好本职工作。"根据这些要求和规定，上述行为不仅是导师违反职业道德的行为，还是导师的违法行为，但这样的行为由于其危害后果的隐蔽性而往往容易在教育法的适用中被忽视。这就更加强化了这种不负责任的行为，使导师对研究生的指导形成一种情与法的摩擦，进而削弱教育质量。

诚然，在导师履行职责的过程中也需要"以情感人""以情动人"，但这种"情"往往是因为教育目的的需要在教育方式上的表达，而不是也不应当是由于导师与研究生庸俗的人情关系而表现的失职的情绪性行为。进一步讲，即使是在法的适用中也会存在对违法者采用更人性化的教育方式的情感表达，但教育方式的选择决不允许超越法的底线。因此，在导师履行职责的问题上，面对情与法的摩擦需要肯定的是遵守法律底线的情感关怀，需要否定的是违背法律准则的私情关照。这就需要导师恰当地表达情感的两极性，使"情"在导师履行职责的过程中发挥积极的作用，避免以情读法的现象发生。

### （二）理与法的摩擦

"理"应指道理、事理。理与法的关联存在四种情况，即合理合法、合理不合法、合法不合理、不合理不合法。但合理合法与不合理不合法的行为首先应排除在本文的讨论范围之外，因为合理合法的行为是无可争议的，不合理不合法的行为是必须摒弃的，这两种情况的去与留是不言自明的。因此，这里要讨论的理与法的摩擦在形式上主要集中在对合理不合法或合法不合理的行为分析上。但合理不合法与合法不合理是否具有分析的同等必要性呢？回答是否定的。因为，合理与合法都是行政法适用的重要原则。合法既要求实质合法，也要求程序合法。为了更好地适用法，就要求行政权的行使要适度、合理，不能违背法律准则。在没有成文法之前，更强调合理性，而有了相应的法律规定，则合理性必须服从于合法性。所以，合理性原则是从属于合法性原则的。在此前提下，我们要讨论的理与法的摩擦，则只能集中于什么样的理与法发生摩擦，是道理、事理，还是歪理、邪理。在合理性服从于合法性的原则下，寻找更为适度的法的适用方式，是避免理与法摩擦的必然选择。反之，非理之"理"与良法之"法"发生摩擦，只能以"理"服"法"。

教育法律关系，既有民事关系，也有行政关系。导师是否履行职责或履行职责是否适当，其行为主要涉及行政法上的权利义务关系。而这样的关系，更多地表现在导师常规性的教育教学活动之中。导师的一种行为，看似合理却可能不合法，包括不符合法律程序或不符合实质性的权利义务关系，或两者兼而有之。而不合法的行为，当然也谈不上合理。所以，这里所说的合理不合法，往往是导师在履行职责的过程中，主观上自认为是合理的行为却在客观上违背法律准则，进而产生"理"与法的摩擦，甚至对一定主体的权利构成侵犯。例如，不遵守教育教学秩序，不履行正当程序，不执行管理制度等，都会产生"理"与法的摩擦。如此作为，最终只能影响研究生的培养，违背导师的职业道德和基本职责，直至承担必要的责任。

社会的有序性是建立在常规事务的有序性基础之上的，治理与秩序并存。在所谓的"理"与具有效力的法之间发生摩擦时，自然是前者应当服从于后者。作为导师，遵守秩序、履行职责是其分内之事，没有任何理由为其自身的失职行为寻找借口。之所以这样认识这一问题，是为了避免更多的无序行为在导师身上出现。值得强调的是，高等学校内部符合法律规定的各种规章制度的执行也应当坚持合理性服从于合法性的原则。学校的现代治理是一个多方主体共同努力的运行过程，不仅要靠行政手段的科学化、民主化，还要靠教师等治理主体的自觉自律，任何人的不当行为都可能导致学校管理的混乱。相反，学校治理主体的有序行为则有助于实现"没有政府的治理"的真实意义。[①]

### （三）法与法的精神的摩擦

法的制定是为了体现法的正义和公平的精神，当成文法在现实中遭遇挑战的时候，当然要坚持法的精神。法是否能在实践中得到较好的实施，一方面取决于法是否是良法，另一方面取决于执法者对法的精神的恰当理解。一个关于谋杀继承的判例充分表达了司法过程中法与法的精神在现实理解中的摩擦。1882 年，帕尔默因知道其祖父在现有遗嘱中给他留下一大笔遗产并担心这位新再婚的老人改变遗嘱使其一无所获而在纽约用毒药杀死了这位老人。法官在对帕尔默判处监禁的同时对其是否还具有继承其祖父遗产的合法权利产生分歧。依据纽约州的遗嘱法，帕尔默仍为有效的遗嘱遗产继承人，如果法院剥夺其继承权就是用自己的道德在改变法律；但如果法院判决帕尔默仍为遗嘱继承人则等于支持了帕尔默因为继承遗产而杀死被继承人的过错行为。审理这起案件的法官对此产生分歧。最后，在"任何人不能从其自身过错中受益"的古老法律原则支撑下，审理此案的法官以 5 : 2 的结果判决帕尔默因杀死被继承人而丧失继承权。[②] 这起判例的理论性争议实际上是对法律本意是文本字词的含义还是立法意图的含义的理解，也就是对法与法的精神的理解。一定情况下，坚持法的文本含义仅能表达法的"形式合理"性，而坚持法的精神才能表达法的"实质合理"性。法官的最终意见是选择了后者，表达了立法的本意在于坚持法的精神的严正态度。

在法的精神实质优于法的字词形式的前提下，导师职责的履行在实践中也就有了确定的标准。这种标准要求导师首先要了解法的基本规定对导师的职责提出了哪些要求，其次要理解法对导师职责的规定要坚持的基本精神。当导师履行职责的事实与法的精神发生摩擦的时候，则应当坚持法的精神而不能流于对法的字词的表面理解。实践中，不排除少数导师在法的空隙中存在的失职行为，这样的行为不仅表现于导师履行职责的不作为，也表现于导师以不良作为对研究生在伦理判断上的误导，这实质上是对法的精神的挑战，是一种更危险危害更大的失职行为。

---

① 詹姆斯 N 罗西瑙. 没有政府的治理 [M]. 孙胜军，刘小林，等译. 南昌：江西人民出版社，2001：3-8.

② 桑本谦. 法律解释的困境 [J]. 法学研究，2004，26（5）：3-13.

在强调以坚持法的精神规范导师行为的同时，也应当反对对导师职责规约的范化现象。这种泛化多表现在高校管理部门因不当行使行政权力而对导师职责的不当解释。诸如凡事都让导师签字，凡事都让导师承担连带责任，凡事都推卸于导师处理的种种做法，事实上是对导师职责的泛化。这种泛化不但不能起到解决问题，加强研究生教育与管理工作的作用，反而会模糊导师职责和责任界限，增加更多的摩擦地带，发生研究生义务主体与导师权利主体的置换现象，导致真正的义务主体不能履行义务，权利主体不能享有权利。这仍然是有违法的精神的。

### 三、导师职责的恰当履行

导师恰当履行职责是避免因"摩擦"而导致不利后果的重要前提。要恰当履行职责就要明确义务主体，厘清权力界限，坚持法的精神。

#### （一）明确义务主体

诸如上述因对导师职责的误解而出现的摩擦地带，实际上是相应的法律关系主体法律意识淡漠、法律知识匮乏的表现。很明显，在混淆工作职责与法律责任的情况下，导师可能因为对法律责任的认识不足而导致失职行为，进而直接或间接触犯法律；管理者可能因为对职责的认识不足而导致对导师职责的泛化，进而侵犯权利或淡化义务。这样两种不同情况都可能使研究生的培养或降低标准，或挫伤导师工作的积极性，或对研究生的失范行为产生责任转移，而由此导致的不利后果却难以及时纠正和处理。因此，无论是导师还是管理者，都有义务熟悉法的规定和法的本意，以严谨的态度和行为践行法治过程，时时做到从善弃恶，避免因为对法的漠视而制造更多的摩擦地带。

以对学术论文作假的行为审视为例，按照《中华人民共和国国家标准科学技术报告、学位论文和学术论文的编写格式（GB7713－87）》的要求，学位论文的责任人包括学位论文的作者、学位论文的导师、评阅人、答辩委员会主席以及学位授予单位等，但任何一本学位论文扉页的首要部分都明确标示着学位论文作者亲笔签名的"独创性声明"。毫无疑问，学位论文的撰写如果存在作假行为，对此负责的第一责任人应当是作者本人。但若导师未履行对研究生的学术道德和学术规范教育以及论文指导和审查把关等职责，当然也应承担连带责任。同时，在现代科学技术和信息网络十分发达的情况下，对研究生论文作假的检测识别则应当由学校相应的职能部门通过一定的技术手段来完成，而不能简单地归咎于导师的指导是否失职。由此可见，导师职责的摩擦地带往往涉及多方义务主体，简单地理解导师的职责和责任而将二者模糊、泛化、置换等行为，都不是对法的规定和法的精神的恰当理解和真正尊重。而在本文所述的摩擦地带，导师往往是十字路口的焦点人，起着连接研究生与管理者的作用，是职责与责任的共同承担者。所以，无论是导师本身的行为不当还是对导师行为审视的不当都可能引发更多的摩擦地带，进而影响教育的法治进程和国家治理能力的提升。

### （二）厘清权力界限

管理是什么？这是管理科学在发展过程中一直寻觅的问题。哈罗德·孔茨（Heinz Weihrich）认为，管理是设计并保持一种良好的环境，使人在群体里高效率地完成既定目标的过程[①]。彼得·德鲁克（Peter F. Drucker）认为，管理是服务[②]。这些对管理意义的探讨都是在一个系统空间里考量着人与人的关系、人与组织的关系。而这种关系的处理是否得当关键在于能否为组织中的人营建一个良好的环境，使之发挥积极的作用。这就需要厘清组织中各职能人员的权力界限，使之各尽其职，避免出现权力滥用的情况。其"滥"一是指"泛滥"，二是指"过度"。在对导师责任的认定中，权力的泛滥可能导致要求导师承揽研究生各种不当行为的责任；权力的过度则可能出现导师任意行使对研究生的指导权力，导致以情读法、以身试法等现象的发生。

依据现代管理理论，导师也是研究生治理行为的重要组成人员，兼具管理与被管理的双重身份，兼有研究生指导工作的权利与义务。所以，在研究生、导师、行政管理者三者之间，导师起着承上启下的作用，导师的权力不可滥用，导师的权利不可侵犯，导师的义务必须履行。这样的要求期待达到的结果是保障导师、研究生和行政管理者之间的权利义务关系的平衡，保障导师的职责和责任的对等，实现责任对权力的监督。[③]

---

① 哈罗德·孔茨，海因茨·韦里克. 管理学 [M]. 10 版. 张晓君，等译. 北京：经济科学出版社，1998：2.
② 彼得·德鲁克. 管理的实践 [M]. 齐若兰，译. 北京：机械工业出版社，2009：37.
③ 孟德斯鸠. 论法的精神 [M]. 申林，译. 北京：北京出版社，2007：67-68.

### （三）坚持法的精神

强调坚持法的精神其实质是强调坚持公平与公正的核心价值观。导师恰当履行职责对研究生来说是公平公正的，行政管理者正确处理职责和责任的关系对导师来说是公平公正的。因而，在研究生指导过程中，无论是导师的行为还是对导师行为的管理都会因为如何在权利和义务之间做出选择而触及法的精神。而要坚持法的精神各方主体都有一个从不自觉到自觉的行为提升过程，这种提升首先是理解法的精神，其次是将法的精神融入行为习惯，进而达到在摩擦地带也能做出正确选择的境界。

由于我国教育法体系尚不完善，因而教育法治进程必然面临诸多挑战。这种挑战一是来源于对教育法的解释能否坚持法的精神，特别是在教育法自身还存在缝隙的情况下，对教育法的学理解释提出了更高的要求。尽管学理解释并不具有法律效力，但它仍然能对教育法的实施起到一定的影响作用。二是来源于对教育法的适用能否坚持法的精神。因为教育法自身的不足，教育法的适用也必然存在一定的困惑，这种困惑有时则会表现为在摩擦地带的两难抉择。刘燕文一案已经成为典型例证，类似的情况仍会发生。由此可知，坚持法的精神是多方主体协同努力的过程，只有导师、研究生、行政管理者等多方主体都恪尽职守，坚持正义，秉承公正，才能保障研究生的培养健康有序地进行。

［原文载于《中国教育法制评论》2015 年第 13 辑，57-65 页］（杨颖秀）

# 《劳动合同法》视域下教师聘任制的
# 劳动关系审视 (2008)

教师聘任制的实施由于编制短缺、法律细则滞后以及法律意识匮乏等原因导致学校与教师之间权利与义务的失衡。《劳动合同法》的正式施行，为实行真正意义上的教师聘任制提供了重要的法律依据。依照《劳动合同法》，实施教师聘任制要以合法公平自愿诚信为原则，在保障学校与教师双方权利和义务的基础上，以用工为事实，以合同为标志构建二者之间的劳动关系，并需直面教师聘任制将触及的新问题。

## 一、学校与教师建立劳动关系是否适用《劳动合同法》

学校与教师之间的劳动关系也就是二者在实现劳动过程中建立的社会经济关系，具体表现为二者之间的权利与义务关系。《教师法》第十七条第一款规定："学校和其他教育机构应当逐步实行教师聘任制。教师的聘任应当遵循双方地位平等的原则，由学校和教师签订聘任合同，明确规定双方的权利、义务和责任。"在此之后，学校与教师之间的人事关系成为民事关系，建立在"双方地位平等"，以合同为要义基础上的聘任制度，打破了依赖于教育行政部门单方面决定是否录用教师的人事制度，不仅学校有了用人的自主权，教师也有了决定是否接受聘用的选择权。然而，由于教师编制短缺、法律细则滞后以及法律意识匮乏等原因，学校单方面决定教师去留的现象还在一些学校存在着，以往在教育行政部门与教师之间的行政关系在学校与教师的聘任制度中重演，教师在学校的民事法律权益未能得到充分的保障。

《劳动合同法》的问世，为构建和谐稳定的劳动关系赋予新的起点。然而，《劳动合同法》是否适用实行教师聘任制的学校与教师建立劳动关系的情况？这是在新的视域下审视学校与教师劳动关系的逻辑前提。《劳动合同法》第二条规定："中华人民共和国境内的企业、个体经济组织、民办非企业单位等组织（以下称用人单位）与劳动者建立劳动关系，订立、履行、变更、解除或者终止劳动合同，适用本法。国家机关、事业单位、社会团体和与其建立劳动关系的劳动者，订立、履行、变更、解除或者终止劳动合同，依照本法执行。"第九十六条规定："事业单位与实行聘用制的工作人员订立、履行、变更、解除或者终止劳动合同，法律、行政法规或者国务院另有规定的，依照其规定；未作规定的，依照本法有关规定执行。"根据这两条规定，《劳动合同法》的适用范围包括三种情况：一是适用中华人民共和国境内的企业、个体经济组织、民办非企业单位等组织与劳动者建立劳动关系，订立、履行、变更、解除或者终止劳动合同的情况；二是适用国家机关、事业单位、社会团体和与其建立劳动关系的劳动者，订立、履行、变更、解除或者终止劳动合同的情况；三是适用事业单位与实行聘用制的工作人员订立、履行、变更、解除或者终止劳动合同，法律、行政法规或者国务院未做规定的情况。

学校不属于企业、个体经济组织、民办非企业单位的范畴，所以不适用第一种情况。学校属于事业单位，但实行教师聘任制的学校与教师签订的是聘用合同，所以也不适用第二种情况。而在第三种情况中，又分为实行聘用制，法律、国务院行政法规有规定的情况和无规定的情况，有规定的，依照其规定，无规定的，依照《劳动合同法》的有关规定。就现行法律、法规而言，教师聘任制只在《教育法》和《教师法》中做了概括性的规定，并没有可依据的法律细则进行具体操作。因而，学校与受聘教师建立劳动关系也应当适用《劳动合同法》的相关规定。尽管学校与教师签订的是聘用合同，但聘用合同也是一种劳动合同,[①] 它的订立也在表明学校与教师之间建立的是以社会经济关系为标志的劳动关系。

## 二、学校与教师劳动关系的建立以用工为事实，以合同为标志

学校与教师之间劳动关系的建立需要有两个基本条件，一是法律规范的存在，二是法律事实的存在。《劳动合同法》第七条规定："用人单位自用工之日起即与劳动者建立劳动关系。用人单位应当建立职工名册备查。"第十条规定："建立劳动关系，应当订立书面劳动合同。已建立劳动关系，未同时订立书面劳动合同的，应当自用工之日起一个月内订立书面劳动合同。用人单位与劳动者在用工前订立劳动合同的，劳动关系自用工之日起建立。"法律规定表明，《劳动合同法》已经确认了"用人单位自用工之日起即与劳动者建立劳动关系"的法律规范，这是学校与教师之间形成劳动

---

① 杨景宇，信春鹰. 中华人民共和国劳动合同法解读 [M]. 北京：中国法制出版社，2007：6.

关系的法律前提。但这种前提必须有法律事实的存在才能使学校与教师的劳动关系成为现实。因此，学校与教师之间劳动关系的建立还必须以教师在学校任教的法律事实的发生为依据。为保证这一事实的法律效力，《劳动合同法》规定"用人单位应当建立职工名册备查"，以便为劳动关系的产生或变更提供充分的证据。同时，学校还需要与教师之间在自用工之日起一个月内订立书面劳动合同，使学校与教师之间劳动关系的形式要件与实质要件相互统一。

《劳动合同法》的上述规定，对于维系学校与教师双方当事人共同构建的劳动关系具有重要的现实意义。权利与义务的关系是双方构建劳动关系的基础，没有无义务的权利，也没有无权利的义务。以往一些学校与教师订立的聘用合同之所以流于形式，主要原因在于权利与义务的不对称。实际中，不仅存在着学校单方面决定合同事宜、只规定学校权利，不规定学校义务的情况，也存在着教师单方面不辞而别，给学校工作带来损失的情况。无论哪一种情况，对于有效建立学校与教师之间的劳动关系都是一种亵渎，都无法从真正意义上体现法律关系内容的权利义务关系。对此，《劳动合同法》不仅在立法宗旨中有订立劳动合同要"明确劳动合同双方当事人的权利和义务"的规定，而且对劳动合同的条款也提出了体现双方权利与义务的具体要求，进而为明确学校与教师之间的劳动关系提供了法律依据。

### 三、学校与教师订立聘用合同以合法公平自愿诚信为原则

《劳动合同法》第三条明确规定："订立劳动合同，应当遵循合法、公平、平等自愿、协商一致、诚实信用的原则。"具体而言，学校与教师订立聘用合同首先要合法。合法就是要遵循相关法律规定，如《教师法》《劳动合同法》等法律的规定，明确法律关系主体、法律关系客体、法律关系内容等具体问题。不合法的聘用合同是不具有法律效力的，也不具有对学校与教师双方的约束力。

其次，学校与教师订立聘用合同要公平。公平是法律追求的基本精神，是立法的价值判断标准。公平的价值准则在民法中更具有突出的意义，因为它更适用于民事主体之间的自由、平等关系，更能体验民事主体的主观感受和可接受性。正如罗尔斯所说："凡是社会制度满足这些原则的时候，那些介入其中的人们就能够互相说，他们正按照这样的条件在合作——只要他们是自由平等的人，他们的相互联系就是公平的，他们就会

同意这些条件。"[①] 以往学校与教师之间签订的聘任合同条款主要是格式条款，即指"当事人为了重复使用而预先拟定，并在订立合同时未与对方协商的条款"（《合同法》第三十九条）。采用格式条款订立合同可以节省时间，预先分担风险，降低交易成本。[②] 但格式条款通常是经济实力具有绝对优势的一方当事人单方面决定，对方当事人只能对合同决定是否同意的条款，加之当事人预先拟定的情形，往往容易导致格式条款权利与义务的失衡。而这样的合同并不符合以合同为标志建立民事关系的本意。《合同法》第三十九条第一款规定："采用格式条款订立合同的，提供格式条款的一方应当遵循公平原则确定当事人之间的权利和义务，并采取合理的方式提请对方注意免除或者限制其责任的条款，按照对方的要求，对该条款予以说明。"第四十条又规定："格式条款具有本法第五十二条和第五十三条规定情形的，或者提供格式条款一方免除其责任、加重对方责任、排除对方主要权利的，该条款无效。"第五十二条规定的无效合同的情形包括：一方以欺诈、胁迫的手段订立合同，损害国家利益；恶意串通，损害国家、集体或者第三人利益；以合法形式掩盖非法目的；损害社会公共利益；违反法律、行政法规的强制性规定。第五十三条规定的免责合同条款的无效情形包括：造成对方人身伤害的；因故意或者重大过失造成对方财产损失的。根据《合同法》的规定及《劳动合同法》订立合同的基本原则，学校与教师的劳动关系只能是平等的权利义务关系，尽管聘用合同的订立可能以格式条款的形式出现，也可能存在与普通的民事合同有所不同的特殊性，但它也同时具备合同的一般特征，包括双方当事人构建合法的权利与义务关系的意思表达，这种表达当然也要符合法律的基本价值准则——公平性。因而，学校如果违背公平原则自作主张，导致学校与教师之间权利义务的不对等，那么所立合同也必然失去其法律效力。

再次，学校与教师订立合同要建立在平等自愿、协商一致的基础之上。普遍的约束力是法律所具有的基本特性之一，即法律面前人人平等。在学校与教师的劳动关系中，这种平等性主要表现于二者之间的法律地位平等，权利义务相当。《教师法》规定的教师聘任制确立了学校与教师之间的劳动关系是法律地位平等的民事关系，而不是行政上的隶属关系，即学校与教师之间的劳动关系不属于职务上的上下级关系，也不是学校依据

---

① 约翰·罗尔斯. 正义论 [M]. 何怀宏，何包钢，廖申白，译. 北京：中国社会科学出版社，1988：13.

② 张桂龙，刘淑强，等. 新合同法解释 [M]. 北京：人民法院出版社，1999：66.

职权而支配教师的关系，而是二者共同约定的平等主体之间的法律关系。但作为用人单位的学校，在就业机会比较短缺的情况下是占有强势地位的，不仅在赋予教师工资上表现出经济上的强势，在教师个人发展上也表现出组织上的强势。然而，这种强势并不代表学校的法律地位高于教师。学校与教师双方均具有法律所赋予的权利，也必须履行法律所限定的义务，且二者之间的权利与义务相互依存，对立统一。要体现学校与教师之间平等的法律地位，就要在订立聘用合同时采用自愿、协商的方式建立二者的劳动关系，以合同的方式明确二者的权利与义务。特别是在合同变更时也要坚持协商一致的原则，在平等自愿的基础上重新规范权利与义务内容。

最后，学校与教师订立聘用合同要诚实信用。公平虽然是法律的价值准则，但对于公平的理解及体验还存在个性差异。因而，公平的实现需要诚实信用伦理准则的支持。诚实信用是社会存续的公理，是人与人之间维持自由、平等关系的底线。学校与教师在订立、履行、终止聘用合同的过程中，需要坚守诚实信用原则，相互尊重与维护对方的利益。在订立合同时，学校一方应当主动向教师介绍内部的实际情况，包括学校的优势与劣势，也要明确教师入校后的权利及待遇等，避免因学校的强势处境带来学校与教师之间权利与义务的偏移。在履行合同时，学校与教师均应恪守合同规约，认真履行义务，保证各自权利的实现。在合同终止后，仍然需要遵循诚实信用原则，尊重对方的人格，在需要的时候可以协助对方做好相关事宜。

## 四、学校与教师订立聘用合同将触及的新问题

### （一）订立聘用合同是学校聘用教师的义务

《劳动合同法》第十条第二款规定："已建立劳动关系，未及时订立书面劳动合同的，应当自用工之日起一个月内订立书面劳动合同。"这一规定绝不等于放松或肯定学校在与教师建立劳动关系后而不与教师签订聘用合同的行为。因为《劳动合同法》第十条第一款还规定："建立劳动关系，应当订立劳动合同。"法律之所以规定用人单位可以在一个月内与劳动者签订劳动合同，主要是体现了法律的人性化特点，赋予用人单位一定时限，以便更好地完成订立合同的工作。但与此同时，法律也以相关规定体现了严肃的监督职能，使"建立劳动关系"与"订立劳动合同"成为统一体。具体而言，如果学校已经用了教师，但由于各种原因未同时订立书面聘用合同，可以在自用教师之日起一个月内订立书面聘用合同，不超出这

一期限，学校使用教师的行为不属于违法。但如果学校自用教师之日起超过一个月不满一年未与教师订立书面聘用合同，根据《劳动合同法》第八十二条第一款的规定，应当自第二个月起在不满一年的期间，向教师每月支付二倍的工资。如果学校自用教师之日起满一年仍然不与教师订立书面劳动合同，根据《劳动合同法》第十四条第三款的规定，应当视学校与教师已订立无固定期限聘用合同。因此，订立聘用合同是学校与教师建立劳动关系的义务，如果学校超出法律允许的期限而不与教师签订聘用合同，则要为此付出代价，承担必要的责任。

**（二）按时足额支付教师的劳动报酬是合同的必备内容**

教师的劳动主要是脑力劳动，劳动时间、劳动强度、劳动报酬至今仍然是难以明确的问题。但《劳动合同法》第三十条明确规定："用人单位应当按照劳动合同约定和国家规定，向劳动者及时足额支付劳动报酬。用人单位拖欠或者未足额支付劳动报酬的，劳动者可以依法向当地人民法院申请支付令，人民法院应当依法发出支付令。""及时足额"支付劳动报酬不仅是《劳动合同法》为保护劳动者的合法权益而明令的法律规范，也是《教师法》强调的教师权利和地方政府的法律责任。但《教师法》对解决教师工资拖欠仅限于行政渠道，规定地方人民政府对违反《教师法》的规定，拖欠教师工资或者侵犯教师其他合法权益的，应当责令其限期改正。这种通过上级政府与下级政府之间的行政关系解决教师工资拖欠问题的方式，在责任追究主体、责任追究途经以及责任追究手段上与《劳动合同法》相比都相对薄弱。而依据《劳动合同法》的规定，则可以由教师本人通过法律渠道直接向当地人民法院申请支付令，人民法院也应当依法发出支付令。尽管我国政府已经采取了教师工资卡制度，加强对教师工资的保障作用，但仍然不能排除不按时发放教师工资的现象存在。对此，教师可以依据《劳动合同法》维护自身的权益。按照法律规定，不按时发放教师工资是违法的，不足额发放教师工资也是违法的。不足额发放教师工资有两种基本的情况：一是低于工资标准支付教师工资，二是变相延长劳动时间不支付或不足额支付报酬。《劳动合同法》第三十一条规定："用人单位应当严格执行劳动定额标准，不得强迫或者变相强迫劳动者加班。用人单位安排加班的，应当按照国家有关规定向劳动者支付加班费。"据此，如果学校要求教师在休息日或班后时间上课，延长教师劳动时间，则应当按照法律规定按时、足额向教师支付加班费。否则，还要依据《劳动合同

法》第八十五条的规定，对教师依法给予经济补偿，承担必要的法律责任。

### （三）学校违反法律规定教师可依法解除聘用合同

学校与教师的劳动关系是平等的，聘用合同的形成、履行、变更、解除和终止都是双方共同完成的过程。不仅学校有权利依法与教师协商或单方面解除合同，教师也可以依法解除合同。根据《劳动合同法》第三十八条的规定，教师依法解除与学校的聘用合同的情形包括：学校未按照劳动合同约定为教师提供劳动保护或者劳动条件的；未及时足额支付劳动报酬的；未依法为教师缴纳社会保险费的；学校的规章制度违反法律、法规的规定，损害教师权益的；以欺诈、胁迫的手段或者乘人之危，使教师在违背真实意思的情况下订立或者变更劳动合同致使劳动合同无效的；学校免除自己的法定责任、排除教师权利致使劳动合同无效的；学校违反法律、行政法规强制性规定致使劳动合同无效的；法律、行政法规规定教师可以解除劳动合同的其他情形。另外，学校以暴力、威胁或者非法限制人身自由的手段强迫教师劳动的，或者学校违章指挥、强令冒险作业危及教师人身安全的，教师可以立即解除聘用合同，不需要事先告知学校。依据法律规定，教师可以解除聘用合同的情况在学校与教师的劳动关系中是存在的。例如，在学校校舍危机教师生命安全，学校不为教师缴纳医疗保险金等情况下，教师则有权通过依法提前告知学校后与其解除聘用合同。

### （四）订立无固定期限聘用合同受法律保护

劳动合同分为固定期限劳动合同、无固定期限劳动合同和以完成一定工作任务为期限的劳动合同。法律支持教师依法与学校订立无固定期限的聘用合同。《劳动合同法》第十四条第二款规定："用人单位与劳动者协商一致，可以订立无固定期限劳动合同。有下列情形之一，劳动者提出或者同意续订、订立劳动合同的，除劳动者提出订立固定期限劳动合同外，应当订立无固定期限劳动合同：（一）劳动者在该用人单位连续工作满十年的；（二）用人单位初次实行劳动合同制度或者国有企业改制重新订立劳动合同时，劳动者在该用人单位连续工作满十年且距法定退休年龄不足十年的；（三）连续订立二次固定期限劳动合同，且劳动者没有本法第三十九条和第四十条第一项、第二项规定的情形，续订劳动合同的。"同时，《劳动合同法》第四十一条还规定，裁减人员时，应当优先留用与本单位订立无固定期限劳动合同的人员。这些规定已经表明，新的用人制度更强调为劳动者提供一个稳定的工作环境创造条件，赋予其与用人单位订立无固定期限劳动合同的权利，切实保障工龄较长的劳动者的切身利益，避免用人单位以年龄为界限裁减劳动者的不公平现象，以体现用人制度的人性化、和谐化特点。而教师工作年限的长短、经验的丰富程度，对教育工作的意义更加明显。尽人皆知，教育具有周期长、见效慢的特点，无固定期限聘用合同不仅有利于教师的专业发展、学习型学校的建立，也有利于学生系统地掌握知识、提高学习的适应性和质量，还有利于学校节约培养成本、提高工作效率。由此可见，学校、教师、学生、质量的系统关系可以通过教师聘任的制度设计更好地统一起来。正如迈克尔·富兰（Michael Fullan）所说："如果一个学校或学区不是一个能力较强的学习型组织（或者是一个能力较强的专业学习型组织），学校也就不会是一个好的雇主——尤其是对那些想有所作为的教师而言。单从数量上说……更高的流失率，从商业角度来看，并不是件好事……从质量上而言，如果我们想要提高，我们就必须吸纳那些有才能的人，并且还要从他们入职的第一天开始就对他们进行集体的培训。事实上，如果我们能够做到这一点的话，那些有才能的人就会有更大的可能来选择教学作为自己的职业，而且是首选的职业。"① 当然，学校与教师订立无固定期限聘用合同也应当排除法律所规定的不符合订立此种合同的情况。

### （五）全日制教师不得与其他单位订立劳动合同

在人事制度改革中，专职教师与兼职教师的聘任、工作任务承担、责任化分，是用人单位不可回避的难题之一，处理不当，不仅影响正常的教育教学工作，也会给其他教师产生不公平的心理压力。例如，有的教师在多所学校共事，或在同一所学校扮演多重角色，其专职和兼职身份难以辨认，受精力和时间的限制，无法保证教育教学工作的质量。而《劳动合同法》对非全日制用工的时间、劳动合同的订立进行了限定，进而区分和规范了全日制用工和非全日制用工的情况。《劳动合同法》第六十八条规定："非全日制用工，是指以小时计酬为主，劳动者在同一用人单位一般平均每日工作时间不超过四小时，每周工作时间累计不超过二十四小时的用工形式。"第六十九条第二款规定："从事非全日制用工的劳动者可以与一个

---

① 迈克尔·富兰. 教育变革新意义［M］. 3 版. 赵中建，陈霞，李敏，译. 北京：教育科学出版社，2005：271-272.

或者一个以上用人单位订立劳动合同；但是，后订立的劳动合同不得影响先订立的劳动合同的履行。"显然，法律允许从事非全日制用工的劳动者与一个或一个以上单位订立劳动合同，而排除从事全日制用工的劳动者与一个以上用人单位订立劳动合同，即从事全日制用工的劳动者只能与一个用人单位订立劳动合同。其理由是：劳动合同的订立使劳动者与用人单位之间产生了一定的从属关系，以学校和教师的劳动关系为例，教师如果和某一学校订立了劳动合同，在人格上则要在劳动过程中服从这所学校的指挥和监督，遵守所在学校的作息时间；在经济上以劳动获取报酬；在组织上以学校的编制为依据与其他教职工构成统一体。这种从属关系要求全日制教师只能从属于一所学校，并与其订立劳动合同。如果在业余时间在其他用人单位从事劳动，也不能因时间和疲劳等因素影响所在学校的正常工作。

### （六）教师违约离校需依法缴纳违约金

学校与教师之间的劳动关系是平等主体之间的权利与义务关系，学校在经济强势的情况下不能与教师订立不平等条约，同样，教师也不能不如期履行必要的义务。对于以往存在的教师接受学校提供的专项培训后却擅自离校，导致学校培养成本加大和经济损失的情况，《劳动合同法》已经做出义务性条款。《劳动合同法》第二十二条第一款、第二款分别规定："用人单位为劳动者提供专项培训费用，对其进行专业技术培训的，可以与该劳动者订立协议，约定服务期。""劳动者违反服务期约定的，应当按照约定向用人单位支付违约金。违约金的数额不得超过用人单位提供的培训费用。用人单位要求劳动者支付的违约金不得超过服务期尚未履行部分所应分摊的培训费用。"这一规定，一方面可以适用教师接受专项培训而擅自离校的情况，通过约定服务期、支付违约金的方式保护学校的合法权益（但违约金的支付不得超过服务期尚未履行部分所应分摊的培训费用）；另一方面也鼓励学校为教师提供专项培训费，以便提高教师的教育教学质量。

需要指出的是，根据教育部的教育立法计划，将对《教师法》《教育法》等法律做出修改。如果法律修改后对教师聘任制度做出完善，并与《劳动合同法》的相关规定有所不同，那么，学校与教师之间劳动关系的建立及其聘用合同的订立则需依照其规定。但也不可否认，《劳动合同法》的发布与施行已经为修改教育法提供了重要的参照。

[原文载于《高等教育研究》2008年第4期，46-50＋109页]（杨颖秀）

# 学校不承担未成年学生监护职责的
# 误区分析（2003）

教育部制定的《学生伤害事故处理办法》于 2002 年 9 月 1 日起实施。此项教育法规的颁发，使学生伤害事故的处理终于有了比较具体的法律依据。然而，立法的主要目的不是为了等待违法行为的出现以便进行处理，而是为了能够有效预防违法行为的发生，规范人们的行为。受法律意识等因素的影响，目前学校、家长对《学生伤害事故处理办法》的理解还存在着一定的误区，这些误区可能导致学生伤害事故的增加和处理难度的加大，对此，必须给予足够的重视与澄清。

## 一、学校为什么不承担未成年学生的监护职责

学校在学生伤害事故中究竟承担什么责任有四种比较有代表性的观点。其一，认为家长将孩子送到学校，就已经将监护权转移给了学校，学校当然是学生的监护人，因此学生在学校受到伤害的法律责任应当由学校承担。① 其二，对第一种观点产生怀疑，认为这种看法没有法律依据，根据我国《民法通则》的规定，学校不是学生任何形式的监护人，因此学生在学校发生伤害事故，学校不应当承担监护责任。② 其三，认为家长将其未成年子女送进学校学习，实际上就是将其监护职责部分委托给了学校。该委托合同于家长收到学校寄送的入学通知时即行成立，当家长按规定缴纳各种费用、学生报到后即行生效，无须另行签订协议加以委托。③ 其四，对第三种观点产生怀疑，认为根据人民法院对"委托监护"做出的司法解释，监护人可以将监护职责部分或全部委托给他人。但委托代理是基于被代理人的授权而发生的，形成法律关系的基础是委托合同。委托人在委托合同中做出授权后才能产生代理权。"学生上学进校"这个行为本身并不

---

① 王利明，杨立新. 侵权行为法 [M]. 北京：法律出版社，1996：249.

② 蔡朝信，齐东文. 学校对未成年学生在校人身伤害之民事责任初探 [J]. 延安教育学院学报，2001（2）：9-12.

③ 司伟. 在校未成年学生人身伤害赔偿浅议 [J]. 法学论坛，2001（4）：80-84.

能推导出家长与学校形成了委托监护关系，委托监护关系的形成有赖于双方的合意。①

对于上述纷争，《学生伤害事故处理办法》第七条第二款已经做出结论："学校对未成年学生不承担监护职责，但法律有规定的或者学校接受委托承担相应职责的情形除外。"这一规定表明，在一般情况下学校不承担未成年学生的监护职责，因而，学生在校发生伤害事故也就不能以学校是否是学生的监护人为依据进行处理。之所以这样规定，有两点原因非常重要。

第一，学校作为法律关系主体的权利能力与行为能力必须统一。权利能力是由法律确认的，享有权利或承担义务的资格。这是参加法律关系必须具备的前提条件。不具有权利能力则表明没有资格享有权利或承担义务。从我国法律规定来看，没有任何规定能够表明法律赋予学校承担监护职责的资格，也没有可以推定学校能够承担监护职责的法律依据，即学校对未成年学生不具有监护的权利能力。行为能力是指由法律确认的，法律关系的主体能够通过自己的行为行使权利和履行义务的能力。依据法理，要承担监护职责必须具有能够承担这种职责的行为能力。而要承担监护职责，就要承担起保护被监护人的身体健康，照顾被监护人的生活，管理被监护人的财产，代理被监护人进行民事活动，对被监护人进行管理和教育，在被监护人的合法权益受到侵害或者与人发生争议时，代理其进行诉讼等方面的职责。② 学校作为教育教学的主体是在代表国家行使公共权利，学校与学生之间的法律关系是隶属型的法律关系而非平权型的法律关系。在一般情况下，学校没有承担未成年学生监护职责的全部行为能力。例如，无法管理被监护人的财产，无法代理被监护人的民事活动等。既然学校不具备相应的权利能力与行为能力，当然也就无法承担对未成年人的监护职责。

第二，学校在学生伤害事故中承担法律责任的性质必须明确。学校对未成年学生监护职责的讨论，从其形式而言，是探讨谁承担学生在校伤害事故的法律责任的问题，但从其实质而言，是探讨依据什么原则承担法律责任的问题。如果不能明确界定法律责任的性质，就可能导致承担法律责

---

① 王国良，魏委. 未成年学生在校受到损伤时学校责任认定的探讨 [J]. 南昌大学学报（人社版），2001（3）：81-86.

② 蔡朝信，齐东文. 学校对未成年学生在校人身伤害之民事责任初探 [J]. 延安教育学院学报，2001（2）：9-12.

任主体的责任的扩大或缩小，从而使法律的实施失去其公正性。在学校不具备承担监护职责的权利能力和行为能力的前提下，任何推定其法律责任的做法都可能扩大或缩小真正承担法律责任的主体的责任，这势必带来法律适用的混乱。

## 二、学校不承担未成年学生监护职责引发的误区

在法律明确规定学校不承担未成年学生监护职责的情况下，学校是否可以放松对未成年学生在校的管理？是否可以减轻对未成年学生在校伤害责任的承担？诸如此类问题，学校与家长尚存疑惑。主要误区在于：

### （一）监护拒斥保护的误区

依据法律规定，虽然学校对未成年学生不承担监护职责（法律有规定的或者学校接受委托承担相应职责的情形除外），但这并不等于学校也不承担对未成年学生的保护职责。保护是未成年人的监护人与从事未成年人教育教学工作的学校的共同义务，但两者对未成年人保护职责的分担是不同的。对未成年人监护职责中的保护是监护人的法定义务，不可以推卸，其内容主要侧重于保护未成年人的身体健康，为未成年人提供必需的生活条件和学习条件，使其在成长过程中得到必要的关照，不被虐待、歧视与遗弃。如果监护人拒绝履行这方面的义务，人民法院则有权强制其执行。学校对未成年学生的保护主要侧重于对未成年学生受教育权利的保护，具体体现在关心、爱护未成年学生，尊重未成年学生的受教育权和人格尊严，为未成年学生提供安全的教育教学设施和学校生活设施，提供安全的管理措施，保护未成年学生的生命安全，制止有害于未成年学生的行为或者其他侵犯未成年学生合法权益的行为，批评和抵制有害于未成年学生健康成长的现象。学校对未成年学生的保护针对未成年学生来说是履行义务，针对侵犯未成年学生合法权益者来说是行使权力。学校这种集权利与义务于一身的保护职责也是不可以推卸和放弃的。因此，即使学校对未成年学生不承担监护职责，也并不能排除学校对未成年学生的保护义务，更不能缩小学校对未成年学生的保护义务范围。

### （二）违约混淆侵权的误区

违约行为与侵权行为是民商法规范的两类基本违法行为，但两类行为存有明显的区别。违约行为是指当事人由于过错不履行或不完全履行合同

义务的违法行为。违约行为的违法性表现于当事人违反自己设立的，并针对特定当事人的义务。这种行为以合同的有效存在为前提，其侵害的对象是因合同产生的相对权。违约行为的主体仅限于合同当事人，实施违约行为将依法承担违反合同的民事责任。侵权行为是行为人由于过错侵害他人的财产和人身，依法应当承担民事责任的行为，以及依法律特别规定应当承担民事责任的其他损害行为。侵权行为的违法性表现于违反法律直接规定的、针对一般人的，以侵犯他人财产权和人身权等绝对权利为标的的义务。侵权行为的存在使当事人之间产生侵权损害赔偿关系，其侵害的对象比违约行为侵害的对象更为广泛。侵权行为的主体不特定，可以是完全民事行为能力人，也可能是无民事行为能力人或限制民事行为能力人，实施侵权行为将依法承担侵权的民事责任。

《学生伤害事故处理办法》关于"学校对未成年学生不承担监护职责，但法律有规定的或者学校依法接受委托承担相应职责的情形除外"的规定表明：一般情况下，学校在对未成年学生发生伤害事故中的违法行为不属于违约行为，而属于侵权行为，特殊情况下属于违约行为。侵权行为侵犯对象的广泛性、侵犯他人权利的绝对性等特点，使学校对未成年学生的职责更具普遍性和针对性。学校所应承担的责任是侵权性的过错责任，这种责任十分明确地由违法行为引起，学校不可以做任何的掩饰与推卸，来不得丝毫的疏忽与大意。如果学校片面地认为对未成年学生不承担监护职责就可以减轻责任范围或程度，从而忽视对未成年学生所应承担的保护、教育、管理、预防等其他职责，那么学生伤害事故就可能随时发生。

### （三）责任等同责任险的误区

为有效处理学生伤害事故纠纷，《学生伤害事故处理办法》对事故损害的赔偿金筹措办法做了义务性和授权性规定。第三十一条规定："学校有条件的，应当依据保险法的有关规定，参加学校责任保险。""教育行政部门可以根据实际情况，鼓励中小学参加学校责任保险。""提倡学生自愿参加意外伤害保险。在尊重学生意愿的前提下，学校可以为学生参加意外伤害保险创造便利条件，但不得从中收取任何费用。"根据这些规定，学校参加责任保险行为将为学生伤害事故的赔偿拓宽渠道。

然而，学校参加责任保险只能减轻学校法律赔偿负担，并不能减轻学校的法律责任及其后果，也不能防止学生伤害事故的发生。相反，如果学校处于既不承担未成年学生的监护职责，又有责任保险作为解脱的模糊状态之中，那么，学校、家庭、社会为伤害事故所付出的代价则将无法估量。

## 三、走出误区的几点策略

学生伤害事故是教育过程中的棘手问题，也是世界性的教育难题。解决此类问题的根本措施在于对伤害事故的防范，而不在于对伤害事故的处理。当然，处理措施得当可以减轻学校的法律纠纷负担和经济负担，保证学校与学生的合法权益。但是，为避免伤害事故的发生，还需付出防范方面的更多努力。

### （一）增强法律意识，明确职责范围

学校在对未成年人实施的教育教学活动中，承担着多方面的法律义务。除上文所述的保护义务外，还要承担教育、管理、预防的义务。为此，学校必须忠于职守，尽职尽责。在教育方面，学校不仅要提供安全的校舍、场地、其他公共设施，还要给学生提供安全的学具、食品、药品、饮用水。要组织学生参加适合其身心发展特点的活动并进行必要的安全教育。教师要遵守职业道德，不得体罚或变相体罚学生。在管理方面，学校要加强安全保卫、消防、设施设备等管理制度，组织大型活动要采取必要的安全措施。教师或其他工作人员在负有组织、管理未成年学生的职责期间，发现学生行为具有危险性，要进行必要的管理、告诫或制止。在预防方面，要在可能的范围内预见教育教学活动中的各种不安全因素，要选用身体适宜做教师的人担任教育教学工作。要充分了解学生不宜参加某种教育教学活动的特异体质或疾病，给予必要的注意。对未成年学生擅自离校等与学生人身安全直接相关的信息，学校要及时发现并告知未成年学生的监护人，避免因未成年学生脱离监护人的保护而发生伤害。

### （二）加强安全教育，提高自护自救能力

对未成年学生进行安全教育是学校、家庭、教育行政部门的共同职责。学校要依据伤害事故可能发生的情况特点和未成年学生的身心发展特点，进行经常性的与特定条件下的安全教育，建立健全安全教育制度。未成年学生的监护人应当配合学校对学生进行安全教育。教育行政部门要有效指导学校安全教育工作。在进行安全教育的同时，还要提高学生自护自救的能力。要教育学生正确认识自己的特异体质、特殊疾病、情绪波动等

超常状况，及时告知学校。要学会预见和防范各种事故，掌握事故发生后的自我保护和求生技巧。要教育学生遵守法律法规，遵守学校的规章制度和纪律，远离与其年龄及认知能力不相适应的危险性环境，并避免危及他人的行为。

### （三）排查隐患，预防为主

对于学生伤害事故应当以预防为主，排查隐患则是预防中的预防。学生伤害事故隐患主要表现于教育教学活动超常规隐患、大型活动隐患、设施和设备隐患、饮食卫生隐患、疾病和疫情隐患、火灾隐患、治安隐患、交通隐患等。对这些可能发生的隐患学校要积极检查和排除。检查是排除的前提，排除是检查的目的。隐患排查应当建立制度，有组织、有计划地进行。排查制度包括明确排查时间、人员、对象、措施等。根据学校实际情况，在学期前后、节假日期间都应定期检查，排除安全隐患，在自校或他校发生伤害事故后要进行突击排查，在大型活动之前也要进行排查。排查人员主要是校长、主管人员、职能人员以及有关的教师。学生自身也要提高对周围环境的警惕性，排查自身隐患。检查的对象是所有可能对学生构成伤害的人、物、制度等主客观条件。具体包括学校建筑、场地、食堂、宿舍、周边环境等空间条件，水、电、气、火、食品、药品、调剂品、学习用品、教学用品、交通工具等学校设施、设备，学生、教师、职能人员的健康状况，教育者与受教育者的防患意识、防患技能，学校安全制度与责任制度等。检查过程中如果发现问题应当及时排除。包括对学校建筑的维修、改造、重建，对周边环境的清理整顿，对各种设施妥善管理，对有关人员的调换，以及各种规章制度的建立完善等。排查隐患要采取相应的措施，包括人力、物力、财力的投入，排查技能的选择与运用等，必要时要对有关人员进行技术培训。排查之后要总结经验教训，拟定后续阶段学生伤害事故防范目标，使防范工作确保落实。

［原文载于《东北师大学报（哲学社会科学版）》2003 年第 2 期，114-118 页］

（杨颖秀）

# 素质教育需要法律和制度的保证（2000）

实施素质教育应与培养学生的创新精神和实践能力的要求相统一。然而，时代的呼唤并不能立即改变现行教育制度的滞后局面，它要通过法治的手段保证教育功能的实现。正如《中共中央国务院关于深化教育改革全面推进素质教育的决定》中所指出的："全面推进素质教育，根本上要靠法治、靠制度保障。"

第一，实施素质教育需要依靠法治手段规范教育行为。例如：在高考科目改革中，以"$3+X$"为模式的改革，目的在于加强考查学生综合应用知识的能力，并试图减轻学生的课业负担。但在实际操作中，却出现了一定的偏颇。有的高校在选择 $X$ 考试科目时，过多地考虑生源的竞争，只选择一门科目。由此而来有些中学过早地采用"$3+1$"的模式分科。学生的课业负担不但没有减轻，知识的结构反而受到破坏，出现了极度偏科的现象。提出"$3+X$"的高考制度改革模式是以试点为前提的，那么 $X$ 的区间究竟应当有多大，并未经过严格的科学论证，也没有明确的限定。因而，许多学校选择了 $X$ 的最小值"1"，使"$3+X$"变成了"$3+1$"。这种做法不仅破坏了学生的知识结构，同时也将影响高中会考制度的实施。在此情况下，人们开始考虑 $X$ 的内容，是"1"还是"综"，是"大综"还是"小综"。但无论怎样，高考制度的改革缺乏制度保障已经凸现出来了。

第二，实施素质教育需要讲求质量与效益，这需要提供具有法律约束力的机制做保证。要提高质量，保证效益，既不能在教育改革中急于求成，也不能无限制地进行试误，它涉及通过具有约束力的规范机制来保证实施素质教育的质量与效益。例如，提高素质教育的质量，首先应当提高教师的质量，那么教师的质量如何提高还缺乏系统的制度做机制。尽管我们国家也规定了不同层次学校教师的基本学历要求和任教资格要求，但都不足以保证教师质量的稳步提高。随着改革势态的发展，教师培训制度的完善已经迫在眉睫。它不但要求我们从整体上考虑应当建立什么样的培训制度，而且需要我们层层明确培训制度如何实施，如何将培训落到实处，能够见到培训的效果，这是实施素质教育的长远之计。

第三，依法推进素质教育，不是要束缚教育行为而是要规范教育行为。依法推进素质教育应当对积极的教育行为给予保护，对消极的教育行为给予限制。消极不仅能够反映在实施素质教育的态度中，同时也能反映在实施素质教育行为的极端性中，片面的认识与极端的行为都会导致消极的作用。例如，在基础教育中，提到培养学生的发散思维，有的教师就忽视了基础知识的讲授，片面地去追求形式上的变化。如在作文考试分数比重增大的情况下，教师便不去细心讲解课文中的字、词、句，不去认真分析课文，让学生大量地写文章。事实上，学生的写作能力应当建立在最基本的对字、词、句的理解，对文章的构思能力之上。教育只顾及一个方面，必然头重脚轻，没有根底。如果学生的基础知识不扎实，那么也很难写出思路清楚、语言精湛、词汇丰富、字迹工整的文章。因而，写作能力的训练是离不开基础知识的学习与思维能力的训练两个方面的。上述情况要求以法律的形式明确不同层次教育的培养目标、课程标准，为教师提供有效的法律依据。在这方面，我国已有相应的教育法律、法规加以规范，但还不够完善。

依法推进素质教育，不是要重新建立一套教育法律法规体系，而是要修改与完善不利于素质教育实施的规章制度或教育法律规范。目前，我国的教育法已基本形成体系，上至教育法律，下至教育观章，从不同的层次、不同的方面对教育的问题做出了规定。但随着教育改革的步步深入，一些教育法律规范已不能适应教育的要求，必须尽快修改和完善。急需修改与完善的教育法律和教育法规主要有：

第一，关于教育方针的表述。《中华人民共和国教育法》第五条规定："教育必须为社会主义现代化建设服务，必须与生产劳动相结合，培养德、智、体等方面全面发展的社会主义事业的建设者和接班人。"这一表述很精辟，但从素质教育的要求来看，个别地方显得不够充分。实施素质教育的重点之一是培养学生的实践能力，但教育仅仅与生产劳动相结合还不足以解决重点培养学生实践能力的问题。实践包括改造自然和改造社会两个方面的活动，它需要通过多种方式、多种途径来完成，教育与生产劳动相结合只是培养全面发展人才的重要途径，而不是唯一途径。因此，教育方针在表述上是否可以考虑与社会实践相结合的问题。当然，教育方针的修改是应当通过特定的立法程序来完成的。

第二，关于培养目标与课程标准。培养目标是各级各类教育培养人的具体要求，它需要通过课程来具体化。从基础教育来说，课程要有一个基本的统一的标准，来实现培养目标；而高等教育的课程标准很难统一，但不同类型、不同形式、不同层次的学校也要根据本校的实际情况确定实现培养目标的课程标准。因而，课程培养目标是可以统一的，课程标准则要视具体情况由不同主管的单位来制定，其表现形式、效力范围也不相同。

第三，关于教师质量标准。教师质量标准方面的教育法律规范在《中华人民共和国教师法》《教师资格条例》等法律法规中已有体现，但仍不够具体。教育部以往曾颁发过规范不同层次教师职务的规章，但有的规范力度不够，有的规范在提法上需要修订。

第四，关于评价指标体系。评价指标体系既可以规范实施素质教育的行为，又对实施素质教育的行为具有导向作用，还可以为教育决策提供依据。在基础教育方面，我国已经颁发了有关的规章，提出了评价内容的范围。但并非很具体，这会使实际操作具有大的随意性。当然，并不是所有的教育行为都能用评价指标体系进行限定，也不是所有的教育行为都可以用数量化的方法进行评价。因此，在确定评价指标体系时，对不同的教育现象就要有所区别，要采用不同的评价方式，有的可以是定性的，有的可以是定量的，有的可以是两者结合的。

第五，关于教育投入保障。实施素质教育从课程改革到教材建设，从设备更新到教师培养，从结构调整到机制落实，处处都要求在投入上提供保障。这一方面需要依法增加投入，完善教育投入的具体措施；另一方面要提高教育经费的使用效益，如教育经费的分配与使用应当有科学的依据，有明确的规范，以避免和减少浪费。

依法推进素质教育，在有法可依的前提下，更重要的是有法必依。对此，首先应当提高依法推进素质教育的法律意识。在素质教育的实施中，涉及一系列的权利和义务关系，无论是教育者还是受教育者都应当有着清晰、明确的认识。例如：学生的受教育权应当如何保护，人格权应当如何尊重；教师的合法权益应当如何保障；学校的教育教学权利如何不受侵犯等，这些问题直接影响到素质教育的实施效果，影响到教育质量能否提高。其次，依法推进素质教育应当加大教育执法力度。教育行政执法包含着教育行政机关严格守法与无私执法两个方面的含义，二者不可偏废。教育行政机关是国家的公务机关，它有义务按照国家的法律规定去履行职责，在法律允许的范围内进行活动。同时，它也有权利按照国家法律所赋予的权力制止和处理素质教育实施中的违法行为。再次，依法推进素质教育应当充分发挥监督机制的作用。在教育法的实施中监督机制很多，如审计、纪检、社会舆论、权力机构等都可以从不同的方面进行监督。但比较重要的是强化教育督导部门的监督，完善教育督导制度。

［原文载于《中小学管理》2000 年第 1 期，24-25 页］（杨颖秀）

# 论未成年学生在校伤害事故的防范 （*1999*）

随着我国法律制度的不断完善，受教育者开始学会用法律保护自己在学校的各种权益，包括他们的人身权。这不仅显示了依法治教的成效，同时也警示学校应当审慎处理教育与保护的关系，在中小学校严格制止与防范未成年学生在校伤害事故的发生尤为重要。

## 一、对未成年学生在校伤害事故的认识

未成年学生在校伤害事故是指未满 18 周岁的学生在校期间由于某种原因而引起的对其身体和心理的损害事件。此类事件的发生可分为三种情况：其一是其他任何客体对学生构成危害条件的情况下，由学生主观行为而导致伤害（如学生在游戏中摔倒造成伤害）；其二是在学生主观行为没有任何过错的情况下，学校其他客体对学生造成伤害；其三是学生主观行为有一定过错，加之学校其他客体的消极作用使伤害加重。引起第一种情况的直接原因不在学校一方，教育者与受教育者之间不会产生复杂的法律纠纷，作为学校可以在教育活动中进行一些安全知识的教育，尽量减少此类事故的发生，因为它一般不涉及教育法律关系问题，本文在此不做讨论。第二种与第三种情况往往涉及教育法律关系问题，教育者与受教育者之间产生的纠纷会很复杂，学校及其教育理论工作者有必要对其进行研究。

未成年学生在校伤害事故问题，自有学校之日起就已经存在了，但由于我国教育法律制度的不完善，此类问题并没有及时归位到法律规范的调整与约束之中，因此，未成年学生在校的切身利益并未完全受到法律的保护。20 世纪 80 年代以后，国家立法的步伐加快，90 年代依法治国成为国家发展的战略举措之一，教育在生机勃勃的社会背景之下，拓宽了依法调整教育者与受教育者之间相互关系的有效空间，未成年学生在学校发生的许多伤害事故也不断诉诸法律，在审理与裁决此类问题的过程中，我们越来越多地发现了此类问题的复杂性与特殊性。它的复杂性表现于对此类问

题的处理往往交错于行政法律关系、民事法律关系与教育法律关系之间，它的特殊性表现于情与法的交融。未成年学生处于生理与心理尚未完全成熟的时期，他们对在学校所受的伤害很难接受，社会对此也难以理解，这一方面必然导致受教育者要求赔偿损害金额的与日俱增，另一方面以学校为代表的教育者又无力做出巨额赔偿。对此，我们既需要认真研究如何处理未成年学生的在校伤害事故，又需要冷静思考如何防止此类事故的发生，力求从学校防范入手摆脱此种困境。

事实上，未成年学生的在校伤害不仅涉及学生的人身权利，更重要的是涉及学生的受教育权和学习权，如果学生在校最基本的人身权都难以保证，就更无法保证学生的受教育权和学习权了。

## 二、引起未成年学生在校伤害事故的原因

### （一）教育者基本素质较低，对可能导致伤害的因素视而不见

美国学者彼得·哈伊认为："侵权行为过失责任以过失行为和对人身或财产损害之间的因果关系为前提。如果一个人不遵守他的'注意义务'，而且从客观上看，并没有像'一个合理和谨慎的人'那样行为，他就是有过失的。"① 教育者注意的中心是学生，注意的对象是以学生为中心，所有能对学生的身心发展产生影响的各种因素，包括动态的因素与静态的因素。它要求教育者有很高的文化素质与心理素质，并能积极地、主动地、有意识地去支配自己的行为，对学校一切与学生的全面发展有关的因素都能以敏锐的目光注意到，这也是教育者所应承担的义务。如果教育者这方面的素质较低，就可能对能够引起伤害的事故的隐患视而不见。例如，某市一中学因学校管理者对篮球架的安放是否稳定注意不够，导致学生在玩篮球时被倒塌的篮球架砸死，后果十分惨重。

### （二）教育者缺乏职业道德，随意伤害未成年学生

教师道德水准的高低能够通过教师的道德意识、工作作风、言语体态、行为举止等多方面表现，潜移默化或直截了当地渗透给学生，作用于学生。教师的道德水准低则可能导致伤害学生的行为，或出现伤害学生的言语，对学生构成直接或间接、积极或消极的伤害。例如，有的教师经常用消极的语言评价学生，导致学生产生厌学情绪，对学生构成心理伤害。

---

① 彼得·哈伊. 美国法律概论 [M]. 2版. 沈宗灵，译. 北京大学出版社，1997：81.

还有的教师故意给学习差的学生出难题，迫使学生转学，构成对学生受教育权的侵犯。

### （三）教育者法律意识低下，引发伤害未成年学生的事故

目前，我国的教育法律体系已基本形成，教育活动中许多社会关系的调整都可以找到相应的法律依据。然而，教育者法律意识的提高仍滞后于教育法律制度的发展。学校管理者凭主观意志与经验管理学校的现象屡见不鲜，学校管理的科学化与法治化并未纳入正常的轨道，这引发了许多故意或过失伤害未成年学生的事件。例如，某学生随家长工作调动转学，学校有关人员为达一定目的故意刁难学生，致使学生服毒自杀身亡。这起事故的发生与学校管理者法律意识低下有着直接的关系。

### （四）教育者违背教育规律，导致伤害未成年学生事故的发生

教育规律是客观存在的，教育者只能认识规律，遵循规律，而不能回避规律，破坏规律，违背了规律就要受到规律的惩罚，正因为如此，在教育立法过程中也要依据已经被人们认识了的教育规律。可叹的是许多学校管理者却置教育规律而不顾，肆意践踏教育法律法规，对违背教育规律的现象麻木不仁。1996 年 9 月 9 日晨，云南省临沧县南屏小学举行升旗仪式，学生在过天桥的途中发生拥挤，造成死亡 24 人，重伤 17 人，轻伤 57 人的特大伤害事故。我们如果认真反思一下事故发生的原因就会发现，学校建筑的设计与学校的管理必定都存在着不科学的、违背教育规律的问题，对此，学校管理者或教师如果能够及早地、慎重地发现和处理，就可能避免事故的发生。

## 三、减少未成年学生在校伤害事故的策略

### （一）明确学校应当对未成年学生施行保护的义务

1998 年，《中国教育报》对上海市发生的"94 万元索赔案"进行了讨论，讨论中有观点认为：由于学校不是学生的指定监护人、法定监护人及选定监护人，所以对学生在校发生的事故完全不负责任，尤其是在学生有一定违反纪律行为的前提下，学校更不应当承担责任。这种认识是否正确有待于我们对保护与监护的关系进行辨析。根据《中华人民共和国未成年人保护法》和《中华人民共和国民法通则》的规定，保护与监护既有区别又有联系。学校对未成年学生的保护是指学校对未成年学生尽力照顾，使

之不受伤害。监护人对未成年学生的监护是指监护人对他所监护的未成年学生的人身、财产以及其他一切合法权益的监督和保护。显然，保护与监护是存在于不同法律关系主体身上的行为范畴，两者相互独立，作用于权利主体的时间与空间各不相同，一方的存在不以另一方的存在为前提。但两者却因共同作用于未成年学生这一权利主体而相互联系，甚至有时学校与监护人成为同一法律关系的主体。在此情况下，当保护或监护主体一方不履行义务时，另一方则有权通过相应的法律手段对其进行限制。从学校保护来看，《中华人民共和国未成年人保护法》除在总则中规定了"教育与保护相结合"的原则外，还在第十六条中规定："学校不得使未成年学生在危及人身安全、健康的校舍和其他教育教学设施中活动。"由此可知，保护在校的未成年学生是学校的法律义务，无论是国家办学还是社会力量办学，学校对未成年学生的保护义务都是不可推卸的，这种义务不是建立在监护基础之上的义务，也不因学校不是未成年学生的监护人而失去效力，如果学校不履行保护未成年学生的义务则应对相应的法律后果负责。学校对未成年学生的保护义务与未成年学生要被学校保护的权利不以双方协商为条件，而以国家立法机关的确定为依据，因此，学校有义务对未成年学生施行保护，未成年学生有权利要求学校对其施行保护。

### （二）提高学校保护未成年学生的素质

学校对未成年学生的保护是通过学校管理者和教师的行为来实现的，所以，提高学校保护未成年学生的素质也就是要提高学校管理者和教师的素质。学校管理者和教师保护未成年学生的素质主要反映在他们的思想观念、法律意识、行为举止等方面，其素质的提高是一个动态的过程。

在思想观念上，学校管理者和教师在开始教育工作之前就应对教育理论、教育规律等有较为充分的认识，转变传统的对教育主体与客体关系的认识，将学生视为学习的主人、受教育的主体，以尊重学生，调动学生学习的积极性、主动性为动力进行教育教学工作。良好的思想观念不仅是热爱学生、顺利实施教育教学工作的前提。也是保护学生、依法施教的前提。

在法律意识上，学校管理者和教师应当首先明确教育者与受教育者之间存在的法律关系，并应明确权利与义务的相互制约性，教育者与受教育者同是教育法律关系的主体，在法律地位上是平等的，即使在具有综合性的教育法律关系中，教育者也不可以误认为受教育者是法律关系中的客体，不可以随个人意思去处理教育者与受教育者之间应当用教育法律规范来调整的问题。前文已经述及，学校与在校未成年学生之间存在着保护与被保护的权利义务关系，这种关系反映在学校各种教育教学活动之中，学校管理者和教师既需要增强法律意识，注意对未成年学生的保护，也需要制止学校中可能或正在伤害未成年学生的因素或事实，避免或减少未成年学生在校伤害事故的发生。根据《中华人民共和国教师法》的规定，制止伤害未成年学生的违法行为也是教师应当履行的义务。

在行为举止方面，教育者仅仅将自身的行为视作教育行为是不够的，还有必要将其中涉及未成年学生权利与义务关系的行为视为具有法律意义的行为，做到尊重学生的人格权，保证学生的学习权，保护学生的人身权，依法调整教育者与未成年学生之间的相互关系，严格注意未成年学生及其周围的环境，使未成年学生不因教育者的故意或疏忽而在校受到身心伤害。这种防范属于积极的防范，积极防范并不能绝对避免此类事故的发生，那么当事故一旦发生时教育者还要通过及时妥善的处理使伤害达到最低程度，这属于补救性的消极防范。无论是积极的还是消极的防范，对未成年学生来说都是有必要的。

### （三）加强对学校可能导致伤害未成年学生行为的监督

有效的监督是防范未成年学生在校伤害事故的有力措施。20 世纪初期，《魏玛宪法》就将"教育及学校"专列一章，将教育事务置于国家的监督之下。[①] 这是我们今天仍需借鉴的宝贵经验。因此，对学校的监督，首先应表现于国家的监督。国家的监督主要是通过政府部门及其政府的职能部门进行的。例如，教育督导机构、财务机构、基本建设机构、教育行政机构等都有权行使他们对学校进行监督的权利，履行监督的义务。学校有义务配合他们的工作。其次表现于立法部门的监督。学校制定的各种规章制度不能违背国家的法律法规，如果违背则不发生效力。作为国家立法部门，应当严格监督学校是否依据国家的法律法规管理学校。是否通过制定违背国家法律法规的规章制度束缚了学生的行为，侵犯了学生的权利。由于学校管理者法律意识与政策水平有限，学校规章制度与国家法律法规相悖的情况也是时常发生的。对此进行监督具有重要的价值。第三表现于司法部门的监督。司法部门审理伤害未成年学生案件的过程就是对学校进

---

① 曾繁正. 西方国家法律制度社会政策及立法 [M]. 北京：红旗出版社，1998：119.

行监督的过程，也是提高学校在这方面的法律意识的过程。因此。对有关案件的审理不可草率行事，它有助于在客观上帮助学校提高避免未成年学生在校伤害事故发生的警惕性。第四表现于社会的监督。社会的监督范围较广，有家长的监督，有新闻媒介的监督，也有社会不同组织的监督等。各方面的监督有利于帮助学校依法规范自身的行为，也有利于从其他学校发生的伤害事件中吸取教训，以防止此类事故重演。

### （四）对学校伤害未成年学生的行为依法制裁

法律是立足于行为结果的，只要出现了违法行为就应当受到法律的制裁。依法制裁的前提是有法可依。鉴于对未成年学生在校发生的伤害事故，有的可以找到法律制裁的依据，有的尚不能找到的现状，尽快完善这方面的法律制度已经成为当前一项急迫的立法任务。在有法可依的基础上要进一步做到执法必严，违法必究，无论对学校伤害未成年学生事故的处理难度有多大，都应当做到迅速、公正，以防止对未成年学生再构成心灵的伤害。

［原文载于《教育科学》1999 年第 4 期，50-52 页］（杨颖秀）

# 第五章

教育管理与政策的域外考证

# 思考1　学校制度变革

## 美国：营建学校与社区关系的几种常用方法（2005）

2004年12月1日，教育部发布《关于推进社区教育工作的若干意见》，强调了落实《2003—2007年教育振兴行动计划》中提出的"推进社区教育"的任务。可以说，发挥社区在教育中的积极作用，在学校与社区之间营建一种相互促进、共同发展的关系已经成为当前我国教育发展的一个重点。我们不妨看看美国中小学在营建学校与社区关系方面常用的两种做法。

第一种常用做法是，把"学校与社区关系"作为一门专门的课程列入校长培训课程体系。此举有利于引导中小学校长候选人掌握一定的营建学校与社区关系的技能，例如：怎样设立营建学校与社区关系的项目，采用什么方法、程序和手段与社区沟通，如何处理学校与社区关系中的特殊问题，如何检测和评价学校与社区的关系等。

第二种常用做法是，鉴于家长在营建学校与社区关系中的重要作用，通过采取多项有针对性的措施，充分挖掘家长的潜力。上述两种做法互为补充、相得益彰，特别是后一种做法更值得我们国内的许多学校学习与借鉴。其具体方法主要包括：

### 一、重新认识家长，创建家长与学校沟通的环境

美国中小学校长认为，学校常常在学生出了问题的时候才想起找家长的做法是不可取的，因为这种做法使家长与学校成了对立的双方。其实，家长是丰富的知识资源和教育资源，他们和学校是合作的伙伴关系，他们与学生一样都具有积极性，学校需要采取恰当的措施激活家长的积极性。

例如：学校可以提前向家长告知学校教育教学的目的和计划，使家长

能够对学校开展的各项教育教学活动有一个充分的了解，从而能够充分承担起自己的责任。否则，如果等到召开家长会时再向家长汇报前一阶段的情况，则为时已晚，家长只能成为被动的听众，处于茫然的状态。

除了需要让家长了解学校的工作计划外，美国的中小学还通过家长论坛、家长会、与家长谈话等方式来了解家长在教育孩子方面的一些想法，对其中有益的想法给予鼓励，而对其中有问题的想法则给予劝告或直接给出解决办法。

## 二、开展多种活动，激发家长与学校沟通的积极性

由于美国中小学校长将家长视为教育资源，所以许多学校都积极开展与家长沟通的活动，目的在于有计划地建立学校与家庭的关系，最大限度地挖掘家长资源，调动他们的积极性。

### （一）吸收家长参加野外旅行

美国的中小学会经常组织学生参加一系列的野外旅行，带学生到工厂、社区、商业区、大自然中开阔视野，增长知识。在开展此类活动时，很多学校都积极邀请学生家长一同参加。这样做，一方面可以使家长发挥支持学校教育的作用；另一方面通过孩子们在旅行中提出的问题，家长也可以了解到孩子们感兴趣的知识领域，从而有效地促进家长与孩子的沟通。此外，有了家长的参与，野外旅行的安全性也得到了加强。

### （二）举办多种多样的近距离接触活动

主要做法是由校长邀请几位家长到学校来，通过不同的活动方式增进家长与学校之间的关系。在美国的中小学里，常用的近距离接触活动主要包括：

▲校长请家长周期性地到校开会，与教师共同讨论学校的工作。如就学生在学习方面的困难、对社会发展的疑惑、个人的习惯、身体状况等进行讨论，会议的主题可由家长决定。

▲邀请5~6位家长利用半天时间（可以一周一次，也可以几周一次）走访学校。让家长通过走访课堂、在学校吃午饭等方式观察学生的在校行为。在走访的同时，学校要给家长一份评价表，引导他们的走访。评价表主要包括如下问题：家长对教师训导方式的看法、学校是否应该改变教学思想、什么样的学习方式更有价值等。走访结束时，校长邀请一两位教师

及家长共同开会，讨论家长提出的问题。

▲向家长提问，让他们提出最喜欢学校的哪一点，最不喜欢学校的哪一点。美国的中小学校长认为，这样做实际上是在探讨学校应当改进和应当解决的问题，有利于学校的发展。

▲请家长参加学校活动，如参观学校的展览室等，在那里他们可以看到学生的作品、教室剧、各种节目、特别讲座等。

▲设立学校开放日，让每一位家长都充分了解自己的孩子在学校的表现、与同龄孩子的差别、身体状况、学习困难以及教师的教学情况等。

上述这些近距离接触活动，在营建良好的学校与家长之间的关系、改进学校工作方面都起到了有力的推动作用。

## 三、利用现代技术，寻找学校与家长沟通的新途径

在学校时间紧张、人员紧张的情况下，美国中小学校长正在探讨利用现代媒体技术来扩大学校的开放范围，以更好地建立学校与家长之间的良好关系。

在研究了使用现代媒体技术的意义、形式、空间、手段等问题的基础上，美国的中小学校长认为，使用包括电话、电子邮件、互联网等现代媒体，利用它们丰富多彩的音频、视频等手段，以及无线、无纸张、即时、省时、生动、多维空间等优势，可以最大限度地增进学校与家长之间的沟通和交往。

正是基于上述认识，美国许多中小学都充分利用学校网站，通过把学校最基本的、有利于家长等社区群体与之联系的信息发布在网站上，来实现与家长之间快捷、有效的沟通。当然，为了使网站这种新的沟通工具能更有效地发挥作用，美国的中小学都非常重视网站的日常建设和维护，设立了专门的工作人员更新网站内容，同时还不忘对家长和教师进行使用网站的意识、技能和习惯等方面的培训。

## 四、提高教师素质，增强教师与家长沟通的能力

学校与家长的沟通主要通过教师进行，因此，要妥善地与家长沟通，教师必须具备相应的沟通技巧。美国中小学校长认为，培养教师与家长沟通的习惯和技巧是教师专业化的一项要求。

受现代社会开放属性的影响，如今的教育者不仅包括教师，还包括家长等其他主体。因此，教师首先要具有与家长沟通、使其成为主动的教育

者的意识。这种意识可以通过许多沟通途径体现出来。例如：可以通过学校网站建立沟通在线，可以发送 E-mail 等。尤其是采用 E-mail 的形式进行沟通在许多美国中小学校长和教师眼中都是方便可行的。E-mail 可长可短，可以自己写，也可以复制有关信息发给家长，还可以要求家长反馈。为了使上述沟通更为妥帖更为有效，加强对教师在应用现代媒体通信技术方面的培训自然也就成了美国中小学必做的一项工作。

当然，除了利用现代信息技术沟通之外，面对面的沟通仍然是最有利于情感交流的方式。因而，教师在与家长面对面交流时，还需要了解常规性的沟通技巧，而这也离不开学校的日常培训。

社会的发展要求学校转变观念，但学校的变革不能处于孤立的状态，必须与社会其他群体形成系统。社区是学校最可依靠的力量，而家长又是社区中的中坚分子。所以，美国中小学在营建学校与社区关系的过程中，一方面很注重以家长为主体，争取最大的管理效益，另一方面也非常重视提升教师的专业化素质，对家长和学校管理人员进行相关培训等。这些措施都有力地推动了美国社区教育的发展。

[原文载于《中小学管理》2005 年第 3 期，12-13 页]（杨颖秀）

# 从个案看国外现代学校制度变革（2004）

## 一、美国学校发展个案

美国的多元文化背景为其教育带来了极大的挑战。它不仅要求学校承认多元文化，并避免以主流文化代替非主流文化，还要求学校为发展多元文化及非主流文化处境中的弱势群体创设条件。为此，美国的许多学校都在不断谋求学校制度变革，以适应现代社会和现代人的发展需要。其中，特许学校、教育凭证等模式是我们所熟悉的。此外，选择学校（Alternative Schools）、中间学校（Middle Schools）、校中校（Schools-within-Schools）、全服务学校（Full Service Schools）等模式也可以反映出现代学校制度变革的特点，并为我们的学校管理提供思考和借鉴。

### （一）选择学校

这是为具有特殊发展需求的学生提供的学校。具有特殊发展需求的学生一般有三种类型：即学业超常发展的学生、学业陷入困境的学生以及违反学校制度而陷入困境的学生。针对这三种情况的学生，选择学校的教育目标分别为：为有能力的学生提供要求更高的学业课程，因为这些学生已经厌倦了传统的课程，他们渴望更多的挑战，为学业落后于同班同学的学生提供补习课程，为违反学校制度而陷入困境的学生提供最后改正的机会。实践第一项目标的选择学校通常让学生在该校坚持学习直至毕业；实践第二项和第三项目标的选择学校则为学生提供暂时的学习机会，最终希望这些学生能重返其原来的学校。

无论哪一种情况的选择学校，其班额都是比较小的，因为较小的班额有利于帮助学生培养交往的感觉，提供师生之间、学生之间密切接触和非正式沟通的机会，也为教师提供了密切合作、共同讨论学生的需求、进行针对性教学的机会。例如，实践第一项教育目标的选择学校通过全体教职工论坛考查每个学生的进步，寻找促进学生发展的不同方式。实现后两项

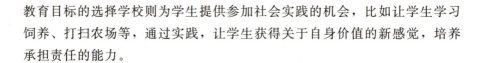

教育目标的选择学校则为学生提供参加社会实践的机会，比如让学生学习饲养、打扫农场等，通过实践，让学生获得关于自身价值的新感觉，培养承担责任的能力。

### （二）中间学校

这是为青春期发展滞后的学生提供的学校改革模式。其行之有效的做法主要有：提供更多的信息帮助儿童做出重要的生活选择，而不是强迫儿童过早地做出决策；给儿童提供机会与成人及社会交流，而不是迫使他们在没有情感准备的情况下采取一定的行为；为准备上高中或大学的学生提供再学习和再倾听的机会；鼓励所有的儿童实际探究各种学术领域和参加体育竞技；通过团队教学、弹性课程、独立学习等措施促进学业困难的学生获得成功。

### （三）校中校

这是为发展一定师生群体的独立个性而进行的渗透项目之一。这一项目中的学生通过群体组织上课，使其首先明确他们是学校中的成员，通过参加大校中的活动使其体验与校中校相同的特点。一些校中校会专门为家长提供特殊的机会，即家长可以为孩子选择课程模块，每一课程模块都突出一定的特色，如有的强调语言艺术科目，有的强调科学的基础性教学，有的强调数学基础课程，有的强调合作学习的技术，还有的聚焦于批判性思维的技能。由于校中校的班额较小，因此教师有能力在教学中关注每一个学生个体。

### （四）全服务学校

这是为学生及其家庭成员提供最方便服务的学校类型。美国社会认为，学校应当是为学生提供服务最方便的地方，但实际上，以往的学校很少为实现这一目的而与社会服务机构合作。全服务学校使这一问题有了好转，包括护士、心理学者、社会工作者在内的专业人员开始为学生及其家庭成员提供服务。例如，学校的牙科诊所可以为学生提供包牙、洗牙、氰化物治疗等服务，其他医疗服务能为学生及其家庭成员进行身体检查，治疗较小的创伤和疾病，等等，心理学者能提供心理健康服务；家庭资源中心的工作人员通过家庭访问能为学生提供营养和健康建议，还有的家庭资源中心为学生及家长的校外活动提供成人教育课程。学校与家长之间良好的交互合作使学生、家长和学校三方受益，对此，学校所在的社区居民也非常赞赏。

## 二、俄国学校发展个案

学校经费紧张是目前影响学校发展的普遍性问题。为了缓解这一问题，俄罗斯开设的记名账户学校和新兴的私立学校在这方面的做法具有特色。

### （一）记名账户学校

这是俄罗斯新的学校模式之一，目前约占全国学校总数的10％。学校开设记名账户意味着学校具有法人地位，是独立经营的主体。而实行这种机制的目的在于鼓励学校多方增加经济收入。因此，开设记名账户学校既可以从政府预算中得到教育资金，也可以通过出租10％的场所、创办产业对超标准学时收费等途径挣得资金，以及接受校外捐款。但学校通过多种渠道得到的资金必须计入账户，接受有关部门的监督。校长在年底必须提交财务报告，汇报学校账户上的收支情况。

### （二）新兴的私立学校

这是区别于俄罗斯国立（公立）学校、地方学校的由个人、社会组织和宗教团体等办的学校。私立学校在俄罗斯是新生事物。俄罗斯相关法规规定，这类学校首先要获得办学许可证，其毕业证书与公立学校的毕业证书也具有同等的法律效力，同时这类学校还有权获得不低于同类国立学校和地方学校拨款标准的国家和地方拨款。

## 三、从个案看特点

### （一）个性化（多元化）

个性化包括学校发展的个性化和学生发展的个性化。

学校发展的个性化是指不同的学校环境应选择不同的学校发展模式，而不要盲目追求模仿和统一学校的环境，有校长、教师、学生家长素质方面的，有社区条件方面的，有学校设施方面的，等等。

美国的校中校就是针对学生的特点，为使多元文化的学生群体能尽快融合而选择的学校改革模式。校中校模式通过相对独立的学习环境使少数特殊文化群体比较方便地在自身的文化氛围中交流并为这一群体尽快熟悉和适应美国社会的主流文化环境提供了沟通的条件，这种人为创设的文化渗透渠道，使少数特殊群体能尽快形成独立的性格与技能，以便适应复杂的社会环境，从而为不同的受教育主体提供有价值的教育需求环境。

学生发展的个性化是指学校制度的变革从不同学生的实际情况出发，充分注意学生的个性，并努力为每一个学生的发展创造条件。学生之间的差异是客观存在的，学校如何为不同的学生个体设计教育任务也是一个永恒的课题。

美国的选择学校中间学校都具有代表性，它们为具有不同身心发展特点的学生设计了专门的教育教学环境和不同的教育教学目标，使每一个学生都能在有利于其个性发展的环境中受到切合实际的教育，解决他们各自需要解决的问题。如美国为不同层次的学生设计的选择学校，在教学目标上，对学业成就高的学生，要使其在选择学校中学习直至毕业；而对学业成就低的学生则使其通过选择学校的学习最终达到重返原有学校的目的。但对学业成就低的学生的教育却不仅仅是文化课的补习，而是更注重于学生对自身价值的感觉和承担责任能力的培养。事实证明，对于学业成就暂时较低的学生来说，相对于智力因素而言，对其自身价值的认识以及承担责任的能力等非智力因素往往更大地影响着其学业成就的发展。

尊重学校与学生的个性选择也是对多元文化的尊重。因为无论是学校还是学生，都是活生生的个体，他们在观念、传统、习惯、能力、条件等方面的差异不可否认。因此，现代学校制度要尊重每一所学校、每一个学生的有效选择，并为每一所学校、每一个学生的有效选择创造条件。

### （二）人性化

人性化特点是指现代学校制度变革愈来愈注重人的情感和理性的发展态势。人性化是现代管理突出政策、服务、素质等软环境建设的集中反映，也是管理的核心。学校制度可能创造条件促进人的发展，也可能设置障碍禁锢人的发展。而现代学校制度的变革要求以促进人的发展为宗旨，为人的发展提供优质的、高效的服务。

美国的全服务学校的人性化特点是显而易见的，它不仅方便服务于学生，也方便服务于家长，但服务家长的最终目的还是为了使家长能更好地配合学校工作，教育好自己的孩子。学校的服务工作做得很细腻，从处理学生在校可能发生的小创伤着手，到学生的心理辅导及基本卫生医疗，直至家长对儿童营养膳食知识的了解，学校在力所能及的范围内最大限度地为学生及家长提供及时的、方便的、全程的质量服务，为学生及家长创造了优越的学校环境，因而受到赞誉。

### （三）系统化（开放化）

现代学校制度的系统化特点反映的是对系统理论的应用程度。它要求学校管理工作依据系统理论运筹帷幄，不仅要将部分与整体整合，将学校视为社会系统中的一部分，将学校内部因素视为学校系统中的一部分，也要将静态与动态整合，将过去、现在和将来视为一体，还要将显性与隐性整合，将表面的、形式的与内在的、实质的问题相结合。系统理论的解释容易被接受，但系统理论的运用则并非易事。

美国的全服务学校模式是对系统理论的较好应用，它将学校置于社区之中，将社区与学校资源有机整合、高效利用，使学生在学校就能享受到及时、方便的多方面服务，而不受时间、地点、条件的限制。将学校与社会视为系统就是在以开放的观点看学校，它有利于学校了解社会，为社会输送合格的人才。

### （四）小规模化

小规模化是目前学校发展比较青睐的选择模式。因为现代学校制度更注重个性化、人性化的管理，它要求针对学生及学校的实际情况灵活设计学校的管理制度、管理方式等。这种管理比一般意义上的常规管理更复杂、更具特殊性。如果学校规模过大，则会扩大管理者的注意范围，增加管理的复杂性和难度，对学校管理者和教师以及教育教学条件的要求也会更高。所以，美国的特许学校、选择学校、中间学校等都是小规模的，以便加深对学生的了解，为学生提供更有针对性的教育服务，进而提高教育教学质量。

### （五）追求公平

追求公平是教育价值的永恒体现，也是现代学校制度发展的重要特点。追求公平要从保证每一个受教育者的基本权利出发，实现民主的教育理念和教育宗旨。像美国的选择学校，就把具有特殊发展需求的学生分为三种类型：即学业超常发展的学生、学业陷入困境的学生以及违反学校制度而陷入困境的学生，然后针对这三种不同类型的学生，分别制定具有针对性的教育目标，在教学实践中努力追求公平。

### （六）权责明晰

权责明晰既有利于提高学校管理的效率，又利于调动学校管理的积极性。在现代学校制度的变革中，愈来愈多的主体在国家权力、地方权力、学校权力的划分上都表现出了积极的态度，学校的自主自治问题受到了普遍关注。

俄罗斯的记名账户学校、私立学校的兴起，从其表面来看反映的是多渠道争取教育经费的问题；而从管理措施的规范实质来看，解决的是权责划分问题。记名账户学校在开发教育资源的同时，严格划清了学校的权利和义务，明确了学校的法律关系主体地位。新兴的私立学校享有与公立学校同等的法律地位、同等的国家教育经费待遇、同等的学历授予权。同时，要创办私立学校，也必须取得许可证书，即必须具备办学条件，从而获得办学资格。这种依法规范权责关系的做法，必定会提高学校的教育质量，是现代学校发展的诉求。

［原文载于《上海教育》2004 年 12A（半月刊），52-54 页］（杨颖秀）

# 思考 2　学校的教育教学

## 中美研究生教学的比较与思考（2006）

教育部《关于加强高等学校本科教学工作提高教学质量的若干意见》要求"重视高等教育的质量建设"，但与本科教学相比，研究生教学质量的潜在危机并未引起高校的充分注意。本人通过 1999—2000 学年和 2004—2005 学年先后深入美国的教学型和研究型大学的研究生课堂进行学习，了解了美国研究生教学的全过程，深深地感到中国的研究生教学在必要的教学资源、研究的教学过程、求实的教学精神、人文的教学制度等方面还存在较多的缺失，影响教学质量，亟须做出改进。

### 一、中国研究生教学的主要缺失

中国的研究生教学与美国相比存在以下主要缺失。

#### 1. 缺少必要的教学资源

研究生教学最基本的资源应当包括优质的教师队伍、标准的教学设备以及充分的教学资料。从教师队伍来看，美国的大学教师除要具备博士学位外，能否为本科生和研究生上好课是其能否被聘用的基本条件。只有在教学考评中获得较高的、真实的学生满意率，教师才有可能继续留任。同时，教师的职务晋升也要秉承一种对学生负责的态度和精神，要有相应的教学年限限制。这种考核标准不仅有利于保证教学质量，也为教师提供了公平竞争的环境。中国的高校教师目前正向年轻化的趋势发展，青年教师虽然多数学位较高，但教学经验较为贫乏，有的甚至上不好或上不了课。而根据《中华人民共和国高等教育法》的规定，要取得高等学校教师职务，除要具备高等学校教师资格外，还必须具备相应职务的教育教学能力和科学研究能力；承担相应职务的课程和规定课时的教学任务。具有研究生导师资格的教授、副教授则更要有坚实的基础理论和比较丰富的教学、科学研究经验，教学成绩显著，论文或者著作达到较高水平或者有突出的教学、科学研究成果。而目前的研究生导师队伍组成及其来源却存在着许多问题。有的研究生导师源自学校追求教师队伍高级职称的比例，有的源自学校挽留高学历人员，也有的源自学校为了满足被引进者照顾家属的要求。这种状况构成了研究生教师队伍的质量欠缺，为研究生教学留下了隐患。

从教学设备来看，美国的研究生教学拥有充分的教室空间、必要的网络设施、现代的多媒体教学设备等。而中国的研究生教学不仅缺少教室，也缺少必要的现代教学设施。在很多情况下，教学停留在师傅带徒弟式的个别教学或口传耳听的传统教学方式上，学生的多种感官不能协同活动。由于教师的思维在关键时刻得不到必要的技术支持，导致研究生不易领会教学内容，教学效果不尽如人意，难以达到《中华人民共和国学位条例》规定的研究生培养标准，难于启发与引导研究生尽快步入和追随学科研究的前沿领地。

从教学资料来看，美国的研究生教学的每门课程要有几本教科书或参考书，教师在广纳诸家所长的过程中传授知识、训练学生思维。每所大学都设有学生书店，每当开学之时，学生争相购买教科书的情景构成了体现大学精神的一道靓丽的风景线。上课时，装满了各种教学资料的"大包小裹"成为教师与研究生的重要随行。课堂上，教师还要不断分发讲课资料。相比之下，中国的研究生教学则显得过度的轻松和清贫，其教学用书和参考资料极其有限，教科书的出版有时还依赖于行政手段，不能形成多元的、开放的、公平的教学资源竞争市场。这些情况与美国的研究生教学资源现状形成了强烈的反差。

### 2. 缺少研究的教学过程

研究生教学的特色在于使学生形成研究的风气，养成研究的习惯，学会研究的方法。美国的研究生教学非常注重通过研究的教学过程培养学生研究的能力。在研究型大学，一个专业会设置上百门课程，学生有充分的选择余地。在课程的设置方式上，美国表现出动态的、集约式的课程设置特点。为满足教学研究和课程发展的需要，以 Seminar 的形式出现的课程较多。不仅如此，更值得借鉴的是美国的研究生教学是以多元的途径培养学生的研究能力的。例如，不同的教师、不同的课程对学生的考核会采取不同的形式，有的采取期末口试与平时作业相结合的形式，有的采取写论文的形式，有的采取做 Presentation 的形式，有的采取课题设计的形式。如果采取后一种形式，教师则要一对一地对研究生的设想进行诊断，一步步地帮助研究生厘清思路。由于每一个研究生都要选择十几门课程，那么十几位教师对研究生的严格训练就会形成一个促使研究生掌握研究方法、提高研究能力、形成研究习惯的教学系统。另外，美国对博士研究生的培养更加严格，除要求博士研究生要系统学习课程外，还要经过严格的综合知识测试以及有多位教师参加的对论文选题的多次讨论，并要设置论文写作研讨课，最后才能在导师的指导下进入论文写作阶段。

中国的研究生教学研究氛围不够浓烈。在课程设置上，缺乏较宽的学科基础课程，课程门类较少，学生没有选择的余地。在课程内容上，缺乏针对学科领域的研究动态和现实问题进行的教学，课程内容的更新速度较慢，学生难以触及学科前沿。在教学方式上，以呆板的讲授为主的课堂教学形成了单边教学过程，学生难以发挥学习的主动性，更不利于学会研究的方法和形成研究的习惯。

**3. 缺少求实的教学精神**

美国的高等学校对研究生的培养更多地显示了求实的教学精神。在全部教学过程中，课程门类、教学时数、培养方式、实践环节均表现出了优越性。美国的高校教师对层出不穷的前沿理论能保持一种冷静的态度，他们不是盲目地追随理论潮流，而是客观地分析、评价、吸纳各种理论的优点，将其灵活地应用于教学实践之中，注意训练研究生分析问题和解决问题的能力。以教育管理专业的教学为例，更注重案例分析、小组讨论、课题设计、广泛阅读等形式的教学，突出地反映专业特点，突出理论与实践的互动。在教师对课堂的有效组织下，研究生也十分投入学习过程。根据要求，教育管理专业的研究生要来自教育教学第一线，有的是校长，有的是教育行政人员，有的是具有多年教学经验的教师，但他们仍能虚心地与教授们探讨问题，将学习作为一种享受和内在的需求。除课堂教学外，教育管理专业还设有教育实习。

中国的研究生教学在教学时数、论文写作等方面还缺少求实的精神。例如，研究生教学时数的变化往往不是因为学科内容的更新，而是为了平衡教师的教学工作量与报酬。当学校的资金紧缺时就可能发生减少教学时数，以减少教师相应报酬的情况。课时的减少必然带来教学内容的减少，导致教学质量的下降。这种情况事实上已经完全忽视了研究生教学的真正意义。又如，很多学校要求研究生在学习期间要在一定级别的刊物上发表一定数量的论文，否则不能开题或毕业。为此，任务性行为就伴随着研究生的学习过程。也有的研究生为此而形成了不道德、不规范的写作习惯。

**4. 缺少人文的教学制度**

研究生教学制度的人文性在于制度的创建能为研究生的发展服务，能形成研究生培养的制度系统。在美国，研究生的课程设置不仅体现学科体系，也有利于研究生的个性化选择；研究生的上课时间安排有利于研究生完成学业，不与其工作时间相冲突；硕士研究生与博士研究生的课程相互衔接，有利于硕博连读，节省教学资源和学习时间。

中国的研究生教学制度倾向于追求统一性，缺少不同专业、不同学科的个性特点。在课程结构上共同课比例较大，专业课、选修课比例较小。在资源的使用上硕士研究生与博士研究生截然分开，不具有教学的衔接性、整合性和系统性。在教学管理上随意性较大，学生的入学条件、修业年限、学费标准、成绩考查、学位获得等都不同程度地缺乏科学管理制度和监督制度的约束。

## 二、提高中国研究生教学质量的策略思考

研究生数量的攀升要有研究生的教学质量做保证。要提高我国研究生的教学质量，需要从以下几个方面着手。

**1. 建立科学的教师任用制度**

研究生教学是为国家输送高层次人才的系统工程，需要有学术大师的引领。学校选择什么样的教师、以什么样的机制选择教师都直接影响着研究生的教学质量。以往人们常说"一个好校长就是一所好学校"，但现在人们认识到，一所好学校也会塑造一位好校长，同时会塑造一批好教师。这种塑造靠什么？靠的是学校的运行机制，[①] 其中最重要的是用人机制。良好的机制是物质文明建设和精神文明建设的桥梁，是学校运行的传送带。

建设科学的教师任用制度，首先需要掌握教师的质量标准。在遴选研究生导师时要坚持宁缺毋滥的原则，从教学经历、教学效果、学位学历、科研能力、学术水平等多方面进行考查，不能只求数量不求质量，对不具备条件的教师不要迁就。其次要实行公平的用人制度。在选人、用人、引

---

① 朱清时. 建设一流大学值得重视的几个问题 [A] // 教育部中外大学校长论坛领导小组. 大学校长视野中的大学教育 [C]. 北京：中国人民大学出版社，2004：122-127.

进人才上，要严格考证，避免以"对人不对事"的制度设置不公平的竞争环境，挫伤多数教师的积极性。对人才的引进要依据其已有成就的事实佐证，以避免高成本低效益的用人制度。

**2. 营建教学与研究相结合的教风**

研究生教学本身应当突出研究性，这种研究性是教学的重要组成部分之一。蔡元培认为，大学是研究高深学问的机构，应该偏重于研究学理，但同时也强调"学"与"术"的统一，即强调学理与应用的统一。[①] 研究生的教学过程就是师生共同探讨高深学问的过程，这种过程没有研究的精神和习惯是无法寻觅到学理的高深真谛的。因而，研究生导师需要有对教学研究的渴望与追求、兴趣与态度。

教学研究与非教学的课题研究相比具有其特殊性，它表现于研究思维的外显性、语言表述的清晰性、教学过程的直观性、知识基础的宽厚性、教学经验的丰富性等特点。优秀的研究生导师在传授学理的同时要能使研究生明了其对问题的思考过程，使研究生能在掌握学理的同时也接受思维的训练。这种教学能力需要知识与经验的积累，需要教学技能的不断提升。但由于我国新时期的改革开放恰好与经济全球化的态势相吻合，所以在一定程度上滋生了一些教师追赶潮流的作风。很多所谓的研究不是针对实际中的问题，而是为了标新立异、出风头、跟踪"新话语"、炫耀各种书名。一种理论、一种制度、一项政策的内涵及其真正意义受到忽视。这种形式的教学最后留给学生的只能是支离破碎、不攻自破的空壳。

**3. 改善研究生的教学条件**

如前所述，中国的研究生教学还受到资金、设施等多种条件的限制，教学条件较差。要提高研究生的教学质量，需要增加研究生的教学经费，改善研究生的教学条件。研究生教学条件的改善需要核定教师编制标准，确定合适的教师与学生比例，核算研究生培养经费，针对不同学科的特点订阅图书及报刊、开发网上资源、提供多媒体教室和实验室等教学设施。当然，教学条件的改善也要注意资源的使用效率，并不是资金投入得越多越好。在美国，一方面可以看到优越的教学条件，另一方面也可以看到科学的教学设施设计和良好的管理制度对提高教学资源使用效率的影响。例如，弹性墙壁可以使教室形成多功能用途；图书资料的严格管理可以加快流通；信息的及时提供可以使师生充分利用各种资源，等等。

---

① 孙培青. 中国教育史［M］. 上海：华东师范大学出版社，1992：607.

### 4. 完善研究生的课程设置

研究生的课程要依据培养目标进行设置，要利于学生思维的拓展和研究能力的提高。根据《中华人民共和国学位条例》的规定，硕士研究生要在本门学科上掌握坚实的基础理论和系统的专门知识，具有从事科学研究工作或独立担负专门技术工作的能力。博士研究生要达到在本门学科上掌握坚实宽广的基础理论和系统深入的专门知识，具有独立从事科学研究工作的能力，在科学或专门技术上做出创造性的成果。根据这些规定，研究生的课程应当从基础理论、专业知识、研究能力三个方面进行设计。基础理论课程的设置应当扎实宽广，专业课程的设置应当系统深入，同时还应当根据专业特点设置实习、实验、论文设计等有利于提高研究生能力的课程。

〔原文载于《湖南师范大学教育科学学报》2006 年第 2 期，27-29 页〕（杨颖秀）

# 研究性学习能否成为学生新的课业负担

## ——从美国学生的口头报告看研究性学习的性质及其实施策略（2004）

2001 年，《基础教育课程改革纲要（试行）》提出从小学到高中普遍设置综合实践活动必修课，其主要内容包括信息技术教育、研究性学习、社区服务与社会实践活动以及劳动技术教育。此后，研究性学习作为综合实践活动课的一部分普遍受到中小学的重视，中小学纷纷开设了这门课程。许多学校都将研究性学习与课题研究相等同，将其僵化为一种孤立的程序性活动，要求学生沿着选题——开题——结题的路线进行研究性学习活动，似乎研究性学习与其他课程的学习没有任何关系。这样的活动不禁要受到质疑：到底研究性学习的性质是什么？是课程还是方法？如果是课程，那么研究性学习与其他学科课程又是什么关系？以课题研究的方式操作研究性学习，能否符合研究性学习的真正目的？在课程门类不断增多的情况下，研究性学习的机械操作能否成为学生一种新的课业负担？对于这些问题，笔者想以在美国访学的亲身经历谈一点粗浅的看法。

## 一、从美国学生的口头报告看研究性学习的性质

在美国，学生的学习从小学到大学都一直伴随着一个非常重要的环节，即口头报告（presentation）。因为美国的教学方式不是以教师讲授为主，而是以学生的学习为主，而在学生的学习过程中，口头报告则是一种最常用的、最被学生接受的、最受学生欢迎的学习方式。许多需要学生掌握的重点知识常常是以教师设置问题的形式要求学生去准备口头报告。学生对教师的要求很重视，他们会依据问题到网上、到图书馆里查资料，然后将所查得的资料用图片、图表、录音、录像等形式在课堂上展示给同学。虽然美国公立学校的纪律很松散，但在学生做口头报告的时候，大家却都能聚精会神地分享别人的劳动成果。为什么学生会对口头报告如此感兴趣？可以从口头报告的完成过程分析它的实际价值。

口头报告是以学生的自主学习为宗旨的学习活动，其自主性表现在完成口头报告的全过程。首先学生从接受教师设置的问题开始，就已经进入

了一个完全由自己支配的活动空间和活动过程。他们可以根据教师提出的问题范围去自主决定所要解决的某一个小问题，或某一个问题的侧面和不同角度。这可以根据学生自己的学习兴趣进行选择，学习兴趣成为学生进一步学习的动力。其次，学生选择了研究的问题之后，就可以进一步选择解决问题的途径和线路。由此，学生可以运用各种资源：教师、家长、同学等人力资源，课上、课下、校内、校外等时间资源，互联网、图书馆、社区等空间资源。再次，学生利用各种资源去解决问题的过程不是简单的知识堆砌和罗列，而是一个由具体到抽象再到分析综合的思维能力的培养过程。学生从各种途径寻觅到的有关信息，并不是学生解决问题的系统信息，他们需要经过对信息进行分析、判断、加工、整理，从中提炼出他们所需要的有利于解决问题的信息。要达到这一目的，学生需要掌握获取信息的手段、方法，需要具备识别信息的基本素养，需要积淀分析问题、解决问题的基本知识和基本能力。同时，学生也在常规性的口头报告的不断准备的过程中，促进了知识的增长和能力的提高。最后，在教师与同学面前所做的口头报告是学生自我检验、相互学习和共同提高的过程。口头报告准备的结果如何，在学生报告的过程中可以得到检验。学生自己可以在操作和表述过程中，通过视觉和听觉的感悟，体会到报告的成功与不足，其他同生可以在感悟别人的劳动成果时，学习别人的优点，分享别人的劳动果实。在这一过程中，不仅可以培养学生自我反省、自我提高的意识，也可以培养学生尊重别人的劳动以及对问题的批判、反思及探究的态度。

综上所述，美国学生的口头报告是一种经常使用的学习方式，而不是所学习的课程内容。既然是学习方式，就要作为一种手段为学习知识和提高能力服务，学生能否接受这种学习方式，要靠对这种学习方式的感悟和体验。如果学生在运用这种方式的过程中体会到了其中的益处，那么学生就会自然地接受这种学习方式，并将这种方式自如地运用于学习过程之中。对学习方式的掌握需要在学习实践活动中培养，使之成为一种习惯，而不能像学习课程一样，设计成系统的学科体系，并要注意各学科之间的结构以及学科自身的逻辑衔接等。

我国在《普通高中"研究性学习"实施指南（试行）》中强调："研究性学习是学生在教师的指导下从自然、社会和生活中选择和确定专题进行研究，在研究的过程中主动地获取知识、解决问题的学习活动。""设置研究性学习的目的在于改变学生以单纯地接受教师传授知识为主的学习方式，为学生构建开放的学习环境，提供多渠道获取知识，并将学到的知识加以综合应用于实践的机会，促进他们形成积极的学习态度和良好的学习策略，培养创新精神和实践能力。"显然，我国设计研究性学习的目的也着眼于学生学习方式的改变，但对研究性学习的操作却偏向于专题性研究。于是，相对狭隘的专题性研究则束缚了贯穿于全部学习活动的学习方式的改变。学校以专题为核心所组织的研究性学习似乎使学生感到，研究活动只能在从自然、社会和生活中所选择和确定的专题研究中进行，这不仅割裂了研究性学习与学科教学的关系，而且割裂了学科教学与自然、社会和生活的关系。加之研究性学习在操作过程中非常专业化的"选题——开题——结题"程序，更会使研究性学习脱离学生的实际，甚至可能成为学生新的课业负担。相比之下，美国学生的口头报告更容易被学生作为一种研究性学习方式所接受。

## 二、研究性学习应采取的实施策略

### （一）选择研究性学习的实施策略的前提是对研究性学习性质的定位

研究性学习应当是一种学习方式而不是一门课程，更不是以研究为目的的孤立的或专门的课题研究。在此基础上，实施研究性学习最重要的是要实现学生由被动的接受式学习向主动的研究性学习的转变。学习方式是学生进行学习的手段，是学生获取知识、提高能力的必要条件。既然如此，研究性学习就应当是灵活的、多变的、不受各种程序制约的。因此，在任何课程的教学中，只要学生能够以主动的方式进行学习，就渗透着研究的意义。而刻意追求研究题目、研究程序、研究途径的做法则会束缚学生的主动学习精神，将研究性学习导入歧途。

### （二）研究性学习方式要融于各科学习之中

纯粹意义上的研究性学习方式是可以应用于各科课程的一种学习习惯。这种学习习惯的养成不是靠程序化的课题研究机械形成的，而是靠学生内在的学习动机、学习兴趣逐渐养成的。研究性学习可以分为手段和结果的结合与统一，其手段是对某种知识或某个问题的探求，其结果是通过探求的行为方式实现具有价值的学习活动。所以，要使学生养成研究性的学习习惯，就必须使研究性的学习活动在各科课程的学习中都能得到应用，使学生自主体现研究的意义，并通过研究性的学习活动达到学习的目的。如果将研究性学习仅仅作为课题研究的手段而割裂研究性学习与各科课程学习的关系，则将失去研究性学习的真正意义。

### （三）研究性学习应注重学习活动的过程

由于研究性学习是一种学习方式，因而学生在养成研究性学习习惯的过程中，重要的是对学习活动的参与和对学习过程的体验，至于能研究出什么结果却并不重要。为此，要使学生形成参与研究性学习活动的动力，即要培养学生的问题意识和解决问题的穷追不舍的态度，使学生形成探究的精神和能力。学生在学习的过程中，要能善于发现教材中和教学中存在的问题，并寻求解决问题的途径。教材中和教学中存在的问题从其表现形式来说，有教材和教师设置的显性问题，也有存在于教材和教师教学深处的隐性问题。对于显性问题要求学生能够在追索问题脉络的过程中发现解决问题的方法，强化对所学知识的认识和理解。对于隐性问题要求学生能够主动质疑，通过反思教材和教学的内容及过程，发现新的问题。这些问题可能是教材与教学中的关键点，也可能是教材与教学中的矛盾点，还可能是教材与教学中的错误点。学生如果能够发现关键点就可能发现知识的基本结构，为系统掌握知识和提高学习能力奠定基础。学生如果能够发现矛盾点就可以发现教材与教学中的缺陷，为提出和解决新的问题创造条件。学生如果能够发现教材和教学中的错误点就可能发现新的问题，为原创性研究提供契机。因此，培养学生的问题意识和探究的精神与能力，是研究性学习活动过程的重要目标。

### （四）研究性学习要与自然、社会和生活相结合

由于知识的来源、应用和能力的提高都不能脱离生活和社会实践活动，因此，研究性学习的资源决不限于课堂教学。到目前为止，尽管理论与实践研究都未能对什么是课程做出明确的解释，但从课程论对课程定义的归类来看，将课程归为教学科目、有计划的教学活动、预期的学习结果、学习经验、社会文化的再生产、社会改造等[①]，都反映了课程与自然、社会和生活的多层次、多角度的联系与结合。因而，研究型学习不能单纯地从自然、社会、生活中去寻找专题进行研究，而应当从中去寻找课程的资源，将教学科目、学习内容自然与自然、社会、生活相结合，使学生在探究式的学习中达到教学的目的及要求。

---

① 施良方. 课程理论：课程的基础、原理与问题 [M]. 北京：教育科学出版社，1996：2-7.

**（五）研究性学习要培养学生的合作精神**

如前所述，研究性学习活动重要的是学生对学习活动过程的参与，这种参与在更多的情况下是个多人活动的结果。多人活动不仅是学习内容所要求的，也是创建学习型社会所要求的。创建学习型社会的基础是创建学习型的组织。彼得·圣吉（P. M. Senge）倡导的学习型组织包括自我超越（Personal Mastery）、改善心智模式（Improving Mental Models）、建立共同远景（Building Shared Vision）、团队学习（Team Learning）、系统思考（Systems Thinking）五项修炼技能，其中团队学习是发展团体成员整体搭配能力和提高实现共同目标能力的过程。彼得·圣吉认为，在现代组织中，学习的基本单位是团体而不是个人。但这五项技能是相互联系的统一体。无论哪一项技能的实现，没有参与合作的精神都无法创建学习社会①。所以，学生的研究性学习活动就是在学生参与合作的过程中相互学习、共同提高的过程。

［原文载于《外国教育研究》2004 年第 5 期，41-43 页］（杨颖秀）

---

① 彼得·圣吉. 第五项修炼：学习型组织的艺术与实务［M］. 上海：三联书店，1998：7-14.

# 略谈法制教育与道德教育从小抓起
## ——由美国校园枪击引发的思考（2001）

美国的校园枪击问题是一个严重的社会问题，它使许多师生受到伤害，肇事者也成为社会的牺牲品。引发校园枪击的主要原因在于学生的心理素质差、家庭环境不佳以及社会对枪支管理的混乱。对此，我国学校教育应当引起充分的注意。美国校园枪击案件的发生十分频繁，危害极其严重。仅 1999 年 4 月至 2000 年 2 月不到一年的时间里，就连续发生 3 起严重的校园枪击事件。1999 年 4 月 20 日，科罗拉多州一所校园发生枪击事件，15 人死亡。1999 年 5 月 20 日，佐治亚州一校园内发生枪击事件，6 人受伤。2000 年 2 月 29 日，密歇根州一个一年级的 6 岁男孩在教室里用枪打死一名同岁的女孩。从这些案例来看，美国的校园枪击问题是一个愈演愈烈的社会问题。

美国校园枪击问题的原因极其复杂，但学生的心理因素、家庭环境以及社会环境的影响是不可忽视的几个重要原因。

在心理因素方面，首先，美国校园枪击案件的发生与报复心理有关。美国法律不认为 7 岁以下的儿童有杀人动机，所以密歇根州 2000 年 2 月 29 日发生的校园枪击案的作案者不会被追究法律责任。这个男孩也似乎不懂得他所做的事情的严重性，因为当他被调查时，他还平静地在纸上画着画。然而，有一个情节却不能令人漠视，那就是在这个 6 岁男孩向同学开枪之前所说的一句话"我恨你"与开枪之后所说的一句话"我恨他们"是如此的一致。这表明，6 岁男孩的枪击行为具有报复的潜在动机。

其次，情绪宣泄影响着校园枪击事件的发生。1999 年 5 月 20 日发生在佐治亚州的校园枪击事件是因为作案者——一名 15 岁的中学生失恋，情绪低落，随即向他就读学校中学生密集的地方猛烈开枪。作案者通过暴发式的行为舒张了心中的积郁，仿佛得到了心理上的平衡。如此疯狂的宣泄行为严肃地告诫教育者恰当引导与调节学生的心理素质在学生的身心发展中具有重要的作用。

再者，模仿也会引发校园枪击案的发生。模仿是少年儿童在成长过程中的一种普遍行为。当他们的道德意识还不完善，是非观念还比较模糊的时候，很容易对刺激强度较大的两极行为进行模仿。1998 年 5 月 21 日，美国一名 15 岁的男孩模仿影视片中的枪杀画面，持三支枪对着自助餐厅中的数百名师生凶狂扫射，51 发子弹射出后，2 名学生死亡，22 人受伤。由此我们不禁反思：影视片中的凶杀情节是否太多了？教育与社会在这方面的态度是否太平静了？

第四，炫耀也是引发校园枪击案不可忽视的动因。少年儿童总喜欢在众人面前表现自己，炫耀自己的光彩。美国很多学生都喜欢将枪带到学校炫耀给同学看，从而为校园枪击事件的产生留下隐患。美国某州一个拥有 8 万名学生的学区里，在三年之内曾发生 157 起携带武器上学的事件，占学生数的 2‰，在拿枪炫耀的学生中包括小学一年级的学生。这一现象提醒教育者要注意引导学生形成正确的是非荣辱观。

在家庭环境方面，单亲家庭、弱势家庭成为校园枪击案发生的潜在因素。2000 年 2 月 29 日密歇根州校园枪击案的作案者，其母亲在一年前被家里赶出后不知去向，父亲在狱中，他与走私毒品的舅舅生活在一起。家里的枪支就放在床下，伸手可及。家里还经常有从事犯罪活动的人出入。这种生活环境给作案的 6 岁男孩带来了极强的负面影响。同年 3 月 23 日，美国俄亥俄州的一名男孩持枪恐吓教室里的同学与老师，企图以此行为达到入狱与母亲生活在一起的目的。

在社会环境方面，各种媒体中的枪杀情节司空见惯。各种持枪犯罪活动的过程、手段、方法等表现得淋漓尽致。可以认为，这样的社会环境对少年儿童模仿枪击行为是一种教唆。加之美国的法律制度对枪支的管理较为混乱，很难有效防御少年儿童动用枪支。全美只有 17 个州制定了防御儿童接近枪支的法律，所以许多儿童很容易将家里的枪支带到学校。

美国的校园枪击案以鲜血和生命的代价唤起人们许多冷静的思考。

首先，社会环境在少年儿童成长过程中具有不可忽视的影响作用。学校教育无法与消极的社会因素相抗衡，社会教育如何为学校教育服务是现代社会必须思考的重要课题。五彩缤纷的大千世界构成了学生模仿、演练的土壤和舞台。学生对社会负面影响的质疑学校难以做出解释。对此，我国的教育应当注意的问题是：受现代科技的影响，社会环境的外延正在扩展。社会环境不仅仅是指本地、本国的环境，同时包括整个世界的环境。在教育全球化趋势的影响下，他国的社会环境发展态势必然影响着我国社会环境发展的走向，同时对学校教育构成影响。因此，如何以法律手段规范社会行为，保护学校教育，为学生身心健康发展创造条件，是亟待解决的问题。

其次，心理健康教育与法律教育应当成为学校教育的重要内容。心理健康教育要侧重于培养学生抵御社会环境负面影响的能力，培养学生的自信心与耐挫折的能力，特别是对弱势群体和处于心理发展特别周期的学生要给予特殊的关注。从美国对校园暴力事件发生情况的统计来看，弱势群体的暴力事件发生率较高；9—12岁的少年儿童的暴力事件发生率较高；男性少年儿童的暴力事件发生率较高；城市比郊区的暴力事件发生率高，郊区比农村的暴力事件的发生率高。这些情况进一步证明，不同的社会环境对学生的心理品质的形成具有不同程度的影响。它要求学校教育能有针对性地培养学生的心理品质，对抑御能力较差和处于低效环境之中的学生要进行更多的教育。

对学生进行法制教育是减少校园暴力，增强学生保护自己的能力的重要举措。在法制教育中，要让学生知法、懂法、守法、用法。知法、懂法是要让学生了解法律规定的权利与义务，懂得应当做什么，不应当做什么，什么是守法行为，什么是违法行为；守法、用法是要让学生自觉遵守法律，并能用法律规定的权利与义务保护自己的行为。从国内外许多校园暴力事件来看，依法防范意识对学生来说是很重要的。防范不仅要防御他人的侵害，也要防止自身违法行为的发生。这就需要学生有很强的法律意识，有很宽泛的法律知识，并要有广博的道德规范做基础。

法律教育需要与道德教育相结合。无论是美国的校园枪击事件还是我国的学校暴力事件，都在不同程度上反映着学生在尊重他人方面表现出了道德水准低下的状况，并影响着学生自身的行为。因此，必须加强对学生的道德教育，使学生学会尊重他人。

第三，家庭教育日趋重要。家长是孩子的第一任教师，家庭空间是影响孩子成长的重要环境。前文涉及的校园枪击事件明显地反映了家庭教育的重要性。许多孩子因受乏力的、苍白的、恐怖的家庭教育的影响，走上犯罪的道路。从我国目前的情况来看，家长对孩子的畸形化教育增加了孩子的过重负担，这对少年儿童的身心发展会起到潜移默化的阻碍作用。

总之，美国的校园枪击问题，能够引起我们的各种思考。教育法学研究的理论与实际工作者尤应引起注意。

[原文载于《外国教育研究》2001年第4期，43-45页]（杨颖秀）

**图书在版编目（CIP）数据**

理解教育管理与政策/杨颖秀著. ——长春：东北
师范大学出版社，2019.12
（元晖学者教育研究丛书）
ISBN 978 - 7 - 5681 - 6636 - 2

Ⅰ. ①理… Ⅱ. ①杨… Ⅲ. ①教育管理—研究②教育
政策—研究 Ⅳ. ①G640②G510

中国版本图书馆 CIP 数据核字（2019）第 282728 号

LIJIE JIAOYU GUANLI YU ZHENGCE

□策划编辑：张晓方

□责任编辑：陆书玲 □封面设计：上尚印象

□责任校对：张国玲 □责任印制：许 冰

东北师范大学出版社出版发行
长春净月经济开发区金宝街 118 号（邮政编码：130117）
电话：0431—84568046
传真：0431—85691969
网址：http：// www.nenup.com
东北师范大学音像出版社制版
辽宁新华印务有限公司印装
沈阳市张士经济技术开发区
中央大街六号路 14 甲－3 号（邮政编码：110021）
2019 年 12 月第 1 版 2019 年 12 月第 1 次印刷
幅面尺寸：169 mm×239 mm 印张：26 字数：437 千

定价：80.00 元